Arnim Kaiser / Ruth Kaiser
Studienbuch Pädagogik

Arnim Kaiser / Ruth Kaiser

Studienbuch Pädagogik

Grund- und Prüfungswissen

Mit mehr als 30 Struktur- und Schaubildern, Tableaus und Tabellen

5., überarbeitete und aktualisierte Auflage

Cornelsen
SCRIPTOR

Dieses Buch erschien bis zur 4. Auflage im Athenäum Verlag,
Frankfurt am Main.
Das **Studienbuch Pädagogik** wurde für die 5. Auflage vollständig
überarbeitet und aktualisiert.

Quellenverzeichnis der Karikaturen:
S. 124: betrifft: erziehung 3/1975, S. 48. © Wieland Sternnagel, München
S. 281: betrifft: erziehung 8/1976, S. 60. © Gerhard Seyfried, Berlin
Der Verlag dankt den Zeichnern für die Abdruckgenehmigung.

CIP-Titelaufnahme der Deutschen Bibliothek
Kaiser, Arnim:
Studienbuch Pädagogik: Grund- und Prüfungswissen; mit Tabellen/
Arnim Kaiser; Ruth Kaiser. – 5., überarb. und erw. Aufl. –
Frankfurt am Main: Cornelsen Scriptor, 1991
ISBN 3-589-21020-6
NE: Kaiser, Ruth:

1. Auflage 1987
9. 8. 7. 6. 5. Die letzten Ziffern bezeichnen
95 94 93 92 91 Zahl und Jahr des Drucks.

Umschlagentwurf: Studio Lochmann, Frankfurt am Main
Gesamtherstellung: Clausen & Bosse GmbH, Leck
Vertrieb: Cornelsen Verlagsgesellschaft, Bielefeld
Printed in Germany
ISBN 3-589-21020-6
Bestellnummer 210206

Inhalt

Verzeichnis der Struktur- und Schaubilder, Tableaus und Tabellen 9

Vorwort 11

Hinweise zur Arbeit mit dem Studienbuch 13

1. **Grundlagen der Erziehung** 17
1.1 Anthropologische Voraussetzungen der Erziehung 18
1.1.1 Strukturmerkmale des Handelns 24
1.1.2 Sinn und Sprache 27
1.1.3 Anthropologie und Verhaltensforschung 30
1.1.4 Lerntafel 37
1.2 Strukturmomente erzieherischen Handelns 37
1.3 Literatur 44

2. **Erziehungsziele** 46
2.1 Funktion von Erziehungszielen 46
2.1.1 Lerntafel 50
2.2 Erziehungsziele im Wandel 51
2.2.1 Lerntafel 57
2.2.2 Arbeitsvorschlag 58
2.3 Kontroversität und Legitimität von Erziehungszielen 59
2.3.1 Lerntafel 63
2.4 Erziehungsziele und Bildungsbegriff 64
2.4.1 Bildung — Mündigkeit — Emanzipation 65
2.4.2 Formale und materiale Bildungstheorie 71
2.4.3 Lerntafel 72
2.4.4 Arbeitsvorschlag 73
2.5 Literatur 73

3. **Lernpsychologische Dimension der Erziehung** 75
3.1 Was ist Lernen? 75
3.2 Behavioristisches Lernverständnis 76
3.2.1 Klassisches Konditionieren (PAWLOW) 76
3.2.2 Lernen durch Versuch und Irrtum (THORNDIKE) 80
3.2.3 Operante Konditionierung (SKINNER) 82
3.2.4 Lerntafel 85
3.3 Programm und Kritik des Behaviorismus 86

3.4	Sinnvolles Lernen	88
3.4.1	Problemlösen und Denken	89
3.4.2	Lerntafel	94
3.4.3	Lernen am Modell	94
3.4.4	Lerntafel	105
3.4.5	Arbeitsvorschlag	106
3.5	Die Lerngruppe	106
3.5.1	Meinungsbildung in der Gruppe	107
3.5.2	Lerntafel	112
3.5.3	Arbeitsvorschlag	112
3.6	Literatur	113
4.	**Soziologische Dimension der Erziehung**	115
4.1	Sozialisation und Internalisierung — funktionalistischer Ansatz	117
4.1.1	Lerntafel	120
4.1.2	Arbeitsvorschlag	120
4.1.3	Kritik der funktionalistischen Theorie	120
4.1.4	Lerntafel	123
4.1.5	Arbeitsvorschlag	124
4.2	Symbolischer Interaktionismus	125
4.2.1	Struktur der Interaktion (Interaktionsanalyse)	126
4.2.2	Begriff und Strukturmerkmale der Lebenswelt	133
4.2.3	Lerntafel	138
4.2.4	Sozialisation im theoretischen Kontext des Symbolischen Interaktionismus	139
4.2.5	Lerntafel	142
4.3	Phänomene schulischer Sozialisation	143
4.3.1	Der heimliche Lehrplan	143
4.3.2	Schulische Rituale	145
4.3.3	Angst in der Schule	148
4.3.4	Schule und Etikettierung	152
4.3.5	Lerntafel	154
4.3.6	Arbeitsvorschlag	155
4.4	Literatur	156
5.	**Institutionell-gesellschaftliche Dimension der Erziehung**	157
5.0.1	Lerntafel	164
5.1	Schule und Familie	164
5.1.1	Schichtbegriff und schichtspezifisches Verhalten	167
5.1.2	Soziale Schicht und Spracherwerb	172
5.1.3	Lerntafel	174
5.1.4	Arbeitsvorschlag	175

5.2 Schule und Beschäftigungssystem 176
5.2.1 Social demand approach 180
5.2.2 Manpower approach 182
5.2.3 Flexibilitätsanalytische Verfahren 187
5.2.4 Schlüsselqualifikationen 191
5.2.5 Lerntafel 195
5.3 Schule und Staat 196
5.3.1 Das Legitimationsproblem 197
5.3.2 Etappen deutscher Bildungspolitik nach 1945 203
5.3.3 Lerntafel 214
5.3.4 Arbeitsvorschlag 214
5.4 Literatur 215

6. Didaktische Dimension der Erziehung Unterricht — Didaktik — Curriculum 218
6.1 Was ist Unterricht? 218
6.1.1 Phasen des Kurs- oder Unterrichtsprozesses 224
6.1.2 Unterrichtsanalyse 227
6.1.2.1 Interaktionsanalyse (FLANDERS) 227
6.1.2.2 Sprachanalyse (BELLACK) 232
6.1.2.3 Bedeutungsanalyse (Interpretatives Verfahren) 235
6.1.3 Lerntafel 239
6.1.4 Arbeitsvorschlag 240
6.2 Begriff der Didaktik und didaktische Prinzipien 240
6.2.1 Begriff der Didaktik — Abgrenzung von Didaktik und Methodik 241
6.2.2 Didaktische Prinzipien 245
6.2.2.1 Prinzip der Situationsbezogenheit 247
6.2.2.2 Prinzip der Handlungsorientierung 248
6.2.2.3 Prinzip der Wissenschaftsorientierung 250
6.2.2.4 Prinzip des Exemplarischen 253
6.2.2.5 Prinzip der Struktur 255
6.2.3 Methodenprinzipien 259
6.2.4 Lerntafel 260
6.2.5 Arbeitsvorschlag 262
6.3 Curriculum 263
6.3.1 Curriculummodelle 264
6.3.1.1 Situationsanalytische Ansätze 265
6.3.1.2 Offene Curriculummodelle 269
6.3.2 Curriculum und Lernzielorientierung 272
6.3.2.1 Die Operationalisierung von Lernzielen 273
6.3.2.2 Lernziele und Lernzielhierarchien (Taxonomie von Lernzielen) . 275

6.3.3 Lerntafel 278
6.3.4 Arbeitsvorschlag 281
6.4 Literatur 281

7. Wissenschaftstheoretische Dimension der Pädagogik 283
7.1 Die hermeneutische Position 286
7.1.1 Hermeneutische Sozialforschung und qualitative Methoden 292
7.1.1.1 Narratives Interview 294
7.1.2 Lerntafel 296
7.2 Die Position des Kritischen Rationalismus 297
7.2.1 Lerntafel 304
7.3 Die Position der Kritischen Theorie 305
7.3.1 Das Konzept der erkenntnisleitenden Interessen 308
7.3.2 Das Modell des Diskurses 310
7.3.3 Lerntafel 315
7.4 Arbeitsvorschlag 316
7.5 Literatur 317

Verzeichnis der Prüfungs- und Kontrollfragen bzw. -aufgaben 319

Lösungsvorschläge 323

Verzeichnis der Struktur- und Schaubilder, Tableaus und Tabellen

(1) Tableau: *Ontogenetische Beziehungen bei Säugetieren* 22
(2) Tableau: *Gesten und Wortbedeutung von Washoe* 34
(3) Strukturbild: *Strukturmomente erzieherischen Handelns* 43
(4) Strukturbild: *Funktion von Erziehungszielen* 48
(5) Tableau: *Wandel von Erziehungszielen* 56
(6) Schaubild: *Lernen nach Versuch und Irrtum* 81
(7) Strukturbild: *Phasen beim Lernen am Modell* 97
(8) Schaubild: *Einfluß positiver Verstärkung auf die Leistung* 98
(9) Schaubild: *Auswirkung der stellvertretenden Verstärkung* 100
(10) Schaubild: *Wirkung der Verstärkung des Beobachters* 101
(11) Schaubild: *Modellernen und antizipierte Verstärkung* 103
(12) Schaubild: *Leistung der symbolischen Repräsentation beim Lernen am Modell* 104
(13) Schaubild: *Konvergenz der Meinungen in einer Gruppe* 107
(14) Strukturbild: *Sozialisation und Internalisierung* 118
(15) Strukturbild: *Funktionale Gebote für Sozialsysteme* 119
(16) Strukturbild: *Symbolisch vermittelte Interaktion* 130
(17) Tableau: *Lebensweltanalyse des Berichts einer Analphabetin* 137
(18) Strukturbild: *Funktionen von Schule* 162
(19) Tabelle: *Deutsche Studienanfänger nach der beruflichen Stellung des Vaters und Hochschularten* 166
(20) Schaubild: *Statusaufbau und Schichtungen der Bevölkerung der BRD* 168
(21) Tabelle: *Einschätzung der Möglichkeiten zum beruflichen Aufstieg* . 170
(22) Schaubild: *Zusammenhang von Bildungsausgaben und Höhe des Bruttosozialprodukts (BSP)* 178
(23) Strukturbild: *Social demand approach* 181
(24) Strukturbild: *Manpower approach* 184
(25) Strukturbild: *Ausbildungsprofil beim Erwerb von Schlüsselqualifikationen* 194
(26) Strukturbild: *Stellung des Staates zum Bildungssystem* 197
(27) Tableau: *Bildungspolitische Kontroversstandpunkte zur Gesamtschule* 201
(28) Tableau: *Etappen bundesdeutscher Bildungspolitik; Beispiel: Gymnasiale Oberstufe* 212
(29) Strukturbild: *Entscheidungsfelder des Unterrichts* 221
(30) Strukturbild: *Strukturmomente von Unterricht* 223
(31) Tableau: *Phasen des Unterrichtsprozesses* 226
(32) Strukturbild: *Zusammenhang von Sachanalyse – Dialektischer Analyse – Lernzielen* 258
(33) Strukturbild: *Hermeneutische Beziehung von ‚Text' und Interpret* . . 288
(34) Strukturbild: *Erklärung eines Ereignisses (H-O-Schema)* 298
(35) Strukturbild: *Entdeckungs-, Erklärungs- und Verwendungszusammenhang* 303

Vorwort

Mit diesem Studienbuch hoffen wir zwei Zielsetzungen zu realisieren: Zum einen sollen die wichtigsten systematischen Teilgebiete der Erziehungswissenschaft repräsentiert sein. Sie haben einen so grundsätzlichen Stellenwert, daß sie als Studienbereiche auch Bestandteil zahlreicher Prüfungsordnungen zum Begleit- und Fachstudium sowie zur Zweiten Staatsprüfung für die Lehrämter in verschiedenen Bundesländern sind. Zum anderen sollen diese Teilgebiete unter didaktisch-methodischen Gesichtspunkten aufgearbeitet und dargestellt werden.

Dafür schien uns folgendes notwendig: eine möglichst klare Sprache, Beispiele — häufig aus Alltagsbereichen — zur Verdeutlichung des Gedankengangs, Strukturbilder zur schematischen Vereinfachung, Tableaus zum schnellen Überblick, Arbeitsaufgaben mit Lösungsvorschlägen und Lerntafeln, die den Gedankengang eines (Teil-) Kapitels auf einer Seite zusammenfassen.

Beide Intentionen — die mehr fachwissenschaftlich darstellende und die stärker didaktisch-einführende — waren nicht von einem Autor zu leisten. Bei der Arbeit sind daher unsere unterschiedlichen Kompetenzen zum Zuge gekommen: A. KAISER hat als Erziehungswissenschaftler den sachlichen Grobentwurf des Buches erstellt, R. KAISER — als Lehrerin und Fachleiterin mit Fragen der didaktisch-methodischen Umsetzung vertraut — hat den Vorentwurf in didaktisierender Absicht zu einem Studienbuch umgeschrieben. Die Verwendung des Plural ‚wir' in den Ausführungen erfährt lediglich von daher eine Begründung.

Die verschiedenen Textversionen sind bei unterschiedlichen Gelegenheiten (Einführungsvorlesung, Seminare, Fachseminare in der Zweiten Ausbildungsphase) und mit verschiedenen Adressatengruppen (Studenten, Referendaren) evaluiert und neu überarbeitet worden.

Siegburg, im Juli 1981
Arnim und Ruth Kaiser

Vorwort zur 5., erweiterten und überarbeiteten Auflage

Das Studienbuch hat mittlerweile einen festen Platz in der pädagogischen Literatur und der Ausbildung an Hochschulen und Fachhochschulen eingenommen. 10 Jahre nach der 1. Auflage erschien es erforderlich, auf einige neuere Aspekte der erziehungswissenschaftlichen Diskussion einzugehen bzw. Gesichtspunkte auszuweiten, die bisher nur kurz angesprochen oder gestreift waren.

Der größere Teil des Studienbuchs jedoch konnte unverändert in die Neuauflage übernommen werden, da es sich um grundsätzliche, systematische Erörterungen und nicht um Gesichtspunkte kurzlebiger Modediskussionen handelt. Und dort, wo die Ausführungen mit konkreten Zeitbezügen verbunden sind, handelt es sich um Illustrierungen grundlegender Gedanken, so daß der Verweis auf die betreffende Zeit sekundär ist.

Neben der inhaltlichen Erweiterung ist nun auch das Spektrum unterschiedlicher institutioneller Felder pädagogischen Handelns bewußt angesprochen. Neben Verweisen auf Schule sind auch solche auf Erwachsenenbildung und berufliche Bildung aufgenommen. Dies bot sich an angesichts der Tatsache, daß im Studienbuch Grundstrukturen pädagogischen Handelns dargestellt sind, die in allen institutionellen Feldern Geltung haben und dort lediglich ihre besondere Färbung erhalten.

Trier / München,
im Dezember 1990
Arnim und Ruth Kaiser

Hinweise zur Arbeit mit dem Studienbuch

Das Buch ist nicht bloß als ‚Lesebuch', sondern sehr viel stärker als Arbeits- und Lernbuch konzipiert. Hierzu einige Hinweise.

1. *Kapitelaufbau*
Die meisten Kapitel sind auf eine zentrale Frage bezogen, die gleichsam das Hauptproblem umschreibt, das im Text behandelt wird. Bei der Darstellung des Sachverhaltes haben wir versucht, die Dinge soweit zu vereinfachen, daß auch komplexe Zusammenhänge faßbar werden. Häufig sind Argumente noch einmal stichwortartig in Form einer Tabelle einander gegenübergestellt. Der Grundgedanke wird — wo es sich anbietet — in Strukturbildern festgehalten. Sie sollen aus Gründen der besseren Merkfähigkeit eine optisch aufnehmbare Struktur des Sachverhaltes bieten.

Beim Bemühen um Vereinfachung und Transparenz entstand für uns gelegentlich dann Unbehagen, wenn die Didaktisierung sicherlich auch eine Simplifizierung bedeutete. Stellt man den Sachverhalt im Gespräch dar, etwa in einer Einführungsvorlesung oder in einer Fachseminarsitzung, springt diese Tendenz nicht so stark ins Auge, als wenn man etwas schwarz auf weiß vor sich sieht. Aber da wir gerade bei einem Studienbuch diese ‚Transformation' für unumgänglich halten, nehmen wir auch das Risiko des Vorwurfs in Kauf, hier und da sei die Komplexität des Problems doch etwas vereinfacht. Allerdings stieß eine rigide Einhaltung dieses Prinzips an Grenzen auch unserer Bereitschaft: Dort, wo man den komplexen Sachverhalt in der stark didaktisierten Darstellung nicht mehr wiederentdeckt hätte, wurde der Text nochmals umgeschrieben; das Kapitel zum Bildungsbegriff beispielsweise ist nach unserer Auffassung nicht noch weiter in elementare Gedankenschritte zerlegbar.

Vom Versuch eines formal gleichen Aufbaus aller Kapitel sind wir schnell abgekommen. Die Fragen, ob der Gedankengang sukzessiv aufgebaut oder zunächst ein allgemeiner Überblick mit anschließender Analyse gegeben werden sollte, ob eine akribische Didaktisierung oder eine komplex angelegte Darstellungsweise bevorzugt werden sollte, diese Fragen wurden unter Berücksichtigung des jeweiligen Inhalts immer wieder neu entschieden. Wir glauben, daß eine gewaltsame Formalisierung sowohl der Kapitel als auch — darauf bezogen — der Lerntafeln den Intentionen des Buches widersprochen hätte.

Im Bemühen um permanente Erklärung wird man redundant. Wichtig war uns aber, daß der Leser an jeder Stelle Transparenz darüber erhält, warum der Gedankengang so aufgebaut wurde, wie er sich aus dem Vorhergehenden entwickelt. Für dieses didaktische Anliegen haben wir die erwähnte Gefahr bewußt in Kauf genommen.

Da die Sachverhalte möglichst stringent und nachvollziehbar entwickelt werden sollten, finden Sie im Text keine Fußnoten, die das Lesen häufig stören;

auch sind Verweise auf Autoren, die mit einem Begriff in Verbindung gebracht werden können, knapp gehalten, um gerade für den Anfänger die Aufnahme des Gedankens nicht durch eine zusätzliche Fülle von zunächst verwirrenden Namen zu blockieren.

Fachtermini sind im Text nach ihrer Bedeutung hervorgehoben: halbfett gedruckt sind wichtige Schlüsselbegriffe (z. B. der der Bildung) sowie Grundbegriffe, die meist anschließend definiert werden; kursiv gedruckt sind vom Gedankengang her nahegelegte Hervorhebungen.

Grau unterlegt werden jene Fragen, die ein Kapitel eröffnen und das Problem umreißen, sowie die darauf bezogenen zentralen Antworten und die Lerntafeln.

2. Die *Lerntafeln* sind so aufgebaut, daß sie den Gedankenablauf des Kapitels in seinen wichtigsten Schritten wiedergeben. Wer daher nach der Lektüre des Kapitels die Lerntafeln auswendig lernt, hat eine gedankliche Struktur zur Verfügung, mit deren Hilfe er leicht die entsprechenden Sachverhalte anreichern und reproduzieren kann.

Der Aufbau der Tafeln ist formal nicht einheitlich, er variiert je nach Anlage des betreffenden Kapitels. Auch die Anordnung folgt keinem festen formalen Schema; vielmehr stehen nach inhaltsdichten und komplexen Gedankengängen häufiger Lerntafeln, während sie sonst in größeren Abständen eingefügt wurden.

3. Die *Arbeitsvorschläge* sind als Möglichkeit gedacht, sich mit den angesprochenen Problemen noch einmal auseinanderzusetzen. Sie beziehen sich nicht punktuell auf einen Teilaspekt, sondern auf umfangreichere Sachverhalte des Kapitels. Die Lösungsvorschläge sind nur als *eine* Sicht der Dinge anzusehen, nicht aber als einzig richtige und unumstößliche Beantwortung. Es ist auch nicht der Anspruch erhoben, das Problem vollständig beantwortet zu haben, sondern es soll nur die Richtung angegeben werden, in der man sich möglicherweise mit dem Thema des Arbeitsvorschlags auseinandersetzen kann. Wir haben in bescheidenem Rahmen bewußt auch neue Information aufgenommen, da die Arbeitsvorschläge nicht im Sinne eines Tests angelegt sind, sondern Denkanstöße möglich machen sollen.

Bei der Lösung wollten wir die subjektive Seite mitberücksichtigen und haben den eigenen Vorschlag so formuliert, wie das auch ein aufmerksam lesender Anfänger leisten könnte.

4. Wer stärker auf *Detailfragen* bezogen arbeiten will, etwa zur Vorbereitung von Klausuren oder Prüfungen, der kann sich nach der Lektüre die am Schluß des Buches zusammengestellten Prüfungsfragen vornehmen. Sie beziehen sich eng auf den Text, zum Teil sind sie ihm wörtlich entnommen. Die Antworten können auf den angegebenen Seiten des Studienbuchs noch einmal überprüft werden.

5. Die *Literaturangaben* sind nach drei Gesichtspunkten zusammengestellt. Oberstes Prinzip war, Sie nicht mit einer unsinnigen Fülle von Titeln zu erschlagen. Statt dessen ist zu jedem Kapitel nur ein Werk als Überblicksliteratur genannt, das den behandelten Sachverhalt übersichtlich und informativ aufarbeitet.

Bei den mit Bezug auf den Text zusammengestellten Literaturhinweisen sind jene Titel durch ein Sternchen (*) gekennzeichnet, die man zur Vertiefung des Gedankens heranziehen sollte; die restlichen Titel verweisen eher auf spezielle Aspekte am Thema, die im Text mit einem Literaturbeleg versehen waren.

Gelegentlich ist im Text nur ein Name angetippt, damit man einen Begriff mit einem Autor in Verbindung bringen kann. Das kann für einen Studienanfänger nun wirklich nicht heißen, daß er das Buch als erstes lesen sollte; deshalb ist die bibliographische Angabe weggelassen.

Die nach einem Exkurs angegebene Spezialliteratur ist in den Literaturüberblick nach jedem Kapitel nicht nochmals aufgenommen.

Noch ein Wort zu den ausgewählten Autoren. Sie werden öfter Autoren finden, die schon vor 100 oder sogar 1000 Jahren gelesen wurden. Dahinter stehen zwei Intentionen: Das Studienbuch will grundlegende Phänomene der Wissenschaft Pädagogik angehen, es soll in einigen Jahren ebenso aktuell über diese Dinge Aussagen machen können und nicht bloß darlegen, wie Anfang der 80er oder mittlerweile der 90er Jahre dieser oder jener Autor dachte. Viele der im Buch behandelten Sachverhalte stellen Dauer-Probleme der Pädagogik dar, und es gibt Autoren, die hierzu Substantielles gesagt haben. Diese Autoren sollte man in einem Studienbuch auch kennenlernen.

Darüber hinaus ist es eine Binsenwahrheit in der Wissenschaft, daß viele ‚Neuansätze' sich auf die Klassiker zurückführen lassen; deshalb sollten Sie — wo es sich anbietet — die Quellen kennenlernen und nicht die sprachlich häufig verklausulierten Gedankengänge der Nachfolger.

6. *Exkurse* dienen der Problemanreicherung und sollen verdeutlichen, daß viele Fragen, die hier im Interesse der Verständlichkeit von Gedankengängen oft sehr eindeutig und klar beantwortbar erscheinen, natürlich noch vertieft werden müssen. Die Exkurse wollen daher zur weiteren Einarbeitung in einen Problemkreis anregen und die Richtung der Fragestellungen andeuten; in diesem Sinn ist unmittelbar nach dem Exkurs zentrale Literatur angegeben. Da es sich um ein Studienbuch handelt, das eigentlich immer wieder neu gelesen werden kann, mag es für den Anfänger durchaus sinnvoll sein, sich beim ersten Durchgang die Exkurse zu ersparen.

1. Grundlagen der Erziehung

Womit fängt man am besten an? — Ein Problem, vor dem Sie wahrscheinlich schon oft bei der Erstellung eines Referats gestanden haben und das sich ebenso hartnäckig auch für ein Buch stellt. Manchmal ist die Sache schnell geklärt, dann, wenn es schon nahezu ritualisierte Anfänge gibt, die längst zu heiligen Kühen geworden sind. Die Wissenschaft, also auch die Pädagogik, führt eine Herde solcher heiliger Kühe mit sich, und eine daraus ist die Stellung der **Anthropologie** am Anfang einer Einführung in die Erziehungswissenschaft bzw. eines Studienbuches.

Hin und wieder aber lassen sich Sachgründe finden, die verständlich machen, warum eine solche Kuh als heilig erklärt wurde. Glücklicherweise ist dies bei der Anthropologie der Fall, so daß sie auch in diesem Studienbuch am Anfang stehen darf.

Bevor man nämlich über Erziehung, über Lernen, über Bildungsinstitutionen und anderes sprechen kann, sollte die wohl fundamentalste Frage des ganzen Unternehmens geklärt sein:

Wieso ist überhaupt davon auszugehen, daß der Mensch erzogen werden *kann* und *muß*?

Es wäre sicherlich peinlich, wenn sich hierauf keine befriedigende Antwort finden ließe. Jedoch man hat schnell — zumindest vorläufig — einen Rettungsring bei der Hand durch den Verweis auf empirische Belege für die Erziehungstatsache:

Welche menschlichen Gesellschaften man auch immer betrachtet — vergangene oder zeitgenössische, entwickelte oder primitive — überall wurde und wird erzogen. Die Formen und die Inhalte sind dabei recht verschieden, das **Phänomen der Erziehung** aber ist dasselbe:

Es geht darum, *der nachwachsenden Generation die in einer Gesellschaft vorhandenen und für ihren Bestand und ihre Weiterentwicklung als wichtig angesehenen Fähigkeiten, Fertigkeiten und Einstellungen zu vermitteln.*

Dabei ist es lediglich eine Frage des gesellschaftlichen Entwicklungsstandes, ob sich eine solche Fähigkeit beispielsweise auf die Beherrschung des Tanzes zur Einleitung des großen Schweineschlachtfestes im Hochland von Neuguinea oder zur Eröffnung der winterlichen Ballsaison in Wien bezieht.

So reiches Anschauungsmaterial der empirische Weg auch liefert, in einem wesentlichen Punkt ist er doch unbefriedigend. Man hat zwar ihm Laufe der Forschung eine Fülle von Belegen und Zeitdokumenten in der Hand, nur bleibt damit die Frage offen, ob denn auch tatsächlich immer und überall erzogen worden sei und ob es auch so bleiben müsse. Danach befragt, muß der *empirisch* vorgehende Erziehungswissenschaftler zugeben, daß er das nicht wisse

und dies auch gar nicht beantworten könne. Denn es handelt sich hier um eine *wissenschaftstheoretische Grundfrage:*
Aufgrund der *bisher bekannten Fälle* schließt man vertrauensvoll auf *alle Fälle*, ohne diesen Schluß aber jemals empirisch prüfen zu können. Man nennt dieses Vorgehen eine *unvollständige Induktion*, die so gesehen nie endgültige Einsichten liefern kann (s. a. Kap. 7.2). Dieser Hinweis ist an sich nicht weiter beunruhigend. In der Wissenschaft geschieht so manches aufgrund von wohlmeinenden Annahmen, einfachen Setzungen und Mehrheitsbeschlüssen (letzteres nennt man dann ‚Wahrheitsfindung durch Konsens'). Nur wenn man es wie hier mit den Grundlagen, den Voraussetzungen der weiteren Arbeit zu tun hat, sollte man schon einmal genau sein und Bedenken gegen die empirische Begründung anmelden. Bleibt der zweite Weg, der ohnehin vielversprechender ist: den Tatbestand der Erziehung nicht bloß durch empirische Hinweise belegen, sondern ihn *philosophisch* begründen. Also danach zu fragen, was eigentlich das Wesen des Menschen, was seine Stellung in der Natur ausmacht, um so die Bedingungen seiner Erziehungsbedürftigkeit und -fähigkeit aus seiner gattungsspezifischen Eigenart bestimmen zu können, und zwar nicht allein für diesen Zeitraum und jene Kultur, sondern *prinzipiell.*
Diese Aufgabe zu bewältigen, ist Absicht der anthropologischen Betrachtung in der Pädagogik (*Anthropologie*: anthropos — Mensch; logos — Wort, Lehre; *Lehre vom Wesen des Menschen*).

1.1 Anthropologische Voraussetzungen der Erziehung

Die zentrale Frage der Pädagogischen Anthropologie lautet also:
Wieso ist der Mensch überhaupt erziehbar?
Die korrespondierende Frage dazu:
Warum muß der Mensch erzogen werden?

Man muß also zum einen klären, welche Dispositionen der Mensch mitbringt, um erzogen werden zu können, und zum andern überlegen, woraufhin anthropologisch gesehen Erziehung ihrer Intention nach angelegt ist.

Eine mögliche Antwort auf diese Grundfragen lautet: *Der Mensch kann und muß erzogen werden, weil er ein nicht-festgestelltes Tier ist* (Nietzsche).

In dieser Bemerkung ist neben der Aussage über die Stellung des Menschen zugleich auch das methodische Vorgehen der anthropologischen Forschung angesprochen: Erkenntnis über den Menschen wird aus der Kontrastierung seiner Eigenheiten mit denen des Tieres gewonnen.

Das Tier lebt in einer festen *Umwelt*, der Mensch dagegen hat ‚*Welt*', hebt M. Scheler (1947, S. 36 f) hervor.

Zur Begriffsabklärung sollte hier kurz darauf hingewiesen werden, daß der Umweltbegriff nicht im Sinne der aktuellen ökologischen Diskussion auf den Lebensraum des Menschen, sondern als terminus technicus der anthropologischen Theorie auf den des Tieres bezogen ist.

Mit seiner je artspezifischen Instinktausstattung ist das Tier in einen Verhaltenszusammenhang eingelagert, steht es in einer nur ihm zukommenden *Merkwelt*' (UEXKÜLL).

UEXKÜLL veranschaulicht diesen Gedanken am Beispiel der Pilgermuschel (Nichtbiologen kennen vielleicht zumindest ihre Schale, die als Ragoutschüsselchen dient).
Ihre Merkwelt ist ganz auf den Seestern oder Seeigel, ihren Feind, ausgerichtet.

„Der Seestern setzt sich für die Pilgermuschel aus folgenden Merkmalen zusammen: Erstens Bewegung, zweitens ein allgemeines chemisches Merkmal, das wir nicht weiter analysieren können, und drittens dem Druck, der bei der Berührung des Seeigels mit den Tentakeln der Pilgermuschel auftritt. Es kommt aber noch eines dazu, nämlich die Reihenfolge, in der diese Merkmale nacheinander bei der Annäherung des Seesternes auf die Pilgermuschel wirken. Erst wirkt die Bewegung des Seesternes auf die Augen. Dann werden die Tentakeln der Pilgermuschel ausgestreckt, welche sowohl chemische wie taktile Sinnesorgane tragen. Von diesen werden erst die chemischen, dann die taktilen gereizt.
Durch diese Merkmalskombination wird der Feind vom Organismus mit Sicherheit wahrgenommen, und nun sendet das Zentralnervensystem eine Erregungswelle zum großen Bewegungsmuskel der Schalen, und die Muschel schwimmt davon.
Es gehen von dem Seesterne immer die gleichen Wirkungen aus, die sowohl optischer, wie chemischer, wie taktiler Art sind. Aber wie anders ist die Auslese dieser Reize bei uns und bei der Pilgermuschel. Gänzlich andere Reize werden in beiden Fällen zu Merkmalen verwendet. Wir bilden aus den von uns wahrgenommenen Merkmalen einen ganz anderen Gegenstand ‚Seestern' als die Pilgermuschel."
aus: UEXKÜLL 1913, S. 70/71

Die übrigen Lebewesen machen sich für das betreffende Tier zwar auch durch optische und chemische Reize bemerkbar, werden aber nicht von einem anderen beliebigen Hindernis — etwa einem Stein — unterschieden, da sie nicht zu seiner spezifischen Merkwelt gehören.

In diesem auf das Tier bezogenen Sinn hat der Mensch keine ihm eigene Umwelt, da ihm schon die fundamentalste Voraussetzung hierfür abgeht, nämlich die entsprechende Instinktausstattung. Der Mensch ist *instinktreduziert*, instinktarm, und dort, wo sein Verhalten noch von Instinkten mitgeprägt ist, sind diese unspezifisch (z. B. Sexualtrieb). Bleibt man mit der Betrachtung noch auf der Ebene der bloß naturhaften Ausstattung des Menschen im Vergleich zum Tier, muß er neben dem Mangel an Instinktausrüstung auch den einer *ungenügenden Organausstattung* hinnehmen. Er hat keine natürlichen Waffen oder Werkzeuge, er ist der Natur vergleichsweise ungeschützt ausgeliefert, so daß er — immer in Opposition zum Tier gesehen — geradezu ein **Mängelwesen** darstellt (HERDER 1972, S. 26 f, GEHLEN 1967, S. 35).

- So fehlt beispielsweise dem Menschen Behaarung (Hautkleid) und damit ein natürlicher Witterungsschutz,
- er hat keine natürlichen Angriffsorgane und keine auch zur Flucht geeignete Körperbildung,
- die meisten Tiere übertreffen ihn an Schärfe der Sinne,
- er unterliegt in der Phase des Heranwachsens einer überaus langen Schutzzeit. (vgl. GEHLEN 1950, S. 35).

Aber der Mensch bringt eine wesentliche Disposition zum Ausgleich dieser Mängelsituation mit: seinen *Verstand*, der es ihm ermöglicht, handelnd in der Welt zu leben (statt instinktgeleitet auf Umwelt zu reagieren). Die Fähigkeiten zum Handeln, d. h. aufgrund von durchdachten Entwürfen plan- und absichtsvoll in die Welt einzugreifen, stellt den Ausgleich zur Gefährdung des Menschen im Vergleich zum Tier dar; *mit* **Handeln** *kompensiert der Mensch seine organisch bedingte Gefährdung*.

Der Hinweis auf Handeln als Ausgleich der Gefährdung des Menschen ist vor allem von A. GEHLEN herausgestellt worden. An der nur biologisch interpretierten Ausgleichsfunktion von Handeln ist allerdings in der wissenschaftlichen Diskussion heftig Kritik geübt worden. So wirft ihm beispielsweise Th. LITT vor, seine Anthropologie sei eigentlich eine Bio-anthropologie, die das Tun des Menschen auf bloße Lebensdienlichkeit und Überlebensbemühungen zurückschraubt (reduziert). Damit aber ist etwa das Phänomen der Kunst (als einer Form des Handelns von Menschen) nicht befriedigend zu erklären, ebensowenig das Phänomen der reinen Theorie (Wissen um des Wissens willen). So ist zwar als Motiv für unsere weiteren Überlegungen der Hinweis GEHLEN's auf die geistige, d. h. von Vorstellungen geleitete Auseinandersetzung des Menschen mit seiner Welt festzuhalten, dieser Prozeß kann aber nicht auf bloße Lebensdienlichkeit reduziert werden. Überhaupt verliert man bei einer solch eingeengten Betrachtungsweise aus dem Blick, daß der Mensch auch **reflexives Wesen** ist, daß er, bildlich gesprochen, aus unmittelbar lebensbezogenen Zweckzusammenhängen heraustreten und ‚sich neben sich stellen‘ kann, er sich somit selbst betrachten und zu sich ‚Ich' zu sagen vermag. Der Anthropologe PLESSNER spricht daher von einer *exzentrischen Stellung des Menschen in der Naturordnung* (PLESSNER 1965, S. 290).

Daß sich hier ein ganzer Komplex von philosophischen Fragen nach der Reflexivität des Menschen anschließt, soll nur angedeutet, aber nicht weiter verfolgt werden. Wer hierüber weiteren Aufschluß erhalten möchte, sei auf das Buch von H. ZDARZIL, Pädagogische Anthropologie, Graz, Wien, Köln 1978 verwiesen.

Für unseren Gedankengang halten wir fest:

Die Stellung des Menschen in der Welt ist eine gefährdete, ist risikoreich. Der Mensch steht vor einer Vielzahl von Problemen: sei es das der täglichen Nahrungssicherung in einem primitiven Stamm oder das der Entwicklung von Lebensqualität in einer fortgeschrittenen Gesellschaft. Diese Probleme stellen sich für die betreffenden Menschen als permanente Fragen dar: Was muß getan werden, um dies zu ermöglichen, jenes zu sichern, etwas anderes abzuwehren?

Einen Großteil solcher Fragen löst der Mensch — erst recht in seinem Alltagsleben — durch Routine; er hat hier die Antworten auf eine Reihe von Alltagsfragen ohne großes Nachdenken bei der Hand. In anderen Fällen jedoch muß er eigens Lösungspläne (Handlungspläne) entwerfen, sie an der Wirklichkeit ausprobieren und eventuell modifizieren. Dabei kommt ihm Sprache zustatten, die ihn vom unmittelbaren Umsetzen und Ausprobieren seiner Handlungspläne entlastet.

Das aus Problemen und dem Bemühen um ihre Bewältigung resultierende Handeln des Menschen ist also sowohl von ihm nach Vorstellungen entworfen (es ist sinnvoll), als aber auch zugleich den Gegebenheiten seiner natürlichen Umgebung unterworfen, durch die es unter Umständen als fehlerhaft, unangemessen, unvollständig hingestellt werden kann. Wir können damit als erstes Zwischenergebnis festhalten:

Der Mensch muß sich, instinktreduziert wie er ist, mit seiner Welt auseinandersetzen. Dies ist ihm möglich, weil er handelndes Wesen ist, d.h. weil er als Vernunftwesen **Welt mittels Sprache sinnvoll gestalten kann.**

Die Beantwortung unserer Grundfrage nach der Erziehbarkeit des Menschen wird sich im folgenden also auf den Begriff der *Handlung*, des *Sinns* und der *Sprache* stützen müssen.

Vorher sollte aber eine weitere Absicherung des hier Gesagten erfolgen. Wir müssen nicht ganz auf die Empirie verzichten, denn die hier mehr philosophisch entwickelten Zusammenhänge sind auch durch empirische Untersuchungen untermauert, besonders durch die des Anthropologen A. PORTMANN.

Er unterscheidet auch bei Säugetieren hinsichtlich der Situation bei der Geburt bzw. der Entwicklung in der Zeit kurz danach *Nesthocker* und *Nestflüchter* (Benennungen, die eigentlich nur zur Bezeichnung der Zustände bei Vögeln dienen und die PORTMANN beibehalten hat, obwohl der Hinweis auf das Nest bei Säugetieren nicht zutrifft). **Nesthocker** weisen als gemeinsame Merkmale auf:

— wenig spezialisierter Körperbau,
— geringe Entwicklung des Gehirns,
— kurze Tragezeiten,
— hohe Nachkommenzahl bei jedem Wurf,
— hilfloser Zustand des Jungtieres im Geburtsmoment,
— meist unbehaart,
— noch keine Öffnung der Sinnesorgane im Jugendstadium.

Demgegenüber ist bei den **Nestflüchtern**

— der Körperbau spezialisiert,
— das Gehirn weist eine reichere Ausbildung auf,
— die Entwicklung im Mutterleib dauert lange,

– die Nachkommenzahl pro Wurf ist auf zwei oder eins reduziert,
– die Neugeborenen sind weit entwickelt und den Alten in Gestalt und Gebaren recht ähnlich,
– sie verfügen über die Elemente der ihre Art kennzeichnenden Kommunikation.

aus: PORTMANN 1969, S. 27 ff.

(1) Tableau: *Ontogenetische Beziehungen bei Säugetieren*

	Niedrige Organisationsstufe	Höhere Organisationsstufe*
Tragzeit	sehr kurz (z. B. 20–30 Tage)	lang, mehr als 50 Tage
Zahl der Jungen pro Wurf	groß (z. B. 5–22)	meist 1–2 (selten 4)
Zustand der Jungen bei der Geburt	Nesthocker	Nestflüchter
Beispiele	viele Insectivoren, Nager und marderartige Raubtiere	Huftiere, Robben und Wale, Affen und Halbaffen

* Ähnlich der höheren Organisationsstufe verhalten sich auch manche Säuger von extrem spezialisierter Organisation, aber relativ niedriger Ausbildung des Gehirns, so z. B. Faultiere, Ameisenbären, Fledermäuse. Unsere Übersicht will lediglich den Blick auf zuweilen wenig beachtete Zusammenhänge lenken, die zur Zeit Gegenstand der entwicklungsgeschichtlichen Forschung sind.

aus: PORTMANN 1969, S. 29.

Der neugeborene Mensch nimmt auch hier eine Sonderstellung ein: Er ist ein „*hilfloser Nestflüchter*". Auf ihn treffen zwar Merkmale der Nestflüchterorganisation zu, in vollem Umfang aber erst etwa ein Jahr nach der Geburt. Erst zu diesem Zeitpunkt erlangt das Neugeborene den Ausbildungsgrad, den es als echter Nestflüchter schon zur Zeit der Geburt verwirklichen müßte, besonders: Körperproportionen, die denen des Erwachsenen ähnlich sind, aufrechte Körperhaltung und Grundelemente der Kommunikation.

Sollte der Mensch so ausgeformt zur Welt kommen, müßte die Schwangerschaft ca. 21 Monate dauern. Auf diese Überlegung bezogen, nennt PORTMANN den Menschen eine „*physiologische Frühgeburt*". Der Mensch – obwohl seinem Grundplan nach ein Nestflüchter – gerät dadurch in Abhängigkeit von Pflege und besonderer Aufzucht. Für das hier angesprochene Phänomen fand PORTMANN übrigens den Begriff des **sekundären Nesthockers.**

Der Mensch verbringt — immer bezogen auf Säugetiere vergleichbar hoher Organisation — einen Teil seiner foetalen Reifung außerhalb des Mutterleibes: das erste Lebensjahr erscheint somit als *„extrauterine Frühzeit"*.

Dieser Befund kann nun nach zwei Seiten ausgelegt werden:

(a) Der Mensch kommt unfertig zur Welt, er muß sich seine menschliche Verfassung erst aneignen, er bringt sie nicht schon als vollendet mit;

(b) er kann sich als Mensch nur entwickeln, wenn er tatsächlich auch entwicklungsfähig oder, anders ausgedrückt, *bildsam* ist.

Die Frühgeburt des Menschen kann als Gefährdung (der Mensch ist noch nicht Mensch), zugleich aber auch als Chance angesehen werden: der Mensch kann nur deshalb Mensch werden, weil er es noch nicht ist, weil er im Sinne NIETZSCHES noch nicht-festgestellt ist.

Und weiter: Da der Mensch unfertig, damit gefährdet ist, bedarf er der Zuwendung anderer Menschen; er steht mit jedem seiner Schritte hin zur Menschwerdung immer schon notwendig im *sozialen Kontext, d. h. in einer Sprachgemeinschaft und in einem Gefüge sinnhafter, gesellschaftlich akzeptierter Institutionen.* Man könnte daher — mit Bezug auf das extrauterine Frühjahr — die Gesellschaft als den zweiten Mutterleib des Menschen ansehen.

Exkurs

Andererseits aber ist durch diesen gesellschaftlich geprägten Entwicklungsprozeß des Menschen der Hinweis auf seinen Welt — (statt Umwelt) — Bezug kräftig relativiert. Er ist zwar nicht — wie die Pilgermuschel — in einem klar umrissenen Verhaltenszusammenhang fixiert, er ist also weltoffen; daher muß er sich seine Welt erst schaffen oder — im weitesten Sinn des Wortes — erarbeiten. Indem er sich aber Welt schafft, indem er damit auch die Handlungssicherheit erreicht, durch die seine fehlende Instinktausstattung kompensiert wird, wird diese Welt für ihn zu seiner ‚Umwelt': Sie prägt ihn, sie verpflichtet ihn auf sich, sie legt ihm bestimmte Verhaltensweisen und Orientierungen als verbindlich nahe. Man kann daher sagen, „daß die ursprüngliche biologische Weltoffenheit der menschlichen Existenz durch die Gesellschaftsordnung immer in eine relative Weltgeschlossenheit umtransponiert wird, ja, werden muß." (BERGER/LUCKMANN 1980, S. 55).

Verfolgt man diese Überlegung noch weiter, dann muß man berücksichtigen, daß der Mensch als *Gattungswesen* eigentlich ein Abstraktum, eine bloß gedankliche Konstruktion darstellt, daß demgegenüber der Mensch nur als *Einzelwesen* in seiner je historisch und gesellschaftlich bedingten Existenzweise wirklich ist.

Diese relativierende Sicht geht vor allem auf K. MARX zurück, der konsequent betont, daß man von dem ‚Menschen an sich' nicht reden könne, daß es diesen außer im Kopf einiger Philosophen nicht gebe.

Auch MARX sieht den Menschen in einem prinzipiellen Gegensatz zum Tier, sofern er aufgrund von Vorstellungen ‚arbeitet', d. h. seine Welt und die Natur verändert. Dies bleibt bei MARX aber keine allgemein-überzeitlich bezogene Äußerung, sondern heißt zugleich, daß diese Art der Auseinandersetzung des Menschen mit der Natur immer eine *bestimmte* ist, daß sie in bestimmte gesellschaftliche und politische Verhältnisse eingelagert ist, die nun aus der je historisch gegebenen Art der Produktion des Lebens mitbedingt sind.

Die Voraussetzungen, von denen MARX her denkt, sind also „...keine willkürlichen, keine Dogmen, es sind wirkliche Voraussetzungen, von denen man nur in der Einbildung abstrahieren kann. Es sind die wirklichen Individuen, ihre Aktionen und ihre materiellen Lebensbedingungen, sowohl die vorgefundenen wie die durch ihre eigene Aktion erzeugten."
aus: MARX 1968, S. 346

Man kann den Gedanken bis zu dieser Stelle zusammenfassen und beide Stränge, den empirischen und den philosophischen, in eine ausgeweitete Zwischenantwort auf unsere Ausgangsfrage aufnehmen:

Der Mensch hat eine risikoreiche Sonderstellung in der Natur. Er ist biologisch und geistig ein unfertiges, ein nicht-festgestelltes Wesen, er verbringt ein extra-uterines Frühjahr im zweiten Mutterleib, der Gesellschaft. Er lernt, die Gefährdung seiner natürlichen und geistigen Existenz aufgrund seiner Vernünftigkeit durch *Handeln* zu meistern, d. h. durch *sprachlich* vermittelte *sinnvolle* Tätigkeit, die bis zu einem gewissen Grad durch seine konkrete historisch-gesellschaftliche Situation bestimmt ist.

Für uns ergibt sich jetzt die Aufgabe, diese zentralen Begriffe der Handlung, des Sinns und der Sprache abzuklären.

1.1.1. Strukturmerkmale des Handelns

Der Mensch — so wurde hervorgehoben — gleicht seine organisch bedingte Mängelstruktur durch die Möglichkeit zum Handeln aus. Es stellt sich die Frage, wie diese Fähigkeit genauer zu beschreiben ist: Was kennzeichnet den Begriff des Handelns?

Eine erste, noch sehr allgemein gehaltene Antwort:

Handeln kann verstanden werden als *Realisieren einer Absicht (eines Ziels).*

Damit sind zwei Dimensionen am Handlungsbegriff hervorgehoben:

(a) die Dimension der Ziel*setzung* und
(b) die der Ziel*realisierung.*

Beschäftigen wir uns zunächst mit (a).

Der *Prozeß der Zielsetzung* ist wesentlich ein Entscheidungsprozeß, bei dem das Votum für ein Ziel abhängt von

— den *Mitteln,* die man zu seiner Realisierung zur Verfügung hat oder meint, sich beschaffen zu können;
— den *Werten und Normen,* die als Bestimmungsgründe (als ‚Ursachen') für die eigenen Anschauungen, Vorlieben, Wertungen, Einstellungen etc. anzusehen sind.

Beispiel:

Es geht um die Entscheidung über das Ziel nachschulischer Ausbildung. Soll man studieren oder eine Lehre beginnen oder aussteigen und auf einen Beruf verzichten?

Die Entscheidung für eines dieser Ziele, beispielsweise Studieren, hängt zum einen ab von den Mitteln, die man hat bzw. einsetzen können wird: Geld, Zeit, Intelligenz, Schulabschluß.

Zum andern wird das Votum auch vor dem Hintergrund der persönlich akzeptierten und vertretenen Werte und Normen gefällt: Bejahung von Leistung, Höherschätzung von Kopfarbeit gegenüber Handarbeit, Ansehen, Tradition der Familie („alle waren Akademiker").

Ist ein Ziel gesetzt, muß es durch die Handlung *realisiert* werden (Punkt b). Wie dieser Prozeß genau abläuft, schildert der alte ARISTOTELES recht präzise und anschaulich — im Gegensatz zu vielen sprachdrechselnden modernen Handlungstheoretikern.

„Wir überlegen uns weiterhin nicht die Ziele, sondern das, was zu den Zielen führt. Denn der Arzt überlegt nicht, ob er heilen soll, noch der Redner, ob er überzeugen soll, noch der Politiker, ob er eine gute Staatsordnung schaffen soll, noch überhaupt jemand hinsichtlich des Zieles. Sondern wir setzen das Ziel an und erwägen dann, wie und durch welche Mittel wir es erreichen, und wenn sich mehrere Wege zeigen, so wird geprüft, welcher der schnellste und schönste sei; wenn aber ein Weg eingeschlagen wird, so fragt man, wie das Ziel durch diesen Weg erreicht wird, und dann wieder, wie man auf jenen Weg gelangt, bis man zur ersten Ursache kommt, die im Fragen das Letzte ist.

... und das Letzte in der Analyse ist das Erste im Werden. Und wenn man auf etwas Unmögliches stößt, so verzichtet man, etwa wenn man Geld braucht und sich dies nicht zu beschaffen vermag. Wenn es sich aber als möglich erweist, dann beginnt man zu handeln."

aus: ARISTOTELES, 1112 b 10-25

Zunächst: Bei der *Realisierung eines Zieles* (bei der Handlung) sind zwei *gegenläufige Phasen* voneinander abgehoben:

- der *Handlungsentwurf:* den geeigneten, zeit- und kraftsparenden Weg zu finden;
- die *Ausführung:* die eigentliche Handlung, die Realisierung des Ziels durch Einsatz der gewählten Mittel.

Beim Handlungsentwurf geht man *gedanklich* vom *Ziel* aus, sucht den geeigneten *Weg* und klärt die Frage nach den hierfür benötigten *Mitteln.* Die Mittel selbst stehen in einer Reihenfolge, wobei eines das andere voraussetzt. So gesehen, werden die einzelnen Mittel jeweils zu *Zwischenzielen* bei der Handlung. Sieht man es umgekehrt: Ist *ein* Mittel nicht verfügbar, kann man auch an die anderen nicht herankommen. Es taucht damit ein Hindernis auf. Ist es nicht zu beseitigen, so wird die Handlung auf diesem Weg und mit diesen Mitteln unausführbar; läßt es sich dagegen bewältigen bzw. stellt sich nichts hindernd in den Weg, so gelangt man in der Analyse zu einem ‚letzten' Mittel: Es ist *End-*

punkt der gedanklichen Gliederung des Entwurfs, aber *Anfangspunkt der Handlung* selbst, die jetzt konkret in der Ausführung den Weg wieder aufsteigt von Mittel zu Mittel bis hin zum Ziel.

Beispiel:

Man kann den Weg zur Uni nicht zu Fuß bewältigen und hat sich entschieden, mit dem Auto zu fahren. Dafür muß eins angeschafft werden (Mittel und zugleich Zwischenziel).

Als *Wege* kommen in Frage: ein Auto kaufen — sich eins schenken lassen — eins stehlen.

Der letzte Weg wird als zu riskant oder moralisch unvertretbar ausgeschlossen, der zweite wird ebenfalls fallengelassen, wenn weder ein reicher Vater noch ein wohlwollender Verwandter in Sicht sind. Bleibt der erste Weg, der leider auch der aufwendigste ist: das Auto muß gekauft werden.

Als unverzichtbares *Mittel* ist Geld nötig, das auch noch selbst beschafft werden muß.

Im Toto tippen und auf einen Gewinn hoffen ist zu unsicher; bleibt die Möglichkeit, zu jobben. Das kollidiert aber mit dem Studium, da für beides recht viel Zeit draufgeht. Ist die Zeitfrage (Zeit ist hier ein Mittel bei der Handlung) nicht zu klären, muß der Plan aufgegeben werden. Läßt sich das Problem lösen — etwa durch eine bestimmte Zeitaufteilung — kann der Handlungsentwurf weiter durchgefürt werden. Etwa indem die Veranstaltungen an der Uni geballt auf den Morgen gelegt werden und man spätnachmittags und abends in einer Kneipe kellnert.

Das letzte in der Analyse ist dann das erste bei der Ausführung: Einen Job in einer Kneipe besorgen und dann den Weg wieder hinauf zum Ziel gehen.

Das gleiche Handlungsmuster wie in diesem Alltagsbeispiel unterliegt auch den großen Zielen, die die Menschheit bewegen: den Frieden sichern, die Energieversorgung gewährleisten, den Hunger beseitigen. Diesen Gefährdungen seiner Existenz begegnet der Mensch durch Handeln, durch plan- und absichtsvollen Eingriff in die Wirklichkeit.

Der Mensch geht seine Handlungen also *zweimal* durch: *in Gedanken und in der Tat.*

Die gedankliche Analyse kann man als einen *Probelauf* für die Handlung ansehen, der anthropologisch betrachtet einige Vorteile mit sich bringt:

— Der Mensch muß sich nicht unmittelbar dem Risiko des Scheiterns aussetzen und braucht nicht ausschließlich nach dem Prinzip von Versuch und Irrtum zu lernen.
— Er kann sein Tun somit aussetzen (suspendieren), in Gegensatz zum Tier, das immer im Vollzug, in der direkten Reaktion auf bestimmte Reizkonstellationen steht.
— Er kann schließlich auch auf sein Tun und seine eigene Rolle dabei reflektieren.

Was aber macht es dem Menschen überhaupt möglich, Handlungsvollzüge gedanklich durchzugehen?

Greifen wir noch einmal kurz auf das Beispiel des Autokaufs zurück. Bei dem Handlungsentwurf ist mit Begriffen, mit sprachlichen Zeichen operiert worden, die aus ihrer Einlagerung in entsprechende Handlungsfelder wie dem des Studierens oder des Jobbens ihren Sinn erhielten. Oder abstrakter ausgedrückt: *Die Handlungsanalyse und die Realisierung vollzogen sich im Medium von Sinn und mittels Sprache.*

Nach dem Begriff der Handlung müssen also jetzt die beiden komplementären Begriffe des Sinns und der Sprache näher untersucht werden.

1.1.2 Sinn und Sprache

Sinn kann umschrieben werden als *die Fähigkeit des Menschen, seinem Tun, seinem Handeln, kurz: seiner Praxis Bedeutung zu unterlegen.*

Der Mensch handelt und kann nur handeln aufgrund von Vorstellungen, die er sich von seinem Tun und seiner Rolle dabei macht.

Beispiel ‚Grüßen':

Treffen sich zwei Menschen, so äußern sie keine artbedingten Knurr- oder Schnurrlaute, sondern die Begrüßungshandlung erfolgt aufgrund von Vorstellungen über die Situation. Man ‚entwirft' einen Begrüßungsplan: Wie zuvorkommend soll man grüßen, wie korrekt oder wie lässig soll man sich geben, welche Grußformel soll man wählen, bleibt man stehen und wechselt noch ein paar Worte usf.?

Es kommt also eine Reihe von Vorstellungs- oder Sinnaspekten zusammen, die in ihrer Gesamtheit die Bedeutung des Grüßens ausmachen und die Handlung erst ermöglichen.

Dabei ist zu beachten: Der einzelne *‚schafft'* zwar die bestimmte Bedeutung dieser Situation, er ist so gesehen durchaus kreativ. Er wählt Aspekte aus dem Sinnreservoir für ‚Grüßen' aus, kombiniert sie und kreiert diese bestimmte, gerade jetzt ablaufende Situation. Andererseits aber steht er auch immer schon in *vorgefundenen Sinnzusammenhängen,* die gesellschaftlich geschaffen und für den einzelnen relativ verbindlich sind. Er findet Sinnwelten als seine gesellschaftliche Umwelt vor, daher die Rede von der relativen Weltgeschlossenheit.

Die individuellen Begrüßungsarten sind nicht absolut eigene Kreationen oder abstrakter ausgedrückt: der einzelne schafft nicht völlig neu gesellschaftlichen Sinn. So kann man einen Vorgesetzten meist nicht mit „Hallo, ça va!" begrüßen und nicht zu einem Freund sagen „Darf ich Ihnen einen angenehmen Tag wünschen". Vielmehr liegt in diesen Fällen die Sinnverwendung fest, es ist weitgehend geregelt, wer mit welchen Worten in welcher Situation begrüßt wird.

Dann aber wieder zeigt ein Blick auf die verschiedenen Kulturkreise recht unterschiedliche Arten des Grüßens, d. h. recht abweichende Sinnkonstrukte für das gleiche Phänomen menschlichen Umgangs: Die einen verhalten sich englisch steif, die anderen umarmen einander mit südländischem Temperament, und wieder andere strecken die Zunge heraus.

Wir sollten festhalten:

Der Mensch handelt — im Gegensatz zum Tier, das sich verhält. Er handelt aufgrund von Vorstellungen im Kontext seiner Gesellschaft und nicht als Folge von Instinktreaktionen.

Graphisch dargestellt:

Tier	—	Instinkte ↔ Verhalten	—	Situation
Mensch	—	Sinn ↔ Handeln	—	Situation

Aus anthropologischer Perspektive heißt Sinn:

- *Gestalten der Welt* durch den Menschen aufgrund von Vorstellungen (Mensch als *Gattungswesen*),
- *Gestaltetsein der Welt* für den Menschen aufgrund von verfügbaren Vorstellungen (Mensch als historisch-konkretes *Einzelwesen*).

Wo aber wird Sinn eigentlich vorgefunden, wie ist er ‚gelagert', und wie erhält man Kenntnis von ihm? Sinn wird in **Symbolsystemen** festgehalten und vermittelt, Sinn ist immer symbolisch fixiert, wobei das wichtigste Symbolsystem die *Sprache* ist.

Beispiel:

Der Sinn der Vorstellung Gerechtigkeit ist in einem Bildsymbol fixiert — in der Waage der Justitia, er ist in Büchern festgehalten, entweder abstrakt in Gesetzestexten oder konkret-anschaulich in Erzählungen, beispielsweise der über Michael Kohlhaas. Dort, wo Sinn in optischen oder akustischen Systemen ‚gelagert' ist, kann er prinzipiell in Sprache übersetzt werden (denken Sie an das optische Zeichen der Waage).

So gesehen ist Sprache ein besonders ausgezeichnetes *Symbolsystem*, und zwei ihrer wichtigsten Leistungen unter anthropologischem Aspekt sind hier zu erwähnen:

Sprache fixiert und tradiert Sinn.

Sie hält Sinn fest, und in ihr kann er weitergegeben werden; einmal erworbene Sinnzusammenhänge können auch in Zukunft Auskunft geben, wie sich die Menschen einer bestimmten Gesellschaft mit der Natur, ihren Mitmenschen und mit sich selbst bisher auseinandergesetzt haben. Dieser Erfahrungsbestand geht auch im Generationenwechsel nicht verloren.

Die zweite Leistung von Sprache in anthropologischer Hinsicht ist ihre **Entlastungsfunktion.**

Der Mensch — so wurde gesagt — setzt sich handelnd mit seiner (Um-)Welt auseinander, um so Einsicht, Erfahrung, Lerngewinn zu erzielen. Konkret verstanden wäre die immer nur handelnde Auseinandersetzung mit der Welt ein sehr umständlicher, beschwerlicher und nicht selten auch gefährlicher Weg.

Umständlich, da jede Handlung immer wieder neu vollzogen und — was wichtig ist — neu erfahren werden müßte, womit auch immer wieder das Risiko des Scheiterns verbunden wäre.

Beschwerlich, sofern eine Reihe von Handlungen großen Einsatz an Mitteln und Kräften (an Ressourcen) verlangt und es unökonomisch wäre, dies immer wieder von neuem in vollem Umfang leisten zu müssen.

Gefährlich, als Handlungsvollzüge mit Gefahr für Leib und Leben verbunden sein können.

Die Verwendung der Sprache erspart dem Menschen oft diese Mühen, weil sie als allgemeines Symbolsystem nicht notwendigerweise an die betreffende Handlungssituation gebunden ist:

Man kann nämlich *sprachlich operieren,* ohne immer wieder neu handeln zu müssen;

man kann *sprachlich Handlungsabläufe* durchgehen, ohne sie konkret ausführen zu müssen;

man kann *sprachlich Konsequenzen* ermitteln, ohne sie erst am eigenen Leib gespürt zu haben.

Dies alles ist mit ‚Entlastungsfunktion von Sprache' gemeint, die übrigens eng mit dem Aspekt der Fixierung und Tradierung von Sinn zusammenhängt: Indem nämlich Erfahrung festgehalten und weitergegeben wird, kann man sie sich sprachlich aneignen und ist so zunächst von unmittelbarem Handlungsdruck entlastet.

Wie bedeutsam die Rolle der Sprache im Erziehungsprozeß des Menschen ist, wird besonders bei Fehlentwicklungen deutlich. Eine solche Situation wird im ‚Fall Isabelle' geschildert.

Der Fall Isabelle

Ein bezeichnender Fall, der die Bedeutung der Sprache für die Formung menschlichen Verhaltens illustriert, wurde von K. Davis berichtet... Ein Mädchen namens Isabelle, ein uneheliches Kind, hatte faktisch mit ihrer taubstummen Mutter in einem einzigen Raum allein gelebt, bis sie ungefähr sechseinhalb Jahre alt war. Ihr Verhalten wurde beschrieben als nahezu „das eines wilden Tieres, das viel Furcht und Feindseligkeit zeigte. Anstatt zu sprechen, gab sie nur einen seltsamen krächzenden Laut von sich. In vieler Hinsicht verhielt sie sich wie ein ganz kleines Kind." Von einem Psychologen, der sie untersuchte, wurde gesagt, daß „sie offensichtlich Beziehungen jeglicher Art überhaupt nicht wahrnahm." Zunächst war kaum festzustellen, ob sie fähig war zu hören oder nicht, weil sie Lauten gegenüber so unempfänglich war. Als Tests erwiesen, daß sie nicht taub war, neigten Spezialisten, die mit ihr arbeiteten, zu der Annahme, daß sie schwachsinnig und „gänzlich unerziehbar" und daß der Versuch, sie sprechen zu lehren, zwecklos sei. Ihr Testergebnis, selbst bei nonverbalen Tests, war außerordentlich niedrig. Ein... Test ergab ein Intelligenzalter von neunzehn Monaten, obwohl ihr Lebensalter über viermal so hoch war, und ordnete sie der Kategorie hochgradigen Schwachsinns zu.

Trotz pessimistischer Erwartungen hinsichtlich des Ergebnisses wurde Isabelle einem systematischen Training unterzogen. Es dauerte eine Woche, bevor sie den ersten Vokalisationsversuch machte; aber nach zwei Monaten begann sie, Sätze zu bilden. Neun Monate später konnte sie gut schreiben, eine Geschichte, die sie gehört hatte, wiedererzählen und Wörter und Sätze auf bedrucktem Papier wiedererkennen. Sieben Monate später besaß sie ein Vokabular zwischen 1500 bis 2000 Wörtern. In zwei Jahren hatte sie die Lernstadien hinter sich gebracht, die gewöhnlich sechs Jahre erfordern, und ihr Intelligenzquotient hatte sich verdreifacht. Als Davis über sie berichtete, war sie vierzehn Jahre alt, hatte die sechste Klasse der Volksschule durchlaufen und verhielt sich wie ein normales Kind.
aus: LINDESMITH/STRAUSS 1974, S. 129/130

Isabelle wurde zwar physisch versorgt, wuchs aber in einer a-sozialen Situation auf: Sie hatte außer zu ihrer Mutter keine Kontakte zu anderen Menschen, und — was wohl das Entscheidende war — zwischen beiden bestand keine sprachliche Beziehung. Damit waren Isabelle grundlegende soziale und kommunikative Lernerfahrungen vorenthalten. Sie war nicht in der Lage, sich auf ein Vis-à-vis einzustellen, und ihre Denkfähigkeit stand auf einem äußerst niedrigen Niveau.

Man kann daher sagen: *Der Mensch wird erst in der kommunikativen Beziehung zu anderen zum Menschen, da Haltungen, Anschauungen, Erfahrungen ihm immer nur sprachlich vermittelt werden können.*

1.1.3 Anthropologie und Verhaltensforschung

Als Ergebnis der bisherigen Überlegungen ist festzuhalten: Handeln, damit verbunden Sprache und Denken, ist als spezifisch menschliches Gattungsmerkmal hervorzuheben.

Kann man aber den Trennstrich zwischen Mensch und Tier tatsächlich so scharf ziehen? Belegen nicht etliche Befunde aus der Verhaltensforschung (Ethologie), daß auch Tiere Intelligenz besitzen und sich sogar Sprache im Sinne menschlicher Kommunikationsfähigkeit aneignen können?

Diesen Einwänden soll im Rückgriff auf zwei berühmte Experimente, das KÖHLERS zur Intelligenzprüfung und das GARDNERsche Sprachexperiment, nachgegangen werden.

KÖHLER experimentierte in den 20er Jahren auf Teneriffa mit Schimpansen, wobei für ihn die Frage, ob Affen zu intelligentem Verhalten fähig sind, im

Vordergrund stand. Ein besonders gelehriger und findiger Schimpanse war Sultan, mit dem folgendes Experiment durchgeführt wurde.

„Ihm stehen als Stäbe zwei hohle, aber feste Schilfrohre zur Verfügung, wie die Tiere sie schon oft zum Heranziehen von Früchten verwendet haben. Das eine hat so viel kleineren Querschnitt als das andere, daß es sich in dessen beide Öffnungen leicht einschieben läßt. Jenseits eines Gitters liegt das Ziel so weit entfernt, daß das Tier mit den (etwa gleich langen) einzelnen Rohren nicht ankommen kann. – Trotzdem gibt es sich zunächst große Mühe, mit einem oder dem andern das Ziel zu erreichen, indem es die rechte Schulter weit zwischen den Gitterstäben vordrängt. Als alles umsonst ist, begeht Sultan einen ‚schlechten Fehler' oder, deutlicher gesprochen, eine kräftige Dummheit, die sich bei ihm auch sonst bisweilen zugetragen hat: Er zerrt aus dem Hintergrunde des Raumes eine Kiste ans Gitter; von dort schiebt er sie allerdings gleich wieder zurück, da sie nichts nützt oder vielmehr im Wege steht. Gleich danach setzt ein zwar praktisch nutzloses, im übrigen aber unter die ‚guten Fehler' zu rechnendes Verfahren ein: Er führt das eine Rohr so weit wie möglich hinaus, nimmt darauf das andere und schiebt mit ihm das erste vorsichtig auf das Ziel zu, indem er es, am hinteren Ende langsam stoßend und drängend, sorgfältig in der Richtung auf die Früchte zu hält. Freilich gelingt das nicht immer, aber ist er auf diese Art einigermaßen weit gekommen, dann wird die Vorsicht besonders groß, er schiebt ganz sacht, berücksichtigt recht gut die Bewegungen des liegenden Rohres und bringt dieses wirklich mit der Spitze bis an das Ziel. Damit ist auf eine Art, die hier zum erstenmal ganz unvermittelt auftritt, der Kontakt Tier–Ziel hergestellt, und Sultan findet – man kann es auch als Mensch nachfühlen – sichtlich eine gewisse Befriedigung darin, über die Früchte wenigstens insofern Gewalt zu haben, als er sie durch Vermittlung des geschobenen Stokkes anstoßen und leicht bewegen kann."
aus: Köhler 1963, S. 90f

Nach etlichen Wiederholungen, die alle ohne Erfolg blieben, stellt Sultan seine Bemühungen ein. Da der Versuch später wieder aufgenommen werden soll, bleibt für alle Fälle ein Wärter als Beobachter am Käfig.

„Bericht des Wärters: „Sultan hockt zuerst gleichgültig auf der Kiste, die etwas rückwärts vom Gitter stehengeblieben ist; dann erhebt er sich, nimmt die beiden Rohre auf, setzt sich wieder auf die Kiste und spielt mit den Rohren achtlos herum. Dabei kommt es zufällig dazu, daß er vor sich in jeder Hand ein Rohr hält, und zwar so, daß sie in einer Linie liegen; er steckt das dünnere ein wenig in die Öffnung des dickeren, springt auch schon auf ans Gitter, dem er bisher halb den Rücken zukehrte, und beginnt eine Banane mit dem Doppelrohr heranzuziehen. Ich rufe den Herrn; inzwischen fällt dem Tier das eine Rohr vom andern ab, da es sie sehr wenig ineinandergeschoben hat, und sogleich setzt es sie wieder zusammen."

Der Bericht des Wärters bezieht sich auf einen Zeitraum von knapp 5 Minuten, die seit Abbruch des Versuches vergangen sind. Von dem Mann herbeigerufen, habe ich selbst weiter gesehen:

Sultan hockt am Gitter, ein Rohr hält er hinaus, und auf der Spitze hängt lose das zweite weitere Rohr, gerade im Abfallen; es fällt wirklich, Sultan zieht es heran, schiebt sofort mit

der größten Sicherheit das dünnere wieder hinein, so daß jenes einigermaßen fest darauf sitzt, und holt mit dem verlängerten Werkzeug eine Frucht heran. Das breitere Rohr ist jedoch etwas zu weit gewählt, und so fällt es in der Folge noch mehrmals von der Spitze des dünneren herunter; jedesmal setzt Sultan die Rohre sofort wieder zusammen, indem er links das breite auf sich zu, rechts etwas zurück das dünnere hält und dieses in jenes einführt... Das Verfahren scheint ihm außerordentlich zu gefallen; er macht einen sehr lebhaften Eindruck, zieht alle Früchte nacheinander ans Gitter, ohne sich zum Fressen Zeit zu nehmen, und holt, als ich dann den Doppelstock noch einmal auseinandernehme, mit den schnell wieder zusammengefügten Rohren ganz gleichgültige Gegenstände aus der Ferne an das Gitter heran."
aus: KÖHLER 1963, S. 91 f

In KÖHLERS Erklärung zu Verlauf und Ausgang des Experimentes ist zunächst einmal betont, daß Sultan intelligentes Verhalten zeigt, sofern man unter Intelligenz die Fähigkeit versteht, eine Schwierigkeit zu bewältigen. Um eine derartige Leistung zu erbringen, muß die Schwierigkeit als solche erfaßt sein und durch eine adäquate Auswahl aus bestehenden Handlungsmöglichkeiten erfolgreich angegangen werden. Beides trifft auf Sultan zu: Er erkannte die Notwendigkeit, eine räumliche Distanz mit Hilfsmitteln, mit ‚Werkzeugen' überbrücken zu müssen, um an den gewünschten Gegenstand heranzukommen, und es gelang ihm, die dazu geeigneten und zum Erfolg führenden Handlungsmittel zu finden und anzuwenden.

Allerdings – so KÖHLER – war Sultan zur Leistungserbringung erst in der Lage, als die Stöcke in optischer Passung zum möglichen Verwendungszweck standen. Man könnte sagen, Sultan benötigte in seinem Wahrnehmungsfeld auffindbare, in es integrierte Lösungshilfen.

PLESSNER, der schon erwähnte Philosoph und Anthropologe, führte KÖHLERS Einschränkung noch einen Schritt weiter. Zwar müsse man bei Sultan von intelligentem Verhalten sprechen, dies aber mit dem Hinweis versehen, daß Sultan nur schwer in der Lage ist, einzelne Gegebenheiten in seinem Wahrnehmungsfeld planmäßig so zueinander in Beziehung zu setzen, daß ein für die Lösung des Problems förderliches Gesamtbild entsteht. Man bezeichnet dieses Gesamtbild in der Kognitionspsychologie als ‚Gestalt' und kann daher sagen, auch bei Sultan sei eine **Gestaltschwäche** zu bemerken. Über das Experiment mit Sultan hinaus und durch es gestützt fragt PLESSNER generell, ob sie nicht als ein grundsätzlicher Mangel des tierischen Bewußtseins anzusehen sei.

In diesem Punkt schon anklingende gedanklich-intellektuelle Schwächen des Tieres gegenüber dem Menschen sieht PLESSNER – gestützt auf andere Experimente – mit Blick auf weitere kognitive Bereiche bestätigt. So z. B. haben Affen, die einen an der Decke des Käfigs hängenden Gegenstand erreichen wollten, Kisten, die ihnen als denkbare Hilfen verfügbar waren, an die Wand zu heften versucht. Sie hatten zwar richtig erfaßt, daß zwischen ihnen und dem Gegenstand eine ‚Zwischenstufe' konstruiert werden mußte, verkannten aber völlig die Eigenschaften der Kiste als eines Körpers, der nur auf einer festen Unterlage stehen kann. Befand sich beim gleichen Experiment eine Leiter im Käfig, die aber flach an dessen Wand angelehnt stand, haben die Tiere sie nicht als Möglichkeit wahrgenommen, mit ihrer Hilfe die erforderliche ‚Zwischenstufe' herstellen zu können. Ähnlich ratlos sind Tiere, wenn sie vor Hindernissen stehen, die nur durch Wegräumen überwunden werden können. Zwar zeigen sie einiges Geschick darin, ein Hindernis positiv in die Feldstruktur einzubeziehen und es zu umgehen, zu überspringen u. a. Sie sind jedoch kaum in der Lage, die Schwierigkeit zu bewältigen, indem das Hindernis beseitigt wird. Plessner folgert daraus: „Dem intelligentesten Lebewesen in der Tierreihe, dem menschenähnlichsten, fehlt der Sinn für's Negative. Dies ist das sichere Ergebnis der Untersuchungen Köhlers, der gewiß nicht gegen tierische Intelligenz und für einen unüberbrückbaren Wesensunterschied von Mensch und Tier voreingenommen war" (Plessner 1975, S. 270). Dem Tier fehlt damit die fundamentale Voraussetzung zur Begriffsbildung, nämlich jene ‚scharfbegrenzte Leere', die den Rahmen abgibt, in den die Fülle konkret-sinnlicher Einzelgestalten hineinpaßt. Das Tier ist zwar fähig zur sinnlichen Abstraktion und es ist fähig, Anschauungen des Runden, das Spitzen, Viereckigen zu bilden, aber sie bleiben eingebunden in die Struktur des jeweils vorliegenden Gesamtfeldes. Man kann folglich sagen, *daß das Tier fähig ist zur Einsicht in Feldverhalte, aber nicht zu der in Sachverhalte*, d. h. in Zusammenhänge, die vom konkreten Fall, von einem bestimmten Wahrnehmungsfeld und -kontext gelöst sind und als Dinge unabhängig von einer solchen Einbindung betrachtet werden.

Trotz aller Einschränkungen konnten bei Sultan rudimentäre Formen intellektuellen Verhaltens und elementarer Denkleistungen nachgewiesen werden. Damit ist in diesem Bereich die Diskrepanz zwischen Mensch und Tier zumindest gemildert. Bleibt die Frage, ob nicht die Sprachfähigkeit eine derart genuine menschliche Eigenschaft ist, daß hier die eigentliche Differenz zwischen Mensch und Tier besteht.

Allerdings wird auch diese Annahme erschüttert angesichts der recht beeindruckenden Leistungen des Schimpansenweibchens Washoe, das nach entsprechenden Experimenten des Ehepaars Gardner in der Lage war, sprachlich zu kommunizieren.

Die Gardners brachten Washoe in einer 22 Monate dauernden Lern- und Übungsphase Elemente der (amerikanischen) Taubstummensprache bei. Das Tier beherrschte nach dieser Zeit ca. 30 Gesten, die es dem jeweiligen Sprachzeichen eindeutig und fehlerfrei zuordnen konnte. Nach drei Jahren verfügte es über 85 Gesten bzw. Worte.

(2) Tableau: *Gesten und Wortbedeutung von Washoe*

Zeichen	Beschreibung	Kontext
Komm – gib (come – give)	Bettelbewegung mit ausgestreckter, nach oben geöffneter Hand und Bewegung von Handgelenk und Fingerknöcheln (natürliche Spontangeste der Schimpansen)	Angewandt auf Personen, Tiere, Objekte außerhalb Reichweite. Oft kombiniert mit »Komm kitzeln«
Mehr (more)	Fingerspitzen zusammenbringen, gewöhnlich über dem Kopf	Wunsch nach Fortsetzung oder Wiederholung von Tätigkeiten wie Schaukeln oder Kitzeln; mehr Essen; mehr Saltos usw.
Auf – aufwärts (up)	Arm aufwärts, auch mit gestrecktem Zeigefinger	Will hochgehoben werden, um etwas, z. B. Trauben oder Blätter, zu erreichen; möchte auf die Schulter gehoben werden; möchte den Topf verlassen
Süß (sweet)	Zeige- oder Zeige- und Mittelfinger berühren die wackelnde Zungenspitze	Für Nachtisch, spontan am Ende der Mahlzeit. Auch für Bonbons
Offen – öffnen (open)	Handflächen nebeneinander nach unten, dann Handflächen nach oben rotiert	Öffnen von Türen (Haus, Zimmer, Auto, Kühlschrank, Wandbord), Gefäßen, Wasserhähnen
Kitzeln (tickle)	Zeigefinger einer Hand über Handrücken des anderen streichen	Für Gekitzeltwerden und Kriegenspielen

aus: Eibl-Eibesfeldt 1987, S. 218

Allein der Hinweis auf den von Washoe angeeigneten Vorrat würde nicht ausreichen, von einer Fähigkeit zur Kommunikation zu sprechen. Dazu ist erforderlich, daß das Tier in spezifischen Situationen seine konkreten Absichten und Wünsche äußert oder Ereignisse benennt. Und erst recht kann man von Kommunikation dann sprechen, wenn A und B, der Verhaltensforscher und das Tier, in einen Dialog eintreten. Nach den Schilderungen Gardners hat Washoe beide Leistungen ebenfalls erbracht. Wollte sie aus dem Garten gehen, ‚sagte' sie ‚open door', wollte sie weiter gekitzelt werden, ‚sagte' sie ‚more tickle', um das Tor zu einem Blumengarten geöffnet zu bekommen, ‚sagte' sie ‚open flower' (vgl. Gardner / Gardner 1969, S. 666).

Auch zu einfachen Dialogen war Washoe fähig, wie das folgende Beispiel zeigt:

Washoe: Please
Person: What Do you want?
Washoe: out

Washoe: come
Person: What do you want?
Washoe: open

Washoe: more
Person: What more?
Washoe: tickle

Washoe: out out
Person: Who out?
Washoe: you
Person: Who more
Washoe: me

nach: EIBL-EIBESFELDT 1987, S. 222

Denkbar wäre gegenüber diesem Experimentbericht der Einwand, Washoe habe vermutlich vom Experimentator unbewußt gesendete Körpersignale aufgenommen, um das jeweils richtige Wort oder die richtige Antwort zu finden. Diesem Einwand wurde mit einem sogenannten *Doppelblindversuch* begegnet. Ein Experimentator, der hinter einem Vorhang saß und den Washoe nicht sehen konnte, zeigte Dias mit solchen Szenen, die Washoe benennen konnte (z. B. Robert kitzelt – Washoe sagt beim Sehen des Bildes ‚Robert tickle'). Des weiteren war bei diesem Experiment ein unabhängiger Beobachter so plaziert, daß er zwar Washoe, aber nicht die Dias sehen konnte. Bei jedem Bild, das Washoe sah, notierte der Beobachter Washoes Taubstummengeste, d. h. er notierte, was Washoe ihm über das Bild bzw. die dargestellte Szene sagte. So läßt sich anschließend prüfen, ob Washoe – unbeeinflußt von ihrem Lehrer, angeregt nur von der dargestellten Situation – in der Lage war, einen Dritten ‚sprachlich' zu informieren, was sie tatsächlich tat.

Wie ist nun mit diesen Experimentbefunden umzugehen? Ist Washoes Leistung menschlichem Sprachvermögen gleichzusetzen – etwa, was Syntax und Umfang des Vokabulars anbelangt, einer frühkindlichen Sprachleistung?

In der Tat gibt es weitgehende Parallelen, etwa die Setzung von Subjekt und Prädikat, die sprachliche Verknüpfung von Handeln und Wirkung, die von Wunsch und Aufforderung. Andererseits ist aber auch auf Einschränkungen hinzuweisen, etwa auf die Tatsache, daß Washoe nicht über artikulierte Sprache verfügt, die Mitteilungen eng an die Situation (sympraktisch) gebunden und die syntaktischen Strukturen recht rudimentär sind (so verfügt Washoe beispielsweise nicht über die Konjunktivform).

Grundsätzlich betrachtet:
Menschliche Sprache ist gekennzeichnet durch Stimmlaute, die
- artikuliert sind,
- eine konventionelle Bedeutung haben,
- etwas bezeichnen,
- in einer Intention geäußert werden (z. B. als Mitteilung, Aufforderung, Darstellung),
- in vielfältigen Kombinationen verknüpfbar sind.

Bezogen auf diese Merkmale stellt sich tierische Sprache als wesentlich eingeschränkt dar:
- „*Stimme:* Die überwiegende Mehrheit der Tiere — einschließlich der meisten Wirbeltiere — ist stumm.
- *Artikulation:* Silben werden zusammengefügt. Das ist unmöglich, wenn die Laute durch andere Organe als durch den Mund hervorgebracht werden. Bei den höheren Tieren, die Stimme besitzen, gibt es im allgemeinen keine Verknüpfung von Silben. Nur die Menschen verbinden Silben zu Wörtern.
- *Konventionelle Bedeutung:* Es gibt, mit wenigen Ausnahmen, keine direkte Beziehung zwischen der Bedeutung und der Beschaffenheit des Lautes. Sogar bei den höheren Tieren sind die Laute angeboren und typisch für die gesamte Spezies.
- *Bezeichnung:* Mit Hilfe der konventionellen Bedeutung wird es möglich, etwas — ein Objekt, eine Situation und so weiter — zu bezeichnen. Bei Tieren benennen Laute nicht Objekte oder Situationen, sondern drücken ‚Empfindungen' und ‚Gefühle' aus.
- *Intention:* Tierlaute werden in der Regel ohne Bezugnahme auf andere Lebewesen geäußert. Obwohl nicht in der Absicht hervorgebracht, andere zu beeinflussen, können diese Laute bei anderen Tieren Reaktionen hervorrufen.
- *Verknüpfung zu neuen Kombinationen:* Die Verbindung von Wörtern zu Sätzen kommt bei Tieren nicht vor; das vermag nur der Mensch."

aus: LINDESMITH/STRAUSS 1974, S. 118/119; die Zahlen im Original wurden durch einen Spiegelstrich ersetzt.

Zusammenfassung

Die **Pädagogische Anthropologie** stellt die Frage nach der Erziehungsfähigkeit und -bedürftigkeit des Menschen: Wieso *kann* und *muß* der Mensch erzogen werden?

Da der Mensch im Vergleich zum Tier *nicht-festgestellt*, sondern **weltoffen** ist, da er organisch betrachtet ein **Mängelwesen** und damit in seiner physischen Existenz hochgradig *gefährdet* ist, da der Mensch biologisch betrachtet als **‚sekundärer Nesthocker'** bezeichnet werden kann, muß er hinsichtlich seiner gattungsmäßigen Existenz zwar als unfertig, aber zugleich auch in seinen Konstitutionsbedingungen als formbar angesehen werden.

Der Mensch *kann* also erzogen werden, da er nicht schon ‚fertig' zur Welt kommt, er *muß* erzogen werden, da er nur so seine gattungsmäßige Existenzform erreicht und nur so existenzfähig wird.

Dabei richtet sich, anthropologisch gesehen, die Erziehungsaufgabe auf die *Handlungsfähigkeit* des Menschen mittels *Sinn* und *Sprache*. Der Mensch setzt sich handelnd mit der Welt auseinander, im Handeln gleicht er seine Gefährdung aus, sofern er nämlich in der Lage ist, Welt in **Symbolsystemen** (Sprache) über Sinn zu begreifen, zu ordnen und zu bearbeiten. Tiere sind zwar ebenfalls zu intelligenter Leistung und Sprachverhalten fähig, aber diese Kompetenzen bleiben **sympraktisch** gebunden.

1.1.4 Lerntafel

Grundfrage:

Wieso *kann* und *muß* der Mensch erzogen werden?

Antwort:

Da der Mensch ein **Mängelwesen** und zum **Handeln** befähigt ist.
Er ist nicht-festgestellt, er steht in festen Instinkt-Umwelt-Bezügen, sondern er kann aufgrund seiner Vernünftigkeit ‚Welt' entwerfen.

Folgen:

Gefährdung seiner Existenz, aber auch
Chance, seine Existenzformen selbst zu gestalten.

Voraussetzung hierfür ist **Erziehung:**

Um eine ihm gemäße Existenzform zu erlangen, *muß* der Mensch erzogen werden;
weil er keine festen Reaktionsformen mitbringt, weil er also weltoffen ist, *kann* er überhaupt erzogen werden.

Worauf ist Erziehung anthropologisch gesehen ausgerichtet?

— Auf die *Handlungsfähigkeit* des Menschen.

Denn: Der Mensch bewältigt Welt nicht aufgrund von Instinkten, sondern *handelnd*, d.h. mittels *Sinn*, den er in **Symbolsystemen** (Sprache) zur Verfügung hat und weitergeben kann.

1.2 Strukturmomente erzieherischen Handelns

Im ersten Kapitel über die anthropologischen Grundlagen der Erziehung ging es um die Frage: Wieso ist Erziehung möglich und nötig?
Geht man einen Schritt weiter, so will man Aufschluß über die Frage erhalten:

Was ist Erziehung?
Wodurch ist sie gekennzeichnet? Was sind wesentliche Aspekte an diesem Handlungstyp?

Diese globalen Fragen machen zu ihrer Beantwortung einen Zwischenschritt notwendig. Denn bevor geklärt werden kann, was Erziehung ist, muß man sich über den Weg Klarheit verschaffen, auf dem man zum Ziel gelangen will. Es ist weiter zu überlegen, ob es überhaupt *das* pädagogische Handeln gibt oder ob es sich hierbei nicht um jeweils ganz unterschiedliche, nicht vergleichbare Einzelhandlungen handelt.

Vergegenwärtigt man sich einzelne Situationen, die man vom Alltagsverständnis her als erzieherisch ansieht — beispielsweise die Verbesserung einer Schülerantwort durch den Lehrer, die Ermahnung einer Mutter, die Kontrolle der Hausaufgaben durch den Vater, die Diskussion mit Erwachsenen in einem Volkshochschulkurs — so haben sie auf den ersten Blick wenig miteinander zu tun. Sie laufen in unterschiedlichen Institutionen ab: in der Schule, Familie, Volkshochschule; die Handlungsträger sind jeweils andere: Lehrer, Mutter, Vater, Dozent, und die Vorgänge sind verschieden: verbessern, ermahnen, kontrollieren, diskutieren.

Läßt man aber diese Besonderheiten einmal beiseite und versucht man, das Charakteristische bzw. das Gemeinsame dieser Situationen zu erfassen, so wird man sie dem gleichen Handlungstyp, dem der **Erziehung,** zuordnen können. Wie geht man hierbei vor? — Man sondert aus der Vielzahl der einzelnen Handlungen das Zufällige, Einmalige, Nebensächliche (*Akzidentelle)* ab und konzentriert sich auf das Wesentliche; man reduziert die konkrete Situation so weit, bis dieses Wesentliche, das *Strukturelle* sichtbar wird. Dieses Verfahren nennt man *phänomenologische Reduktion,* und es soll auch für uns als Vorgehensweise bei der Analyse des folgenden Beispiels dienen.

Das Beispiel ist dem ‚Emile', einem Erziehungsroman von ROUSSEAU entnommen. Der junge Emile, der von Jean-Jacques erzogen wird, ist inzwischen etwa 12 — 13 Jahre alt. Für ROUSSEAU drängt nun nach der Erziehung des Körpers, der Sinne und Kräfte die des Verstandes in den Vordergrund: nicht jedoch weil der Erzieher meint, so solle es sein, sondern weil es in der Entwicklung der menschlichen Natur liegt. Das Prinzip dieser Phase, der Jugend, ist die Neugier, die Freude an der Entdeckung der näheren und weiteren Umgebung. Auf dem Erziehungsplan für Emile stehen daher geographische, physikalische, astronomische, also naturkundliche Studien. Im Anschluß an ein Lehrgespräch über den Lauf der Sonne und die Möglichkeiten, sich zu orientieren, stellt Emile — uninteressiert am bloßen Vortrag des Erziehers — die ihn in seinem Alter allein bewegende Frage: „Wozu ist das alles gut?"

„Wir stellten gerade die Position des Waldes nördlich von Montmorency fest, als er mich wieder mit der Frage belästigte: *Wozu ist das gut?* Du hast recht, sagte ich, wir wollen in Ruhe darüber nachdenken, und wenn wir das als nutzlose Anstrengung erkennen, werden wir nicht mehr darauf zurückkommen, wir haben noch genug anderen nützlichen Zeitvertreib. Dann beschäftigen wir uns mit etwas anderem, und für den Rest des Tages wird von Geographie nicht mehr gesprochen.

Am nächsten Morgen schlage ich ihm einen Spaziergang vor dem Mittagessen vor — nichts ist ihm lieber als das. Kinder sind jederzeit bereit, zu laufen, und dieses hier hat gute Beine. Wir steigen zum Wald hinauf, laufen kreuz und quer durch die Champeaux, verirren uns und wissen nicht mehr, wo wir sind; als wir umkehren wollen, finden wir den Weg nicht mehr. Die Zeit vergeht, es wird heiß, wir haben Hunger; wir beeilen uns, wir irren vergeblich bald in die eine, bald in die andere Richtung, nirgends sehen wir etwas anderes als Wald, Steinbrüche, ebene Flächen — nichts, woran wir uns orientieren könnten. Völlig erhitzt, erschöpft und ausgehungert verlaufen wir uns immer mehr. Schließlich setzen wir uns hin, um uns auszuruhen und Rat zu halten. Emile, den ich mir wie jedes andere Kind erzogen vorstelle, überlegt nicht, er weint; er weiß nicht, daß wir dicht vor Montmorency sind, daß bloß ein Dickicht es uns verbirgt; aber dieses Dickicht ist für ihn ein Wald, ein so kleiner Mensch wie er fühlt sich schon in einem Gebüsch wie im tiefsten Grab.

Nach ein paar Augenblicken des Stillschweigens sage ich mit beunruhigter Miene: Was sollen wir machen, um hier herauszukommen, Emile?

Emile (*schweißtriefend, unter heißen Tränen*). Ich weiß nicht. Ich bin so müde; ich habe Hunger; ich habe Durst; ich kann nicht mehr.

Jean-Jacques. Glaubst du, mir ginge es besser als dir? und denkst du, ich möchte nicht auch nach Herzenslust weinen, wenn meine Tränen mir mein Mittagessen ersetzen könnten? Es hat keinen Zweck zu weinen, wir müssen uns zurechtfinden. Sieh auf deine Uhr; wie spät ist es?

Emile. Es ist Mittag, und ich habe noch nichts gegessen.

Jean-Jacques. Richtig, es ist Mittag, und ich habe noch nichts gegessen.

Emile. Ach, was für einen Hunger Sie haben müssen!

Jean-Jacques. Das Unglück ist, daß mein Mittagessen mir nicht hierher nachläuft. Jetzt ist es zwölf Uhr, genau die Zeit, wo wir gestern von Montmorency aus die Lage des Waldes feststellten. Wenn wir doch genauso vom Wald aus die Lage von Montmorency feststellen könnten!...

Emile. Ja; aber gestern haben wir den Wald gesehn, und von hier aus können wir die Stadt nicht sehn.

Jean-Jacques. Das ist ja das Schlimme... Wenn wir nur ihre Lage feststellen könnten, ohne sie selbst zu sehen!...

Emile. Oh! Liebster Freund!

Jean-Jacques. Sagten wir nicht, daß der Wald...

Emile.... nördlich von Montmorency läge.

Jean-Jacques. Also muß Montmorency...

Emile.... südlich des Waldes liegen.

Jean-Jacques. Wir haben doch zur Mittagszeit ein Mittel, um Norden festzustellen?

Emile. Ja, durch die Richtung des Schattens.

Jean-Jacques. Aber den Süden?

Emile. Ja, wie macht man das?

Jean-Jacques. Der Süden liegt genau dem Norden gegenüber.

Emile. Das stimmt; man braucht nur die dem Schatten gegenüberliegende Seite zu suchen. Oh! Da, da ist Süden! Bestimmt liegt Montmorency auf der Seite dort.

Jean-Jacques. Da kannst du recht haben — gehen wir doch diesen Pfad durch den Wald hinunter.

Emile. (*klatscht in die Hände und stößt einen Freudenschrei aus*). Ah! Ich sehe Montmorency! Da, direkt vor uns liegt es. Gehen wir essen, laufen wir, rasch — die Astronomie ist doch zu etwas gut.

Merkt euch, daß, wenn er diesen letzten Satz auch nicht ausspricht, er ihn doch denken wird. Das macht nichts, wenn nur nicht ich es bin, der ihn sagt. Ihr könnt sicher sein, daß er die Lehre dieses Tages zeit seines Lebens nicht mehr vergessen wird, während ein Vortrag, der ihm das alles in seinem Zimmer nur in der Vorstellung gegeben hätte, schon am nächsten Tag vergessen gewesen wäre. Soweit eben möglich soll man durch Handlungen reden und nichts sagen, was man nicht in die Tat umsetzen könnte."
aus: ROUSSEAU 1965, S. 382 — 384

(a) Die Schilderung der Situation bei ROUSSEAU ist gleichsam eingerahmt von der leitenden Frage, unter der das ganze Unternehmen steht: Wozu ist das gut? Der Spaziergang, die Verirrung der beiden dient letztlich dem Ziel, Emile den Zweck der Astronomie einsichtig werden zu lassen. Erzieher und Zögling stehen also in einem **Interaktionsverhältnis,** das **zielgerichtet (intentional)** ist. Die Zieldimension dieses pädagogischen Handelns ist allerdings etwas vielschichtiger, als es zunächst scheinen mag: vordergründig geht es sicherlich um das Ziel, die Nützlichkeit astronomischen Wissens zu belegen. So betrachtet, handelt es sich darum, eine bestimmte Einsicht bei Emile zu erreichen. Von der Struktur der Situation her wird aber noch ein anderes Ziel mitgetragen, nämlich die Fähigkeit, Probleme durch Anwendung von Regeln oder Gesetzen zu lösen, was wiederum einiges an konkretem Wissenserwerb voraussetzt.

Die Stellung der beiden Interaktionspartner kann als ungleich angesehen werden. Sie beruht auf unterschiedlichen Gegebenheiten, etwa dem umfangreicheren Wissen des Jean-Jacques, seiner größeren Erfahrung und Umsicht, also auf einem im Einzelfall noch genauer zu bestimmenden *Wissens-, Erfahrungs- und Verantwortungsgefälle* zwischen beiden. Diese Differenz setzt sich aber nicht in ein direktes Herrschafts- und Befehlsverhältnis um: Der eine ordnet an, der andere gehorcht. Eher tendiert sie zu einem Ausgleich, zu einer partnerschaftlichen Beziehung, bei der Jean-Jacques die Situation und ihre Gefährdung zumindest aus Emiles Perspektive mit ihm teilt, ihm hilft, ihn als Freund ansieht. Dies wird denn auch in der zentralen Phase der Szene, bei der Problemlösung vor allem auf der sprachlichen Ebene deutlich. Zwar ist Jean-Jacques die aktivere Person, er ordnet mit seinen Fragen die Suche nach der Lösung; er tut dies aber nicht etwa, um sich in seiner überlegeneren Rolle bestätigt zu sehen, sondern um Emile auf den Sprung zu helfen, selber die Lösung zu finden. Denkt man dies mit den Intentionen des ganzen Unterfangens zusammen, ergibt sich folgendes Bild:

Eine ,überlegenere' Person setzt ihren Wissens-, Erfahrungs- und Verantwortungsvorsprung ein, um dem anderen aus seiner ,unterlegenen' Stellung herauszuhelfen; sie setzt ihn ein, um den anderen am Wissen partizipieren zu lassen, um ihm selbständiges Urteil und Erfahrungsgewinn zu ermöglichen. Im Grunde tendiert der Erzieher dazu, das ungleichgewichtige Verhältnis zwischen beiden auszugleichen. In einer gebräuchlicheren Formulierung ausgedrückt: *Das erzieherische Verhältnis hat von seiner gesamten intentionalen Struktur her die Tendenz, sich selbst aufzuheben.*

(b) Die Realisierung dieser Ziele wird aber nicht dem Zufall überlassen. Vielmehr wird der Weg dorthin hinsichtlich der erforderlichen **Lernprozesse geplant**, indem eine entsprechende Situation arrangiert wird.

In diesem Fall ist sie vom Erzieher aus der überlegeneren Position des Wissenden dem nichtwissenden oder uneinsichtigen Schüler gegenüber bewußt herbeigeführt. Dabei hat der Erzieher versucht, wichtige Lernbedingungen zu nutzen: etwa die, daß Emile umso interessierter bei der Sache ist, je eher Lernen und Tun miteinander verbunden sind; oder auch die, daß ernsthafter Situationsdruck die Bereitschaft erhöht, sich mit dem Problem auseinanderzusetzen.

Ins Prinzipielle erhoben kann man sagen: *Pädagogische Situationen werden arrangiert*, werden methodisch konzipiert, wobei die Lernbedingungen des Adressaten, die Lernumstände, das Anregungspotential der Situation, Lernhilfen etc. mitüberlegt werden.

(c) Wenn man von Erzieher und Lernendem spricht, so geht es bei unserer Szene um Jean-Jacques und Emile, um bestimmte Personen, die eine typische Rolle übernommen haben: die Lehrer- bzw. Erzieherrolle einerseits, die des Lernenden oder zu Erziehenden andererseits. Wie nun diese Rollen genau aussehen, welche Rechte und Pflichten jeder hat, in welchem Rollengefüge die Personen stehen, wie sie zu ihren Rollen kommen, all dies hängt vom *jeweiligen Charakter der* **Institution** *,Erziehung' ab.*

So sind die Rollen von Erzieher und Lernendem beispielsweise auch dadurch bestimmt, ob sie sich in einer Pflichtschule oder in einem privaten Internat befinden, ob die entsprechende Bildungsinstitution staatlich getragen oder von freien Verbänden unterhalten wird; wesentlich für die Definition der Rollen ist auch die Frage, welchen Einfluß Eltern, Öffentlichkeit, Bürokratie auf die Institution haben, wie also das Rollengefüge beschaffen ist.

(d) Die je bestimmte Ausprägung der Institution ,Erziehung' ist wiederum nur faßbar aus ihrer Einlagerung in dem umfassenden **gesellschaftlich-politischen Kontext** ihrer Zeit.

Ob also der Lehrer ein privater Hauslehrer oder ein vom Staat bestallter Beamter ist, ob er eine gute Allgemeinbildung oder bloß das Spezialwissen für ein bestimmtes Fach besitzt, ob er aufgrund eines guten Leumunds oder einer staatlich anerkannten Prüfung zur Anstellung gekommen ist, all dies verweist auf die historisch-gesellschaftliche Situation, in der Erziehung stattfindet. Dies sieht, auf unser Beispiel bezogen, im Frankreich des 18. Jahrhunderts anders aus als in der Bundesrepublik von 1991.

So ist beispielsweise eine Einrichtung wie die des Hauslehrers auch zu sehen in Verbindung mit dem priviligierten politischen und ökonomischen Status entsprechender Sozialschichten im Zeitalter des Absolutismus bzw. des Ancien Régime.

(e) Schließlich ist auch noch hervorzuheben, daß die Ziele des erzieherischen Handelns, in unserem Beispiel das der Problemlösungsfähigkeit oder das der Einsicht in den Zweck der Astronomie, nicht unmittelbar, sondern indirekt über die Auseinandersetzung mit einem **Inhalt,** mit einem Gegenstand erreicht werden. In unserem Fall sind es astronomische ‚Gegenstände': die Sonne, die Himmelsrichtungen, die Tageszeit. Der Bezug zu einem Gegenstand, einem Inhalt ist also ebenfalls wesentlich für die Interaktion zwischen beiden. Verallgemeinert heißt das: ein weiterer wichtiger Faktor erzieherischen Handelns ist der Bezug auf einen Gegenstand oder einen Inhalt, der eine doppelte Funktion hat: Er ist einmal *Selbstzweck* — es geht hier um Einsichten in die Astronomie; er ist aber zugleich auch *Mittel zum Zweck* — das Wissen um astronomische Regeln und Gesetze ist Mittel zum Zweck des Erwerbs von Problemlösungskapazität für den Lernenden und damit verbunden Mittel zur Einsicht in die Nützlichkeit astronomischen bzw. noch allgemeiner naturkundlichen Wissens.

Erzieherisches Handeln ist durch folgende Merkmale gekennzeichnet:

(a) Die Interaktion von Lernendem und Lehrendem ist intentional (zielgerichtet), wobei das Erziehungsgeschehen von seiner intentionalen Struktur her letztendlich darauf angelegt ist, sich selbst aufzuheben.

(b) Die Ziele werden im Rahmen von Lernprozessen realisiert, die auf die Lernbedingungen des Adressaten hin methodisch arrangiert sind und bei denen Wissen über den Ablauf von Lernvorgängen zur Anwendung gelangt.

(c) Erzieher und Lernender treten einander auch als Träger von spezifischen Rollen gegenüber, deren Rollenmerkmale sich aus dem jeweiligen Charakter der Institutionen ‚Erziehung' ergeben.

(d) Die gesamte Interaktion, einschließlich des Rollenverhaltens und der intentionalen Dimension, ist in den umfassenden geschichtlich-gesellschaftlichen Kontext einbezogen. Sie ist damit auch in ihren Teilaspekten von den sozialen, ökonomischen und politischen Bedingungen ihrer Zeit geprägt.

(e) Die Zielverwirklichung erfolgt indirekt, d. h. in der Auseinandersetzung mit einem Gegenstand (Lerninhalt).

Graphisch kann der Zusammenhang der einzelnen Strukturmerkmale folgendermaßen dargestellt werden:

(3) Strukturbild: *Strukturmomente erzieherischen Handelns*

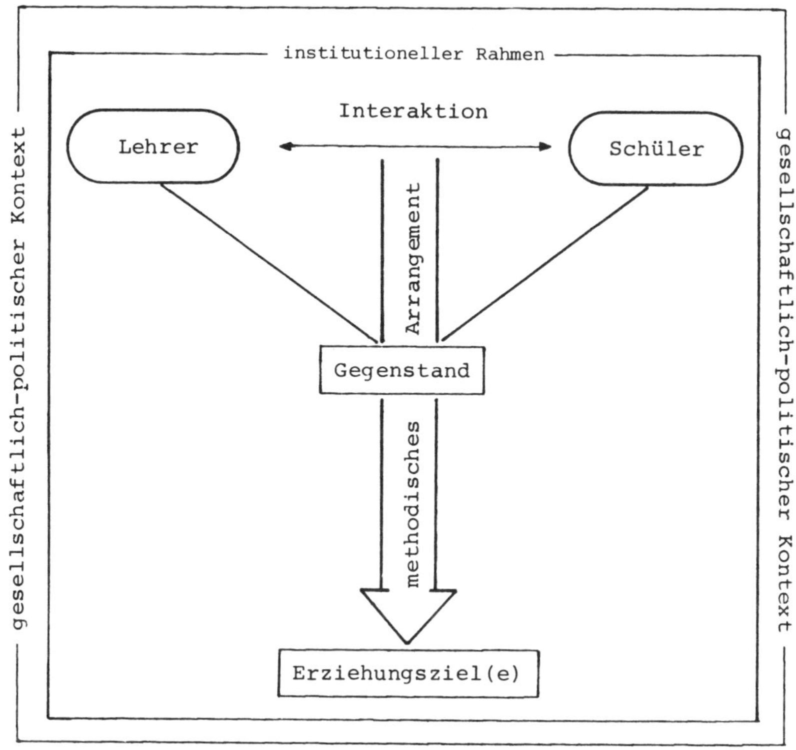

Mit den Strukturmomenten sind grob die wichtigsten Dimensionen am Erziehungshandeln festgehalten. Da Pädagogik als Wissenschaft sich letztlich auf das Phänomen der Erziehung richtet und seine einzelnen Dimensionen, d. h. seine Strukturmomente theoretisch aufarbeitet, ist hiermit auch die weitere Kapitelfolge des Studienbuches festgelegt.

Erziehung ist

– intentionales Geschehen:
  Aufarbeitung des Zielaspektes in Kap. 2.

– in seinem Ablauf von Lernprozessen geprägt:
  Überblick über die wichtigsten Lerntheorien in Kap. 3.

— soziale Interaktion von Rollenträgern im Rahmen einer bestimmten Institution:
Aspekte schulischer Sozialisation und Interaktion in Kap. 4.

— in einen größeren gesellschaftlichen Rahmen einbezogen und steht mit anderen Bereichen (z. B. Familie, Wirtschaft) in Verbindung:
Betrachtung der institutionell-gesellschaftlichen Stellung von Erziehung und Schule in Kap. 5.

— in seiner didaktisch-methodischen Dimension auf die Auswahl von Inhalten und die Auseinandersetzung mit ihnen gerichtet:
Überlegungen zur didaktisch-methodischen und curricularen Fragestellung in Kap. 6.

— und schließlich als Wissenschaft auch daran interessiert, sich über ihr eigenes Vorgehen, ihre Voraussetzungen, ihren Zweck Klarheit zu verschaffen:
Daher gehört zu diesem Studienbuch auch die wissenschaftstheoretische Reflexion in Kap. 7.

1.3 Literatur

Zur Anthropologie:

ARISTOTELES, Nikomachische Ethik, dtv text-bibliothek, München 1975
* P. L. BERGER/TH. LUCKMANN, Die gesellschaftliche Konstruktion der Wirklichkeit, Frankfurt 1980
J. EIBL-EIBESFELDT, Grundriß der vergleichenden Verhaltensforschung – Ethologie, München, Zürich 1987
R. A. GARDNER/B. T. GARDNER, Teaching Sign Language to a Chimpanzee, in: Science, 1969, Vol. 165, No. 3894, S. 664–672
* A. GEHLEN, Der Mensch – seine Natur und seine Stellung in der Welt, Frankfurt/M. 1950
* ders., Anthropologische Forschung, Reinbek 1967
J. G. HERDER, Abhandlung über den Ursprung der Sprache (1772), in: Sämtliche Werke V, hrsg. v. B. SUPHAN, Hildesheim 1967
W. KÖHLER, Intelligenzprüfung an Menschenaffen, Berlin 1963
A. LINDESMITH/A. STRAUSS, Symbolische Bedingungen der Sozialisation I, Düsseldorf 1974
TH. LITT, Mensch und Welt, Heidelberg ^{2}1961
K. MARX, Die Frühschriften, hrsg. v. S. LANDSHUT, Stuttgart 1968
H. PLESSNER, Die Stufen des Organischen und der Mensch, Berlin 1965
* A. PORTMANN, Biologische Fragmente zu einer Lehre vom Menschen, Basel 1951
M. SCHELER, Die Stellung des Menschen im Kosmos, München 1947
J. B. VON UEXKÜLL, Bausteine zu einer biologischen Weltanschauung, München 1913

Überblicksliteratur

H. ZDARZIL, Pädagogische Anthropologie, Graz, Wien, Köln 1978

Zu den Strukturmomenten erzieherischen Handelns:

FUNK-KOLLEG Erziehungswissenschaft, Band 1, Das pädagogische Verhältnis (W. KLAFKI), S. 55 ff, Frankfurt 1971
J.-J. ROUSSEAU, Emile oder über die Erziehung, hrsg. v. M. RANG, Stuttgart 1965 (Reclam-Ausgabe)

Überblicksliteratur

N. KLUGE (Hrsg.), Das pädagogische Verhältnis, Darmstadt 1973

2. Erziehungsziele

In der Emile-Szene wurde die intentionale Struktur des Erziehungsvorgangs erst in Umrissen deutlich. Nun soll genauer herausgearbeitet werden, welche Aufgabe Ziele beim Erziehungshandeln erfüllen, wo sie herkommen und wie sie konkret angestrebt werden (2.1), warum sie Wandlungen unterliegen (2.2), wieso sie umstritten sind, wie sie legitimiert werden (2.3) und in welcher Beziehung sie zum Bildungsbegriff stehen (2.4).

2.1 Funktion von Erziehungszielen

Wir wollen ein Beispiel anführen, das den *Zielbezug des Erziehungshandelns* klarer zur Sprache bringt, als die Emile-Szene dies leistet.

Bei den Manus, einem Lagunenstamm in Neuguinea, „... wo Besitz als heilig gilt und man um verlorene Dinge jammert wie um einen Toten, wird den Kindern Respekt vor dem Besitz von den ersten Jahren an beigebracht. Ehe sie noch laufen können, werden sie getadelt und bestraft, wenn sie irgend etwas anfassen, was ihnen nicht gehört.

Ein Kleinkind ist brav, wenn es niemals etwas anfaßt; ein größeres Kind ist brav, wenn es niemals etwas anfaßt und niemals etwas verlangt, das ihm nicht gehört. Das ist das einzige, was an sittlichem Verhalten von den Kindern gefordert wird.

Jedes Zerbrechen von Sachen, jede Unachtsamkeit wird bestraft. Die Eltern gehen nicht das eine Mal über das Zerbrechen eines Topfes hinweg, weil er bereits einen Sprung gehabt hat, und bekommen das andere Mal einen Wutanfall, weil ein unbeschädigter Topf zerbrochen wurde — so wie amerikanische Eltern dem Kind erlauben, einen Kalender oder das Telefonbuch zu zerreißen, und sich dann wundern, warum es nicht versteht, daß es die Familienbibel nicht zerreißen darf. Einen Fischschwanz, ein Stückchen Taro, eine halbverfaulte Betelnuß darf man sich ebensowenig ungestraft aneignen wie eine Schüssel Festmahlzeit. Mit gleicher Unerbittlichkeit werden Diebstähle untersucht. Von der kleinen zwölfjährigen Mentun hieß es, sie sei eine Diebin, und manchmal wurde sie deshalb von anderen Kindern verhöhnt. Warum? Sie war dabei beobachtet worden, wie sie auf dem Wasser schwimmende Gegenstände, etwas Eßbares, eine Banane, an sich nahm, die offenbar aus einem der nahegelegenen Häuser heruntergefallen waren. Solche Beute sich anzueignen, ohne vorher die Runde bei den etwaigen Eigentümern zu machen, wird als Diebstahl angesehen. Mentun mußte in den folgenden Monaten die größte Vorsicht walten lassen, wenn ihr nicht in aller Zukunft jedes Verschwinden einer Sache zur Last gelegt werden sollte."
aus: MEAD 1979, S. 35/36

Der Text stellt recht grundsätzlich die Erziehungssituation bei den Manus dar. Ähnlich wie auch schon bei der Emile-Szene können hier unterschiedliche Erziehungsziele festgestellt werden:
— nicht anfassen, was einem nicht gehört,

- achtsam sein im Umgang mit Gegenständen.
- den Besitz achten,
- bei gefundenen Dingen immer zuerst nachforschen, ob sie vielleicht jemand aus dem Dorf gehören.

Auffällig ist, daß diese Erziehungsziele — logisch betrachtet — nicht alle auf der gleichen Ebene stehen: einige sind *konkreter*, andere *abstrakt*. Das allgemeinste Ziel ist wohl das, den Besitz zu achten, konkreter sind dagegen die anderen Ziele (nichts anfassen, nachfragen, sorgsam mit Gegenständen umgehen). Die Frage muß nun sein, wie das Verhältnis beider Typen von Erziehungszielen — der abstrakten und der konkreten — genauer zu bestimmen ist, ob es strukturelle (wesentliche) Unterschiede zwischen ihnen gibt.

Die vielleicht wesentlichste Differenz zwischen beiden Zieltypen betrifft ihren *Realisierungsgrad*. Die konkreteren Ziele versucht man in Erziehungssituationen unmittelbar zu realisieren — etwa dadurch, daß bestimmte Situationen arrangiert sind und die entsprechenden Reaktionen des Kindes erwartet werden. So berichtete MEAD, daß dem Kind niemals leicht gemacht wurde,

> „weniger von sich zu verlangen, als es geben kann. Nie werden Dinge, die das Kind nichts angehen, aus seiner Reichweite genommen. Die Mutter breitet ihre kleinen, hell schimmernden Perlen neben dem herumkriechenden Kind auf seiner Matte, in einer flachen Schale oder auf dem Boden aus, und dem Kind wird beigebracht, sie nicht zu berühren." (Bd. 2, S. 35).

Die Mutter bzw. die Eltern können in einer solchen Situation sehen, ob das Kind Gegenstände, die es nichts angehen, berührt oder nicht, ob es in einer anderen Situation nach dem Besitzer fragt oder nicht und ob es mit den Dingen, die zu nehmen es befugt ist, sorgsam umgeht oder nicht. Alle Einzelziele werden jedoch in einer letztlich anderen, umfassenderen Intention angestrebt: sie sollen zu einer *Haltung* führen, die den Besitz als heilig ansieht.

Wichtig ist die Differenz zwischen *Haltung* und *Verhaltensäußerung*. Bedeutsam für das gesellschaftliche Handeln ist letztlich die Haltung, die grundlegende, relativ konstante, in allen entsprechenden Situationen zum Tragen kommende *Einstellung* (habit, Handlungsmotivation) dem Besitz gegenüber. Sie kann aber nicht direkt, nicht unmittelbar, nicht durch bloß einmalige Belehrung vermittelt werden, sondern sie kann nur über einzelne Teilschritte, über einzelne Teilleistungen sukzessiv aufgebaut werden; sie drückt sich auch nicht unmittelbar aus, sondern wird in entsprechenden *Verhaltensweisen* manifest, von denen man auf die Haltung rückschließen kann.

In all den konkreten Erziehungszielen ist das allgemeine Ziel aber *präsent*, oder — was den gleichen Sachverhalt ausdrückt — alle Einzelziele sind an dem allgemeinen Ziel ausgerichtet, orientiert bzw.: *Das allgemeine Ziel reguliert die Einzelziele.* Das allgemeine Ziel ist Orientierungspunkt für die Einzelziele, kurz: es ist **regulatives Prinzip** des konkreten alltäglichen Erziehungshandelns.

Berücksichtigt man zudem noch, daß — auf einer niederen Ebene — die Erziehungsziele ihrerseits Orientierungspunkte sind, nämlich Zielpunkte für das aktuelle situationsspezifische Handeln, dann haben wir graphisch gesehen folgenden Zusammenhang vor uns:

(4) Strukturbild: *Funktion von Erziehungszielen*

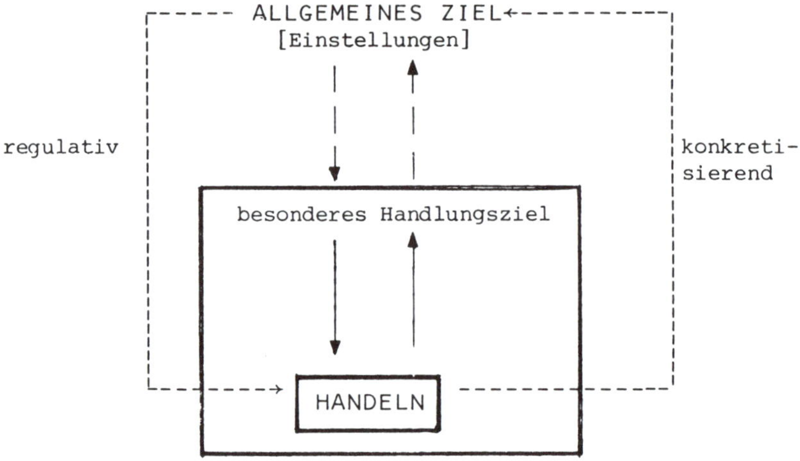

Die Handlung vollzieht sich im engen Verweis von *Handlungszielen* und *Handlungsausführungen,* wobei die Handlungsausführung die Realisation des Ziels darstellt. Intervenierend kommt zu diesem je umgrenzten Tun das allgemeine Ziel hinzu als *Richtschnur,* als genereller Bestimmungsgrund des konkreten Tuns. Die je spezifische Handlung ist so betrachtet die Konkretisierung des allgemeinen Ziels in besonderen Situationen oder: Das Handeln in der Situation ist an dem allgemeinen Ziel als seiner grundlegenden **Handlungsnorm** ausgerichtet.

Damit wäre eine weitere Bestimmung des Verhältnisses beider Zieltypen gewonnen. Das allgemeine Erziehungsziel hat die Funktion einer Handlungsnorm, die sich in einzelnen Teilgeboten und -verboten konkretisiert. Dem entspricht folgender Funktionszusammenhang, verdeutlicht am Beispiel der Manus:

Handlungsnorm: Der Besitz ist als heilig anzusehen oder:
Der Besitz ist heilig.

Handlungsgebote bzw. Handlungsverbote: Mit Gegenständen soll man nicht u..achtsam umgehen. Es dürfen keine Gegenstände beschädigt werden. Man darf gefundene Gegenstände nicht an sich nehmen, ohne die Nachbarn zu fragen, ob sie vielleicht ihnen gehören.

Als Erziehungsziele formuliert:

Allgemeines Erziehungsziel: Das Kind soll lernen, den Besitz als heilig anzusehen.

Teilziele: Das Kind soll fähig und bereit sein

- mit Gegenständen achtsam umzugehen,
- nicht unbefugt Gegenstände zu berühren,
- bei gefundenen Gegenständen die Nachbarn zu befragen, bevor es sich den Gegenstand aneignet.

Allerdings muß bei dem Beispiel der Gesellschaft von Manus die relativ einfache Sozialstruktur berücksichtigt werden. Sie ist einfach im Vergleich zu Gesellschaftsystemen:

— in denen kein unbefragt geltender *Konsens über die obersten Handlungsnormen* (und damit über die Erziehungsziele) besteht;
— bei denen sich vielfältige *Subsysteme* entwickelt haben, die ganz unterschiedliche Handlungskompetenzen erfordern und normative Erwartungen stellen (z. B. Subsystem der Erziehung, der Wissenschaft, des Militärs, des Rechtswesens, der Freizeit usw.);
— in denen sich der Bereich der *sekundären Erfahrung* ausgeweitet hat (vor allem bedingt durch Massenkommunikationsmittel) und in denen die Handlungszusammenhänge zusehends komplizierter, z.T. auch undurchschaubarer geworden sind.

Insgesamt führt ein solches pluralistisches, differenziertes und für den einzelnen nicht mehr voll überschaubares Gesellschaftssystem zu entsprechenden Konsequenzen auf dem Erziehungssektor: Die allgemeinen Ziele der Erziehung verweisen auf unterschiedliche Handlungsnormen und streben *verschiedene Handlungskompetenzen* an; sie können zudem nicht mehr mit der gleichen Selbstverständlichkeit auf Zustimmung rechnen und mit der fraglosen

Verbindlichkeit auftreten, wie dies in einfachen Gesellschaftssystemen meist der Fall ist. Statt dessen treten verschiedene Erziehungsziele mit konkurrierendem Anspruch auf und versuchen sich in der Kontroverse gegenüber anderen Zielvorstellungen zu behaupten.

Schließlich muß auch darauf hingewiesen werden, daß Erziehungsziele gerade wegen ihrer sozialen Bedingtheit dem gesellschaftlichen Wandel ebenso unterliegen wie alle anderen Teilbereiche von Gesellschaft auch.

2.1.1 Lerntafel

1. **Erziehungsziele** können hierarchisch auf einer Skala angeordnet werden, deren oberster und unterster Punkt den logischen Kategorien ‚*abstrakt*' bzw. ‚*konkret*' entspricht.

2. Beide Zieltypen (allgemeine Ziele, konkrete Teilziele) unterscheiden sich

(a) nach dem *Realisierungsgrad:*
Konkrete Ziele werden in der Situation unmittelbar umgesetzt, allgemeine Ziele dagegen werden in Erziehungssituationen indirekt angestrebt.

(b) nach dem *Internalisierungsgrad:*
Allgemeine Ziele bezeichnen **Haltungen** (habits), die im Laufe des Erziehungsprozesses vom Lernenden allmählich übernommen (internalisiert) werden sollen.
Konkrete Ziele dagegen beschreiben Teilleistungen, die der Lernende ausführen können muß und die als Zwischenstationen auf dem langen Weg zum allgemeinen Erziehungsziel anzusehen sind. Um im Bild zu bleiben: Sie sind Kontrollmarken (Ortsschilder, Kreuzungspunkte), die zu prüfen ermöglichen, ob man noch auf dem richtigen Weg ans Ziel ist.

3. Allgemeine Erziehungsziele werden über Teilziele schrittweise konkretisiert und realisiert und umgekehrt: Die Teilziele bauen in ihrem Nacheinander die im allgemeinen Erziehungsziel formulierte Haltung beim Lernenden allmählich auf.

4. Inhaltlich betrachtet sind allgemeine Erziehungsziele auf das Gebiet der Erziehung übertragene Handlungsnormen einer Gesellschaft. Sie legen die Richtung des Erziehungshandelns fest, für das sie Orientierungspunkt und Leitlinie sind. Sie regulieren das Erziehungshandeln, sie sind also **regulatives Prinzip** des erzieherischen Handelns.

2.2 Erziehungsziele im Wandel

Es wurde festgestellt, daß Erziehungsziele aus dem sozialen Kontext heraus mit Bezug auf dort geltende Handlungsnormen entwickelt und begründet werden. Damit unterliegen diese Ziele auch den Entwicklungstendenzen sozialer Gegebenheiten, also auch der des sozialen Wandels. Geklärt werden soll daher in diesem Kapitel, in welchen Bereichen sich der Wandel bei Erziehungszielen bemerkbar macht und von welchen *gesellschaftstheoretischen Grundannahmen* her er interpretiert werden kann.

Wenden wir uns der ersten der beiden wichtigen Fragen dieses Abschnitts zu:

Welche Faktoren bedingen wesentlich den **Wandel** von Erziehungszielen?

Zum Vorgehen hierbei: Einzelne ausgewählte Erziehungsziele aus zum Teil weit auseinanderliegenden Epochen werden nebeneinandergestellt, damit die Veränderungen in dieser unmittelbaren Kontrastierung umso deutlicher werden.

Beispiel 1
Ziel des Unterrichts nach COMENIUS, einem Barockpädagogen,
Kontrastierung: Ziel des Unterrichts nach dem ‚Gesetz über das einheitliche sozialistische Bildungssystem' der ehemaligen DDR.

„— Ebenbild Gottes sein endlich heißt, die Vollkommenheit seines Urbilds wirklich nachahmen; so wie Gott selbst sagt: Ihr sollt heilig sein, denn ich bin heilig, ich, euer Gott (3. Mos. 19,2).

— Daraus ergeben sich die angestammten Bedürfnisse des Menschen, nämlich daß er 1. aller Dinge kundig sei, 2. die Dinge und sich selbst beherrsche, 3. sich und alles auf Gott als den Ursprung aller Dinge zurückführe. Diese drei Bedürfnisse bezeichnen wir mit allgemein bekannten Worten als

— gelehrte Bildung (eruditio),
— Tugend oder Sittlichkeit (mores),
— Frömmigkeit oder Religiosität (religio).

Dabei verstehen wir unter gelehrter Bildung die Kenntnis aller Dinge, Künste und Sprachen; unter *Sittlichkeit* nicht nur den äußeren Anstand, sondern das ganze innere und äußere Verhalten; unter *Religiosität* jene innere Verehrung, durch welche der Geist des Menschen mit der höchsten Gottheit sich verknüpft und vereinigt."
aus: COMENIUS 1966, S. 34/35; die Zahlen im Original wurden durch einen Spiegelstrich ersetzt.

Grundsätze und Ziele des einheitlichen sozialistischen Bildungssystems und gesellschaftliche Erziehungsfaktoren

„§ 1 (1) Das Ziel des einheitlichen sozialistischen Bildungssystems ist eine hohe Bildung des ganzen Volkes, die Bildung und Erziehung allseitig und harmonisch entwickelter sozialistischer Persönlichkeiten, die bewußt das gesellschaftliche Leben gestalten, die Natur verändern und ein erfülltes, glückliches, menschenwürdiges Leben führen.

(2) Das sozialistische Bildungssystem trägt wesentlich dazu bei, die Bürger zu befähigen, die sozialistische Gesellschaft zu gestalten, die technische Revolution zu meistern und an der Entwicklung der sozialistischen Demokratie mitzuwirken. Es vermittelt den Menschen eine moderne Allgemeinbildung und eine hohe Spezialbildung und bildet in ihnen zugleich Charakterzüge im Sinne der Grundsätze der sozialistischen Moral heraus. Das sozialistische Bildungssystem befähigt sie, als gute Staatsbürger wertvolle Arbeit zu leisten, ständig weiter zu lernen, sich gesellschaftlich zu betätigen, mitzuplanen und Verantwortung zu übernehmen, gesund zu leben, die Freizeit sinnvoll zu nutzen, Sport zu treiben und die Künste zu pflegen."
aus: FROESE 1969, S. 197/198

Schon der knappe Auszug aus der Didactica Magna des COMENIUS verdeutlicht den christlich-religiösen Hintergrund seiner Überlegungen zur Aufgabe von Schule und Unterricht. Er sieht den Menschen als *Ebenbild Gottes* und leitet aus diesem bestimmten *Menschenbild* die drei grundlegenden Ziele ab: das der Bildung, der Sittlichkeit und der Frömmigkeit.

Vor dem Hintergrund eines anderen, vor allem durch MARX entwickelten *Menschenbildes* müssen die Ausführungen im ‚Gesetz zum einheitlichen sozialistischen Bildungssystem' gesehen werden. Der Mensch ist für MARX *arbeitendes Wesen*, wobei der Begriff der Arbeit weit gefaßt ist als tätige, von Vorstellungen getragene Auseinandersetzungen des Menschen mit der Natur, mit seinen Mitmenschen und mit sich selbst. Arbeit in ihrem vollen Sinn wird also nicht auf mechanisches, stumpfes Ausführen reduziert, denn das wäre entfremdete Arbeit, sondern ist eine Einheit von Denken und Tun. Der Mensch bringt aber die Fähigkeit zur Arbeit nicht schon bei der Geburt fertig entfaltet mit, er muß sie sich erst erwerben; und zwar muß er sich diejenigen konkreten Fähigkeiten aneignen, die die Arbeit seiner Zeit fordert (vgl. auch noch einmal grundsätzlich die anthropologischen Überlegungen in Kap. 1.1).

Schule und Unterricht sind dann darauf anzulegen, in der Verbindung von Denken und Tun, in der Einheit von Lernen und Arbeit, den Menschen zum Menschen zu bilden. Auf unsere Zeit bezogen: In der Einheit von Lernen und Arbeiten unter industriell-technischen Bedingungen soll der Mensch zur ‚allseitig gebildeten' Persönlichkeit werden, die in der Fähigkeit zu sinnvoller Arbeit ihre Bestimmung verwirklicht. Dieses Konzept nennt man das der *‚Polytechnischen Bildung'*. Fundament ist letztlich das Bild vom ‚sozialistischen Menschen', das auf der Sicht von Arbeit als einer gesellschaftlichen Form der Bewältigung von Welt gründet.

Man kann also vorläufig festhalten:
Ein Faktor, durch den der Wandel von Erziehungszielen bedingt ist, bezieht sich auf die Änderung von Auffassungen im Bild des Menschen innerhalb verschiedener Epochen oder Weltanschauungen.

Beispiel 2
Aufgabenkatalog des Kultusministers von ALTENSTEIN,
Kontrastierung: Qualifikation 1 der RICHTLINIEN Politik, Nordrhein-Westfalen, 2. Fassung 1974,
1829 formuliert der preußische Kultusminister von ALTENSTEIN mit Zustimmung des Königs folgenden Aufgabenkatalog:

„Die Volksschulen... haben nach meiner Ansicht nur dahin zu wirken, daß das Volk
- den christlichen Glauben einfach und dem Evangelio gemäß, aber mit Lebendigkeit und Innigkeit auffasse und ergreife;
- in diesem Glauben den Grund und Antrieb zu einem sittlichen und durch festen christlichen Glauben glücklichen Leben finde;
- innerhalb des ihm von Gott angewiesenen, beschränkten Kreises klar und wahr denke;
- seine Gedanken in diesem Kreise kurz und bündig auszusprechen;
- fremde, seine Sphäre berührende und betreffende Gedanken leicht und richtig aufzufassen vermöge;
- daß es lesen, schreiben, rechnen und singen lerne;
- daß es seinen Regenten und sein Vaterland liebe, mit dessen Einrichtungen, Gesetzen usw. nach Bedürfniß und Maßgabe seines Standpunktes bekannt, mit seinem Zustande zufrieden sei und in seiner Sphäre ruhig und befriedigt lebe;
- die unerläßlichen gemeinnützigen Kenntnisse von der Natur, deren Behandlung und Benutzung, Gesunderhaltung des Leibes usw. erlange;
- daß es in Summa mit einem kräftigen, gewandten Leibe, geweckten Geiste und richtigen Gefühle Gott, dem Könige und dem Vaterlande und sich selbst dienen könne und wolle."

aus: LESCHINSKY/ROEDER 1976, S. 73, die Zahlen im Original sind durch einen Spiegelstrich ersetzt.

„Qualifikation 1:
Fähigkeit und Bereitschaft, gesellschaftliche und politische Ordnungen einschließlich ihrer Zwänge und Herrschaftsverhältnisse nicht ungeprüft hinzunehmen, sondern auf ihren Sinn, ihre Zwecke und Notwendigkeiten hin zu befragen und die ihnen zugrunde liegenden Interessen, Normen und Wertvorstellungen kritisch zu überprüfen."
aus: RICHTLINIEN ²1974, S. 15

Der preußische Aufgabenkatalog ist seiner Grundintention nach darauf ausgerichtet, die Rolle des ‚einfachen' Untertanen im Obrigkeitsstaat festzulegen. Grundlage ist eine religiöse Haltung, die auf Demut und Zufriedenheit mit der jeweiligen Lebenslage angelegt ist. Beides sind zugleich Tugenden, die auch politisch gesehen ein hohes Maß an Ruhe, Dienstbereitschaft und Einordnung in die vorgegebenen Sozialstrukturen garantieren. Man kann sagen, daß der Unterricht über den Weg religiöser Erziehung letztlich auf den *politischen Zweck der Systemstabilisierung* ausgerichtet ist.

Anders 150 Jahre später, unter völlig gewandelten politischen Bedingungen: Nicht der Untertan, sondern der nach demokratischen Prinzipien selbständig urteilende Bürger ist gefordert. Nicht Einordnung sondern *kritisches Befragen und Fähigkeiten zur gesellschaftlichen Veränderung* sollen durch Unterricht angestrebt werden. Man kann sagen: Der Wandel politischer Bedingungen der Herrschaft, in unserem Beispiel der Wandel vom preußischen Obrigkeitsstaat zum demokratischen Rechts- und Sozialstaat, haben auch einen Wandel in der Zielsetzung von Unterricht und Schule nach sich gezogen.

Als ein weiterer Wandlungsfaktor neben dem Menschenbild kann somit der Bereich politischer Herrschaftsverhältnisse festgehalten werden.

Beispiel 3
Gliederung des Schulaufbaus nach ZEDLITZ (1787),
Kontrastierung: Gliederung des Schulwesens nach dem RAHMENPLAN des Deutschen Ausschusses (1959).

„Wenn der Schulunterricht den Endzweck haben soll: die Menschen besser, und für ihr bürgerliches Leben brauchbarer zu machen; so ist es ungerecht, den Bauer wie ein Thier aufwachsen, ihn einige Redensarten, die ihm nie erklärt werden, auswendig lernen zu lassen; und es ist eine Thorheit, den künftigen Schneider, Tischler, Krämer, wie einen künftigen Konsistorialrath oder Schulrektor zu erziehen, sie alle lateinisch, griechisch, hebräisch zu lehren, und den Unterricht in Kentnissen, die jene nöthig haben, ganz zu übergehen, oder diese Kenntnisse für sie unverständlich und unanwendbar vorzutragen. Daraus folgt also: daß der Bauer anders als der künftige, Gewerbe oder mechanische Handwerke treibende Bürger, und dieser wiederum anders als der künftige Gelehrte oder zu höhern Aemtern des Staats bestimmte Jüngling unterrichtet werden muß. Folglich ergeben sich drei Abtheilungen aller Schularten des Staats; nemlich:
— Bauer-
— Bürger- und
— Gelehrte Schulen.“
aus: HERRLITZ 1973, S. 90/91

„Der Ausschuß hat sowohl die Argumente erwogen, die für die überlieferte Gliederung des allgemeinbildenden deutschen Schulwesens sprechen, als auch die Tendenzen, die seine Struktur den neuen Erfordernissen öffnen wollen. Das Ergebnis läßt sich auf drei Hauptthesen bringen, die einander im Prinzip nicht ausschließen:

Die unterschiedlichen Bildungsanforderungen, die unsere arbeitsteilig entfaltete Gesellschaft an ihren Nachwuchs stellt, und die Unterschiede in der Bildungsfähigkeit dieses Nachwuchses zwingen dazu, an drei Bildungszielen unseres Schulsystems festzuhalten, die nach verschieden langer Schulzeit erreicht werden: an einem verhältnismäßig früh an Arbeit und Beruf anschließenden, einem mittleren und einem höheren. Der Schulaufbau muß gestatten, die Bildungsziele so zu heben und den geistigen Wandlungen unserer Zeit so entsprechen zu lassen, daß in jedem Kinde menschliche Grundkräfte geweckt, dann aber für die Übernahme verschiedenartiger Aufgaben und Verantwortungen in der modernen Welt gebildet werden. Er muß deshalb drei Wege der Bildung öffnen, ihr Verhältnis zueinander so ordnen und jedem so viel Zeit zubilligen, daß sich die ihm zugehörigen Bildungsgehalte und -methoden in ihrer Eigenart entfalten können.

— Die Pflicht zu sozialer Gerechtigkeit und der vermehrte Bedarf der modernen Gesellschaft an höher gebildetem Nachwuchs machen es nötig, jedem Kinde den Weg zu öffnen, der seiner Bildungsfähigkeit entspricht."
aus: FROESE 1969, S. 313. Die Zahlen in beiden Originalen sind durch einen Spiegelstrich ersetzt.

ZEDLITZ argumentiert aus der Situation des noch vorrevolutionären Ständestaates; die Bildungsaufgaben von Schule sind *auf die mit den Ständen eng verbundenen ökonomischen Funktionen zugeschnitten.* Unterricht soll — zumindest für die beiden unteren Stände — ein Minimum an Wissen vermitteln. Dahinter steht einerseits eine aufklärerische Haltung (niemanden mehr im Dunkel des Nichtwissens zu belassen), andererseits aber wohl auch die Einsicht, daß Untertanen nur dann zu ‚brauchbaren Menschen' werden, wenn sie auch über entsprechende nutzbringende Kenntnisse und Fertigkeiten verfügen.

Aus der Erfahrung einer ganz anders gelagerten ökonomischen (und auch politischen) Situation argumentiert der RAHMENPLAN. Die Gesellschaft wird als *arbeitsteilig entfaltet* dargestellt, es wird auf einen vermehrten Bedarf an ‚höher gebildetem' Nachwuchs hingewiesen. Parallel zu dieser ökonomischen Begründung kommen auch politische Vorstellungen zum Tragen: Jedem Kind sollen entsprechend seiner Bildungsfähigkeit, also nicht nach Standes- oder besser Schichtzugehörigkeit, die verschiedenen Schulformen offenstehen (zur Diskrepanz zwischen dieser Forderung und der tatsächlichen Situation im Bildungswesen vgl. auch Kap. 5.3.2. und 5.1).

Wir halten fest:

Neben Wandlungen in der Auffassung vom Bild des Menschen und Veränderungen auf politischem Gebiet stellt auch der Wandel ökonomischer Verhältnisse einen weiteren wichtigen Faktor der Veränderung von Erziehungszielen dar.

Die Wandlungstendenz kann grob beschrieben werden als eine Entwicklung, die von der Aneignung einfacher, wirtschaftlich erforderter Grundkenntnisse (Lesen, Rechnen, Schreiben) hin zu speziellen und theoretisch abgesicherten Detailkenntnissen einerseits sowie vielseitig verwendbaren, auf Flexibilität angelegten Grundqualifikationen andererseits fortschritt. (Vgl. zum letzten Gesichtspunkt auch Kap. 5.2.3).

Ausdrücklich ist noch ein Gesichtspunkt hervorzuheben, der ebenfalls den Beispielen entnommen werden kann: Die Faktoren prägen nicht isoliert als einzelne Schule und ihre Erziehungsziele, sondern wirken als *Faktorenensemble.* Politische *und* ökonomische *und* weltanschaulich-anthropologische Faktoren hängen eng miteinander zusammen und beeinflussen alle zugleich Schule, so daß der Wandel von Erziehungszielen nur durch den interdependenten Zusammenhang aller dieser Faktoren erklärt werden kann.

Zur Übersicht sollen die wichtigsten Stichworte und Wandlungsfaktoren noch einmal in einem Tableau zusammengefaßt werden.

(5) Tableau: *Wandel von Erziehungszielen*

Faktoren des Wandels	Beispiele möglicher Entwicklung von →	zu
MENSCHENBILD	christlich	sozialistisch
	Gottesbildlichkeit, Frömmigkeit, Welt als Bereich zur Bewährung des Menschen im Hinblick auf das Jenseits. COMENIUS, Didactica Magna	Mensch ist Wesen der Arbeit; sinnlich-geistige Einheit; steht solidarisch im Kollektiv der Mitmenschen zur Schaffung optimaler gesellschaftlicher Verhältnisse im Diesseits. Konzept der POLYTECHNISCHEN BILDUNG
POLITISCHE VERHÄLTNISSE	obrigkeitsstaatlich	demokratisch-pluralistisch
	Bürger als Untertan; Ausschluß von polit. Partizipationsmöglichkeiten; Einordnung des Untertans an staatlich vorgegebene Wertsysteme. Aufgabenkatalog des Kultusministers von ALTENSTEIN	Bürger als Träger des Staates; Autonomie und Selbstbestimmung; kritisches Befragen vorgegebener Wertsysteme Qualifikation 1 der RICHTLINIEN Politik, NW
ÖKONOMISCHE VERHÄLTNISSE	frühkapitalistisch	spätkapitalistisch
	beginnende Industrialisierung, nützliches Wissen (Grundfertigkeiten: Lesen, Rechnen, Schreiben) ZEDLITZ 1787	beschleunigter techn. und ökon. Wandel, hoher Maschinisierungsgrad der Produktion, vielseitiges Wissen (substituierbare Qualifikationen) RAHMENPLAN 1959

Exkurs

Fragt man nun noch einen Schritt weiter zurück, nämlich wieso sich diese Faktoren — Menschenbild, politische Verhältnisse, kulturelle und ökonomische Bedingungen — ihrerseits wandeln, ist man auf umfassendere *Theorien des sozialen Wandels* bzw. auf *geschichtsphilosophische Überlegungen* verwiesen: Es taucht dann die Frage nach dem Lauf der Geschichte und den in ihr wirkenden Kräften auf.

Erfolgt der geschichtlich-gesellschaftliche Wandel (und davon abhängig auch der über Erziehungsvorstellungen) nach einem ‚verborgenem Plan der Natur', der auf die Verbesserung der Menschheit angelegt ist? Zumindest nimmt KANT an, „... daß, da das menschliche Geschlecht beständig im Fortrücken in Ansehung der Cultur, als dem Naturzwecke desselben, ist, es auch im Fortschreiten zum Besseren in Ansehung des moralischen Zwecks seines Daseins begriffen sei, und daß dieses zwar bisweilen unterbrochen, aber nie abgebrochen sein werde." (KANT VIII, S. 308/309). Ist die Geschichte damit ein permanenter Wandel hin auf einen „Fortschritt im Bewußtsein der Freiheit" (HEGEL); ist sie ein Prozeß bei dem — durch Klassenkämpfe vorangetrieben — das Privateigentum an Produktionsmitteln aufgehoben wird und sich in der Verfügung aller über diese Mittel die menschliche Emanzipation des Menschen realisiert (MARX)?

Oder ist der Wandel in seiner Richtung nicht vorhersagbar, ist der Weg der Geschichte offen, kann man wissenschaftliche Aussagen über geschichtliche Abläufe (damit auch über Erziehung) nur ex post, nur im nachhinein treffen, und wird man hierfür eine Vielzahl von Faktoren als Erklärungsmöglichkeit heranziehen: neben ökonomischen Wandlungstendenzen, die aus Fortschritten des naturwissenschaftlich-technischen Denkens resultieren, auch ideengeschichtliche Faktoren, politische Machtkonstellationen, kulturelle Entwicklungen, ohne sie aber letztlich einem determinierenden Faktor unterzuordnen? Dieser Bereich der eher geschichtsphilosophischen Betrachtung sollte hier nur angedeutet, aber nicht en détail entwickelt werden. Für denjenigen, der hier konsterniert einen den Rahmen des Studienbuchs sprengenden Höhenflug vermutet, soll darauf hingewiesen werden, daß die angeschnittene Fragestellung von Studenten einer Einführungsvorlesung an dieser Stelle ins Spiel gebracht wurde.

Deshalb erlauben wir uns für den interessierten Leser folgende Literaturhinweise:

I. KANT, Abhandlungen nach 1781, Akademie-Textausgabe Band VIII, Berlin 1968

G.W.F. HEGEL, Philosophie der Geschichte, Reclam-Ausgabe, Stuttgart 1975 (dort auch die sehr wichtige Einführung von TH. LITT)

K. MARX, Die Frühschriften, hrsg. v. S. LANDSHUT, Stuttgart 1968

Als aktueller Theorieband:

W. ZAPF (Hrsg.), Theorien des sozialen Wandels, Köln/Berlin 1971

2.2.1 Lerntafel

Ausgangspunkt:

Wenn allgemeine Erziehungsziele den wichtigsten Handlungsnormen einer Gesellschaft entsprechen,

dann unterliegen sie — wie die Normen auch — dem Wandel.

Der Wandel von Erziehungszielen ist zunächst erklärbar durch die Änderung der Bezugsgrößen, durch die Erziehungsziele festgelegt sind: Durch

— *das Menschenbild einer Gesellschaft* (oder einer Gruppe)

— *politische Verhältnisse* (bzw. die von der Politik an Erziehung gestellten Anforderungen)

— *ökonomische Bedingungen* (die zu einer bestimmten Zeit an die nachwachsende Generation gestellten Qualifikationserfordernisse) und schließlich

— *kulturelle Faktoren* (Entwicklungen auf dem Gebiet der Zivilisation, Kultur, Wissenschaft)

Zum Exkurs:
Will man den Wandel dieser Bezugsgrößen von Erziehungszielen selbst erklären, muß man auf umfassende *Theorien des sozialen Wandels* oder *geschichtsphilosophische Erklärungen* zurückgreifen. Etwa derart, daß man behauptet

- die gesellschaftliche Entwicklung sei auf das Ziel zunehmender Freiheit angelegt;
- die Geschichte sei jetzt und in Zukunft eine Geschichte der Klassenkämpfe;
- die Art und Richtung des Wandels sei überhaupt nicht im voraus anzugeben, nur die Bedingungen sozialen Wandels könnten erfaßt werden.

2.2.2 Arbeitsvorschlag

Bitte analysieren Sie den Wandel in der Auffassung über die Aufgaben von Schule vor dem Hintergrund der in diesem Kapitel entwickelten Kategorien.

Aufgaben der Schule
Bei einer empirischen Untersuchung zum Bildungsbewußtsein von Erwachsenen ist 1958 die folgende Frage gestellt und in einer neuerlichen Untersuchung 1973 wieder aufgegriffen worden.

Frage: „Was sollten nach Ihrer Meinung die Kinder auf der Schule ganz allgemein in erster Linie mitbekommen? Bitte wählen Sie auf dieser Karte die drei Punkte aus, die Ihnen am wichtigsten erscheinen.“

	%
Persönliche Selbständigkeit	34
Ordnung und Disziplin	28
Kenntnisse für den Beruf	38
Lebensfreude	9
Gute Umgangsformen	23
Eigene Urteilsfähigkeit	36
Achtung vor den Mitmenschen	29
Sicheres Selbstbewußtsein	21
Vielseitiges Wissen	51
Keine Angaben	5

Die Gesamtzahl der Nennungen zeigt, daß wieder die weitaus meisten Befragten die dreifache Wahlmöglichkeit ausgeschöpft haben. Das kann als Bestätigung für das Interesse der Befragten und die Zuverlässigkeit der Frage gelten. Aufschlußreich ist zunächst der folgende Vergleich zwischen 1958 und 1973.

Aufgaben der Schule.
Rangfolgen der Antworten 1958 und 1973

1958 (1850 F)	%	1973 (4150 F)	%
1. Ordnung und Disziplin	59	1. Vielseitiges Wissen	51
2. Achtung vor den Mitmenschen	49	2. Kenntnisse für den Beruf	38
3. Vielseitiges Wissen	42	3. Eigene Urteilsfähigkeit	36
4. Kenntnisse für den Beruf	35	4. Persönliche Selbständigkeit	34
5. Gute Umgangsformen	33	5. Achtung vor den Mitmenschen	29
6. Persönliche Selbständigkeit	32	6. Ordnung und Disziplin	28
7. Eigene Urteilsfähigkeit	15	7. Gute Umgangsformen	23
8. Sicheres Selbstbewußtsein	13	8. Sicheres Selbstbewußtsein	21
9. Lebensfreude	12	9. Lebensfreude	9

aus: SCHULENBERG 1979, S. 79

2.3 Kontroversität und Legitimität von Erziehungszielen

Wurde der Wandel von Erziehungszielen dadurch erklärt, daß im Laufe der Geschichte unterschiedliche Normen sich ablösend eine bestimmte Epoche beherrschten, so ist daneben in einer synchronen Betrachtungsweise — im Schnitt durch eine Epoche — darauf hinzuweisen, daß auch innerhalb eines umrissenen Zeitraums miteinander *rivalisierende Wertvorstellungen* gleichzeitig nebeneinander bestehen. Dieser Sachverhalt gilt speziell für plural aufgebaute Gesellschaften, in denen eine Vielzahl von Vorstellungen über Normen und Werte existiert. Bei der Durchsetzung von Geltungsansprüchen wird es zu Kontroversen zwischen den einzelnen Gruppen kommen, und sie werden sich bemühen, die **Legitimität** ihrer Normen und Werte herauszustellen. Da nun Erziehungsziele auf solche Normen hin entworfen sind, stehen sie selbst auch in diesem Prozeß der Auseinandersetzung und Rechtfertigung.

Die Kontroversen über Erziehungsziele verweisen dabei auf grundlegende Divergenzen, etwa über das ideale Menschenbild oder über die Frage, wie Staat und Gesellschaft begriffen werden sollen. Deutlich wird dies beispielsweise bei der Gegenüberstellung des gleichen Lehrplans in zwei Versionen, in seiner 1. und 2. Auflage. Hier werden nicht etwa die eben beschriebenen Wandlungstendenzen im Menschenbild und in den politischen, kulturellen und ökonomischen Bereichen manifest, die Zeitspanne zwischen beiden Versionen beträgt nur gut 1 Jahr; hier spiegelt sich daher weniger ein tiefgreifender historischer Wandel, als vielmehr eine *Kontroverse um die Legitimationsgrundlagen des Lehrplans bzw. der Erziehungsziele* wider.

Es handelt sich um die RICHTLINIEN für den politischen Unterricht in Nordrhein-Westfalen. Aufschlußreich ist hier die — exemplarisch zu verstehende — Gegenüberstellung einzelner Formulierungen aus der Qualifikation 2.

In der Neufassung ergaben sich Verschiebungen in der Zählweise, die aber nicht von Belang sind, da es sich um inhaltlich vergleichbare Passagen handelt.

1. Fassung	*2. Fassung*
2.2.4 Fähigkeit, Argumente der Staatsgewalt und gesellschaftlicher Gruppen zur Aufrechterhaltung von Systemzwängen zu analysieren, sie zu bewerten und sich ihnen gegebenenfalls zu widersetzen.	2.2.5 Fähigkeit, Argumente der Staatsgewalt und gesellschaftlicher Gruppen zur Aufrechterhaltung von Systemzwängen zu analysieren, sie zu bewerten und sich mit ihnen auseinanderzusetzen.
2.3 Fähigkeit, den politischen Handlungsspielraum zu erweitern und damit für sich und andere ein größeres Maß an Bedürfnisbefriedigung und Selbstbestimmung zu erreichen.	2.3 Fähigkeit und Bereitschaft, den politischen Handlungsspielraum zu erweitern und damit für sich und andere ein größeres Maß an Selbstbestimmung zu erreichen.
2.3.1 Fähigkeit, Machtgruppen zu erkennen, die dazu tendieren, individuelle Handlungsmöglichkeiten einzuengen.	— weggefallen —
2.3.3 Bereitschaft, zur Veränderung der bestehenden politischen Ordnung auf demokratischem Wege beizutragen, falls diese Freiheitschancen ungenutzt läßt, die bereits realisierbar sind.	2.3.2 Bereitschaft, zu politischen Entscheidungen auf demokratischem Wege beizutragen, falls Freiheitschancen ungenutzt bleiben.

aus: RICHTLINIEN für den Politischen Unterricht, ^{1}1973, S. 12 und ^{2}1974, S. 17

Wie kann man grob die Unterschiede festhalten? Die zweite Fassung ist entschärft, ist *neutraler.* Aus „sich... widersetzen" ist eine ‚gedankliche Auseinandersetzung' geworden; der Hinweis auf „Veränderung" ist gestrichen, statt dessen verweist man zurückhaltend auf Entscheidungsverfahren.

Die zweite Fassung ist *gereinigter*: Von Bedürfnisbefriedigung ist keine Rede mehr, und die obskuren Machtgruppen sind auch verschwunden. Dies ist jedoch nicht bloß Kosmetik, auch keine Folge einer besseren sachlichen Einsicht, sondern das Ergebnis der Zuspitzung einer parteipolitischen Kontroverse und damit Konsequenz einer politisch-legitimatorischen Notwendigkeit.

Unter **Legitimation** *soll der Nachweis verstanden werden, eine gesellschaftliche Ordnung (Staat), ein gesellschaftliches Teilsystem (z. B. Erziehung), eine gesellschaftliche Maßnahme (z. B. Erlaß von Richtlinien) als rechtens darzustellen.*

Der Begriff der Legitimation meint also im pädagogischen Kontext den Vorgang der politisch-rechtlichen, genauer: verfassungsrechtlichen Begründung von Entscheidungen (z. B. Schulneustrukturierungen wie Koop-Schule oder Orientierungsstufe; Reformplänen; Richtlinien).

Das Begründungsmuster läuft im Grunde sehr einfach ab, nämlich im Nachweis, daß die entsprechende Maßnahme demokratisch-rechtsstaatlichen Prinzipien entspricht.

Etwa: Ein allgemeines Erziehungsziel wie: Fähigkeit und Bereitschaft zur Prüfung, ob und wo selbstbestimmter Handlungsspielraum in politisch-gesellschaftlichen Bereichen eingeschränkt ist, wird legitimiert mit dem Verweis auf das Demokratiegebot des Grundgesetzes, meist Art. 20 GG: die Bundesrepublik ist ein demokratischer und sozialer Bundesstaat; häufig im Verbund mit Art. 2 GG über die freie Entfaltung der Persönlichkeit.

Liest man diese Begründung in umgekehrter Richtung: Aus dem Grundgesetz wird ein Demokratiegebot interpretiert und damit ein entsprechendes Erziehungsziel legitimiert.

Aber dieser Vorgang der Legitimation ist nur scheinbar so einfach. In Wirklichkeit wird die Sachlage von den Beteiligten (Eltern, Politikern, Öffentlichkeit) äußerst kontrovers aufgenommen und zwar deshalb, weil die Grundgesetzartikel keine eindeutig festlegenden Anweisungen enthalten, sondern in gewissem Rahmen *interpretationsfähig und -bedürftig* sind.

Beispiel:

Ein fundamentaldemokratisch verstandenes *Demokratiegebot* gibt es im Grundgesetz nicht. Man kann den Art. 20 höchstens so interpretieren.

Er ist aber zugleich auch so auslegbar, daß man sagt: Mit Demokratisierung ist nur der im engen Sinn politische Bereich angesprochen, in gesellschaftlichen Bereichen dagegen (z. B. Medizin, Schule, Militär) gelten zwar auch demokratische Prinzipien, aber einen höheren Stellenwert hat hier die *sachbegründete Entscheidungskompetenz* der entsprechenden Handlungsträger.

Es stehen sich also kontrovers gegenüber:

Alle Bereiche (gesellschaftliche und politische) sind nach demokratischen Prinzipien zu strukturieren.	*Nur der politische Bereich* ist konsequent demokratisch zu strukturieren; in gesellschaftlichen Bereichen gelten zwar auch zum Teil demokratische Prinzipien, in erster Linie jedoch zählt die Kompetenz der Entscheidungsträger.

Man sieht, hier ist eine Einigung so ohne weiteres nicht möglich; in der politischen Kontroverse führt dies dann häufig bei den Kontrahenten zum wechselseitigen Vorwurf der mangelnden oder gar verfehlten Legitimationsgrundlage bzw. zu umfassenden Rechtfertigungsversuchen der eigenen Position.

Deutlich wird dies am folgenden Landtagsprotokoll aus Nordrhein-Westfalen: Im Zeichen der damals aufgenommenen Terrorismusdiskussion kamen auch die Richtlinien ‚Politik' wieder zur Sprache (Sitzung vom 9. 11. 1977).

Der Abgeordnete DAMMEYER, SPD: „Meine Damen und Herren, auf Emanzipation abzielendes Lehren und Lernen, das Kennenlernen von Konflikten, Kenntnisse über gesellschaftliche Zusammenhänge, harmonische und kontroverse, und auch die Erklärung, die Ihnen und Ihrem partnerschafts- und herrschaftsideologischen Denken nicht paßt, nämlich die von dem antagonistischen Gegensatz von Kapital und Arbeit und ihren Organisationen, sind nicht nur legitim, sondern auch richtig... Und wir werden nicht zulassen, daß Sie unter dem Vorwand, den Terrorismus bekämpfen zu wollen, in Wahrheit gegen sozialistische Auffassungen zu Felde ziehen." (Plenarprotokoll 8/59, S. 3402). Demgegenüber DR. HEIMES, CDU: „Und wir werden hellwach sein müssen, wenn die Klassenkämpfer — auch im Gewand der Konflikttheoretiker, Herr Hinrichs — Einlaß in die Schulen suchen und schon Richtlinien und Lehrpläne bestimmen. Konflikte gibt es — wer hätte das je geleugnet? —, und Konfliktfähigkeit ist eine sehr wichtige Fähigkeit. Aber wir wollen nicht die einseitige Auslegung des Konfliktdenkens im Sinne des Neomarxismus, so wie wir sie aus manchen Richtlinien erkennen konnten." (a.a.O. S. 3398/3399). Deutlich wird der Bezug auf eine Gemeinschaftsideologie, wenn der Konfliktbegriff durch den Rückbezug auf die Geborgenheit in der Familie relativiert wird. DR. HEIMES, CDU: „Wenn die jungen Menschen frei, selbstbewußt und selbständig denkend, aber in der Wärme der Zuneigung ihrer Eltern und Geschwister die Tugend einüben konnten, auch einen Andersdenkenden anzunehmen und sich mit ihm kritisch auseinanderzusetzen, ... so kann ein Denkstil wachsen, der Kritik ausspricht, ... der Konflikte zu bewältigen versteht, ohne Rücksichtslosigkeit zum Gesetz zu erheben... Ich erkläre in diesem Zusammenhang: Wer ein gesundes Gemeinwesen will, wird die Familie fördern müssen, damit sie im staatsfreien Raum in ihrem privaten Dasein imstande ist, ihre funktionale Erziehungsmächtigkeit auch wirklich zu leben." (a.a.O. S. 3400)

Man sieht: Emanzipation, Konflikt, antagonistische Sicht von Arbeit und Kapital sind *legitim*.

Nein: dies sind Neomarxismen, klassenkämpferische Begründungen, daher sind sie *illegitim*.

Es fragt sich:

Wieso können mit Bezug auf dasselbe Phänomen (Konflikt und Erziehung) im Rahmen des gleichen Auslegungsrahmens (Grundgesetz) solche vehementen Kontroversen und gegenseitige Vorwürfe auftreten?

Die Antwort:

Weil die *politisch-ideologischen Grundlagen*, die sogenannten **Grundwerte**, unterschiedlich sind und weil damit der gleiche Tatbestand von ganz unterschiedlichen Voraussetzungen (Vorverständnissen) her interpretiert wird.

Denn:

Wer Gesellschaft eher auf einem *gemeinsamen Wertefundament* gegründet sieht, wer gesellschaftliche Gruppen als *Partner* begreift, wer der *Familie* eine wichtige staatstragende Rolle zuweist, der bezieht die Aufgabe von Erziehung auf andere Legitimationsgrundlagen als derjenige, der Gesellschaft *antagonistisch strukturiert* sieht — in *zwei große Klassen* gespalten, die einander feindlich gegenüberstehen — und der die Rolle des Staates in der Parteinahme für die ‚Unterdrückten' sieht.

Es stehen sich daher hier eine Auffassung vom allgemeinen Ziel der Erziehung gegenüber, bei der auf eine *kritisch-loyale Erfüllung* der gesellschaftlichen und politischen Aufgaben Wert gelegt wird, und eine andere, nach der das Ziel der Erziehung darauf angelegt ist, in ständig *kritisch-konfliktbezogenem Handeln* demokratische Prinzipien auf alle Lebensbereiche auszudehnen.

Diese Auffassungen beispielsweise über Schule, Familie, Gesellschaft werden vor dem Hintergrund umfassender politisch-ideologischer Positionen vertreten, die den verschiedenen *politischen Traditionen* entstammen: der christlich-konservativ-sozialen Entwicklungslinie, der demokratisch-sozialistischen und — was dem Beispiel nicht zu entnehmen ist, hier aber auch erwähnt werden muß — dem liberalen Traditionsstrang. Würden Richtlinien von dieser zuletzt genannten politischen Position her konzipiert, dann würde pointiert auf individuelle Entfaltungsmöglichkeiten abgehoben, würden Staat und Gesellschaft eher als Konkurrenzdemokratie verstanden (gleichberechtigte Stellung von Gruppen, die um die Durchsetzung ihrer Interessen miteinander konkurrieren) und wäre gleichwertig neben eine politische Kategorie wie die des Konflikts die des Konsens gestellt.

2.3.1 Lerntafel

1. In pluralistischen Gesellschaftssystemen resultieren die *Kontroversen* über Erziehungsziele aus unterschiedlichen Legitimationsmustern oder genauer: aus unterschiedlichen Interpretationen der Verfassungsnormen als Legitimationsbasis für alle politischen — damit auch bildungspolitischen — Entscheidungen.

2. Die Interpretationen, die die einzelnen gesellschaftlichen Gruppen vornehmen, sind durch deren **Grundwerte** bestimmt; Grundwerte bestimmen das ideologische Selbstverständnis der (meist politischen) Gruppen und spiegeln ihre verschiedenen *politisch-historischen Traditionen* wider.
Für die Bundesrepublik sind dies vor allem

— **konservativ-christlich-soziale Traditionen**:
Grundwerte: Partnerschaft, Gemeinschaft (Betonung des Individuums und kleiner Verbände wie Familie, Kommune), Subsidiarität, verstanden als Hilfe zur Selbsthilfe.

— **sozialdemokratisch-sozialistische Traditionen**:
Grundwerte: Solidarität als gemeinsames Klassenbewußtsein, Gleichheit im Sinne gleicher materieller Chancen, Demokratisierung als umfassender politisch-sozialer-ökonomischer Prozeß (Demokratisierung aller Lebensbereiche). Konflikt als Antagonismus zwischen Kapital und Arbeit.

— **liberale Traditionen:**
Grundwerte: Entfaltung und Erhaltung des Individuums, Pluralität von Gruppen und Anschauungen, Beschränkung des staatlich-administrativen Eingriffs in den gesellschaftlich-ökonomischen Bereich, Leistung und Wettbewerb.

2.4 Erziehungsziele und Bildungsbegriff

Nach den Ausführungen über die Funktion von Erziehungszielen, über ihre Wandelbarkeit und Kontroversität, stellt sich für den Erziehungswissenschaftler die Frage, ob man sich mit Feststellungen etwa über den Wandel von Erziehungszielen und über kontroverse Standpunkte bei Zielkonflikten begnügen muß, oder ob man darüber hinaus unterschiedliche Erziehungsziele auch einer *Wertung* unterziehen kann. Stehen Maßstäbe zur Verfügung, um beispielsweise Ziele nationalsozialistischer Erziehung als unpädagogisch und humanistische Erziehungsziele als pädagogisch vertretbar zu bewerten? Allgemein ausgedrückt:

Gibt es einen Maßstab, gibt es Kriterien nach denen man Ziele bewerten, beurteilen und über ihre Annehmbarkeit oder über ihre Ablehnung entscheiden kann?

Dabei muß von vornherein jedoch klar sein, daß diese Maßstäbe nicht selbst wieder in der politischen Tagesdebatte stehen können, da sie dann unter die gleiche Relativität fallen wie die von ihnen bewerteten Ziele.

Wir meinen, es gibt solche Bezugspunkte, Maßstäbe, nach denen über die Wertigkeit von Erziehungszielen — zumindest ausgrenzend — entschieden werden kann. Dann sind wenigstens Aussagen darüber möglich, ob ein Ziel pädagogischen Kriterien nicht genügt.

Als solche Maßstäbe können die in der pädagogischen Tradition entwickelten und in der Problemgeschichte angereicherten Begriffe der **Bildung, Mündigkeit** und **Emanzipation** gelten.

Diese Begriffe sind nicht so aufzufassen, als stünden sie *absolut* überzeitlich am Begriffsfirmament und leuchteten auf die pädagogische Erde herab. Wohl sind es Begriffe, die dann notwendig angenommen werden müssen, wenn man den Menschen als ein Wesen versteht, das nicht blind auf Reize reagiert, sondern das in der Lage ist, aufgrund eigener Entscheidungen zu handeln.

Zwar wird das konkrete Verständnis von Bildung, Mündigkeit und Emanzipation auch von Zeitumständen oder vorausgehenden Denktraditionen mit beeinflußt, dies stellt aber nicht ihre prinzipielle Gültigkeit in Frage.

Will man es formelhaft ausdrücken:
Sie sind zeitunabhängig insofern, als sie notwendige Aussagen über den Menschen als selbstbestimmtes Wesen machen.
Sie sind zeitabhängig insofern, als die konkrete inhaltliche Füllung dieser Begriffe auch vor dem Hintergrund historisch-gesellschaftlicher Gegebenheiten vorgenommen wird; daraus resultiert die unterschiedliche Akzentuierung der Teilmomente.

Vermutlich ahnen Sie schon nach diesen Vorbemerkungen, was spätestens nach der Lektüre der nächsten Seiten unübersehbar wird: Es handelt sich hier um einen eher spekulativen Gedankengang, der — so meinen wir nach langen Überlegungen — auch nur in dieser philosophisch orientierten Art der Darstellung in seiner Komplexität faßbar wird. Insofern ist die stark didaktisierte Darstellungsweise des Studienbuches vorübergehend aufgeweicht — eine Erschwerung, die Sie als Leser dennoch nicht abhalten sollte, auch den Rest des Kapitels aufzuarbeiten.

2.4.1 Bildung — Mündigkeit — Emanzipation

Der **Bildungsbegriff** ist in seiner Problemgeschichte seit ROUSSEAU mit einem *kritisch-distanzierenden* Moment verbunden: Erziehung — betont ROUSSEAU — hat es nicht mit Bürgern und Soldaten, sondern mit Menschen zu tun. Dieses Moment wird ebenfalls von HUMBOLDT hervorgehoben, wenn er fordert, daß „...die freieste, so wenig als möglich schon auf die bürgerlichen Verhältnisse gerichtete Bildung des Menschen überall vorangehen müßte...“ (HUMBOLDT 1964, S. 10).

Also: Bildung wendet sich gegen Vereinnahmung des Lernenden für gesellschaftliche, ökonomische oder politische Zwecke. Bildung kennzeichnet das Bemühen, den Menschen grundsätzlich in die Lage zu versetzen, sich selber für oder gegen solche Anforderungen entscheiden zu können.

Damit hängt ein zweites Bestimmungsmerkmal von Bildung zusammen: Sie ist *individuell*, auf den einzelnen bezogen, auf konkret diesen Lernenden ausgerichtet.

Aber: Der einzelne darf und kann nicht als isoliertes Subjekt betrachtet, sondern muß im Zusammenhang mit seinen Mitmenschen gesehen werden. Bildung ist somit auch auf die *soziale Dimension* verwiesen. Dies kann in einer eher trivialen Art bedeuten, daß Bildung, sofern sie auf Handeln bezogen ist, sich immer im sozialen Kontext realisiert. Es kann aber auch so verstanden werden, daß Bildung in der bestimmten gesellschaftlichen Situation Bedingungen vorfindet, die Grenzen ihrer Realisierung bedeuten. Bildung hat sich dann auf die Veränderung eben dieser Voraussetzungen zu beziehen; das Handeln steht dabei unter dem Anspruch der Erzielung und *Ausweitung des demokratischen Handlungsspielraums*, der insofern eine Grundvoraussetzung für Bildung darstellt, als Bildung mit *Autonomie* und *Selbstbestimmung* des Menschen zusammengedacht werden muß.

Es ergeben sich als **Begriffsmerkmale von Bildung**:

— sie zielt auf kritisch-distanzierende Haltung des Individuums,
— sie ist auf den einzelnen bezogen (individuelles Moment der Bildung)
— und steht in politisch-sozialer Verwiesenheit.

Der zweite Begriff in der Trias möglicher Zielbestimmungen ist der der **Mündigkeit**. Mündigkeit ist mit dem Bemühen um Aufklärung verbunden. Aufklärung besteht nach KANT im „...Ausgang des Menschen aus seiner selbst verschuldeten Unmündigkeit. Unmündigkeit ist das Unvermögen, sich seines Verstandes ohne Leitung eines anderen zu bedienen." (KANT VIII, S. 35). Entsprechend bezieht sich Mündigkeit gerade auf den Einsatz des eigenen Verstandes, nicht um *irgendeinen* Gebrauch davon zu machen, sondern um *öffentliche Gegebenheiten* kritisch zu überdenken. Allerdings ist hierzu eine Voraussetzung erforderlich, auf die KANT selbst hinweist:

> „Daß aber ein Publicum sich selbst aufkläre, ist eher möglich; ja es ist, wenn man ihm nur Freiheit läßt, beinahe unausbleiblich... Zu dieser Aufklärung aber wird nichts erfordert als F r e i h e i t; und zwar die unschädlichste unter allem, was nur Freiheit heißen mag, nämlich die: von seiner Vernunft in allen Stücken ö f f e n t l i c h e n G e b r a u c h zu machen" (KANT VIII, S. 36).

Mündigkeit beinhaltet also die Forderung nach *eigenständigem Denken*, das aber nicht bloß auf die privat-individuelle Sphäre begrenzt ist, sondern sich auch auf politisch-öffentliche Belange bezieht.

Der Begriff tritt aber auch in einer mehr rechtsphilosophischen oder — vielleicht noch allgemeiner gesagt — in einer moralischen Variante auf. Mündigkeit bezieht sich dabei auf einen Status des Menschen, in dem dieser *Verpflichtbarkeit* und *Verantwortungsfähigkeit* zeigt (RITZEL 1973, S. 51). Verantwortungsfähig und verpflichtbar ist der Mensch aber nur, wenn er aufgrund von Einsicht handelt. Dies erfordert die Fähigkeit zum Urteil, so daß beide — *Einsicht und Urteilsfähigkeit* — notwendige Voraussetzungen von Mündigkeit darstellen.

Damit ist — auf Lernprozesse umgedacht — die Inhaltsdimension von Erziehungsvorgängen impliziert, denn Einsicht und Urteilsfähigkeit gründen letztlich auf der Auseinandersetzung mit Inhalten; Mündigkeit setzt Wissen voraus.

Aus dem Gesagten resultieren folgende **Begriffsmerkmale von Mündigkeit**:

— die eigene Urteilsfähigkeit,
— die Verpflichtung, von seinem Urteilsvermögen auch öffentlich Gebrauch zu machen,
— Verantwortungsfähigkeit, die Einsicht und Urteilsfähigkeit voraussetzt, was wiederum Sachkenntnis impliziert.

Der dritte Begriff ist der der **Emanzipation.** *Philosophisch* findet er sich bei MARX in den Frühschriften entwickelt. Emanzipation meint dort die *Aufhebung von Entfremdung*, bezeichnet den Prozeß, durch den der Mensch sich wieder als Mensch zurückgewinnt (‚menschliche Emanzipation des Menschen'). Emanzipation ist der Vorgang der Selbstbefreiung der Gattung durch Beseitigung der die Entfremdung bedingenden Ursachen, also vor allem durch die Aufhebung des Privatbesitzes an Produktionsmitteln und Beseitigung der Arbeitsteilung, besonders der von Kopf- und Handarbeit, da sie den Menschen in seiner körperlich-geistigen Einheit auseinanderreißt.

Von diesem Bedeutungszusammenhang kann zweitens der *historische* oder *sozialhistorische* Gebrauch des Begriffes abgehoben werden. Der Emanzipationsbegriff meint in diesem Kontext die *Freiheitsbestrebungen bestimmter sozialer Schichten* im konkreten historischen Ablauf, z. B. die Emanzipation des Bürgertums in der Auseinandersetzung mit dem Feudalsystem. In dieser Bedeutung taucht er dann auch bei MARX auf als historische Aufgabe des Proletariats im Kampf gegen die herrschende Klasse.

Wird der Emanzipationsbegriff drittens in seiner *politischen* Dimension gesehen, so bedeutet er das *Erkämpfen und Ausweiten von Freiheitsspielräumen*, die im politischen Grundrechtskatalog enthalten sind. Emanzipation verweist damit auf die Distanzierung von Selbst- und Mitbestimmung hindernder Fremdbestimmung: Allerdings ist hier eine Ergänzung wichtig. Fremdbestimmung ist mit dem Phänomen der *Herrschaft* verbunden, die, so kann man wohl annehmen, in der menschlichen Gesellschaft nicht aufhebbar ist. Emanzipation kann nicht im Sinne absoluter Aufhebung von Herrschaft verstanden werden. Jede Aufhebung von Zwängen, von repressiven Sozialverhältnissen führt immer in neue soziale Verhältnisse und hebt sie somit nicht grundsätzlich auf. Wird aber einerseits das Phänomen der Herrschaft als unabdingbar angenommen und sind andererseits Emanzipationsbemühungen aus demokratischen Überlegungen unaufgebbar, so kann der Widerspruch nur so gelöst werden, daß Emanzipationsbemühungen dazu tendieren, *fremdbestimmte* Herrschaftsverhältnisse zunehmend in *selbstbestimmte* zu übersetzen, wie das etwa in der ROUSSEAUschen Formulierung des ‚Contrat Social' als Forderung festgehalten ist (vgl. hierzu auch Kap. 5.3.1).

Schließlich läßt sich viertens eine *soziologische* Bedeutung des Begriffs abheben. Er wird hier auf die *Aufhebung struktureller Benachteiligungen sozialer Gruppen oder Institutionen* bezogen; man spricht z. B. von der Emanzipation der Frau und meint die Aufhebung repressiver Rollenschemata oder von der Emanzipation der Pädagogik vom Einfluß durch Kirche, Staat und Stand, wie es NOHL einmal ausgedrückt hat, wenn er die Autonomie der Pädagogik, ihre Befreiung von religiösen oder politisch-gesellschaftlichen Einflüssen forderte (vgl. NOHL 1933, S. 15). Diese Betrachtungsweise ist eine soziologische und insofern von MARX abgehoben, als bei einer solchen Verwendung des Begriffs nicht die klassenantagonistischen Implikationen der MARXschen Theorie mitgedacht sind, sondern der Emanzipationsgedanke von recht unterschiedlichen Motiven getragen ist. Im ersten Fall etwa gründet er sich auf die Forderung nach Einlösung des im Grundgesetz verbürgten Gleichheitsanspruchs, im zweiten Fall zielt er auf Realisierung eines bestimmten wissenschaftlichen und institutionellen Autonomieanspruchs ab.

Voneinander abzuheben sind demnach folgende **Begriffsmerkmale von Emanzipation**:

- *Philosophische Bedeutung:*
  Aufhebung von Entfremdung (MARX) durch Beseitigung des Privatbesitzes an Produktionsmitteln und der Trennung von Kopf- und Handarbeit (menschliche Emanzipation des Menschen)
- *Historische (sozialhistorische) Bedeutung:*
  Freiheitsbestrebungen bestimmter Sozialschichten (z. B. des Bürgertums oder der Arbeiterschaft)
- *Politische Bedeutung:*
  Erkämpfen von Freiheitsspielräumen (wie sie etwa im Grundrechtskatalog oder der Charta der Menschenrechte fixiert sind)
- *Soziologische Bedeutung:*
  Aufhebung sozialstruktureller Benachteiligungen von sozialen Gruppen (etwa Emanzipation der Frau oder der von Minderheiten)

Wir haben uns nun die Frage zu stellen, welcher Zusammenhang zwischen diesen drei Begriffen besteht. Eine Möglichkeit, sie sinnvoll miteinander zu verknüpfen, ist es, **Bildung** als übergeordneten Begriff, **Mündigkeit** und **Emanzipation** als seine Teilmomente anzusehen, da Bildung alle Merkmale umfaßt, die in den beiden anderen Begriffen jeweils nur zum Teil enthalten sind.

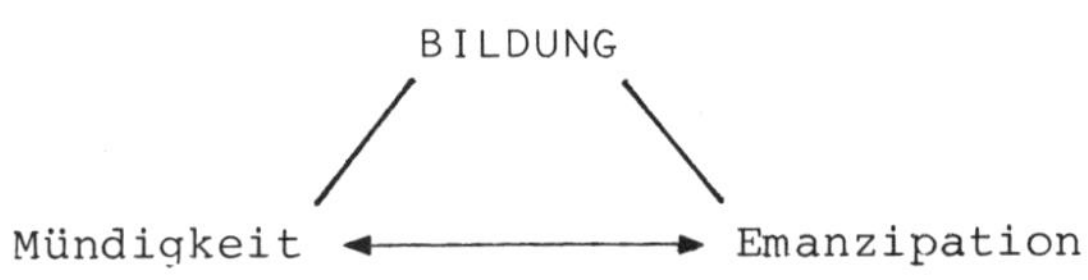

Damit bezeichnet **Bildung** als allgemeines Ziel der Erziehung einen *Persönlichkeitszustand*, der den *einzelnen* befähigt, sein *Handeln* auf *Einsicht* und *Sachkompetenz* zu gründen und es kritisch-prüfend unter dem Prinzip der *Selbstbestimmung* zu *verantworten.*

Befassen wir uns genauer mit den Teilmomenten der Definition:

(a) Festgehalten ist der Aspekt der *Verantwortung.* Der einzelne hat sein Handeln zu vertreten, er kann es aber nur verantworten, sofern er eine Entscheidung zu treffen in der Lage ist. Dies kann er wiederum nur aufgrund von Einsicht in und Urteil über den Handlungszusammenhang (beides setzt *Sachkompetenz* voraus).

Kurz: Er kann nur Verantwortung in diesem vollen Sinn als mündige Person übernehmen (Aspekt der Mündigkeit).

(b) Als *Handelnder* (und nicht bloß als denkender, als kontemplativer) steht der einzelne notwendig im sozialen Zusammenhang, und zwar nicht nur angepaßt-nachahmend, sondern immer auch kritisch-prüfend, wobei Maßstab der Kritik die Vorstellung von *Selbstbestimmung* ist.

Kurz: Er kann sein Handeln nur kritisch-prüfend realisieren, sofern er es auf einen Maßstab bezieht. Oberster Bezugspunkt ist das Prinzip der Selbstbestimmung (Aspekt der Emanzipation).

Exkurs: Zur dialektischen Konstruktion des Bildungsbegriffs

Das Vorgehen, nach dem hier der Bildungsbegriff entwickelt ist, kann man als dialektisch bezeichnen und sagen, der Bildungsbegriff sei die ‚aufgehobene Wahrheit von Mündigkeit und Emanzipation'.

Es gibt mehrere dialektische Denkfiguren; eine davon ist die hier verwendete der ‚Aufhebung', eine andere, die sich auf das Verhältnis von Wesen und Erscheinung bezieht, ist in Kap. 7.3 erwähnt.

Der Begriff der Aufhebung kann dreifach verstanden werden:

— Aufheben als ‚vernichten' (tollere).

Die Einseitigkeiten der beiden Teilbegriffe (Mündigkeit und Emanzipation) werden im Bildungsbegriff vernichtet, ein möglicher Widerspruch zwischen ihnen wird damit auch aufgehoben. So wird beispielsweise im Bildungsbegriff die Einseitigkeit einer bloß privat-innerlichen, auf das isolierte Subjekt bezogenen eigenständigen Denkhaltung ebenso aufgehoben (vernichtet) wie die nur einseitige Haltung der Distanz, Kritik und permanenten Veränderung.

— Aufheben als ‚emporheben' (elevare).

Bleibt man auf die ‚untere' Ebene der Betrachtung ausgerichtet, so stehen sich Mündigkeit, insbesonders in ihrer rechtsphilosophisch-moralischen Variante, und Emanzipation in ihrer distanzierend-verändernden Bedeutung unvereinbar gegenüber. Verpflichtung und Verantwortung implizieren eine Haltung der Anerkennung, der Übernahme, des bewußten Akzeptierens. Dagegen erfordert Veränderung von Zuständen, die Selbstbestimmung einengen, eine distanzierende, zurückweisende, kritisierende, hinterfragende Haltung.

Aufgehoben wird dieser Widerspruch erst auf der ‚höheren' Ebene im Bildungsbegriff, bei dem Akzeptieren und Distanzieren nur Teilmomente einer beides umfassenden Gesamthaltung sind.

— Aufheben als ‚bewahren' (conservare).

Wenn auch Einseitigkeiten vernichtet und Widersprüche aufgehoben werden, so bleiben die wesentlichen Momente von Mündigkeit und Emanzipation doch im Bildungsbegriff bewahrt, denn er setzt sich ja gerade aus deren Teilaspekten zusammen. Das Motiv der Eigenständigkeit im Denken und der Verantwortungsbereitschaft sind hinsichtlich des Mündigkeitsbegriffs bewahrt, der Verweis auf Handeln (statt nur Denken) und auf das mit dem Selbständigkeitsprinzip in Verbindung gebrachte prüfend-distanzierende Moment sind vom Emanzipationsbegriff entnommen und ebenfalls im Bildungsbegriff bewahrt.

Nun werden auch Verkürzungen an diesem Zielkomplex sichtbar, sobald eines der diesen Begriff dialektisch aufbauenden Momente überbetont bzw. unterdrückt wird.

Wird das Emanzipationsmoment überbetont (und das der Mündigkeit vernachlässigt), entstehen leicht Fehlformen, wie beispielsweise die Forderung

— alle Bildung müsse politisch sein,
— Bildung müsse permanent alles in Frage stellen,
— Bildung sei nur Aktion.

Vergessen wird hier, daß Bildung als umfassende Handlungsfähigkeit des Menschen auch Bejahung einschließt, auch Anerkennung, auch Sachkompetenz, auch Urteilsvermögen, auch nicht-politische Dimensionen (z. B. ästhetische, bewegungsmäßige, sensorische, gedanklich-kontemplative).

Hebt man dagegen allein den Mündigkeitsbegriff hervor, so wird Bildung vorschnell gleichgesetzt mit

— Individualismus,
— nur reiner Urteilsfähigkeit (die Handlungsdimension gerät zu kurz),
— Innerlichkeit.

Vergessen wird hier, daß sich Bildung auch auf die politisch-soziale Dimension bezieht, daß sie nicht allein die innere Vollkommenheit des Menschen intendiert, der sich aus allem auf sich selbst zurückgezogen hat, daß sie nicht nur Denken oder interesselosen ästhetischen Genuß, sondern auch eine auf die Bewältigung und Veränderung von Wirklichkeit bezogene Handlungskompetenz beinhaltet, daß Bildung damit nicht nur Anerkennung und verpflichtende Übernahme, sondern auch Kritik und Distanzierung fordert.

Bei alledem ist eines wichtig zu beachten: Wie alle allgemeinen Erziehungsziele stellt auch das der Bildung ein **regulatives Prinzip** dar, und zwar in zweifachem Sinn:

(a) *Es orientiert die konkreten Erziehungsziele oder besser: Man kann sie an ihm prüfen.*

(b) *Es ist nie voll realisierter Bezugspunkt pädagogischen Handelns überhaupt.* Kein Mensch ist jemals voll gebildet: Dazu müßte er alles wissen, was für sein Handeln erforderlich ist, er müßte in jeder Situation aufgrund eigener Entscheidung und kraft eigenen Urteils handeln, vor dem Hintergrund nie erlahmender kritisch-prüfender Haltung und Ausweitung seiner Selbstbestimmungsmöglichkeit. Aber kein Mensch ist in allen Bereichen seiner Zeit sachkompetent, kein Mensch entscheidet permanent und prüft ununterbrochen kritisch. Ein großer — vielleicht der größte — Bereich beim menschlichen Handeln ist von Routine, ungeprüften Annahmen, Vorurteil, sich Verlassen auf andere geprägt.

Wichtig ist nur: *Prinzipiell muß die Bereitschaft und Möglichkeit bestehen, gegebenenfalls sein Handeln aufgrund eigenen Urteils selbstbestimmt entwerfen zu können.*

2.4.2 Formale und materiale Bildungstheorie

Daneben ist ein anderer Gedankenstrang zu verfolgen. Im Begriff von Bildung sind zwei Motive zusammengefaßt, die in der Geschichte des pädagogischen Denkens häufig auseinandergerissen und gegeneinandergestellt wurden: der Gedanke der **formalen** und der der **materialen Bildung.**

In der *formalen Bildungstheorie* geht es um die Entwicklung der Kräfte und Fähigkeiten des Lernenden als Ziel von Erziehung. Wie ROUSSEAU es ausdrückt: Ein gut entwickelter Verstand, nicht ein voller Kopf ist Ziel der Erziehung. In der Terminologie des STRUKTURPLANS für das Bildungswesen: Aufgrund der hohen Veralterungsrate des Wissens liegt ein Schwerpunkt der Bildungsarbeit nicht allein in der Vermittlung von Kenntnissen und Fertigkeiten, sondern auch in der Fähigkeit, „...immer wieder neu zu lernen, sei es in anderen Gegenstandsbereichen, sei es im gleichen Gegenstandsbereich, jedoch auf höherem Anspruchsniveau." (STRUKTURPLAN 1971, S. 33) *Formales Bildungsziel ist hier das Lernen des Lernens.*

Allerdings sprechen ernstzunehmende Einwände gegen eine Vereinseitigung nur zu diesem Pol hin:

— Die Inhalte werden zu *bloßen Übungsmitteln*, sie werden mediatisiert und in ihrer Aussage gleichgültig. Was ein geeigneter Inhalt ist, bestimmt sich allein danach, wie gut an ihm ‚Kräfteentwicklung' geübt werden kann. Übersehen wird dabei jedoch, daß Inhalte immer auch mit ihrer Inhaltlichkeit wirken, daß es beispielsweise nicht gleichgültig ist, ob man die Fähigkeit zur Analyse eines Textes an einem Romanauszug aus ‚Der Untertan' von H. MANN oder einer Passage aus einem Roman von H. COURTHS-MAHLER übt.

— Das Theorem der Kräfteentwicklung setzt voraus, daß es tatsächlich im Menschen klar abgegrenzte Kräfte gibt, die — ähnlich wie ein Muskel — durch Übung trainiert werden. Aber solche Abgrenzungsversuche scheitern an der Beliebigkeit der Einteilung, da es keine gesicherte Grundlage hierfür gibt: Die Kräftetabelle kann reichen von *einer Grundkraft* (z.B. Neugierkraft) bis hin zu einem mehr oder weniger umfangreichen *Ensemble von Kräften*, wozu dann etwa eine Denk-, Vorstellungs-, Anschauungs-, Empfindungskraft gehören, vielleicht noch mit Unterkräften wie vergleichende, strukturierende, beziehende (Denk-, Vorstellungs- usw.)-Kraft.

- Die Theorie der formalen Bildung muß auf *erhebliche Transferannahmen* zurückgreifen, um ihr Konzept aufrechterhalten zu können. Allerdings hat die Transferforschung erwiesen, daß Übungsübertrag nur unter bestimmten, zum Teil eingeschränkten Bedingungen stattfindet, nämlich
  - bei inhaltlich und
  - bei strukturell ähnlichen Elementen sowie
  - bei methodisch ähnlichen Vorgehensweisen.

  Kurz: Die Inhaltsseite kann beim Bildungsprozeß nicht in der Vereinseitigung zu einem rein formalen Verständnis gleichgültig werden.

Daher akzentuieren *materiale Ansätze* gerade den Inhaltsaspekt. Bildung gründet auf der Inhaltsvermittlung, auf der Auseinandersetzung mit eigens dazu ausgewählten Inhalten, da nur auf diesem Weg die Grundlagen für sachbezogenes Urteil und Entscheidungsfähigkeit geschaffen werden.

Aber auch hier liegen die Einwände schnell auf der Hand:

- Es können *nicht alle Inhalte* vermittelt werden, die für Urteilsfähigkeit und Sachkompetenz erforderlich sind.
- In pluralistischen Gesellschaften ist *kaum noch Konsens* über die als unverzichtbar anzusehenden Inhalte zu erlangen.
- Bei gesteigertem wissenschaftlichem Fortschritt wandeln sich die Inhalte sehr schnell (*Veralterung* von schulischem Wissen).
- Der Ansatz riskiert leicht, in einen *Enzyklopädismus* (Vielwisserei) abzugleiten. Ein Zeichen hierfür sind im schulischen Bereich die Lehrplanaufblähungen durch eine Vielzahl von verbindlich zu lehrenden Fächern.

Beide Einseitigkeiten sollten in der hier entwickelten Formulierung des Bildungsbegriffs vermieden werden:

Inhaltsbezug ist als Grundlage für Urteil und Entscheidung unentbehrlich. Sein Korrektiv erhält er aber an dem formalen Prinzip der auf Selbstbestimmung bezogenen Kritik- und Handlungsfähigkeit, durch die der Lernende Kompetenzen erwerben soll, um unterschiedliche Situationen bewältigen zu können.

Ohne einen eigens ausgewiesenen Inhaltsbereich wird Bildung schwammig, ohne Erwerb formaler Fähigkeiten dagegen starr.

Die Aussagen zur Bedeutung des Inhaltsbereichs bleiben hier aufgrund der prinzipiellen Erörterung des Bildungsbegriffs noch abstrakt. Konkret und detailliert wird die Inhaltsfrage aber in Kap. 6 entwickelt, das sich eigens mit diesem Aspekt auseinandersetzt.

2.4.3 Lerntafel

Bildung
bezeichnet einen Persönlichkeitszustand, der den einzelnen befähigt, sein Handeln auf Einsicht und Sachkompetenz zu gründen und es kritisch-prüfend unter dem Prinzip der Selbstbestimmung zu verantworten.

Der Bildungsbegriff ist entwickelt als dialektische Synthese aus den Begriffen der **Mündigkeit** und der **Emanzipation:**

Bewahrt sind die Motive des Individuellen, der Urteils- und Verantwortungsfähigkeit (Mündigkeitsaspekt) sowie die der Selbstbestimmung, des Kritischen und der Verwiesenheit des Individuums auf den politisch-sozialen Kontext (Emanzipationsaspekt).

Vermieden (aufgehoben) sind die Einseitigkeiten eines bloßen Individualismus als auch eines kurzschlüssigen Aktionismus.

Vermieden ist ebenfalls die ausschließliche Betonung entweder nur des *formalen Moments* (Bildung als Kompetenzerwerb) oder nur des *materialen Aspekts* (Bildung als Wissenserwerb). Der Bildungsbegriff enthält beides: Er vermittelt formale Fähigkeiten einer Handlungskompetenz mit dem fundierten Erwerb von Sachwissen.

Funktionen des Bildungsbegriffs:

- Er ist grundlegender Orientierungspunkt allen erzieherischen Handelns (**regulatives Prinzip**).
- Er ermöglicht die Kritik und Bewertung der in Richtlinien, Lehrplänen, Programmen usw. vorliegenden allgemeinen Erziehungsziele.
- Er stellt eine nie abschließbare Aufgabe dar. Bildung ist ein lebenslanger Prozeß.

2.4.4 Arbeitsvorschlag

Bewerten Sie mit Bezug auf den Bildungsbegriff und seine Teilmomente den in Kap. 2.2 auf S. 53 aufgeführten Katalog von Erziehungszielen des Kultusministers von ALTENSTEIN.

2.5 Literatur

J. A. COMENIUS, Große Didaktik, hrsg. v. A. FLITNER, Düsseldorf, München ^{3}1966

L. FROESE (Hrsg.), Bildungspolitik und Bildungsreform, München 1969

J. HABERMAS, Erkenntnis und Interesse, in: Technik und Wissenschaft als Ideologie, Frankfurt 1969, S. 146 ff

H.-G. HERRLITZ, Studium als Standesprivileg, Frankfurt 1973

* H.-G. HERRLITZ u. a., Deutsche Schulgeschichte von 1800 bis zur Gegenwart, Königstein 1981

W. v. HUMBOLDT, Anthropologie und Bildungslehre, hrsg. v. A. FLITNER, Düsseldorf, München 1964

I. KANT, Abhandlungen nach 1781, Akademie-Textausgabe, Band VIII, Berlin 1968

* W. Klafki, Studien zur Bildungstheorie und Didaktik, Weinheim 1970
Landtag Nordrhein-Westfalen, Plenarprotokoll 8/59, vom 9. 11. 1977
A. Leschinsky/P. M. Roeder, Schule im historischen Prozeß, Stuttgart 1976
K. Marx, Die Frühschriften, hrsg. von S. Landshut, Stuttgart 1968
M. Mead, Jugend und Sexualität in primitiven Gesellschaften, Band 2, Kindheit und Jugend in Neuguinea, München [4]1979
H. Nohl, Die Theorie der Bildung, in: H. Nohl/L. Pallat (Hrsg.), Handbuch der Pädagogik, 1. Band: Die Theorie und die Entwicklung des Bildungswesens, Langensalza 1933, S. 3 ff
W. Ritzel, Pädagogik als praktische Wissenschaft, Heidelberg 1973
Richtlinien für den Politikunterricht, hrsg. v. Kultusminister des Landes Nrw, Düsseldorf [1]1973; [2]1974
J.-J. Rousseau, Du Contrat social, Paris 1962
ders., Emile ou de l'éducation, Paris 1964
W. Schulenberg u. a., Soziale Lage und Weiterbildung, Braunschweig 1979
* Strukturplan für das Bildungswesen, Deutscher Bildungsrat, Empfehlungen der Bildungskommission, Stuttgart 1971

Überblicksliteratur:

M. Benden (Hrsg.), Die Zielproblematik in der Pädagogik, Bad Heilbrunn 1976.

3. Lernpsychologische Dimension der Erziehung

3.1 Was ist Lernen?

Schnell und ohne allzu angestrengtes Nachdenken hat man eine Reihe von Beispielen bei der Hand, wenn nach Lernvorgängen gefragt wird: ein Auto steuern lernen, den Führer durch Frankreichs Küche auswendig lernen, Rollschuhfahren lernen, sich beherrschen, sich entspannen, sich abreagieren lernen.

Eines ist deutlich: Dies alles sind im Endergebnis Verhaltensweisen, die nicht aufgrund von angeborenen Instinkten zur Verfügung stehen, sondern aufgrund eines spezifischen Vorgangs zustande kommen, den man Lernen nennt.

Man könnte **Lernen** vorläufig und sehr allgemein umschreiben als *den relativ dauerhaften Erwerb einer neuen oder die Veränderung einer schon vorhandenen Fähigkeit, Fertigkeit oder Einstellung.* Leistungszuwachs oder -veränderung werden dabei nicht als Folge eines natürlichen Reife- oder Wachstumsprozesses angenommen, sondern als Ergebnis einer Auseinandersetzung des Lernenden mit Gegenständen seiner Umwelt.

Also: Daß ein Junge nach dem Stimmbruch tief spricht, ist Ergebnis nicht eines Lern-, sondern eines Reifeprozesses. Daß er sich jedoch geschickt auf Disco-Rollers bewegt, ist eine Lernleistung, hier vor allem motorischer Art. In der Auseinandersetzung mit dem rollenden Objekt aus seiner Umwelt hat er eine Fähigkeit zur Gleichgewichtssteuerung und zur Körperschwingung erworben, die er vorher nicht in diesem Ausmaß besaß.

Lernen ist also von *Reifen, Wachsen,* von *instinktmäßigem Verhalten* zu unterscheiden; kann es aber auch von Erziehung abgehoben werden?

In den anthropologischen Überlegungen ist Erziehung dargestellt worden als Ausrichtung auf die Handlungsfähigkeit des Menschen, darauf, daß er in einer bestimmten historisch-gesellschaftlichen Situation mittels Sinn und Sprache sein Leben bewältigt.

Erziehung ist ein Vorgang, der auf das Erreichen von Zielen angelegt ist, die zudem einen bestimmten normativen Anspruch in sich tragen (man vgl. noch einmal Kap. 2.1 und 2.4). Zur Erreichung dieser Ziele ist die *Auseinandersetzung mit Aufgaben, mit Inhalten, mit Gegenständen notwendig.* Und genau diesen Prozeß der Auseinandersetzung kann man global als Lernprozeß bezeichnen. *Lernen ist also ein Teilmoment am Erziehungsvorgang.*

Für uns ist nun wichtig, diesen Vorgang des Erwerbs oder der Modifikation von Leistungsmöglichkeiten im einzelnen zu erklären: Müssen dabei *unterschiedliche* Lerntypen berücksichtigt werden — etwa Lernen eines Wortes, einer Fremdsprache, Lernen, eine mathematische Gleichung zu lösen; oder sind dies alles nur Arten eines *universellen* Lernvorgangs?

Diese letztgenannte Ansicht wird von einer großen Schule im Rahmen der Lernforschung vertreten, den sogenannten **Behavioristen**: *Sie meinen, daß alles Lernen — und zwar nicht nur das menschliche in seinen vielfältigen Formen, sondern auch das tierische — allgemeinen Lerngesetzen gehorcht.*

Damit nehmen sie einen grundlegend anderen Standpunkt ein, als er im Kapitel über Anthropologie entwickelt wurde. Dort waren Mensch und Tier als prinzipiell verschieden dargestellt. Handeln des Menschen stand dem Verhalten des Tieres gegenüber.

3.2 Behavioristisches Lernverständnis

Für den Behavioristen nun gilt dieser Unterschied nicht, sondern Mensch und Tier sollen den gleichen Lerngesetzlichkeiten gehorchen. Diese Auffassung haben die Behavioristen meist mit Tierexperimenten zu belegen versucht und haben dabei von der Lernfähigkeit beispielsweise der Amöbe und der Ratte auf den Menschen und sein Lernen geschlossen.

Da wir bereits bei Tieren sind: Fast schon zwangsläufig wird man zu Beginn eines Kapitels über lerntheoretische Ansätze vom PAWLOWschen Hund angebellt. Allerdings nicht allein deshalb, weil sich die Lerntheoretiker nicht von dem Vieh trennen wollen, sondern aus sachlichen Gründen: PAWLOW brachte — zum ersten Mal in der Geschichte der Lernforschung — seine Forschungsergebnisse in eine objektive, meßbare, beliebig nachvollziehbare Form; er zeigte damit den Weg auf in die später so genannte *behavioristische Lerntheorie.*

Was hat PAWLOW nun genau entdeckt?

Bei der Erforschung von Erscheinungen der Magensekretion stieß er zufällig auf das Phänomen, daß der Hund, mit dem er experimentierte, schon auf die Wahrnehmung von Schritten der Person, die ihm Futter brachte, Speichel absonderte. Offensichtlich war also der Speichelfluß nicht zwingend an Geruch oder Anblick des Futters gebunden. Um dies nachzuweisen, ließ er in einem Versuch gleichzeitig mit der Darbietung des Futters (und dem dadurch bedingten Speichelfluß des Hundes) einen Glockenton ertönen. Nach einigen Wiederholungen floß der Speichel beim Glockenton auch, obwohl kein Futter gegeben wurde.

Diesen Vorgang nennt man **Konditionieren**, und zwar *klassisches* Konditionieren, weil es den ersten und auch für die späteren behavioristischen Lernforscher grundlegenden Ansatz darstellt.

3.2.1 Klassisches Konditionieren (PAWLOW)

Bei dem Experiment sind genau besehen zwei Phasen zu unterscheiden: Einmal sondert der Hund physiologisch bedingt zur Vorbereitung des Verdauungsvorgangs beim Anblick bzw. beim Geruch des Futters Speichel ab. Das Futter stellt also einen natürlichen Reiz für diese ebenso natürliche Reaktion dar; oder — wie Pawlow sagt — das Futter ist ein *unkonditionierter (unbedingter) Reiz,* der Speichelfluß *eine unkonditionierte (unbedingte) Reaktion.*

Wird nun gleichzeitig mit der Futtergabe ein Glockenton gegeben und fließt nach einigen Wiederholungen dieses Vorgangs der Speichel auch nur beim Ertönen der Glocke, so ist dies ein ‚künstlicher', Pawlow sagt, *ein konditionierter Vorgang:* Der Ton ist der *konditionierte (bedingte) Reiz,* der darauf einsetzende Speichelfluß die *konditionierte (bedingte) Reaktion.*

Zu unterscheiden sind somit:

Unkonditionierter (unbedingter) Reiz (unconditioned stimulus — UCS)	= Futter
Unkonditionierte (unbedingte) Reaktion (unconditioned reaction — UCR)	= Speichelfluß
Konditionierter (bedingter) Reiz (conditioned stimulus — CS)	= Ton
Konditionierte (bedingte) Reaktion (conditioned reaction — CR)	= Speichelfluß nur auf den Ton hin

Der Vorgang läßt sich graphisch darstellen:

```
UCS (Futter)      ————————→  UCR (Speichel)
UCS + CS (Ton)    ————————→  UCR
         CS       ========→  CR
```

Bei diesem Experiment sind noch einige Besonderheiten herauszustellen. Zunächst einmal ist auf die Gleichzeitigkeit von Futtergabe und Ton (von bedingtem und unbedingtem Reiz) zu verweisen. Beide müssen nahe beieinander liegen, sie müssen ‚sich berühren'. Mit einem terminus technicus bezeichnet man dieses Prinzip als das der *Kontiguität.*

Bei Versuchen, die z. T. auch von anderen Forschern entwickelt wurden, stellte sich heraus, daß die beste Reaktion zu erzielen ist, wenn bedingter und unbedingter Stimulus in kurzem Zeitabstand aufeinander folgen (UCS etwa 0,5 sec. nach CS).

Wenn nun ein Tier konditioniert ist, kann der bedingte Reiz mehrmals unmittelbar hintereinander gegeben werden. Man stellt fest, daß die Reaktionen zusehends abnehmen (die Menge des abgesonderten Speichels vermindert sich), bis sie ganz verschwinden; die konditionierte Reaktion ist ausgelöscht. Diesen Vorgang nennt man *Extinktion.*

Nach einiger Zeit dagegen tritt bei erneuter Darbietung des Tons die CR wieder auf; man spricht hier von *Spontanerholung.*

Die Reaktion erfolgt auch bei ähnlich gelagerten Reizen, z. B. bei Tönen, die etwas höher oder tiefer liegen, oder bei Gegenständen, die sich generell, etwa in Form oder Farbe ähneln, wie *weiße* Ratte und *weißes* Kaninchen und *weißer* Wattebausch; man nennt dieses Phänomen *Reizgeneralisierung.*

Zugleich mit dem Ton (aber ohne Futter) kann man als CS noch einen weiteren bedingten Reiz bieten, etwa ein Lichtsignal. Nach einigen Durchgängen tritt dann die Reaktion (CR) auch auf den zweiten konditionierten Reiz, das Lichtsignal, alleine auf, obwohl dies nie mit dem ursprünglichen Reiz (UCS = Futter) in Verbindung gebracht wurde.

Also:

CS_1 (Ton)	→	CR (Speichel)
CS_1 + CS_2 (Ton und Licht)	→	CR
CS_2 (Licht)	⇒	CR

Sie sehen: Hier werden die Verhältnisse bereits komplexer, und man bezeichnet diesen Vorgang dann auch als *Konditionierung höherer Ordnung.*

Wie schon ausgeführt, ist das Phänomen der klassischen Konditionierung nicht nur auf das Lernen von Tieren beschränkt; auch beim Menschen findet es Anwendung. Die Möglichkeiten reichen hier von einfachen Konditionierungen etwa des Lidreflexes — auf einen Luftstrom hin zuckt das Lid, zugleich wird ein Lichtsignal gegeben; nach einiger Zeit zuckt das Lid auch nur auf das optische Zeichen — bis zu den viel folgenreicheren Verfahren im Bereich der Verhaltensprägung, etwa bei der Werbung oder der Behebung von Phobien. So unterscheidet sich beispielsweise das Anpreisen von Bacardi-Rum durch dunkelhäutige Schöne in tropischen Gefilden wenig vom Schema der Hundekonditionierung:

Tropische Gefilde (UCS)	→	sozial erworbene Assoziationen zu: freundlich, hell, sonnig, sorglos, angenehm (UCR)
Tropische Gefilde + Bacardi	→	UCR
Bacardi (CS)	⇒	freundlich, hell, sorglos usw. (CR)

Nach dem gleichen Muster können auch *Phobien* (Angst vor Spinnen, Ratten) erzeugt werden, wobei häufig noch das schon erwähnte Phänomen der Reizgeneralisierung hinzukommt: Ein Kind wurde auf Angst vor einem weißen Kaninchen konditioniert; nach Abschluß des Konditionierungsvorgangs trat die Abwehrreaktion (CR) auch auf beim Anblick von weißen Ratten oder weißen Wattebällchen.

Umgekehrt kann aber auch eine Phobie durch (*Gegen-*) *Konditionierung* abgebaut werden, indem angenehme Assoziationen eingesetzt werden, um schrittweise die ursprüngliche Angstreaktion aufzuheben.

Beispiel

„Ein 8jähriger Junge hatte noch zwei Jahre nach einem Autounfall eine Phobie vor allen bewegten Fahrzeugen, die sich so äußerte, daß er ohne intensive Angstgefühle kaum das Haus verlassen konnte und daß hinderliche Vermeidungsreaktionen zur Gewohnheit geworden waren. In einer Technik der graduellen Einführung des gefürchteten Objektes ...wurden in den Therapiesitzungen zunächst nur Gespräche geführt über bewegte Fahrzeuge wie Autos, Züge, Flugzeuge...; anschließend wurden die Gespräche zu Spielsituationen mit kleinen Autos ausgeweitet. Bei jedem bewältigten Schritt in der Hierarchie bekam der Junge Schokolade; insbesondere dann, wenn ein Autounfall das Thema der Spielsituation war. LAZARUS ging schrittweise vor: von der bloßen Vorstellung der Autos in den Anfangsgesprächen über veranschaulichte Objekte in Form von Spielzeug-Autos bis zu realen Autos auf der Straße. Die Verstärkung mit Schokolade wurde fortgesetzt, nachdem das Kind zunächst das stehende Auto betrat, und anschließend auch im fahrenden Auto. Nach sechs Wochen war die Phobie des Jungen völlig eliminiert, er hatte sogar ausgesprochen Freude am Autofahren."
aus: KUHLEN 1972, S. 139

Der Hinweis auf das schrittweise Vorgehen ist wichtig: Wird nämlich vorschnell eine auf den Patienten massiv einwirkende Situation herbeigeführt, wird beispielsweise der Junge zu früh mit einem realen Auto konfrontiert, dann ist die Angst so groß, daß sich dieses negative Gefühl auch auf die Schokolade überträgt. Da sie nämlich (fast) gleichzeitig mit dem Auto geboten wurde und die Angstreaktion sehr stark war, entsteht ein neuer Konditionierungszusammenhang nach dem Muster:

Auto → Angst
Auto + Schokolade → Angst
Schokolade → Angst

Mag die Zahnmedizin den Effekt auch bejahen: Der *positive Verstärker* bei der Therapie ist zerstört.
Konsequenz:
Der Ablauf der Therapie muß gewährleisten, daß die Auswirkungen des negativen Reizes immer kleiner sind als die des positiven. Die Macht der Schokolade muß größer sein als die Kraft des jeweiligen Angstgefühls.

Auf dieselbe Art können auch im pädagogischen Bereich einzelne *Angstphänomene* erklärt werden, z.B. bestimmte Erscheinungsformen von Schulangst

(Angstreaktion beim Anblick des Gebäudes). Wahrscheinlich haben Sie schon einmal das Phänomen bei sich oder anderen beobachtet, daß man auf den in manchen Schulen vorfindlichen typischen Geruch mit Unbehagen reagiert, obwohl der Geruch so unangenehm gar nicht ist. Hier liegen vermutlich Assoziationen von negativen Erfahrungen aus der eigenen Schulzeit (als UCS) mit einem zunächst neutralen Reiz (CS) vor, auf den allein dann auch die entsprechende Reaktion eintritt (CR).

Die bei Pawlow zugrunde liegende enge Anbindung des Lernens an physiologische Reaktionsabläufe ist von den ebenfalls zum Behaviorismus gehörenden Lerntheoretikern Thorndike und Skinner nicht übernommen worden. Wohl aber gehen sie wie Pawlow auch von der grundlegenden Auffassung aus, daß Lernen auf der Verbindung von Reiz und Reaktion beruht. Wir sollten Sie mit den Ansätzen dieser beiden Theoretiker ebenfalls überblicksartig vertraut machen, um anschließend das Konzept des Behaviorismus insgesamt kritisch zu werten.

3.2.2 Lernen durch Versuch und Irrtum (Thorndike)

Um der Frage nach den Gesetzmäßigkeiten beim Lernen nachgehen zu können, hat Thorndike seinen Ansatz ebenfalls wie die anderen Behavioristen von Tierexperimenten her entworfen und dafür einen speziellen Versuchskäfig entwickelt, eine ‚*Problem-Box*'. Dies ist ein Kasten mit einem Ausgangstürchen, das durch einen bestimmten Mechanismus (Hebel, Schnur) im Innern des Kastens vom sich darin befindenden Tier geöffnet werden kann. Außerhalb des Käfigs steht ein Gefäß mit Futter.

Das Experiment:

„Sperrt man eine Katze in einen Käfig, zeigt sie Unbehagen und versucht zu entkommen. Sie versucht sich durch jede Öffnung zu zwängen, beißt und kratzt an den Gitterstäben oder am Draht; sie steckt ihre Pfoten überall durch und kratzt nach allem, was erreichbar ist... Sie schenkt dem vor dem Käfig liegenden Futter kaum Beachtung, sondern scheint einfach instinktiv zu versuchen herauszukommen... Das überall herumkratzende Tier trifft durch Zufall dann auch eine Schnur, eine Schlaufe oder einen Knopf, und die Tür öffnet sich. Allmählich verschwinden alle nicht zum Erfolg führenden Reaktionen, der zum Erfolg führende Impuls wird durch die anschließende Befriedigung eingeprägt, und nach vielen Versuchen vollführt das Tier die erforderliche Bewegung, unmittelbar nachdem es eingesperrt worden ist."
aus: Mayer 1979, S. 20

Die Katze soll lernen, aus dem Käfig herauszukommen. Das Futter dient als ‚Lernanreger' für das meist hungrige Tier, obwohl es in der Phase des ungerichteten Verhaltens keine besondere Rolle für die Katze spielt. Folgende Lernstationen sind bei dem Experiment im einzelnen erkennbar:

— *Wahlloses Probieren (trials)* vielfältiger Möglichkeiten (Beißen, Kratzen, Drücken).
— Die meisten dieser Reaktionen sind *ergebnislos (errors).*
— *Zufällig* richtige Reaktion — *Verstärkung* (das Tier kommt heraus und ans Futter).
— Beim nächsten Durchgang wiederum zunächst wahlloses Probieren, wobei die Zeit bis zur Zufallsreaktion schon *kürzer* wird.
— Nach einer Serie von Versuchen *promptes Öffnen* des Käfigs.

In einem Graph festgehalten:

(6) Schaubild: *Lernen nach Versuch und Irrtum*

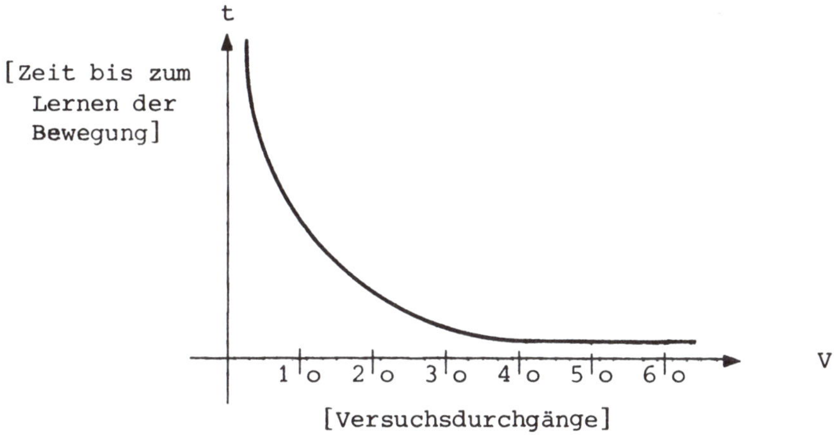

Durch welche Gesetzmäßigkeiten kann nach THORNDIKE der Lernvorgang näher gekennzeichnet werden?

(a) Das richtige Verhalten schält sich in einem *Versuchs- und Irrtumsprozeß* heraus. Die Katze probiert wahllos, bis sie die richtige Reaktion zufällig entdeckt.

(b) Diese Reaktion wird durch Verstärkung zunehmend stabiler, wogegen unzweckmäßige Verhaltensweisen fallengelassen bzw. in der Hierarchie der Verhaltensäußerungen nachrangig eingeordnet werden (*Gesetz der Auswirkung;* law of effect).

(c) Durch Übung wird die erfolgreiche Verknüpfung von Reiz und Reaktion verstärkt, d. h. die Wahrscheinlichkeit erhöht, daß die erfolgreiche Reaktion bei erneutem Eintreten der Lernsituation in immer kürzerer oder entsprechend konstanter Zeit ausgeführt wird (*Gesetz der Übung;* law of exercise).

3.2.3 Operante Konditionierung (SKINNER)

Ähnlich wie PAWLOW und THORNDIKE nimmt auch der amerikanische Lerntheoretiker und Behaviorist B. F. SKINNER an, daß Lernen eine Reaktion des Organismus auf Reize ist. Er unterscheidet sich aber in einzelnen Punkten speziell von PAWLOW, besonders hinsichtlich der Auffassung über den Zusammenhang von Reiz, Reaktion und Verstärkung.

Die Gundzüge der SKINNERschen Lerntheorie (der operanten Konditionierung) lassen sich aus folgendem Experiment herausarbeiten:

Eine Taube soll lernen, ihren Kopf über eine gewisse Höhe zu heben. „Beobachten läßt sich das, indem man über den Kopf der Taube hinweg eine Skala an der gegenüberliegenden Käfigwand anvisiert. Zuerst stellen wir die Höhe fest, in der die Taube normalerweise den Kopf hält, dann wählen wir einen Skalenstrich, der nur selten erreicht wird. Indem wir nun die Skala aufmerksam im Auge behalten, öffnen wir das Futtermagazin sehr rasch, wenn immer der Kopf sich über den besagten Skalenstrich erhebt... Wir beobachten eine sofortige Veränderung der Häufigkeit, mit der der Kopf sich über den Punkt erhebt." (SKINNER 1973, S. 68).

SKINNER weist grundlegend darauf hin, daß das Verhalten eines Organismus (eines Tieres oder Menschen), das auf die Umwelt einwirkt, aktiv ist, um bestimmte *Folgen* zu erzielen. Diese Art des Verhaltens wird mit dem Begriff *‚operant‘* beschrieben.

Also: Das Verhalten, das als Kopfheben bezeichnet wird, ist ein Operant. Er umfaßt eine Klasse von Verhaltensweisen des gleichen Typs: in unserem Fall des Kopfhebens, wobei die einzelnen Ausführungen leicht variieren können, wie Heben mit Neigung nach rechts oder links oder mit geöffnetem Schnabel u. ä. Formal kann man den Operant auch definieren als die *Eigenschaft, von der die Verstärkung abhängig* ist. Hierbei taucht allerdings ein kleines Problem für den Experimentator auf. Da die einzelnen Verhaltensäußerungen in einer gewissen Breite schwanken, muß der Versuchsleiter genau darauf achten und entscheiden, ob das gezeigte Verhalten noch im Bereich des Operant liegt.

Beispielsweise könnte die Taube den Kopf beim Heben einmal nach links geneigt haben. Je nachdem, wie stark dies ausgeprägt war, könnte Verstärkung die Taube zu der Annahme verleiten, der Experimentator wünsche, sie solle den Kopf nach links neigen. Sie strengt sich also brav an und versteht nicht, warum der Versuchsleiter zusehends in Verzweiflung gerät.

Noch einige wichtige Begriffe in diesem Zusammenhang: Das Futter ist der **Verstärker**, die Futtergabe die **Verstärkung**. „Die Veränderung der Häufigkeit, mit der der Kopf bis zu dieser Höhe gehoben wird, ist der Prozeß der operanten Konditionierung". (SKINNER 1973, S. 70).

Es ist also nicht richtig zu sagen, die operante Verstärkung verstärke die Reaktion (die kann nicht mehr verstärkt werden, da sie abgelaufen ist), sondern:

die Verstärkung erhöht die Wahrscheinlichkeit, mit der Reaktionen derselben Klasse (d. i. der Operant) auftreten werden.

Für uns ist nun wichtig, die Differenz zwischen den beiden Arten der Konditionierung — der klassischen von Pawlow und der operanten von Skinner — festzuhalten: Von Skinner selbst werden sie als zwei unterschiedliche Typen gekennzeichnet:

als *S-Typ: Konditionierung aufgrund eines Stimulus* (z. B. Futtergeben)
als *R-Typ: Konditionierung aufgrund einer Verstärkung* (Reinforcement)

Also: Verstärkt wird bei Skinner eine schon *abgelaufene Reaktion* oder *Reaktionsfolge.*

Die Taube reagiert nicht auf den Anblick des Lineals; sie reagiert so, weil vorausgegangene ähnliche Reaktionen entsprechend verstärkt wurden, wobei die Klasse dieser ähnlichen Reaktionen Operant genannt wird (s. o.).

Verläuft also bei Pawlow Konditionierung nach dem Schema

REIZ ——————————→ REAKTION

so bei Skinner dagegen

VERHALTEN (zufällig) ---→ VERSTÄRKUNG ——→ REAKTION (erhöhte Auftrittswahrscheinlichkeit)

Ähnlich ist auch bei Thorndike der Lernvorgang aufgefaßt, nur mit dem Unterschied, daß bei ihm das Gesamtverhalten durch den Erfolg verstärkt wird, bei Skinner dagegen eher — wie noch deutlicher wird — Teilreaktionen eines angestrebten Gesamtverhaltens bekräftigt werden.

Ohne in allen Details weiter auf Skinners Lerntheorie einzugehen, werden wir doch um die Einführung einiger weiterer Begriffe nicht umhinkommen.

Unter den von Skinner durchgeführten Konditionierungen finden sich solche, die auf kompliziertere Reaktionen als nur das Kopfheben angelegt sind. Etwa eine Taube dazu bringen, eine Acht zu laufen, zwei Tauben Ping-Pong spielen lehren u. a. Ein wichtiges Verfahren, das hierfür angewendet wird, ist das der *Verhaltensformung (shaping of behavior):* Man verstärkt eine Reaktion immer dann, wenn sie auf dem richtigen Weg liegt, wenn sie also als Teil der späteren Gesamtreaktion angesehen werden kann. Die einzelnen Verhaltensweisen und die dafür vorgesehenen Verstärkungen hat man in einem ‚*Programm*' festgehalten. Jeder Schritt bzw. jede Schrittfolge der Taube, die zufällig auf der ‚Achter-Linie' liegt und entsprechend im Programm ausgewiesen ist, wird verstärkt. Denn: Verstärken heißt ja, die Auftrittswahrscheinlichkeit einer Reaktion erhöhen, wobei nicht verstärkte Reaktionen eher gelöscht werden.

Koppelt man einen konditionierten Verstärker mit mehr als einem primären Verstärker, so entsteht ein *generalisierter (allgemeiner) Verstärker.*

Beispiel ‚Geld'

„Geld ist der generalisierte Verstärker par excellence, weil es ... gegen eine Vielzahl von primären Verstärkern eingetauscht werden kann." (Skinner 1973, S. 82). Es verschafft Zugang zu Nahrung, Getränken, Schutz und wird so zum generalisierten Verstärker für viele Einzelhandlungen.

Mit dem Hinweis auf Geld ist der Bereich der Körner, Pillen und des Wassers verlassen und ein Verstärker aus dem Feld menschlichen Handelns benutzt. Ähnlich wirken auch Liebe, Achtung, Ansehen und Autorität als Verstärker, die wie Geld ebenfalls der sozialen Sphäre angehören. Man spricht daher auch von *sozialen Verstärkern.*

Aufgrund einiger zentraler Prinzipien wie des der Verhaltensformung (shaping of behavior) oder der unmittelbaren positiven Verstärkung ist der Ansatz Skinner's im Gegensatz etwa zu dem Thorndike's auch für *schulisches Lernen* unmittelbar relevant geworden. Skinner selbst hat diesen Aspekt verfolgt und zunächst einmal schulisches Lernen von seinen eigenen Voraussetzungen her kritisiert:

- Das Verhalten in der Schule ist eher von *aversiven* (unangenehmen) als von *positiven Stimuli* geprägt: Der Schüler lernt, um negative Folgen zu vermeiden.
- Zwischen Verhalten und Verstärkung besteht ein zu großer *Zeitabstand:* Heute wird ein Test geschrieben und nach einer Woche oder später zurückgegeben.
- Es besteht *kein Programm* für eine Abfolge von Verstärkungen, was seinerseits eine Gliederung des Gesamtverhaltens in kleine Einzelschritte voraussetzen würde.
- Die Verstärkung erfolgt zu *unregelmäßig.*

Vor dem Hintergrund dieser Kritik und vor dem seiner lerntheoretischen Erkenntnisse hat Skinner als positive Form schulischen Lernens sein Konzept des **Programmierten Unterrichts** entwickelt.

Es ist gekennzeichnet durch:

- Eingehen auf die *Lernvoraussetzungen* und *Lerngeschwindigkeit* eines jeden einzelnen.
- Erhöhen der Lernbereitschaft und Fixieren der richtigen Reaktion durch *sofortige Verstärkung.*
- Begrenzen der einzelnen Lernschritte im Lernprogramm, so daß eine Fehlreaktion (falsche Antwort) kaum mehr eintreten kann und damit die gün-

stige Wirkung der positiven Verstärkung voll zum Tragen kommt (*Prinzip der kleinen Schritte — small steps*).

Allerdings ist der Programmierte Unterricht entgegen den enthusiastischen Beteuerungen seiner Vertreter nicht auf allen Lerngebieten gleich vorteilhaft. Das Prinzip der small steps tendiert eher zu einem *linearen*, manchmal gar bloß *assoziativen* Lernen und versagt bei beziehendem Denken, bei Problemlösen, bei Argumentationen, bei Bewertungen.

Als sinnvoll dagegen kann Programmierte Instruktion bei memorierendem Lernen angesehen werden. Programme etwa für Vokabellernen, mathematische Formeln, Rechtschreiben leisten sicherlich einen Beitrag zur Lernökonomie.

3.2.4 Lerntafel

Lernen
ist der relativ dauerhafte Erwerb einer neuen oder die Veränderung einer schon vorhandenen Fähigkeit, Fertigkeit oder Einstellung.

Bei der Erklärung des Lernvorgangs stehen sich gegenüber:

Behavioristische Positionen: Lernen unterliegt dem universellen Schema von Reiz — Reaktion

Positionen, die Sinn und Einsicht beim Lernen betonen: Es gibt eine Vielzahl unterschiedlicher Lernarten, bei denen je verschiedene Lerngesetzlichkeiten zum Tragen kommen.

Behavioristische Positionen

— *Klassische Konditionierung* (PAWLOW)
Lernen wird als Konditionierungsvorgang verstanden.
Konditionieren = Erwerb eines bedingten Reflexes

— *Lernen als Versuch und Irrtum* (THORNDIKE)
Lernen ist ein Suchprozeß, bei dem die zufällig richtige Reaktion durch den Erfolg verstärkt wird.

— *Operante Konditionierung* (SKINNER)
Lernen bezieht sich auf die Erhöhung der Wahrscheinlichkeit, mit der Reaktionen derselben Klasse von Verhaltenweisen auftreten.
Die Klasse von Verhaltensweisen mit gemeinsamen Merkmalen ist ein Operant.
Unterschied zwischen operantem und klassischem Konditionieren:
Klassisches Konditionieren: Auf einen Reiz erfolgt eine Reaktion.
Operantes Konditionieren: Eine schon abgelaufene Reaktion wird verstärkt, damit sich ihre Auftrittswahrscheinlichkeit erhöht.

3.3 Programm und Kritik des Behaviorismus

Unbeschadet der Unterschiede bei den Ansätzen von PAWLOW, THORNDIKE und SKINNER werden sie aufgrund der gemeinsamen Auffassungen über Aufgaben und Gegenstand der Lernforschung dem gleichen Wissenschaftsansatz zugerechnet.

Als Theoretiker dieser Wissenschaftsrichtung in der Psychologie kann J. WATSON mit seinem Werk über ‚Behaviorismus' (1930, ^{2}1976) angesehen werden. Er führt dort aus:

„Niemand hat jemals eine Seele berührt oder sie in einem Reagenzglas gesehen oder ist auch nur in irgendeiner Weise mit ihr in Berührung gekommen wie mit anderen Objekten des täglichen Lebens. Dennoch bedeutete ein Zweifel an ihrer Existenz Ketzerei und hat früher unter Umständen den Kopf kosten können. Auch heutzutage wagt keiner, der im Licht der Öffentlichkeit steht, die Existenz der Seele in Zweifel zu ziehen."

Der Behaviorist fragt sich daher:

„Warum machen wir nicht das, was wir *beobachten* können, zum eigentlichen Gebiet der Psychologie? Wir wollen uns auf Dinge beschränken, die beobachtbar sind, und Gesetze formulieren, die sich nur auf solche Dinge beziehen. Was aber können wir beobachten? Wir können *Verhalten* beobachten — *das, was der Organismus tut oder sagt.* Wir wollen sofort darauf hinweisen: Sprechen ist Tun — das heißt, *sich verhalten.* Laut sprechen oder zu sich selbst sprechen (denken) ist als Verhalten genauso objektiv wie Baseballspielen.

Die Regel oder der Maßstab, den der Behaviorist ständig vor Augen hat, lautet: Kann ich den Verhaltensausschnitt, den ich wahrnehme, in den Begriffen ‚Reiz und Reaktion' beschreiben? Unter einem Reiz verstehen wir jedes Objekt in der allgemeinen Umwelt oder jede Veränderung in den Geweben selbst, die durch den physiologischen Zustand des Lebewesens bedingt ist, etwa die Veränderung, die sich ergibt, wenn man ein Lebewesen daran hindert, sexuell aktiv zu sein, Nahrung aufzunehmen oder sich ein Nest zu bauen. Unter einer Reaktion verstehen wir alles, was das Lebewesen tut — zum Beispiel sich dem Licht zu- oder von ihm abwenden, bei einem Geräusch aufspringen und auch höher organisierte Tätigkeiten, wie Wolkenkratzer errichten, Pläne schmieden, Babys bekommen, Bücher schreiben und anderes mehr."
aus: WATSON 1976, S. 37 u. 39

Aussagen über Lernen werden an das Äußern von entsprechenden Verhaltensweisen gebunden; Vorgänge dagegen, die sich nicht beobachten lassen, werden für die Theoriebildung als nicht relevant beiseite geschoben. Sie bleiben im Dunkel, in der ‚*black box*' eingeschlossen und betreffen die beim Lernen ablaufenden inneren Prozesse, die man zumindest als zwischen Reiz und Reaktion ablaufend annehmen muß.

Also:

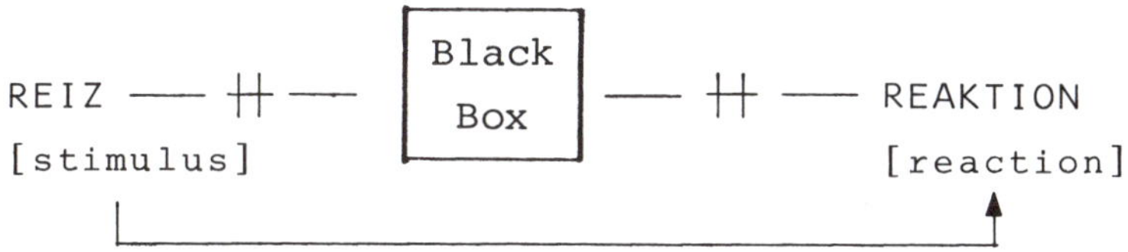

Faßt man die einzelnen Momente dieses Wissenschaftsansatzes zusammen, kann er durch folgende Merkmale gekennzeichnet werden:

(a) Jedes Verhalten wird mit dem Reiz-Reaktions-Schema erklärt.
(b) Menschliches und tierisches Verhalten werden im Prinzip gleichgesetzt.
(c) Gründe für das Verhalten sind letztlich physiologische und chemische Eigenschaften des Organismus.
(d) Sinn, Wille und Motiv als handlungsbegründende Eigenschaften des Menschen werden geleugnet.
(e) Der Mensch wird als organische Maschine betrachtet.
(f) Die Psychologie wird als Naturwissenschaft angesehen, die nur Beobachtbares gelten läßt.
(g) Zweck des Verhaltens ist die Anpassung des Organismus an die Umwelt.

aus: Leonhard 1978, S. 64

Was kann hierzu kritisch bemerkt werden?

- Nach behavioristischer Auffassung ist Verhalten immer reaktiv: durch Reize ausgelöst oder auf Verstärkung hin fixiert.
  Aber: *Der Mensch handelt nicht allein aufgrund erfahrener Reize oder Verstärkungen, sondern auch aufgrund selbst gesetzter Motive.* Er handelt, weil Ziele realisiert werden sollen, Ziele, die auch gegen Widerstand bzw. — in der Sprache der Behavioristen — trotz ‚aversiver Reize' zu erreichen versucht werden.
- *Es stellt einen kurzschlüssigen Reduktionismus (= Verkürzung) dar, menschliches und tierisches Verhalten gleichzusetzen.* Wie die anthropologische Forschung deutlich hervorgehoben hat, bestehen grundlegende Differenzen zwischen Mensch und Tier (vgl. Kap. 1). Der grundlegendste Unterschied ergibt sich dabei aus der **Reflexivität des Menschen**, von der auch die Behavioristen selbst Beweis ablegen: Tiere erforschen nicht ihr eigenes Lernen, richten sich nicht auf sich selbst; damit ist eine Leistung angesprochen, die nur der Mensch, so z. B. auch der behavioristische Lerntheoretiker und nicht etwa seine Katze in der Problem-Box erbringen kann.
- Die behavioristischen Theoretiker gehen von einer willkürlich gesetzten Behauptung aus: Es gibt weder Sinn noch Motiv und Wille als Handlungsgründe. Warum nicht? — Weil man sie nicht beobachten kann.

  Am besten schauen wir wieder auf den Behavioristen selbst, um diese Behauptung zu prüfen. Was hat er gemacht? Er hat eine bestimmte Forderung mit *normativem Anspruch* aufgestellt: Man *soll* nur Beobachtung gelten lassen und *darf nicht* Unbeobachtbares zum Gegenstand der Psychologie machen. Wie kommt er zu dieser Forderung? Waren etwa chemische und physiologische Reaktionen seines Organismus Anlaß zu dem Verhalten? — Wohl kaum, sondern das Bemühen, Verfahren aus den Naturwissenschaften zu übernehmen, die recht beeindruckend sind durch die Wiederholbarkeit und Kontrollierbarkeit ihrer Aussagen sowie durch die Möglichkeit der technischen Anwendbarkeit. Das Faible des Behavioristen für diese Wissenschaftsgruppe ist also in der *Faszination* von ihrer ‚Objektivität' begründet, die er auch für die Erforschung des tierischen und menschlichen Lernens veranschlagen möchte: Er schöpft voll aus seiner ‚black box'.

Der Behaviorist übernimmt damit methodische Reglements aus anderen Wissenschaftsdisziplinen und setzt sie als Normen, die er und andere auf dem Gebiet der Psychologie befolgen sollen. Wie aber sollen sie beachtet werden, wenn nicht dadurch, daß sie zu **Motiven** des entsprechenden Handelns werden? Und sie werden erst dann zu Motiven und leiten die Arbeit des Wissenschaftlers, wenn sie eingesehen, d.h. als *sinnvoll* und in ihrer Forderung als berechtigt anerkannt werden.

Sinnvoll wiederum sind sie nur mit Bezug auf ein bestimmtes Wissenschaftsideal, das selbst wieder auf eine bestimmte Auffassung von Erkenntnis verweist, die auch der Behaviorist als Sinn seines wissenschaftlichen Tuns ansieht.

Der Behaviorist steht — entgegen seinen eigenen Postulaten — in einem Zusammenhang von Sinn, Wille und Motiv als handlungsbegründenden Eigenschaften seines eigenen Tuns.

Er führt somit durch sein eigenes Vorgehen seine Theorie ad absurdum.

Aus dem Nachweis des Selbstwiderspruchs leitet sich allerdings keine globale Ablehnung des Behaviorismus ab. Bei bestimmten Lernarten hat er durchaus wichtige Erkenntnisse geliefert. Abgelehnt werden aber seine Wissenschaftspostulate in ihrem Absolutheitsanspruch.

3.4 Sinnvolles Lernen

Zu Anfang des Kapitels sprachen wir von zwei großen Lernansätzen: solchen, die behaupten, alles Lernen gehorche dem gleichen Schema, dem von Reiz und Reaktion (behavioristische Ansätze); demgegenüber stehen andere Positionen, die nach Lernbereichen differenzieren. *Sie unterscheiden zwischen menschlichem und tierischem Lernen und gehen von der Annahme aus, daß es eine Vielzahl ganz unterschiedlicher Lerntypen gibt, die man nicht einfach auf ein Grundschema zurückführen kann.*

Bei der Kritik am Behaviorismus wurde schon in einer rein theoretischen Erörterung ersichtlich, in welche Selbstwidersprüche sich dieser Ansatz verwickelt. Aber auch auf einer anschaulicheren Ebene wird deutlich, daß nicht jedes Lernen, erst recht nicht das des Menschen, dem Reiz-Reaktions-Schema folgt.

Man stelle sich einmal vor, ein Mensch sei wie die Katze im eben geschilderten Experiment in einen solchen Käfig eingesperrt und solle durch Betätigung eines Mechanismus herausfinden. Er wird diese Aufgabe kaum damit beginnen, daß er kratzt oder irgendwelche Laute von sich gibt. Er wird nicht wahllos an den Stäben rütteln, sondern zunächst einmal schauen, an welcher Stelle die Öffnung im Käfig ist, wo der Sperrmechanismus ist, er wird eine Vorstellung von der Funktion von Hebeln, Bolzen und ähnlichem haben und so aufgrund sinnvoller Vorstellungen gezielte Versuche unternehmen.

Auch bei einer weniger konstruierten Situation, etwa der ersten Fahrstunde, liegen die Dinge ähnlich. Sicherlich kann man mit einigem Recht sagen, daß das Auto beim ersten Anfahren mit Versuch und Irrtum gequält wurde, wie überhaupt der Mensch auch aufgrund naturhafter Reaktionsabläufe und ihm nicht voll bewußter Konditionierungsvorgänge lernt. Nur kann damit nicht *jede* Form menschlichen Lernens erschöpfend erklärt werden. Um im Beispiel zu bleiben: Zweifellos hat unser Fahrschüler das Ziel, kompetent mit dem Fahrzeug umzugehen, noch nicht erreicht. Vielmehr werden im Laufe der Zeit reflektierte Formen des Umgangs mit seiner Technik entwickelt, eigene Erkenntnisse wie auch Ratschläge des Fahrlehrers mitverarbeitet, so daß auch dieses Beispiel jetzt wieder einmündet in die bereits in Kapitel 1 gemachte Erkenntnis, daß der *Mensch Sinn und Sprache einsetzt, um mit Schwierigkeiten fertigzuwerden, bzw. Strategien zur Lösung von Problemen zu finden.*
Im zweiten Teil des Lernkapitels soll daher zunächst ein Lerntyp behandelt werden, der nicht mehr mit dem Reiz-Reaktions-Schema alleine erklärt werden kann, sondern bei dem typische Bedingungen menschlichen Lernens veranschlagt werden müssen: *das Lösen von Problemen durch Nachdenken.*

3.4.1 Problemlösen und Denken

Zur Verdeutlichung und als Einstieg in die Überlegungen soll ein Fall von **Problemlösung** herangezogen werden, bei dem zweifellos nur Nachdenken und nicht etwa blindes Herumprobieren zum Ziel führen kann.

Als Heinrich VIII. starb, lautete sein offizieller Titel: ‚By the Grace of God, King of England, Ireland, and France, Defender of the Faith and Only Supreme Head on Earth of the Church of England called Anglicana Ecclesia'. Als seine Tochter Mary (Bloody Mary) 1553 nach dem Tod ihres Bruders Edward VI. den Thron bestieg, hat sie auf die englische kirchliche Souveränität verzichtet und den Anspruch des Papstes wieder anerkannt. Aber als fünf Jahre später Elisabeth auf den Thron kam, lautete ihr Titel ‚Elizabeth, by the Grace of God Queene of Englande Fraunce and Ireland defendour of the fayth etc.'.

Wie ist zu erklären, daß hier plötzlich ein ,etcetera' im Titel steht?

Eine mögliche Anwort auf das Problem: Es ist Zufall oder Nachlässigkeit oder Bemühen, den langen Titel abzukürzen. Dagegen spricht jedoch die Bedeutung des Titels, seine hochoffizielle und identitäts- bzw. legitimationsstiftende Funktion.

Dagegen spricht auch der Umstand, daß genau der kirchliche Teil, der ohnehin seit Heinrich VIII. Anlaß heftiger Auseinandersetzung war, ausgelassen wurde.

Daher liegt eher die Vermutung nahe, daß hiermit ein ,offener' Zustand hergestellt werden sollte: Das ,etcetera' verweist darauf, daß noch etwas zum Titel gehört, ohne es aber expressis verbis zu benennen.

Gestützt werden kann diese Hypothese durch Verweis auf die politische Situation. In England selbst war Mary's religiöser Fanatismus unpopulär geworden; dies hätte vielleicht für die volle Beibehaltung des Titels und damit für die Lösung von Rom gesprochen. Andererseits gab es aber auch eine Gruppe katholischer Parteigänger, so daß innere Konflikte hätten entstehen können. Zudem wäre auf außenpolitischem Gebiet im Fall einer Absage an Rom Philipp II. unter Umständen bereit gewesen, zugunsten von Rom gegen England einzuschreiten — insgesamt Entwicklungen, an denen Elisabeth zu diesem Zeitpunkt wenig gelegen war. Ließ sie dagegen den Titel offen, so war auch ihr Entscheidungsspielraum noch offen und konnte je nach Entwicklung und Erfordernis im Laufe der Zeit präzisiert werden.

(Die Ausführungen stützen sich auf eine Passage aus: NAGEL 1971, S. 552 ff.).

In der Analyse dieses Beispiels sollen die verschiedenen Stufen zur Lösung des Problems entwickelt und zumindest in einer globalen Art im Transfer auch auf schulische Situationen bezogen werden.

Folgende Stufen sind erkennbar:

(a) Eine Schwierigkeit tritt auf.
(b) Sie wird lokalisiert und präzisiert.
(c) Man entwirft mögliche Lösungswege (Hypothesenbildung).
(d) Die Konsequenzen dieser Entwürfe werden logisch entwickelt.
(e) Weitere Beobachtungen, Belege, Experimente führen zur Annahme oder Ablehnung eines favorisierten Lösungsentwurfs.

(a) Auftreten einer Schwierigkeit

Mit dem Auftreten eines Problems (einer Frage, eines Hindernisses, einer Uneindeutigkeit) setzt die Lösungsbewegung ein. *Aufmerksamkeit* und *Fragebereitschaft* werden geweckt und gehen tendenziell darauf aus, den vom Betreffenden so empfundenen gedanklichen Spannungszustand, die ,*kognitive Dissonanz*' (FESTINGER) aufzuheben. In diesem Fall ist die Aufmerksamkeit geweckt durch den plötzlich verkürzten Titel, und es entsteht als Fragehaltung die Suche nach einer Erklärung hierfür.

Bei schulischem Lernen wird diese Situation häufig künstlich (methodisch geplant) hergestellt, um beide Wirkungen zu erzielen: Aufmerksamkeitsprozesse bei den Schülern anzuregen und ihre Fragebereitschaft zu wecken. Dies meint man mit ‚*Motivation durch problemorientierten Einstieg*'. Aber nicht nur beim eigentlichen Lernprozeß, auch bei den ihn begleitenden sozialen Interaktionen können Probleme etwa in Form von Disziplinschwierigkeiten auftreten, die diesmal die Aufmerksamkeit und Fragebereitschaft des Lehrers beanspruchen. Unruhe, vorlautes Verhalten, Aggressivität von Schülern stellen für ihn Hinweise auf eine Schwierigkeit im Interaktionsklima der Klasse dar.

(b) Identifizierung (Lokalisierung und Präzisierung) des Problems
Manchmal gehen diese und die erste Stufe ineinander über. Häufig aber bedarf es einer zusätzlichen Präzisierung des Problems, um die Suche nach der Lösung auf einen bestimmten Bereich zu konzentrieren. Etwa im Beispiel durch den präzisierenden Hinweis, daß das ‚etcetera' den Aspekt der kirchlichen Souveränität im Titel ersetzt, daß also damit das Problem im Bereich der Auseinandersetzung von englischem Thron und päpstlichem Anspruch zu lokalisieren ist.

Noch dringender erforderlich ist die Präzisierung des Problems in den Fällen, bei denen man nur die *Empfindung einer Problemsituation* hat. So stellt beispielsweise bei der Klärung von Disziplinschwierigkeiten in der Klasse die Lokalisierung des Problems den vielleicht entscheidenden Schritt bei der Suche nach einer Lösung dar: Hängt das Problem mit mir als Lehrer zusammen, mit Problemen bei anderen Lehrern, mit dem Unterrichtsstoff? Die Lokalisierung des Problems heißt hier soviel wie ‚Diagnose des Krankheitsbildes'; erst danach kann die ‚Therapie' einsetzen.

(c) Versuche zu einer möglichen Lösung
Diese Phase ist die eigentlich produktive im Prozeß des Problemlösens, wobei hier ganz unterschiedliche Faktoren von Bedeutung sind: Sie reichen von einem spontanen ‚Aha-Erlebnis' bis hin zur gekonnten Übertragung bestimmter Regeln auf das vorliegende Problem.

Häufig treten die ersten Lösungsversuche als Ergebnis einer spontanen Erleuchtung, des schon erwähnten ‚*Aha-Erlebnisses*' auf. Allerdings kommt es nicht ganz aus heiterem Himmel — oft gehen ihm vielmehr vage Lösungsversuche voraus, die das Problem von ganz unterschiedlichen Seiten anpacken. Man versucht, die Zusammenhänge anders zu sehen, sie *um- oder gar neu zu strukturieren,* indem man z. B. gewohnte Wege verläßt und ganz neue zu gehen versucht.

Bei dem Beispiel ist es etwa denkbar, daß man plötzlich darauf verfällt, die Situation nicht allein in England zu betrachten, sondern sie im europäischen Zusammenhang zu sehen. Man weitet also den Blickwinkel aus, man strukturiert den Zugriff um, und nun kann es vorkommen, daß man sich in einem plötzlichen Einfall wieder an die zu dieser Zeit bestehende Feindschaft zwischen England und Spanien erinnert.

Eine Um- oder gar Neustrukturierung kann beim Beispiel der Disziplinprobleme dadurch erfolgen, daß der Blick allein auf den unmittelbaren Handlungszusammenhang im vis-à-vis Kontakt aufgegeben und auf die makro-strukturelle Dimension ausgeweitet wird. So ergibt sich vielleicht als Lösung, daß viele Schüler einer 10. Klasse nach bereits gescheiterten Einstellungsgesprächen unruhiges und aggressives Verhalten in der Schule an den Tag legen.

Dieser gedanklich-kognitive Vorgang ist im Prinzip der gleiche, den man von der Wahrnehmung mehrdeutiger Figuren her kennt, die sich erst nach Aufgeben der üblichen Sichtweise in einer anderen Bedeutung darstellen.

Beispiel: Vogel- und Hasenkopf

Einen zentralen Stellenwert nimmt bei dieser Phase die *Vorerfahrung* ein, die sich sowohl negativ als auch positiv auf die Hypothesenbildung auswirken kann.

Positiv kommt sie zum Tragen als Anwendung von schon Bekanntem auf den vorliegenden Fall. Entweder werden dabei Wissenselemente oder Regeln und Prinzipien oder methodische Vorgehensweisen übertragen.

Negativ jedoch kann sich Vorerfahrung als *proaktive Hemmung* bemerkbar machen: Vorher Gelerntes wirkt sich als Hindernis bei der Lösung der neuen Problemlage aus. Beispielsweise können vorhandene Kenntnisse über die Gegensätze zwischen den Hugenotten und Katholiken in Frankreich und über entsprechende Konflikte auch in den Niederlanden z. Zt. Philipps II. die Aufarbeitung der religiösen Spannung im England der Zeit Elisabeths I. im Sinne einer solchen proaktiven Hemmung beeinträchtigen.

Es gibt auch den umgekehrten Fall, daß sich neu Erlerntes auf schon Beherrschtes rückwirkend negativ auswirkt *(retroaktive Hemmung)*. Um auch hier beim Beispiel zu bleiben: Die Aufarbeitung etwa des Gegensatzes zwischen Elisabeth und Maria Stuart kann rückwirkend Einsichten in die französischen Thronkämpfe zwischen Heinrich von Navarra und Heinrich von Guise verwirren.

Wichtig ist — vor allem für schulisches Lernen — das Element der Übung von *Lösungsstrategien.* Lösungsversuche aufzustellen — sei es mittels Umstrukturieren, durch Anwendung von Regeln, durch kontrolliertes Suchen — muß selbst auch geübt werden. Die Fähigkeit zum Entwurf von Lösungen hängt somit nicht allein vom Umfang des bereitgestellten Wissens ab, sondern auch von der Fähigkeit, es anwenden zu können.

(d) Logische Entwicklung der Konsequenzen des Versuchs
Wird eine Lösung anvisiert, so muß sie in ihren *Implikationen* weitergedacht und muß geprüft werden, ob sie stimmig, stichhaltig, tragfähig ist bzw. zu welchen Konsequenzen sie weitergedacht führt.

So scheint im Beispiel die Vermutung, das ‚etcetera' sei aus Nachlässigkeit oder zur Verkürzung des Titels eingeführt, kaum stichhaltig. Dagegen sprechen die Bedeutung des Titels, seine staatsrechtliche Funktion und seine legitimationsstiftende Wirkung.

Wenn im Disziplinbeispiel die Vermutungen über makro-strukturelle Gründe für das Verhalten zutreffen, so müßten sich bei einem Gespräch mit den Schülern Verursachungen auf der vis-à-vis Ebene als ausgeschlossen erweisen.

(e) Annahme oder Bestätigung des Lösungsentwurfs
Führt man auf der Stufe 4 die Ausgliederung der Lösung weit genug, erhält man eine Reihe detaillierter Aussagen, die sich als schlüssige Konsequenzen aus der angenommenen Lösung ergeben. Im Beispiel etwa die Schlußfolgerungen auf das Verhalten Phillipps II. bei einer radikalen Absage Elisabeths an Rom.

Bei Überprüfung dieser abgeleiteten Aussagen und ihrer Bestätigung kann auch die Lösung als richtig angesehen werden. Welcher Art kann eine solche Prüfung sein? — Die klassische Art der Überprüfung ist das Experiment.

Es werden künstlich die Bedingungen hergestellt, unter denen sich das Problem ergibt; dann wird eine dieser Bedingungen (Variablen) geändert, wobei man annimmt, daß sich dann die hypothetisch abgeleiteten Konsequenzen ergeben.

Aber auch auf andere Möglichkeiten der Überprüfung sollte man verweisen: Vergleichen von Quellen, Dokumenten, Aussagen, Konfrontation mit Argumenten, Nachweis der Schlüssigkeit des Gedankens. So erfolgt die Überprüfung der Lösung im Disziplinbeispiel durch das Gespräch mit den Schülern.

Zusammenfassung:

Im Gegensatz zur Theorie des Reiz-Reaktions-Lernens kann vorausgesetzt werden, daß der Mensch vor allem *aufgrund von sinnhaften und sprachlich vermittelten Vorstellungen (Denken) lernt.* Insbesondere beim Lösen von Problemen wird deutlich, daß diese Lernform von Denkprozessen begleitet ist. In Gedanken wird das *Problem lokalisiert, präzisiert, werden Lösungswege entworfen, geprüft und schließlich zur richtigen Lösung hin weitergedacht.*

3.4.2 Lerntafel

Ausgangspunkt: **Behavioristische Universaltheorie**
Alles Lernen – auch das menschliche – folgt dem Reiz-Reaktionsschema.

Dagegen sprechen
- Selbstwidersprüche des Behaviorismus; der Behaviorist verhält sich nicht nur, sondern entwickelt seine Theorie als ein sinnhaftes Konstrukt.
- Beispiele für Lernsituationen, in denen der Mensch mittels Sinn und Sprache lernt (Autofahren, Interaktionsprobleme, historisches Problem).

Daher:
Zumindest für menschliches Lernen können Lerntypen nachgewiesen werden, bei denen *Lernen aufgrund von Denken, also aufgrund sinnhafter und sprachlich vermittelter Vorstellungen* erfolgt: das **Problemlösungslernen** und das **Lernen am Modell.**

Die Phasen des Lernprozesses beim Problemlösen:
- eine Schwierigkeit tritt auf und wird wahrgenommen,
- sie wird lokalisiert und präzisiert,
- Versuche zu einer möglichen Lösung (Hypothesenbildung) werden entworfen,
- Konsequenzen dieses Entwurfs werden logisch weiterentwickelt, zusätzliche Beobachtungen, Belege, Experimente führen zur Annahme oder zur Ablehnung des Lösungsentwurfs.

3.4.3 Lernen am Modell

Gehen wir vom folgenden simplen Alltagsbeispiel aus: Ein Kind räumt eines Tages seine Spielsachen weg, eine Arbeit, die bisher die Mutter übernommen hatte – und fragen wir uns, ob dieses einfache Beispiel mit den bisher vorgestellten Lernansätzen, dem behavioristischen und dem des Problemlösungslernens adäquat erklärt werden kann.

Würde man es nach dem behavioristischen Modell erklären, so sähe das folgendermaßen aus:

Hinweisreiz: Verhalten der Mutter
Reaktion des Kindes: selber wegräumen
Gefordert wäre jetzt noch eine Verstärkung, die unmittelbar auf die Reaktion des Kindes erfolgen müßte: Lob durch die Mutter

Mit dem Problemlösungsansatz läßt sich hier wenig ausrichten, da es sich im oben dargestellten Sinne für das Kind nicht um ein Problem handelt, das es mit

Lösungsentwürfen, Vermutungen und Überprüfungen erfolgreich angehen müßte.

Aber auch mit dem zumindest in Ansätzen erklärungsfähigen Modell des Behaviorismus ist das Beispiel nicht voll ausgelotet.

Es ist beispielsweise denkbar, daß das Kind das Verhalten der Mutter nur einmal sah, ohne seinerseits zunächst überhaupt zu reagieren, und erst nach Tagen seine Spielsachen zum ersten Mal selber wegräumte. Dann fand also Lernen statt, obwohl

- in der Zwischenzeit keine entsprechende Verhaltensweise der Mutter konstatiert werden konnte;
- zwischen dem beobachteten und dem nachgeahmten Verhalten ein Zeitraum von mehreren Tagen lag, auf den entsprechenden Hinweisreiz durch die Mutter also nicht unmittelbar nach dem Prinzip der Kontiguität die Reaktion des Kindes erfolgte.

Und es ist der Fall vorstellbar, daß das Kind das entsprechende Verhalten äußerte, ohne positiv verstärkt worden zu sein, womit der in behavioristischen Modellen immer wieder hervorgehobene Stellenwert der Verstärkung ebenfalls relativiert wäre.

Viel naheliegender ist hier also eine andere Erklärung: Es handelt sich um einen neuen Lerntyp, der weder im behavioristischen Modell adäquat erfaßt ist, noch gar etwas mit Problemlösen zu tun hat. Hier werden Verhaltensweisen nachgeahmt, die man irgendwann gesehen hat und die jetzt reaktiviert werden. Man nennt diesen Vorgang **Modellernen**, manchmal wird auch von Beobachtungslernen, Nachahmungslernen oder sozialem Lernen gesprochen, und man kennzeichnet damit einen Vorgang, *bei dem sich der Lernende Verhaltensweisen aneignet, die er bei anderen Personen gesehen hat. Der Lernende wird hierbei als Beobachter, die beobachtete Person als Modell bezeichnet.*

Wir sehen:

Das Lernen am Modell wird mit anderen Prinzipien erklärt werden müssen. Um den Sachverhalt etwas komplexer darstellen zu können, wollen wir uns von unserem allzu simplen Einführungsbeispiel trennen und statt dessen annehmen:

In einem Film beobachtet ein männlicher Zuschauer voller Bewunderung, wie Alain Delon beim Sprechen die Zigarette lässig im Mundwinkel hält. Sofort nach Ende des Films geht unser Beobachter nach Hause und übt mit größter Ausdauer solange vor dem Spiegel, bis er die eigens dazu gekauften Gauloises auch in der gleichen Weise im Mundwinkel halten kann.

Welche Teilprozesse sind bei diesem Lernvorgang zu unterscheiden?

Aufmerksamkeitsprozesse

Der Beobachter hat seine Aufmerksamkeit konzentriert, kanalisiert. Ihn hat weniger der eiskalte Blick Delon's oder ein Ereignis im Filmgeschehen, ihn hat vor allem anderen die Zigarettentechnik gefesselt. Der Beobachter hat einen bestimmten Ausschnitt des komplexen Handlungsgeschehen hervorgehoben und mit pointierter Aufmerksamkeit verfolgt.

(b) Gedächtnisprozesse
Das was der Beobachter sah, mußte er nach Hause ‚transportieren'. Er mußte sich dort an die betreffenden Szenen erinnern, sich die Stellung des Mundes, der Mundwinkel und die Lage der Zigarette vergegenwärtigen. Voraussetzung hierfür war das gedächtnishafte Einprägen mittels geeigneter Repräsentationsformen (z. B. bildhafte Vorstellungen oder sprachliche Bezeichnungen für den Gegenstand Zigarette, Mundwinkel).

(c) Motorische Reproduktionsprozesse
Das schwerste Stück Arbeit erfolgt in unserem Beispiel aber erst mit dem Nachahmen der Bewegung selbst. Vor dem Spiegel werden motorische Prozesse (Bewegungsabläufe) eingeübt, die in diesem Fall recht unterschiedliche Koordinierungsleistungen erfordern: Öffnen des Mundes in dem Maß, daß artikulierte Laute zutage kommen, aber doch wieder nicht so weit, daß die Zigarette herausfällt.

(d) Verstärkungs- und Motivierungsprozesse
Die Verstärkung erfolgt hier in vielfältiger Form: Schon wenn der Beobachter bei sich erste Fortschritte sieht, wird sich die Feststellung dieses erfolgreichen Verhaltens verstärkend auswirken; desweiteren, wenn ihn seine Bekannten bewundern, erst recht aber, wenn jemand gar feststellen sollte, er hielte die Zigarette ganz wie Delon im Mund. (Sicher trifft im Rückgriff auch auf behavioristisches Vokabular hier der Terminus „soziale Verstärkung" zu — vgl. Kap. 3.2.1).

Der Ablauf der einzelnen Lernprozesse ist auch im Graph auf S. 97 verdeutlicht.

Leider ist es unerläßlich, auch beim Lernen am Modell noch eine Reihe von Differenzierungen der wichtigsten Begriffe herauszuarbeiten. Hierzu ist es sicherlich sinnvoll, auf Experimente zurückzugreifen, die im Kontext dieser Theorie durchgeführt und ausgewertet wurden, und nicht mehr mit den zur Einführung sicherlich geeigneten, aber simplifizierten Beispielen zu arbeiten.

Kinder beobachteten im Film ein Modell (einen Erwachsenen), das sich gegenüber einer Puppe in einer für sie neuartigen körperlich und verbal aggressiven Weise verhielt. Bei der ersten Versuchsanordnung wurde das Modell bestraft, wenn es die Puppe prügelte, trat, an die Wand schlug.

Bei der zweiten Anordnung wurde der Erwachsene im Film für seine Handlungsweisen gelobt und belohnt.

Beim dritten Versuch erlebte das Modell keine Konsequenzen, weder Lob noch Bestrafung.

(7) Strukturbild: *Phasen beim Lernen am Modell*

Beobachtungsreize →	Aufmerksamkeitsprozesse →	Gedankliche Prozesse →	Motorische Prozesse →	Verstärkungsprozesse →	Nachbildung
Filmgeschehen (Zigarette bei Delon)	männlicher Beobachter schaut konzentriert zu	Speichern der Wahrnehmung mit Hilfe von Vorstellungen oder sprachl. Symbolen	Beobachter übt die Handlung ein	Beobachter wird verstärkt - er sieht zusehends einen Erfolg - er denkt an die Bewunderung seiner Freunde	Beobachter führt die Handlung aus

Anschließend wurde den Kindern zunächst nur gesagt, sie sollten die beobachteten Verhaltensweisen selber an einer Puppe nachahmen, die ihnen hierzu in die Hand gegeben wurde.
In einer zweiten Phase wurde den Kindern dann mitgeteilt, sie würden für jede nachgeahmte Verhaltensweise belohnt.

Betrachtet man das Lernergebnis der Gruppe, die das bestrafte Modell im Film sah, fällt eine große Diskrepanz auf zwischen der Nachahmungshandlung ohne Anreiz und der mit einer positiven Verstärkung für die Kinder. Im zweiten Fall wurden erheblich mehr Handlungen von denselben Versuchspersonen reproduziert.

(8) Schaubild: *Einfluß positiver Verstärkung auf die Leistung*

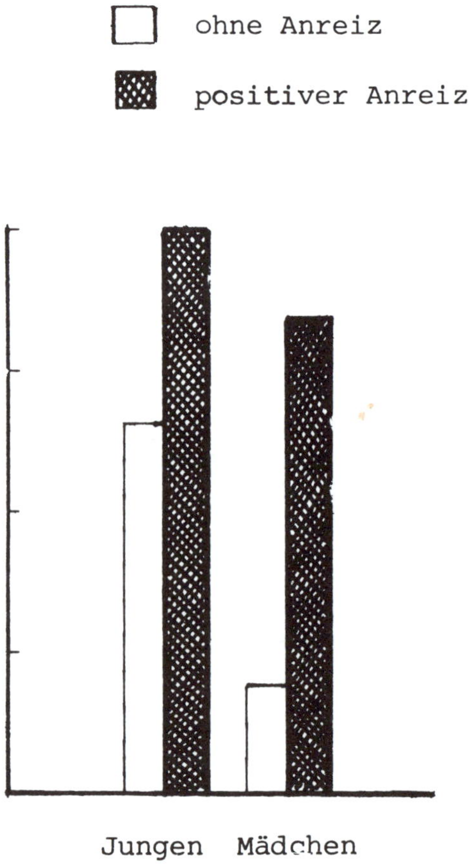

Oder anders formuliert: die Kinder haben offensichtlich mehr gelernt, als sie im nachhinein ohne Anreiz ausgeführt haben. Das Experiment verweist also recht eindrucksvoll auf einen **Unterschied zwischen Lernen und Leistung.**

Besonders deutlich wird dieser Unterschied bei den Mädchen. Wahrscheinlich kommen hier *Sozialisationswirkungen* zum Tragen („ein Mädchen ist nicht aggressiv"), so daß zunächst die aggressiven Verhaltensweisen entsprechend zurückhaltend geäußert werden. Erst bei zusätzlichem Anreiz zeigt sich auch hier ein entsprechend großes Lernpotential.

Ebenfalls wird deutlich, daß das Ausmaß der Leistungsäußerung von bestimmten Randbedingungen abhängt; im Experiment waren es aufgrund des positiven Anreizes für die Versuchspersonen angenehme Gegebenheiten. Man kann sich aber auch die Situation denken, daß Leistungsäußerungen mit Bezug auf den Umfang des Gelernten minimalisiert werden, durch negative Begleitumstände, etwa durch Angst. Ein Beispiel hierfür ist die wohl von jedem schon einmal erfahrene Prüfungsangst und die Erfahrung, viel gewußt (= gelernt) zu haben, ohne daß man aber in der entsprechenden Situation dieses Wissen aktivieren konnte (reduzierte Leistung). Zum Punkt ‚Prüfungsangst' ist übrigens in Kap. 4 noch mehr zu sagen.

Eine genauere Betrachtung der *Rolle von Verstärkung* im eben geschilderten Experiment macht die begriffliche Unterscheidung zwischen

– *der Verstärkung des Modells* und
– *der Verstärkung des Beobachters*

notwendig. Die Wiedergabe der Verhaltensweise ohne einen Anreiz zeigen die Auswirkungen der Verstärkung, die das Modell erfahren hat. Man nennt sie auch *stellvertretende Verstärkung*. Sowohl das belohnte als auch das ohne Konsequenz gebliebene Modellhandeln werden am stärksten imitiert, wobei man wahrscheinlich im Rückgriff auf die eben genannten Gründe wieder geschlechtsspezifische Unterschiede zwischen Jungen und Mädchen beobachten kann. Ist das Modell dagegen bestraft worden, so sinkt auch die Bereitschaft des Beobachters zur Äußerung der entsprechenden Verhaltensweisen.

(9) Schaubild: *Auswirkung der stellvertretenden Verstärkung*

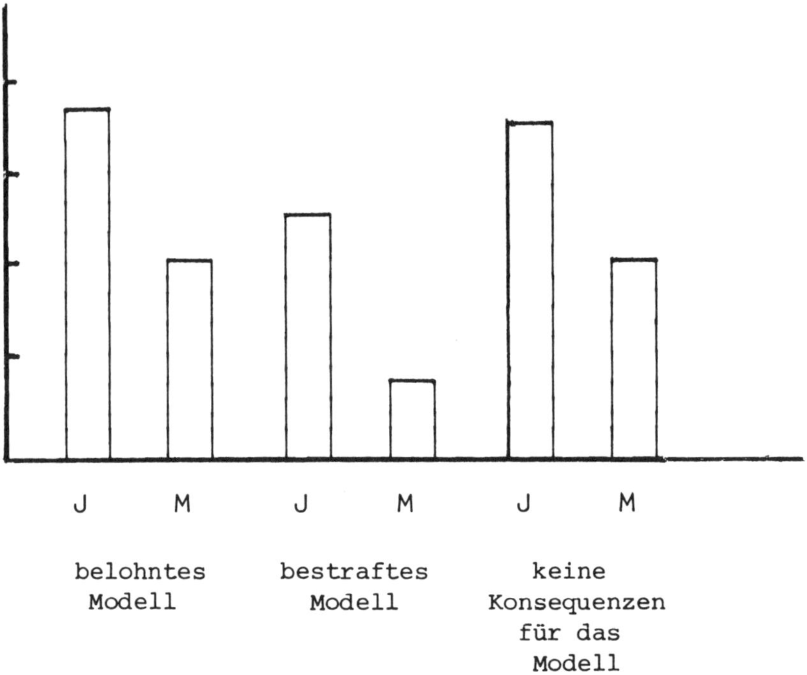

Wie kann — unabhängig von diesem Einzelexperiment — die Wirkung der stellvertretenden Verstärkung erklärt werden?

a) Es werden vom Beobachter die Situationen identifiziert, in denen das Verhalten des Modells belohnt oder bestraft wurde.
b) Die beobachteten Ereignisse geben dem Beobachter eine Information darüber, ob er bei gleichem Verhalten wie das Modell belohnt werden wird oder nicht.
c) Durch Bestrafung bzw. Belohnung wird der Status des Modells verändert. Die Bestrafung mindert, die Belohnung steigert das Ansehen des Modells, so daß es dadurch dem Beobachter entweder gestärkt oder geschwächt als Vorbild dient.
d) Der Beobachter sieht, daß das Modell mit etwas belohnt wurde, das er selber schätzt. Durch entsprechendes Verhalten will auch er auf diesem Wege belohnt werden.

Anders sehen die Ergebnisse aus, wenn die Beobachter verstärkt werden. Dies führt zu einer nahezu gleichen Leistung in allen Gruppen, auch die zum Teil bemerkenswerten Unterschiede zwischen den Geschlechtern schrumpfen stark zusammen.

(10) Schaubild: *Wirkung der Verstärkung des Beobachters*

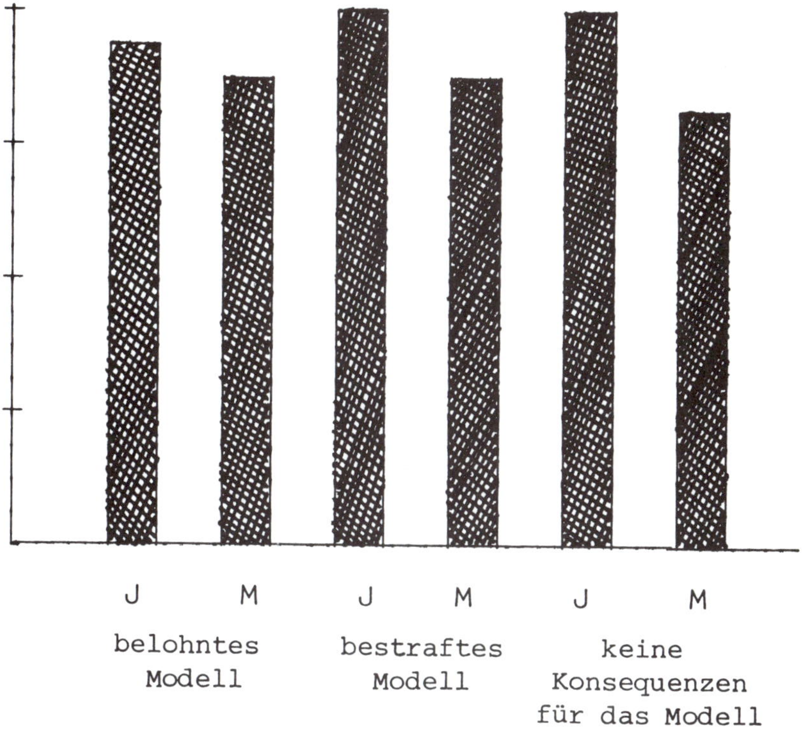

Eine wichtige Sonderstellung nimmt beim sozialen Lernen die ‚*antizipierte Verstärkung*' ein: Wenn ein Beobachter weiß, daß er Belohnung erwerben und Bestrafung vermeiden kann, indem er ein bestimmtes Nachahmungsverhalten äußert, wird er seine Aufmerksamkeit verstärkt auf die Modelle richten, deren Verhalten mit seinen Erwartungen korrespondiert.

Auf diese Art kann auch ein Teil des Verhaltens unseres Delon-Fans erklärt werden. Da Schauspieler global gesehen über einen Bewunderungsbonus bei ihrem Publikum verfügen, wird deren Verhalten von Beobachtern von vornherein als positiv ausgezeichnet und mit einer entsprechenden Verstärkungshaltung versehen. Meist geht dies Hand in Hand mit der Akzeptierung der vom Schauspieler gestalteten Rolle, die man ganz oder in Teilstücken mit ‚seinem' Star identifiziert. Kommt dann noch hinzu, daß diese allgemeine Haltung der Bewunderung an konkreten Verhaltensweisen festgemacht werden kann (wie Zigarettentechnik, eiskalter Blick), dann steigt vermutlich auch die Erwartung, mit der Nachahmung solch eindeutig auffälliger Verhaltensweisen ähnlich wie der Schauspieler — sei es in der Realität, sei es in der Rolle — positiv sozial verstärkt zu werden. Man nimmt also in Gedanken die mit dem Nachahmungsverhalten erwartete Verstärkung vorweg (man antizipiert sie).

Zu beachten ist:
Das Lernen selbst braucht dabei nicht unmittelbar verstärkt zu werden; der Beobachter lernt die Mundstellung von Delon oder den Gang von Elvis auch dann, wenn er nicht jedesmal bei richtigem (Teil-)Verhalten mit Schokoladenstückchen oder eben der Bewunderung anderer unmittelbar verstärkt wird. Er lernt sogar, wenn er beim Lernen selbst negative Konsequenzen erfährt — etwa, daß man sich in der Familie über sein Gehabe mokiert.

Graphisch wird der Zusammenhang im Schaubild 11 auf S. 103 dargestellt.

Im Rückgriff auf die Ausführungen zu Grenzen und Leistungen behavioristischer Lerntheorien soll hier noch einmal auf die Erklärungsmöglichkeiten dieser Theorie für Teilsequenzen beim Modellernen hingewiesen werden, der Terminus ‚Verstärkung' verdeutlichte dies bereits.

Im Graph auf Seite 96 ist zwischen Modellreiz und Reaktion eine Leerstelle gelassen, die erst jetzt ausgefüllt werden soll. Fragt man sich nämlich, wie das beobachtete Verhalten vom Lernenden gespeichert wird, ist man auf den Vorgang der **Symbolischen Repräsentation** aufmerksam gemacht. Der Beobachter baut nämlich mit Hilfe von *Symbolen* (Bild- und Sprachsymbolen) in seinem Gedächtnis einen kognitiven Zusammenhang, einen gedanklichen Vorstellungszusammenhang auf, den er bei der Reproduktion aktiviert. Er kann somit beobachtetes Verhalten äußern, auch wenn zwischen Wahrnehmung und Nachahmung ein längerer Zeitraum liegt.

Das Modellernen ist also durch zwei Komponenten gekennzeichnet:
- es bezieht sich auf Lernen, das *im sozialen Kontext* stattfindet (in einer vis-à-vis Situation);
- es versteht Lernen wesentlich auch als *kognitiven Vorgang*, als Gedächtnisleistung und als Fähigkeit, beobachtete Abläufe in symbolischer Form gedanklich zu speichern.

Man nennt diese Lerntheorie daher auch **sozial-kognitiv.**

Auf eine Formel gebracht:

Beim sozialen Lernen wird Nachahmungslernen möglich, weil es — in Abwesenheit externer Verstärkung — durch kognitive Aktivitäten begleitet wird.

Für die Einsicht in den Ablauf von Lernprozessen ist noch ein weiteres Untersuchungsergebnis von Interesse:

Bei dem gleichen Experiment, das vorhin geschildert und in den einzelnen Graphiken ausgewertet wurde, hat man auch eine Gruppe von Kindern aufgefordert, die beobachteten Verhaltensweisen des Modells sprachlich zu bezeichnen, wogegen andere nicht zu dieser verbalen Aktivität angehalten wurden. Beim Nachahmungsverhalten zeigte es sich nun, daß diejenigen Kinder, die verbalisiert hatten, einen hohen Anteil der beobachteten Verhaltensweisen reproduzierten (62 %), wohingegen die andere Gruppe, die

(11) Schaubild: *Modellernen und antipizierte Verstärkung*

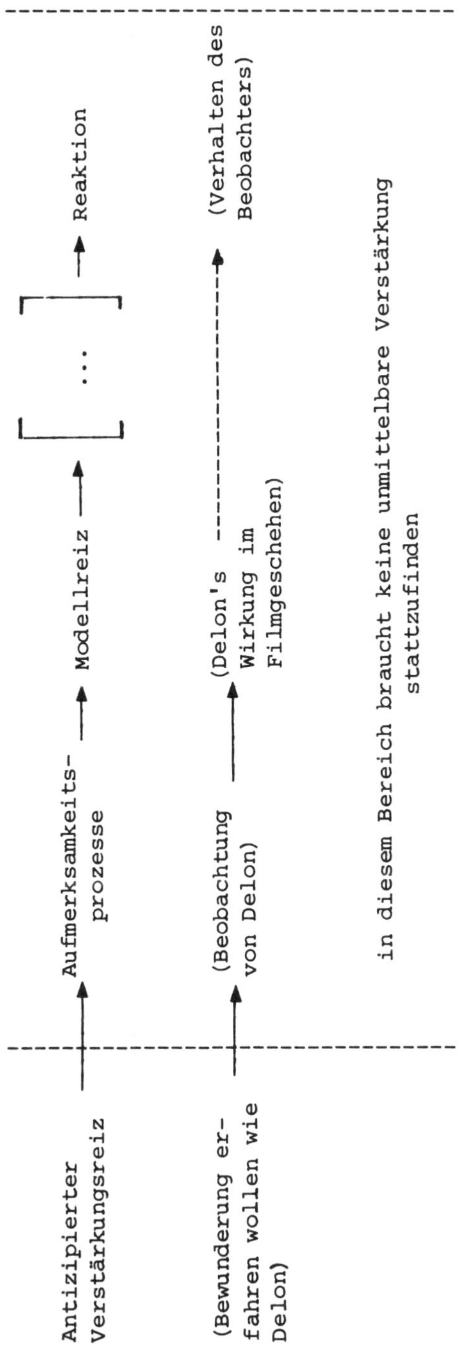

die Verhaltensweise nicht eigens verbal kodieren sollte, sich nur in viel geringerem Maße wieder erinnern konnte (26 %).
Vgl. BANDURA 1979, S. 93 — 94.

(12) Schaubild: *Leistung der symbolischen Repräsentation beim Lernen am Modell*

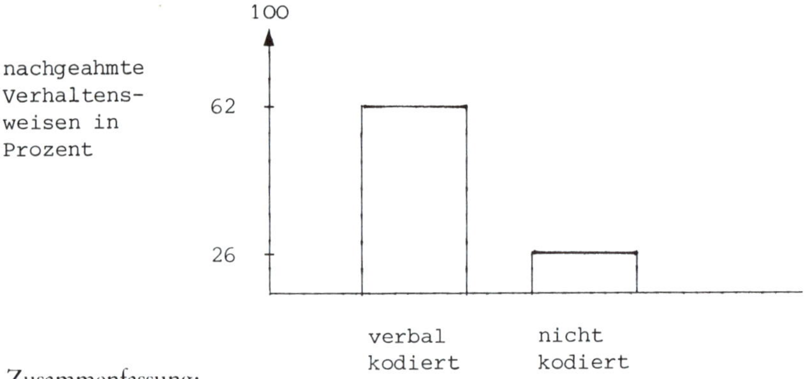

Zusammenfassung:
Unter Lernen am Modell versteht man die Aneignung von Verhaltensweisen, die bei anderen Personen beobachtet wurden. Die beobachtete Person ist das Modell, der Lernende ist der Beobachter.

Beim Lernablauf kann man vier große Phasen voneinander abheben: *Aufmerksamkeitsprozesse* (hinschauen, das Modell bewußt wahrnehmen), *Gedächtnisprozesse* (symbolische Repräsentierung des beobachteten Verhaltens), *motorische Prozesse* (Äußern des Verhaltens) sowie *Verstärkungs- und Motivationsprozesse.*

Bei der Verstärkung selber unterscheidet man die Verstärkung des Modells, *stellvertretende Verstärkung* genannt, und die des Beobachters in den Formen der *unmittelbaren und der antizipierten Verstärkung.*

Insgesamt ist die Bedeutung der Verstärkung beim Modellernen gegenüber beispielsweise dem SKINNERschen Ansatz relativiert: sie wird als förderliche, aber nicht als notwendige Bedingung des Lernens am Modell verstanden.

Lernen am Modell ist effizienter, wenn das beobachtete Verhalten vom Betrachter verbalisiert wird.

Abschließend sollen noch einmal kurz die *Unterschiede* festgehalten werden, die zwischen der *klassischen* und *operanten Konditionierung* sowie der *Theorie sozialen Lernens* bestehen:

— Die *klassische Konditionierungstheorie* beachtet vorwiegend Assoziationsprozesse, durch die bereits bestehende Reaktionsmuster (z. B. Speichelfluß beim Hund) unter die Kontrolle spezifischer Reize (Ton-, Lichtsignal) gebracht und — sofern es sich um soziale Verhaltensweisen handelt — mit der Eigenschaft versehen werden, positive oder negative Emotionen zu wekken (z. B. Bacardi-Reklame).

— Bei der *operanten Konditionierung* werden die relevanten Reaktionen (z. B. Kopf über Linie heben) dadurch ausgewählt, daß man den Einfluß differenzierender Verstärkung zur Geltung bringt (Futterkorn).

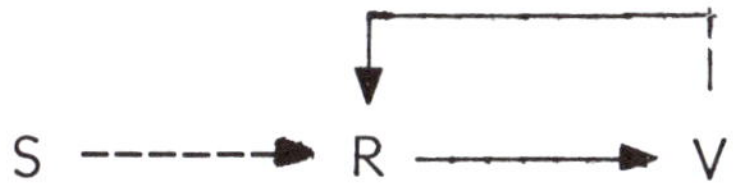

— Beim *sozialen Lernen* (Modellernen) dagegen wird Verhalten, das von Modellen her übernommen wird, mehr durch symbolische Repräsentation gesteuert und weniger durch unmittelbare Ausführung und deren Verstärkung geformt. Verstärkung wird als förderliche und nicht so sehr als notwendige Bedingung angesehen (vgl. BANDURA 1976, S. 45 und 51).

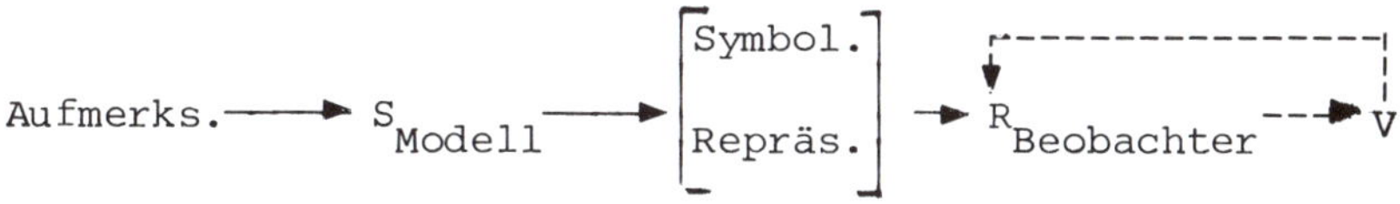

3.4.4 Lerntafel

Modellernen gehört zum Typ des *sozialen Lernens.*

Lernen vollzieht sich durch Nachahmung beobachteter Verhaltensweisen mit Hilfe symbolischer Repräsentation.

Lernphasen:
Aufmerksamkeitsprozesse: Man konzentriert sich auf das Modell und beobachtet es.
Gedächtnisprozesse: Die beobachteten Verhaltensweisen werden im Gedächtnis symbolisch gespeichert.
Motorische Reproduktionsprozesse: Das beobachtete und symbolisch gespeicherte Verhalten wird nachgeahmt.
Verstärkungsprozesse: Die Nachahmung wird bzw. kann verstärkt werden.

Zur Rolle der **Verstärkung:**
Man unterscheidet
- Verstärkung des Modells: stellvertretende Verstärkung
- Verstärkung des Beobachters: direkte Verstärkung und antizipierte Verstärkung (man denkt an Situationen und Verhaltensweisen, von denen man sich Verstärkung erhofft).

Insgesamt gilt für die Rolle der Verstärkung:
Verstärkung ist eine förderliche, aber keine notwendige Bedingung des Lernens am Modell.

3.4.5 Arbeitsvorschlag

Zu Beginn dieses Kapitels ist auf das Beispiel des Rollschuhfahrens als Lernsituation verwiesen worden. Überlegen Sie einmal nach der Lektüre der Lerntheorien, welche der hier behandelten Lernarten beim Erwerb der Fähigkeit, sich auf Disco-Rollers zu bewegen, veranschlagt werden können.

3.5 Die Lerngruppe

Der Ansatz des Lernens am Modell verdeutlichte, daß und wie Lernen des Individuums auf andere bezogen und von ihrem Verhalten mitgeprägt ist. Ganz anders gelagerte Lerngesetzlichkeiten kommen jedoch hinzu, betrachten wir nun den Lernprozeß nicht so sehr hinsichtlich des Leistungsaufbaus bei einem vereinzelten Individuum, *sondern aus dem Miteinander mehrerer — also aus der Lerngruppe heraus.*

Sicherlich bleiben dabei die bisher festgestellten Lernprinzipien, bezogen auf den einzelnen, in Kraft — etwa das der Kontiguität, der Verstärkung, der Ausrichtung am Erfolg, der Anwendung von Regeln und Prinzipien bei der Lösung eines Problems, der Nachahmung eines Modells. Es kommen aber aufgrund der Tatsache, daß gemeinsam mit anderen, daß sozusagen unter ihren Augen und begleitet von ihren Meinungen und Kommentaren gelernt wird, neue, nämlich gruppenspezifische Aspekte des Lernens in den Blick.

Hier sind zunächst wieder Fragen der Kommunikation und Interaktion sowie des Selbstbildes (Identität) in Gruppen von Bedeutung. Da sie im Kapitel 4 eingehend behandelt werden, soll hier nur der lernrelevante Gesichtspunkt der *Meinungsbildung* und *-änderung* in Gruppen hervorgehoben werden.

3.5.1 Meinungsbildung in der Gruppe

Der Prozeß der Meinungsbildung wird in dem mittlerweile schon klassischen Experiment von SHERIF transparent: In einem verdunkelten Raum leuchtet ein schwacher Lichtpunkt mehrmals kurz auf. Für den Beobachter (die Versuchsperson -Vpn) entsteht der Eindruck, als bewege sich der Punkt — in Wirklichkeit jedoch bleibt er immer an derselben Stelle. Da in dem dunklen Raum ein festes Bezugssystem fehlt, ist es für die Vpn sehr schwer, das Ausmaß der nur scheinbaren Bewegung des Punktes exakt zu schätzen (sog. autokinetisches Phänomen).

HOFSTÄTTER, ein deutscher Sozialpsychologe, hat das Experiment folgendermaßen aufgegriffen:

Experimentablauf: Zunächst wurden die Vpn einzeln in den Raum gesetzt und mußten schätzen, um wieviel Zentimeter sich ihrer Meinung nach der Punkt bewegt (Experimentsituation I). Danach kamen alle Vpn im Raum zusammen, und jeder sollte seine Schätzung laut sagen; die anderen Gruppenmitglieder hörten also die Angaben ihres Nebenmannes (Versuchsdurchgänge II — IV; s. die entsprechenden Zahlen auch im Schaubild).

Das Ergebnis: *Beim Einzelversuch liegen die Schätzungen zum Teil sehr weit auseinander. Im Verlauf der ‚Gruppensitzungen' (Experimentsituationen II — IV) jedoch werden die Extrempositionen zusehends zurückgenommen und stark einander angenähert* (s. Schaubild).

(13) Schaubild: *Konvergenz der Meinungen in einer Gruppe*

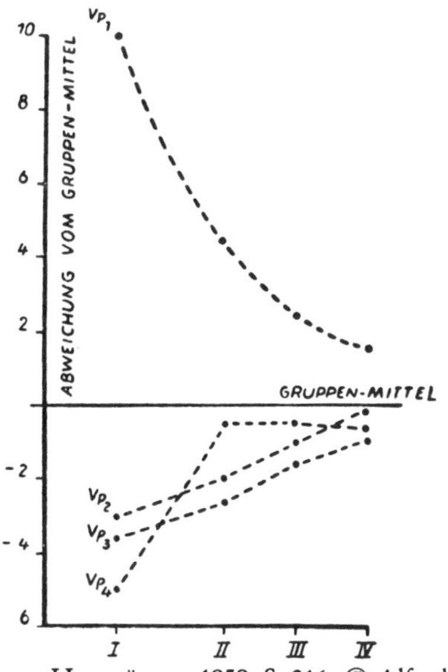

aus: HOFSTÄTTER 1959, S. 216. © Alfred Kröner Verlag, Stuttgart.

Wie kann dieses Ergebnis erklärt werden?

Vermutlich wirkt die starke Abweichung bei den ersten gemeinsamen Schätzungen als *Spannungsmoment*, da ein und dasselbe Phänomen divergierend ausgelegt wird. Um wieder ‚Ordnung' in das Wahrnehmungsgefüge zu bringen, einigt man sich auf einen Schätzbereich (ohne daß übrigens den Vpn dieser Prozeß bewußt war), mit dem dann die eigenen Schätzungen weitgehend übereinstimmen (Situation IV).

Die Annahme, die hinter dieser Erklärung steht:

Divergenzen — zumindest bei Äußerungen ohne klaren Bezugspunkt — werden als *Spannungszustand* empfunden; die einzelnen Gruppenmitglieder haben die *Tendenz, ihn durch ‚Übereinstimmung mit anderen'* (HOFSTÄTTER 1959, S. 217) *aufzuheben*.

Für diese Erklärung spricht auch ein ähnliches Experiment von ASCH (in: BAUS/JAKOBY 1976), das ohne großen Aufwand mit einer Schulklasse wiederholt werden kann. Hierbei geht es weniger um die Frage, wie in einer Gruppe Lernleistungen vom Typ des Bestimmens ablaufen, wenn für die Gruppe insgesamt ein fester Bezugspunkt der Urteilsbildung fehlt. Es wird vielmehr der Einfluß der Gruppe bei der Urteilsbildung des einzelnen angesichts objektiver und leicht feststellbarer Gegebenheiten untersucht, ein Aspekt, der bereits im SHERIFschen Experiment mit anklang.

Das Experiment: Man erklärt je acht Versuchspersonen, ihre Wahrnehmungsfähigkeit solle getestet werden. Dazu sei jeweils auf ein Blatt eine Linie gezeichnet, die genauso lang sei wie eine der drei numerierten Linien unterschiedlicher Länge auf einem zweiten Blatt. Es gehe darum, gemeinsam die gleich großen Linien möglichst schnell zu benennen.

Tatsächlich sind aber sieben der acht Vpn dahingehend vorinstruiert, daß sie gemeinsam schnell und mit Bestimmtheit eine vorher festgelegte falsche Zuordnung vornehmen sollen.

Der Verlauf: Nach anfänglichen richtigen Urteilen wurden die meisten der nicht instruierten einzelnen Vpn unsicher und übernahmen — entgegen ihrer urspünglich richtigen Antwort — die falschen Urteile der anderen Gruppenmitglieder. Sie beugten sich dem *Meinungsdruck der Mehrheit.* (Wer hat nicht schon in einer Mathe-Klassenarbeit das Ergebnis, das er für richtig hielt und das sich hinterher auch als richtig herausstellte, geändert, weil der Neben- und Hintermann gemeinsam ein anderes hatten).

Fast noch aufschlußreicher für das Lernen in der Schulklasse sind die Folgeexperimente von ASCH, die — wie das eben geschilderte auch — mit kleineren Modifikationen häufig wiederholt worden sind.

Folgeexperimente: Einer nicht instruierten Vpn wird ein Partner beigegeben, der dahingehend instruiert wurde, daß er sachlich richtig urteilen solle. Sofort festigte sich das Urteil der einzelnen Vpn und behauptete sich auch gegen die Gruppenmehrheit, die wiederum bewußt falsch urteilte. Die Fehler sanken im Schnitt von 33% im ersten Experiment auf 5,5% in diesem.

Als der Partner absprang, indem er sich in der zweiten Hälfte des Experiments der bewußt falsch urteilenden Mehrheit anschloß, fiel auch die Vpn um: Die Fehler stiegen von 5,5% auf 28,5% an.

Schließlich wurde die Konstellation des Experiments umgestellt: Einer Gruppe von 16 nicht instruierten Vpn stand eine einzelne Vpn gegenüber, die vorher vom Versuchsleiter aufgefordert worden war, falsch zu urteilen. Die Reaktion der Mehrheit bestand in Lachen über die falschen Antworten. Als der einen Vpn noch zwei weitere instruierte beigegeben wurden, wandelte sich das Gelächter in eine eher respektvolle Haltung der Mehrheit.

Man kann also festhalten:

— Bei ungenauen oder gar fehlenden Bezugspunkten der Urteilsbildung schafft die Gruppe sich selbst ein solches Bezugsnetz. Dabei gleichen sich die Einschätzungen einzelner der Gesamtgruppenmeinung an.
— Die Gruppe übt bei der Meinungsbildung einen Druck auf den einzelnen aus, der ihn auf die Meinungslinie der Gruppe drängt.
— Der einzelne widersteht dem Druck, sofern er soziale Unterstützung erhält (Partner).
— Bei Beharren des einzelnen auf seinem abweichenden Standpunkt reagiert die Gruppe intolerant.

Gerade für Lerngruppen aufschlußreich ist eine Variante in der Haltung des einzelnen seiner eigenen Meinungsbildung gegenüber, sofern er, meist aus Spiel- oder Lernzwecken, zu einem Sachverhalt eine Ansicht vertreten soll, die nicht seine ist.

Ein Experiment hierzu: Man stellt die Meinung der verschiedenen Vpn (z. B. Teilnehmer einer Arbeitsgemeinschaft) zu einem Problem fest und läßt einen Teilnehmer dann vor der Lerngruppe (nach einer Arbeitsphase) genau den ihm entgegengesetzten Standpunkt vertreten.

Hierbei zeigt sich, daß im Laufe des Lerngeschehens häufig der eigene Standpunkt aufgeweicht oder gar zugunsten des entgegengesetzten aufgegeben wurde.

Man kann diesen Vorgang folgendermaßen erklären:

— Der Betreffende will die Diskrepanz aufheben zwischen dem, was er denkt und dem, was er vor der Gruppe als seinem ‚Publikum' sagt. Dahinter steht die *kognitive Konsistenz-Hypothese* (FESTINGER), die das Gegenstück zur schon erwähnten *kognitiven Dissonanz-Hypothese* ist: Der Mensch strebt nach Stimmigkeit (Konsistenz) in seinen Anschauungen und Aussagen. Spannungen, Widersprüche (Dissonanzen) werden in diesem Sinne aufzuarbeiten versucht.
— Die Vpn ist stolz auf das ‚Eigentum' ihrer Argumente. Sie hat sich in die Denkweise des anderen Standpunktes eingearbeitet, hat Zugang zu ihm gefunden und Argumente zur Abstützung aufgestellt. Diese Leistungen erkennt sie als ihre eigenen an und hat sich damit auch schon ein Stück mit ihnen identifiziert.

Bleibt noch die Rechtfertigung des Positionswandels gegenüber der Gruppe. Die Aussicht auf Meinungsänderung bei dem Betreffenden ist umso größer, je weniger die Gruppe nach seiner Einschätzung opportunistische Gründe für den Umschwung vermutet, also nicht etwa annimmt, er habe dem Lehrer nach dem Mund reden oder eine gute Note ergattern oder sich als ein besonders kluges Kerlchen darstellen wollen. Sondern: Je eher er die Gründe als von der Sache her gegeben ansehen kann („ich habe mich von den Argumenten überzeugen lassen müssen"), umso wahrscheinlicher wird die Meinungsänderung.

Im Zusammenhang der Meinungsbildung in Lerngruppen muß noch ein Phänomen erwähnt werden: Die Wirkung von (*Meinungs-*) *Außenseitern* auf die Gruppe.

Die Reaktion der Gruppe auf Außenseiter klang in einer Variante des ASCH-Experimentes schon an: Ablehnung, Nicht-Ernstnehmen, Distanzieren. Aber der ‚Extremist' wirkt auch seinerseits auf die Gruppe ein, was zu erkennen bei dem Experiment von ASCH nicht möglich war.

Experiment: HOFSTÄTTER (1970, S. 71 ff.) schildert ein Experiment von SCHACHTER, das dieser mit zwei amerikanischen Studentengruppen durchführte. Die eine der beiden Studentengruppen hatte sich aus gemeinsamem Interesse zusammengefunden (*stark-kohärente Gruppe*), die andere bestand aus zum Teil nur widerstrebend zusammengekommenen Mitgliedern (*schwach-kohärente Gruppe*). In beiden Gruppen ließ SCHACHTER den Fall eines jugendlichen Delinquenten und das ihm ihrer Meinung nach zukommende Strafmaß diskutieren. Je ein instruierter Mitarbeiter sollte in den Gruppen bei der Diskussion die Rolle des *Extremisten* übernehmen, der bis zum Schluß auf einer bewußt harten Bestrafung des Jugendlichen besteht; ein weiterer Versuchshelfer sollte die Rolle des *Konvertiten* spielen, also im Laufe des Gesprächs auf die Gruppenlinie einschwenken und ein Dritter schließlich die des *Konformisten*, der von vorherein mit dem Gros der Gruppe mitläuft.

Die Ergebnisse dieses Versuchs:

a) Der Extremist wird als ein unsympathischer Mensch abgelehnt — unbeschadet seiner menschlichen Qualitäten.
b) Die Ablehnung des Extremisten ist in stark-kohärenten Gruppen deutlicher als in schwach-kohärenten Gruppen.
c) Der Extremist wird von den übrigen Gesprächspartnern sehr viel öfter angeredet, sieben- bis elfmal öfter als der Konformist und immerhin im Durchschnitt drei- bis viermal öfter als der Konvertit.
d) Die Durchschnittsmeinung der Gruppe verschiebt sich im Zuge der Diskussion geringfügig aber merkbar in Richtung auf die Position des Extremisten.

aus: HOFSTÄTTER 1970, S. 73

Dabei treten zwei gegensätzliche Tendenzen in der Entwicklung der Gruppenmeinung auf:

— In der Gesamtgruppe ist keine Einigung über einen gemeinsamen Standpunkt zu erzielen, sie spaltet sich mit Bezug auf die unvereinbaren Standpunkte in ‚*Tochtergruppen*' auf;

— die Gesamtmeinung tendiert doch zu einer einheitlichen Auffassung. Dabei läßt dann auch allmählich die rege Aufmerksamkeit für den Extremisten nach; es kann sich gar eine Haltung entwickeln, bei der der Außenseiter ‚Luft' für die übrigen Gruppenmitglieder ist. *Er wird isoliert.*

Was bedeuten diese Erkenntnisse nun für die **Schulklasse als Lerngruppe?**

(a) Das Lernen in einer Gruppe vollzieht sich nicht allein nach den Sachgesetzlichkeiten des Stoffes, sondern wird auch von Gruppenprozessen getragen.

Einschränkung: Es hängt dabei vom Lerngegenstand ab, wie weit die Gruppensituation interveniert. Sie macht sich stärker bei unstrukturierten Lerngegenständen bemerkbar, also bei Meinungsfindungsprozessen, Diskussionen, beim Beziehen von Standpunkten, Entwickeln von Beurteilungskriterien. Bei klar geregelten Lerneinheiten dagegen, z. B. beim Sprachenlernen, Rechnen, Geschichtszahlenlernen, ist der Einfluß der Gruppe auf den Lernablauf von minderer Bedeutung.

(b) Noch einen Schritt vor dem Lernen selbst werden die Haltungen dem Lernen gegenüber definiert.

Dies entspricht einer Gruppenleistung vom Typ des Bestimmens. In diesem Fall wird zwar nicht wie im SHERIFschen Experiment ein metrisches Bezugsnetz zur Entfernungsschätzung festgelegt, sondern ein *normatives Bezugssystem:* Lern- und Leistungsbereitschaft der Gruppe werden festgelegt, es wird geregelt, wie eifrig oder unbeteiligt man sich beim Lernen zeigen, ob man freiwillig Lernaufgaben übernehmen darf, wem ein Platz in der Leistungsspitze zuerkannt und wem er von der Gruppe verweigert wird. Die Normen hierfür stellt die Klasse — meist auf eine implizite, d. h. den Beteiligten nicht immer bewußte Art — selbst auf, und Abweichungen von den als Gruppenmeinung herauskristallisierten Auffassungen werden wahrscheinlich mit ablehnenden Reaktionen sanktioniert: Herabsetzung des Betreffenden, Übersehen, Ärgern, Angreifen.

(c) Bei Konflikten mit der Gruppe neigt der einzelne wahrscheinlich eher dazu, die innere Spannung durch Nachgeben und Anpassung zu mildern, als auf seinem Standpunkt zu beharren.

Allerdings: Hier kommt modifizierend die Stärke des Gruppenzusammenhalts hinzu. In stark-kohärenten Gruppen, wo also jeder zum Verbleib in der Gruppe tendiert, ist diese Anpassungshaltung eher zu erwaren als in schwach-kohärenten Gruppen. Da hier jeder einzelne ohnehin mit nicht allzuviel Einsatz und Anhänglichkeit in der Gruppe steht, wiegt deren mögliche Sanktionierung auch nicht sehr schwer.

(d) Wie in den Experimenten von ASCH geschildert, kann auch in der Klasse der Fall auftreten, daß ein Schüler mit seiner Meinung gegen den Rest der Klasse steht. Häufig kommt es dabei vor, daß sich nun — wenn auch zögernd — andere Schüler zu dieser Meinung bekennen und sich so die der Mehrheit gegenüber abweichenden Äußerungen festigen. Bleibt der Schüler jedoch mit seiner Ansicht allein, wird die Klasse häufig mit Spott, Anrempeln, ironischen Bemerkungen reagieren. Hier könnte dann eine wohlverstandene Aufgabe des Lehrers darin liegen, behutsam die Stützfunktion zu übernehmen, die in dem Experiment von Asch der ‚Partner' hatte.

3.5.2 Lerntafel

Meinungsbildung in der Gruppe

1. Divergenzen werden als *Spannungszustand* empfunden. Die Gruppenmitglieder haben die Tendenz, ihn durch *Übereinstimmung mit anderen* aufzuheben (Experiment mit dem autokinetischen Effekt).
2. Der einzelne tendiert dazu, sich bei abweichendem Eigenurteil dem *Meinungsdruck der Gruppe* zu beugen (Experiment der Linienschätzung von Asch).
   Varianten des Experiments:
   a) Bei Unterstützung aus der Gruppe festigt sich auch die Haltung des Betreffenden.
   b) Springt das unterstützende Gruppenmitglied ab, fällt auch der Unterstützte um.
   c) Die Mehrheit der Gruppe reagiert auf den anders Urteilenden mit Ablehnung, Spott, Ironie, z. T. Aggression.
3. Probeweises Eingehen auf den Standpunkt anders Urteilender kann sich zu einer dauerhaften Übernahme entwickeln.
   Vorgang der *Selbstüberzeugung.*
4. Der *Meinungsaußenseiter* in der Gruppe
   — wird als unsympathisch abgelehnt (in stark-kohärenten Gruppen deutlicher als in schwach-kohärenten),
   — konzentriert die Aufmerksamkeit der Gruppe auf sich,
   — verschiebt die durchschnittliche Gruppenmeinung geringfügig auf seine Position hin.

3.5.3 Arbeitsvorschlag

Analysieren Sie das folgende Experiment unter Berücksichtigung der in der Graphik festgehaltenen Ergebnisse als Vorgang der Meinungsbildung in der Gruppe.

„H. Clark (1916) forderte die Hörer einer Vorlesung auf, zu melden, sobald sie den von einem eben geöffneten Fläschchen ausströmenden Geruch wahrnehmen würden.

Natürlich handelt es sich um eine geruchlose Flüssigkeit. Trotzdem liefen aus den ersten Reihen des Saales die frühesten Meldungen schon nach 10 Sekunden ein. Abb. 4 zeigt einerseits den Prozentsatz der Hörer in jeder Reihe, die den Geruch wahrzunehmen glaubten, und andererseits die bis zur letzten Meldung aus jeder Reihe verstrichene Zeit. Am Reiz-Reaktions-Modell ist bloß abzulesen, daß 20 % der Vpn (33 von 168 Studenten) der Suggestion unterlagen."

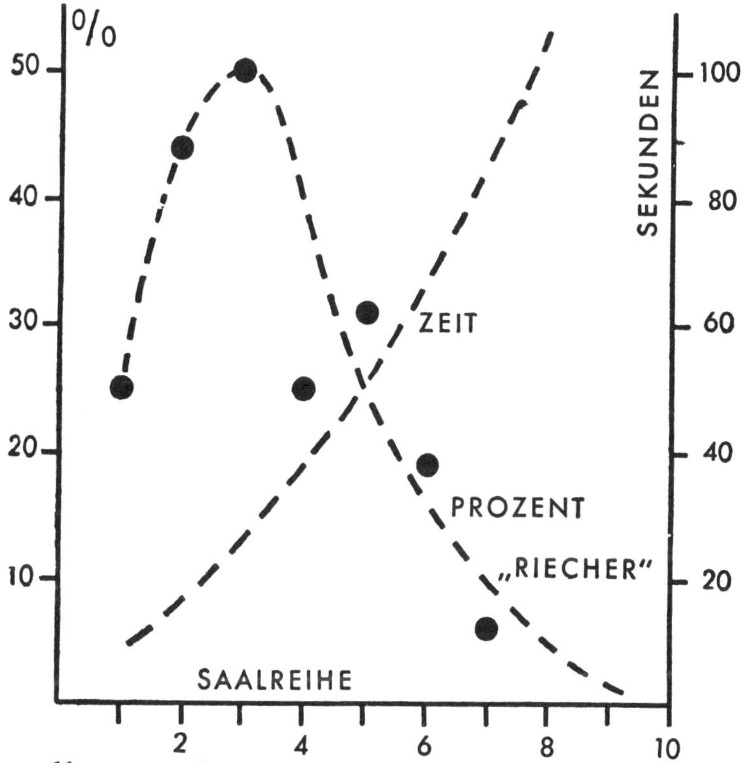

Abb. 4: Die Ausbreitung eines fiktiven Geruches in einem Hörsaal (nach Clark).

aus: Hofstätter 1957/86, S. 50/51. © Rowohlt-Taschenbuch-Verlag GmbH, Reinbek

3.6 Literatur

Zu den Lerntheorien:

A. Bandura, Aggression, Stuttgart 1979
* ders., Lernen am Modell, Stuttgart 1976

J. DEWEY, Wie wir denken, Zürich 1951
L. FESTINGER, Theorie der kognitiven Dissonanz, hrsg. v. M. IRLE/V. MONTMANN, Bern 1978
V. KUHLEN, Verhaltenstherapie im Kindesalter, München 1972
H.-W. LEONHARD, Behaviorismus und Pädagogik, Bad Heilbrunn 1978
* R. E. MAYER, Denken und Problemlösen, Berlin, Heidelberg, New York 1979
E. NAGEL, The structure of science, London 1971
J. P. PAWLOW, Die bedingten Reflexe, München 1972
* B. F. SKINNER, Wissenschaft und menschliches Verhalten, München 1973
E. L. THORNDIKE, Educational Psychology: The Psychology of Learning, New York 1913
J. WATSON, Behaviorismus, Frankfurt/M. [2]1976

Überblicksliteratur:

G. R. LEFRANCOIS, Psychologie des Lernens, Report von Kongor dem Androneaner, Berlin, Heidelberg, New York 1976

Zur Lerngruppe:

* M. BAUS/K. JAKOBY, Sozialpsychologie der Schulklasse, Bochum 1976
* P. R. HOFSTÄTTER, Gruppendynamik, Reinbek 1986
ders., Einführung in die Sozialpsychologie, Stuttgart 1959

Überblicksliteratur:

P. SBANDI, Gruppenpsychologie, München 1975

4. Soziologische Dimension der Erziehung

Die soziologischen Aspekte von Erziehung sollen – neben allgemeinen Überlegungen zum Sozialisationsbegriff als dem Hauptbegriff dieses Kapitels – vor allem auf den Bereich der Schule als einem zentralen Feld sozialen Geschehens in der Erziehung bezogen werden. Fragt man jedoch, womit es Schule üblicherweise zu tun habe, wird man zunächst weniger etwas über Sozialisation zu hören bekommen, als vielmehr auf Begriffe wie Bildung und Erziehung verwiesen werden.

Bildung bezeichnet dabei meist den über Wissen ablaufenden Aufbau der Urteils- und Entscheidungsfähigkeit, Erziehung dagegen den über Vorbild, Ermutigung, Ermahnung, Lob etc. führenden Haltungsgewinn. Beides kann im Unterricht getrennt verfolgt werden (auf der einen Seite wird gelernt, auf der anderen durch Gespräch, Spiel, Klassenfahrt erzogen), beides kann aber auch gerade im Inhaltsbereich verbunden sein. Die Inhalte wirken dann neben dem bildenden Moment (Einsichts- und Urteilsfähigkeit) auch durch ihre moralische Komponente, also erzieherisch. Darauf liefen etwa die didaktischen Begründungen des Deutschunterrichts, des Geschichtsunterrichts oder des Unterrichts in den alten Sprachen hinaus.

Auch das folgende Unterrichtsprotokoll kann unter dieser Perspektive betrachtet werden (6. Klasse, Thema: Sachsenkriege Karls des Großen):

„L: Was, wie war denn Karl? Wie war Karl? Was hat er geglaubt?
S: Man müßte die Menschen gewaltsam zum Christentum bezwingen.
L: Laß mal das Wort gewaltsam weg, dann ist deine Antwort sehr schön.
S: zum Christentum zwingen
L: Ja, gut! Also, zwingen, wie nennt man das, wenn man jemanden zum Christentum... Schöneres Wort für zwingen.
S: Mit Gewalt
L: Ach ihr habt, ihr habt schon ganz schön in euer Geschichtbuch geschielt, da kommt die Gewalt jetzt plötzlich immer. Die Gewalt, da hören wir noch genug davon.
S: Überreden
S: Gewaltsam bekehren
L: Bekehren – bekehren! Wollte alle Menschen, darum ging es ihm, Menschen bekehren. Wie er's getan hat, das sehn wir dann schon. Bekehren. Er mochte nicht, daß es außer dem Christentum noch etwas anderes gibt, nicht wahr...
S: Mit Schwert und Kreuz ins Sachsenland!
L: Gut. Mit Schwert und Kreuz ins Sachsenland. Warum wir vorher diese Frage beantwortet haben: Er wollte alle Menschen zu Christen machen, er wollte alle Germanen in einem Reich haben. Das habe ich absichtlich vorangesetzt, Kinder, denn es – wir haben Karl bis jetzt kennengelernt als einen ehrlichen und starken Mann. Wir haben gute Eigenschaften heute morgen noch, in der vorigen Stunde festgestellt, ei-

gentlich bloß gute Eigenschaften, nicht. Und deshalb wollen wir immer daran denken."

aus: SPRACHE UND KONFLIKT. Projekt 5 der hessischen Kommission zur Reform der Bildungspläne (1970, hektographiert)

Man sieht: Es geht inhaltlich um Karl den Großen, der zugleich aber auch mit seinen ‚guten Eigenschaften' als Vorbild, als ein Mensch dargestellt werden soll, der sich um das Christentum verdient gemacht hat, dem schon von daher moralische Dignität zuerkannt werden kann.

Allerdings steckt noch etwas mehr in diesem Unterrichtsprotokoll, etwas, das nicht direkt zur Sprache kommt, das auch nicht als Bildung oder Erziehung zu charakterisieren ist. Wir denken an die *Rolle des Lehrers*, bedingt durch seine Stellung im Unterricht, an die *Verhaltensweisen der Schüler*, daran, wie sie auf das Verhalten des Lehrers reagieren, kurz: Im Unterrichtsprotokoll kommt auch eine bestimmte Art der **Schüler-Lehrer-Interaktion** und eine ihr entsprechende **Kommunikationsstruktur** zum Ausdruck.

Ohne im Detail auf das Protokoll einzugehen, kann doch festgehalten werden, daß der Lehrer in dieser Interaktion gewisse Privilegien hat: Er kann aufrufen, korrigieren, zurückweisen. Der Handlungsablauf selbst hat fast den Charakter eines Rituals, bei dem es weniger auf die Sache ankommt als darauf, ein gewisses, von allen Beteiligten beherrschtes ‚Spiel' mitzumachen. In diesem ‚Spiel' verfügen die Akteure über Verhaltensweisen (z. B. erraten können, was der andere hören will), die ihnen nicht unbedingt bewußt sein müssen.

Würde man beispielsweise den Lehrer fragen, was er eigentlich hier mache, wären wohl denkbare Antworten: den Schülern Wissen über Karl den Großen vermitteln, ihn als vorbildhafte Persönlichkeit herausstellen u. ä. Das, was er aber durch seine Rolle im Unterricht auch noch bewirkte — über die Behandlung des Themas hinaus — geriete, wenn überhaupt, nur sehr schwer oder zögernd in seinen Blick.

Diesen Bereich, der das eigentliche Lerngeschehen begleitet, kann man den der unterrichtlichen oder allgemeiner den der **schulischen Sozialisation** nennen.

Schulische Sozialisation bezeichnet

— *die durch die Besonderheiten von Unterricht bzw. Schule beeinflußte* **Interaktionsstruktur,**

— *die zu bestimmten, von den Beteiligten meist nicht in ihrem Bedingungszusammenhang durchschauten* **sozialen Verhaltensweisen** *führt.*

Definiert man den Erwerb (das Lernen) dieser Verhaltensweisen als Sozialisation und verallgemeinert man die Aussage über den Bereich der Schule als einem wichtigen Sozialisationsort hinaus auch auf andere Bereiche, so kann man vorläufig formulieren:

Sozialisation ist ein meist präreflexiv ablaufender Prozeß, bei dem über *Interaktionsbezüge* bestimmte, für soziales Handeln notwendig erforderte *Verhaltensweisen* bzw. *Einstellungen* erworben werden.

Zum Aufbau des Kapitels folgende Überlegungen:

Ausgangspunkt zum Themenkreis Sozialisation ist der *funktionalistische Ansatz* (PARSONS) mit den Begriffen der *Sozialisation und Internalisierung* (4.1); darauf bezogen wird in Punkt 4.1.3 die Kritik an diesem Ansatz entwickelt. Hinter der Kritik steht als theoretischer Bezugspunkt der *Symbolische Interaktionismus* mit den Zentralbegriffen von *Sozialisation und Interaktion* (4.2).

Anschließend werden — bezogen auf die in Punkt 4.1 und 4.2 entwickelten Grundbegriffe — einige *Phänomene schulischer Sozialisation* angesprochen und in ihren Problembezügen dargestellt (4.3).

4.1 Sozialisation und Internalisierung — funktionalistischer Ansatz

Wo ist das Phänomen der Sozialisation nun genau anzusiedeln? Nach DAHRENDORF, der zum Teil die *funktionalistische Theorie* rezipiert, sie aber auf philosophische Überlegungen zum Verhältnis von Individuum und Gesellschaft ausweitet, ist die Sozialisation am *Schnittpunkt von einzelnem und Gesellschaft* zu lokalisieren. Inwiefern ist das beachtenswert?

Der Mensch ist, wie in Kap. 1.1 entwickelt wurde, ‚nicht-festgestellt', er ist weltoffen. Er kommt nicht mit bestimmten Verhaltensweisen fertig ausgestattet zur Welt, d. h. er ist nicht in eine bestimmte Umwelt eingepaßt, wie beispielsweise das Tier. Der Mensch muß sich die Fähigkeiten und Fertigkeiten, die er zum Leben benötigt, erst erwerben, er muß sie lernen.

Dafür ist er auf die Hilfe anderer angewiesen. Die beginnt bei der physischen Pflege und reicht bis zur ‚sozialen Pflege', also bis dahin, daß ihm die Sprache, Einstellungen und Verhaltensmuster der jeweiligen Gesellschaft durch die erwachsenen Gesellschaftsmitglieder nahegebracht werden.

Aus der Sicht der Gesellschaft muß der einzelne bzw. die nachwachsende Generation also immer wieder neu in das bestehende Sozialsystem einbezogen werden, um so den Bestand der Gesellschaft zu garantieren. Diesen Prozeß bezeichnet man — von der Warte der Gesellschaft aus gesehen — als **Sozialisation.**

Allerdings ist dies nur die eine Hälfte des Vorgangs. Es muß nämlich gefragt werden, wie sicherzustellen ist, daß die einzelnen Individuen sich auch tatsächlich so verhalten, daß die Gesellschaft Bestand hat? Wovon hängt überhaupt der Bestand einer Gesellschaft ab? Die Antwort PARSONS', eines Hauptvertreters des funktionalistischen Ansatzes: von dem *Normensystem*, das die Grundlage für das Miteinanderhandeln der einzelnen Gesellschaftsmitglieder bildet. Dies können allgemeine Normen, ‚Grundwerte', sein oder spezielle Normen wie z. B. Pünktlichkeit oder: einer redet, die anderen schweigen solange. Wird das Normensystem mit seinen Werten und den in ihm angesprochenen Zielorientierungen von den Individuen übernommen, so kann der Sozialisationsprozeß als gelungen angesehen werden.

Was heißt aber ‚Übernehmen eines Wertes' oder sogar eines Normensystems? — Es bedeutet, daß das Individuum, das Kind oder der Jugendliche, Normen, die ihm zunächst nur von außen angetragen werden, im Laufe der Zeit zu Beweggründen seines eigenen Handelns macht. Die Soziologen sprechen hier von **Internalisierung** eines Wertes.

Man sieht: Sozialisation und Internalisierung bezeichnen den gleichen Vorgang, zum einen aus der Perspektive der *Gesellschaft*, zum anderen aus der des *Individuums*. Dieser Prozeß ist eingebettet in Interaktionen, vor allem zwischen Kind (Jugendlichem) und entsprechenden Vertretern der Erwachsenengeneration (Eltern, Lehrer) und in entsprechende soziale Teilsysteme (Familie, Schule, Kirche, peer-groups) eingelagert. Geprägt ist dieser Vorgang durch den Wechsel von *Leistung* und *Sanktion*. Als Leistung wird hierbei von PARSONS eine Handlung verstanden, die von dem Handelnden als Teil der Erfüllung von *Rollenerwartungen* gedacht ist und von den Beobachtern danach beurteilt wird, wie sie zum Funktionieren des Teilsystems beiträgt. Sanktionen sind die auf die Leistung bezogenen bewertenden Handlungen anderer Handelnder.

(14) Strukturbild: *Sozialisation und Internalisierung*

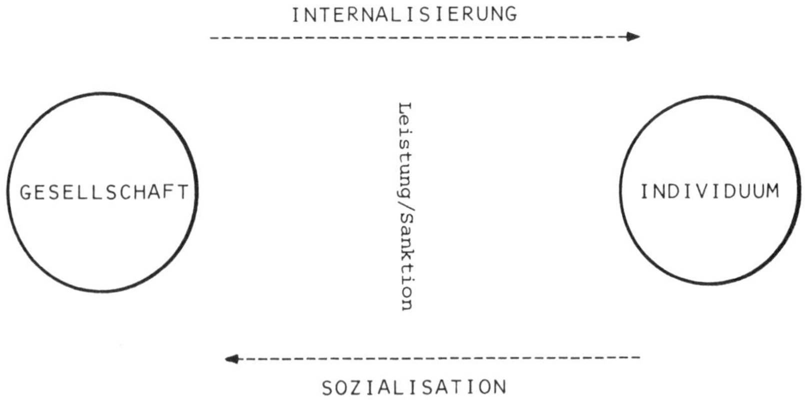

Dieser Prozeß der Sozialisation bzw. Internalisierung wird dabei von den funktionalistischen Theoretikern unter folgenden *Prämissen* betrachtet:

(a) Jedes Sozialsystem (Gesellschaft oder ihre Teilsysteme) strebt nach Erhaltung der Integrität seines Wertsystems. Es möchte sich gegen Wandel, erst recht gegen Zerstörung schützen, da dies Risiken für den Bestand des Systems darstellt. Es handelt sich hier um das Gesetz der *Strukturbewahrung (latency)* einschließlich der Spannungskontrolle. Spannungen entstehen durch die aus der Ordnung eines Systems drängenden Kräfte; beim Persönlichkeitssystem beispielsweise können das emotionale Spannungen wie Unzufriedenheit oder Angst sein.

(b) Jedes Sozialsystem strebt danach, in der Auseinandersetzung mit seiner Umwelt Ziele zu verwirklichen. Dies ist das funktionale Gebot der *Zielverwirklichung* (goal attainment).

(c) Jedes Sozialsystem ist bemüht, die zur Zielverwirklichung notwendigen Mittel aufzubringen und bereitzustellen. PARSONS nennt dies das funktionale *Gebot der Adaption.*

(d) Soll das System wirksam funktionieren, so sind seine einzelnen Elemente zu einem Ganzen zu integrieren. Man spricht hier vom Gebot der *Integration von Sozialsystemen.*

(15) Strukturbild: *Funktionale Gebote für Sozialsysteme*

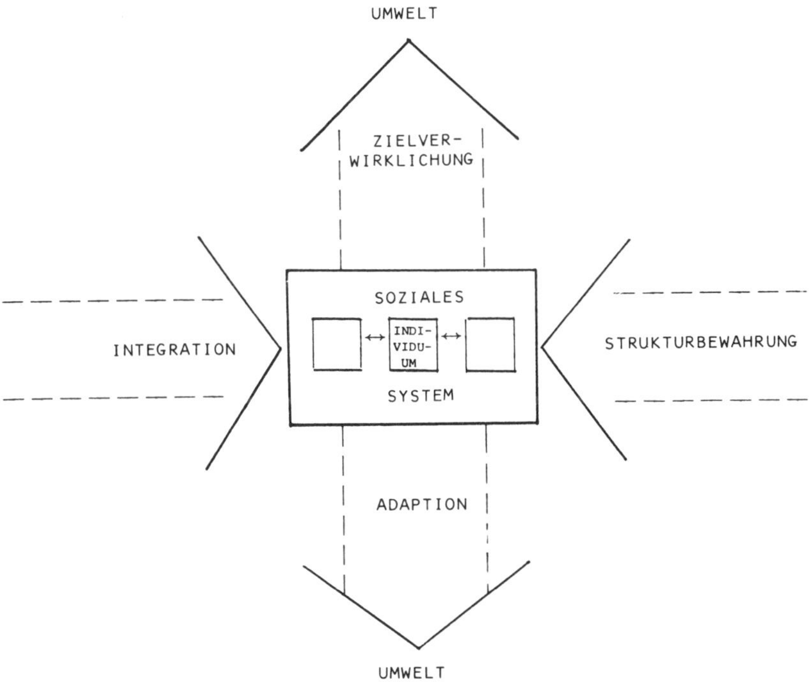

4.1.1 Lerntafel

Sozialisation in funktionalistischer Sicht
(T. PARSONS)

Grundfrage: Wie kann im Generationenwechsel die *Stabilität* des Gesellschaftssystems gesichert werden?
Antwort: durch **Sozialisation** und **Internalisierung**

Sozialisation ist *Integration in ein Gesellschaftssystem bei Konformität mit den dort geltenden Wertmustern.*

Internalisierung ist *Übernahme der Wertmuster durch das Individuum.*

Ziel des Vorgangs: das **Funktionieren des Systems** garantieren.

Der störungsfreie Ablauf hängt dabei von der Beachtung der *funktionalen Gebote ab:*
Adaption: Beschaffung von Mitteln, um die Systemziele erreichen zu können.
Goal attainment: Ausrichtung auf Ziele, die den Systemzweck ausmachen.
Integration: Zusammenführen und Zusammenhalten der verschiedenen Systemteile zu einem funktionierenden Ganzen.
Latency: Strukturbewahrung durch Kontrolle von Spannungen, die als störende oder gar auflösende Kräfte wirken könnten.
Zusammengefaßt bezeichnet man diese vier Gebote auch als **AGIL — Schema.**

Bezogen auf diesen theoretischen Ansatz sind Störungen, Abweichungen, ‚Aussteigen' etc. *dysfunktionale Erscheinungen*, die durch geeignete Maßnahmen behoben werden müssen (z. B. durch Auffangen der entsprechenden Individuen in eigens dazu eingerichteten Institutionen).

4.1.2 Arbeitsvorschlag

Versuchen Sie, die vier funktionalen Gebote auf die Schulklasse als Sozialsystem zu übertragen.

4.1.3 Kritik der funktionalistischen Theorie

Die im folgenden entwickelte Kritik lehnt sich eng an die Ausführungen von HABERMAS zur funktionalistischen Theorie an; die Bezeichnung der unten angesprochenen Theoreme entspricht seiner Terminologie.

— Parsons geht davon aus, daß bei einer stabil eingespielten Interaktion, die notwendig für das Funktionieren des Sozialsystems ist, auf beiden Seiten (bei alter und ego wie die Interaktionspartner in der Soziologensprache heißen) eine Übereinstimmung zwischen Wertorientierung und Bedürfnisbefriedigung besteht; andernfalls blieben Spannungszustände erhalten, die sich störend auf die Strukturbewahrung auswirkten (sog. **Integrationstheorem**).

Jedoch: Das Gleichgewicht einer Interaktion ist zunächst nur an die Komplementarität der Erwartungen gebunden, bezieht sich also auf die *kognitive Ebene* der sprachlich (symbolisch) vermittelten Bedeutungen; es beruht dagegen nicht auf Gegenseitigkeiten im motivationalen Aspekt der jeweiligen Bedürfnisdispositionen.

Beispiel: Frage — Antwort — Interaktion im Unterricht

Bei einem Unterrichtsgespräch in Form von Frage-Antwort zwischen Lehrer und Schüler beruht die eingespielte Interaktion auf der wechselseitigen (komplementären) Erfassung der jeweiligen Erwartungen: Der Lehrer erwartet bestimmte Aussagen des Schülers zu einem Sachverhalt, der Schüler seinerseits orientiert seine Antworten an den in den Fragen implizit enthaltenen Hinweisen. Wenn auch diese Form der Interaktion reibungslos zu funktionieren vermag, so heißt dies nicht, daß damit zugleich auch das Interesse, die Neugier, die Fragehaltung der Schüler am Thema getroffen sind. Hier können auf der motivationalen Ebene einzelne Bedürfnisse unbefriedigt bleiben. Dennoch ‚funktioniert' die Interaktion, selbst wenn — wie in diesem Fall — Spannungszustände erhalten sind.

— Parsons muß auch von der Annahme ausgehen, daß auf beiden Seiten der Interaktionspartner eine *Kongruenz von Rollendefinition und Rolleninterpretation* besteht (sog. **Identitätstheorem**). Wäre dies nicht der Fall, so wäre die Stabilität und damit die Funktionabilität des Systems gestört, denn individuelle Abweichungen von allgemein definierten Rollen stellten einen Unsicherheitsfaktor hinsichtlich der Erwartbarkeit sozialen Handelns dar.

Aber: Rollen werden nicht schematisch nach vordefinierten Mustern ausgeführt, sondern unter Einbezug *spontaner Ich-Leistungen* interpretiert. Erwartungen, ganz gleich auf welche Weise sie ‚formuliert' sind, werden nach je individuellen Bedingungen verstanden, ‚decodiert'. Weiterhin sind Erwartungen oft unscharf, mehrdeutig, ja auch widersprüchlich formuliert. Sie werden daher in unterschiedlichen Situationen (Interaktionsbezügen) verschieden ausgelegt, und im Fall widersprüchlicher Erwartungen an eine Rolle muß der Rolleninhaber unter Umständen so etwas wie eine Eigenrolle finden (definieren). Damit ist auch impliziert, daß die Rolleninterpretation bestimmte Möglichkeiten zur **Distanzierung** vorweg festgelegter Definitionen bietet.

Nimmt man als Beispiel die *Lehrerrolle*, so ist schon die allererste Frage nicht einfach zu beantworten: Worin besteht das Spezifikum dieser Rolle? Ist der Lehrer Wissensvermittler oder Initiator von Lernprozessen, Beurteiler oder Berater oder Innovator? Kommt ihm nur eine dieser Rollen wesentlich zu oder treffen — wie z. B. im Strukturplan des Bildungswesens hervorgehoben — alle diese Bestimmungen zu? Im letzten Fall ist sofort einsichtig, daß schon allein die Tatsache der Rollenvielfalt eine starre Definition verhindert oder zumindest erschwert. Berücksichtigt man darüber hinaus, daß jede einzelne Bezeichnung (z. B. die des Wissensvermittlers) eine Vielfalt möglicher Interpretationen zuläßt, dann wird die Offenheit, die ganze Bandbreite individueller Gestaltungsmöglichkeiten ersichtlich. Es werden dann auch die Möglichkeiten der *Rollendistanzierung* deutlich. Bestimmte Rollenaspekte können betont, andere zurückgewiesen oder abgeschwächt werden.

Ähnliches gilt auch für die *Schülerrolle*, wobei hier der einzelne oft auch in Distanz zur Rolle insgesamt treten kann und dies durch Haltungen ausdrückt wie: Demonstration von Uninteressiertheit am Unterricht, gezielte Disziplinlosigkeit, Verachtung für solche Schüler, die ernsthaft arbeiten; statt dessen — um die Distanzierung recht deutlich werden zu lassen — pointierte Betonung anderer Bereiche wie Disco, Schminken, Moped.

— Die funktionalistische Theorie geht von der Annahme aus, daß eine stabile Interaktion auf der Kongruenz von geltenden Normen und wirksamer Verhaltenskontrolle beruht: *Aufgrund der Internalisierung von Normen und Wertmustern handele der einzelne so, daß die Normen mit hinreichender Wahrscheinlichkeit auch tatsächlich erfüllt würden* (sog. **Konformitätstheorem).**

Jedoch: Das Rollenhandeln ist nicht bloß eine schematische Wiedergabe rigide verinnerlichter Normen oder eine konditionierte Verhaltensreaktion, sondern immer auch ein *reflexiver Prozeß*, der eine Distanzierung oder Modifizierung der Rolle erlaubt.

Zum Teil ist dies schon zwangsläufig durch den Vorgang der notwendig zu erfolgenden Rolleninterpretation bedingt, der spontane Leistungen des einzelnen erfordert, zum Teil durch die grundsätzliche Möglichkeit des Menschen, sich zu sich selbst verhalten zu können (Reflexivität des Menschen). Er kann sich intentional auf sein eigenes Bewußtsein richten und Überlegungen anstellen, wie sinnvoll, wie berechtigt, wie nützlich bestimmte seiner Werthaltungen sind, und diese Überlegungen in entsprechendes Rollenhandeln umsetzen. Dies umso eher, als Normen nicht immer konsistent zueinander sind.

Beispiel:

Ein Schüler stand bisher in Mathematik immer fünf. Der Lehrer hat ihn ermutigt, nicht aufzugeben, der Schüler setzte sich ein, arbeitete, strengte sich an: Dennoch blieben seine Klassenarbeiten weitgehend unter dem Strich.

Bei der Festsetzung der Zeugnisnote steht nun der Lehrer vor der Überlegung, ihm die Fünf zu geben und damit ziemlich sicher zu riskieren, daß der Schüler resigniert aufgibt — oder ihm ‚ausreichend' zu bescheinigen, was jedoch im Vergleich zu anderen ungerecht wäre.

Für den Lehrer eröffnet sich hier ein Konflikt zwischen der Norm der Wahrung und Förderung individueller Möglichkeiten dieses Schülers und der Norm der unparteiischen Leistungsbewertung. Dabei gibt es keine dritte Norm, auf die er sich zurückziehen und die er bloß schematisch auf die Situation anwenden könnte.

4.1.4 Lerntafel

Funktionalistische Theorie	Kritik
Voraussetzung für stabile Interaktion:	
1. Übereinstimmung von Erwartung und Bedürfnisbefriedigung	Übereinstimmung erfolgt nur auf der kognitiven Ebene, jedoch nicht notwendig auf der motivationalen.
2. Identität von Rollendefinition und Rolleninterpretation	Rollen werden immer nach Maßgabe individueller Leistungen interpretiert und damit unterschiedlich ausgelegt.
3. Kongruenz von internalisierter Norm und tatsächlichem Verhalten	Aufgrund der Reflexivität des Menschen kann er internalisierte Normen modifizieren bzw. sich von ihnen distanzieren.

4.1.5 Arbeitsvorschlag

Versuchen Sie darzulegen, inwiefern man die nachstehende Karikatur auf das funktionalistische Verständnis schulischer Sozialisation beziehen kann.

Jegliche Reste individueller Kreativität . . .

. . . werden in der Schule liebevoll gepflegt

W. Sternagel, in: b:e 3/1975, S. 48. © Wieland Sternagel, München

Die Kritik am Funktionalismus ist selbstverständlich nicht voraussetzungslos vorgenommen worden, sondern vor dem Hintergrund einer anderen Position, der des Symbolischen Interaktionismus. Er ist wohl von seinen Grundannahmen und zentralen Begriffen her eher in der Lage, soziales Handeln, besonders das in unmittelbarem Kontakt zwischen den Beteiligten stattfindende, adäquat zu beschreiben. Damit wird auch der Vorgang der Sozialisation theoretisch anders dargestellt als im Rahmen der funktionalistischen Theorie.

4.2 Symbolischer Interaktionismus

Hinter der Bezeichnung ‚Symbolischer Interaktionismus' steht eine ganze Reihe verschiedener Ansätze, Autoren und Schulen. Wir wollen nun nicht jede Spezifikation festhalten, sondern versuchen, gemeinsame Strukturen zu identifizieren, wobei positionsspezifische Varianten vernachlässigt werden. Dabei soll — wenn auch nicht an allen Stellen ausgeführt — der funktionalistische Ansatz, wie schon eingangs bemerkt, als Hintergrundtheorie präsent bleiben.

Ähnlich wie beim *funktionalistischen Ansatz,* bei dem in seiner Kennzeichnung schon ein (theoretisches) Programm angesprochen ist, verhält es sich auch mit dem **Symbolischen Interaktionismus.** Dort galt das Interesse des Wissenschaftlers der Frage, wie soziale Systeme störungsfrei funktionieren und stabil bleiben. Zentraler Begriff zur Erklärung ist der *Rollenbegriff* und darauf bezogen der der *Sozialisation* und *Internalisierung.*

Beim Symbolischen Interaktionismus dagegen steht weniger der Rollenbegriff als vielmehr der der **Identität des Individuums** im Vordergrund; sie wird in ihrem Aufbau verstanden als ein *Prozeß, der sich in Interaktionsbeziehungen konstituiert und in der Auseinandersetzung mit symbolisch vermittelten Gehalten (Erwartungen, Normen) besteht.*

Beim Funktionalismus können also Rolle und Funktionabilität des Sozialsystems, hier hingegen symbolisch vermittelte Interaktion und Identität des Individuums als die jeweils tragenden Begriffe festgehalten werden.

Wie wird nun genau dieser Prozeß der Identitätsbildung, speziell unter einer sozialisationstheoretischen Perspektive aus der Sicht des Symbolischen Interaktionismus verstanden? Er kann wesentlich unter zwei Aspekten betrachtet werden, unter dem der

— *Interaktionsanalyse* und dem des
— *Identitätsaufbaus* (Identitätskonzept).

Denn die Prämisse des Ansatzes lautet:

Sozialisation *ist ein Vorgang des Aufbaus von Identität des einzelnen in der Interaktion mit den für ihn bedeutsamen (signifikanten) ‚Anderen' im Medium symbolisch vermittelter Bedeutungen.*

4.2.1 Struktur der Interaktion (Interaktionsanalyse)

Wir gehen aus vom konkreten Fall einer *vis-à-vis-Interaktion* und analysieren dabei ein Beispiel aus dem Unterrichtsgeschehen.

Beispiel: Stundenbeginn in Deutsch, Klasse 10 Gymnasium

L: (etwas mürrisch): Morgen.
S.: (bewußt pointierend): Guten Morgen.
L.: Holt eure Hefte raus und zeigt mir die Hausaufgaben.
Ralf (meldet sich): Ich hab' mein Heft vergessen; kann ich es Ihnen morgen zeigen?
L: Vergessen ist gut, du meinst, du hast die Aufgaben nicht gemacht.
Ralf: Ich sag' doch, ich hab's Heft vergessen.
L: Faule Ausrede.
Ralf: Wenn Sie es nicht glauben, dann lassen Sie es eben bleiben.
L.: Komm mir bloß nicht in diesem Ton. Erst keine Aufgaben vorzeigen können, und sich dann noch frech machen.

Wie ist die Interaktion hier strukturiert?

Eine Äußerung des Lehrers (L) wird im Sinne einer stabil eingespielten Interaktion beantwortet — also ganz wie bei PARSONS auch entwickelt. Die Begrüßungsfloskel ist in ihrer Funktion als selbstverständlich erkannt und beantwortet. Genauer betrachtet läuft jedoch folgender Prozeß ab, der die Aufmerksamkeit auf ganz andere Gesichtspunkte lenkt als bei einem funktionalistischen Zugriff.

Der Lehrer weiß: Wenn man einem Gegenüber zum ersten Mal am Tag begegnet, grüßt man.

Jedoch: Die Sprachverwendung (‚Morgen'), die Kürze und der Tonfall sind seine persönliche Darstellung der allgemeinen Floskel. Sie sagt somit mehr aus als nur ‚Ich will euch begrüßen'.

Die Schüler nehmen die Floskel wahr und interpretieren sie mit Bezug auf die **Motive,** die L zu diesem Ton und der Form veranlaßt haben könnten: sie nehmen an, er sei schlecht gelaunt. Ihrerseits betonen sie eigens das Adjektiv ‚*Guten* Morgen' und bringen damit eine gewisse Ironie zum Ausdruck. Oder anders ausgedrückt: *sie stellen die eigene Rolle nach ihrer Interpretation der Motive des anderen dar und bringen damit zugleich selbst Motive zum Ausdruck, die dann natürlich der Lehrer seinerseits wieder interpretiert, und zwar sowohl im Hinblick darauf, wie er die Schüler sieht, als auch darauf, wie er sieht, daß die Schüler ihn sehen.*

Vermutlich kann man im weiteren Verlauf beim Lehrer folgende Gedanken annehmen: ‚Die wollen mich wohl auf den Arm nehmen; die denken, ich sei schlecht gelaunt'. Darauf folgt die etwas barsche und verärgerte Anweisung, die Hefte herauszuholen.

Bei den Schülern: ‚Der denkt wohl, wir wollten ihn auf den Arm nehmen, weil wir denken, er sei schlecht gelaunt und könnten ihn so noch mehr ärgern. Daher will er uns jetzt eins draufgeben'.

Nach der Meldung von Ralf:
L: ‚Der denkt wohl, er kann mir alles unterjubeln' — d. h. L denkt, daß Ralf meint, er könnte ihn auf den Arm nehmen.

Ähnlich bei Ralf: Er denkt, daß L denkt, er dächte, ihn auf den Arm nehmen zu wollen, um ihn noch mehr zu ärgern, als er denkt, daß es ohnehin schon der Fall ist.

Hören wir zunächst hier auf mit der Motivanalyse, sie ist schon ausreichend kompliziert ‚gedacht' und versuchen wir, das bisher Erörterte in einer Strukturskizze festzuhalten:

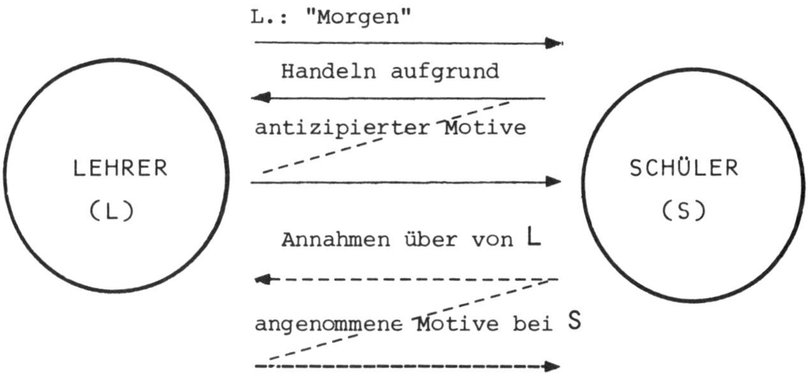

Bei den Überlegungen zu diesem Beispiel taucht öfter der Terminus ‚**Interpretation**' auf; man muß daher genauer danach fragen, was eigentlich bei der Interaktion interpretiert wird.

Zunächst einmal sicherlich die Beweggründe des Gegenüber, denn erst darauf bezogen kann man sein Handeln einrichten. Bei einer Interaktion werden dem anderen Motive zugeschrieben, die sein Handeln begründen. Man kann dabei ‚*Um-zu-Motive*' von ‚*Weil-Motiven*' (Schütz 1974) unterscheiden. Die ersten stellen das Handlungsziel dar, um dessentwillen die Handlung vollzogen wird; die zweiten dagegen beziehen sich auf Anlässe, aus denen das Handeln in Gang gesetzt wurde. Bei unserem Beispiel treten beide auf: Der Lehrer grüßt mürrisch, weil er schlecht gelaunt ist. Im weiteren Verlauf der Szene mag er sich in dieser geschilderten Art verhalten, um seine Autorität nicht antasten zu lassen.

Bei einer üblichen Alltagssituation sind zur Motivergründung beim anderen keine besonderen Anstrengungen erfordert; die Situation ist den Beteiligten hinreichend klar, die Erwartungen und die Handlungsmotive ebenso.

Anders dagegen bei einer problematischen Situation. Problematisch wird sie dadurch, daß Zweifel, Unklarheiten über das Verhalten des Interaktionspartners auftreten, dadurch also, daß der Betreffende in der Situation vor einem **Definitionsproblem** steht.

In unserem Beispiel: Die ansonsten für die Beteiligten selbstverständlich definierte Situation der Begrüßung wird problematisch, da die Handlungsweise des Lehrers Unklarheiten über seine Beweggründe hervorruft.

Der oder die anderen Interaktionspartner versuchen nun, ihm Motive zuzuschreiben. Dabei aktivieren sie Erfahrungen ähnlicher Art, um so die Situation wieder eindeutig zu machen (dadurch also, daß sie auf schon Bekanntes zurückgreifen). In diesem Fall Erfahrungen aus dem ‚leidvollen' Schülerdasein: Wenn Lehrer schlecht gelaunt sind, lassen sie ihre Stimmung an den Schülern aus.

Zugleich bringt eine solche Situation auch die Frage nach der **Identität** des anderen bzw. seiner selbst auf. Man fragt sich: Wer ist der andere in dieser Situation? Man weiß sicher, daß er der Lehrer X ist, wo er wohnt, ob er verheiratet ist oder nicht, wie alt er ist etc. Kurz: Man weiß, daß es derselbe Mensch ist, mit dem man auch bisher zu tun hatte; diese gleiche Person in unterschiedlichen Situationen könnte man das **Ich (I)** dieses Individuums nennen. Daneben aber stellt sich jeder in unterschiedlichen Situationen auch unterschiedlich dar. Der Lehrer X stellt sich den Schülern in dieser Situation als eher autoritär dar, den Kollegen später im Lehrerzimmer als entgegenkommend-umgänglich, dem Direktor gegenüber als korrektes Mitglied des Lehrkörpers, mit dem er sich sachlich-nüchtern über einen Schüler unterhält, am Nachmittag seiner Frau gegenüber zerstreut-lässig, während er seinen Unterricht für den nächsten Tag vorbereitet. Diese jeweils verschiedenen ‚Ichs' einer aber doch im Kern gleichen Person nennt man **Me** (Mead 1978).

Man fragt in der betreffenden Situation nach dem Ich des anderen, man fragt aber auch in der gleichen Dringlichkeit nach dem eigenen Ich. So steht beispielsweise der Schüler Ralf vor der *Notwendigkeit, auch seine Identität in der Situation zu bestimmen,* will er sich überhaupt im Interaktionsspiel darstellen können. Darüber hinaus werden beide Beteiligte diese situationsbedingte Definition des Me mit ihrer grundsätzlichen Definition als I vergleichen und Abweichungen als *Gefährdung ihrer Identität* verstehen.

Der Lehrer beispielsweise wird eine Selbstdefinition etwa derart aufgestellt haben, daß er den Unterricht leitet, daß er für seinen Ablauf verantwortlich ist, daß er von daher in bestimmtem Maß Anordnungen treffen muß. Diese Definition sieht er im Augenblick der Interaktion durch die Schüler und durch Ralf *bedroht.*

Der Schüler, der für sich selbst das Recht reklamiert, in seinen Aussagen ernst genommen zu werden und der für sie Wahrhaftigkeit beansprucht, der sich als akzeptiertes Gegenüber und nicht als unmündiges Kind definiert, der als Jugendlicher permanent gegen solche von ihm als abwertend gesehenen Definitionen ankämpft, auch er sieht sich in seiner Selbstdefinition gefährdet.

Hinzu kommt, daß die ganze Reihe der einzelnen Definitionen — die der Situation, des Gegenüber, des Selbst — nicht isoliert für sich vorgenommen werden, sondern immer auch vor dem Hintergrund eines **Publikums**: sowohl desjenigen, das unmittelbar anwesend, als auch eines solchen, das nur in Gedanken präsent ist. Für den Lehrer und Ralf sind also zunächst die anderen Schüler das Publikum, darüber hinaus für den Lehrer beispielsweise virtuell auch die anderen Lehrer, weiter seine Frau, Freunde etc. Ähnliches gilt für den Schüler, wobei dort vor allem die peer-groups ein relevantes, virtuell präsentes Publikum sind. Relevant ist dieses Publikum insofern, als die vorgenommenen Definitionen der Interaktionspartner auch in Berücksichtigung von möglichen Urteilen durch die nicht anwesenden signifikanten Anderen beeinflußt werden.

Wir können unsere Strukturskizze um die zuletzt genannten Informationen erweitern; die hier nur für die Seite des Schülers festgehaltene Ergänzung gilt selbstredend genau so für die des Lehrers.

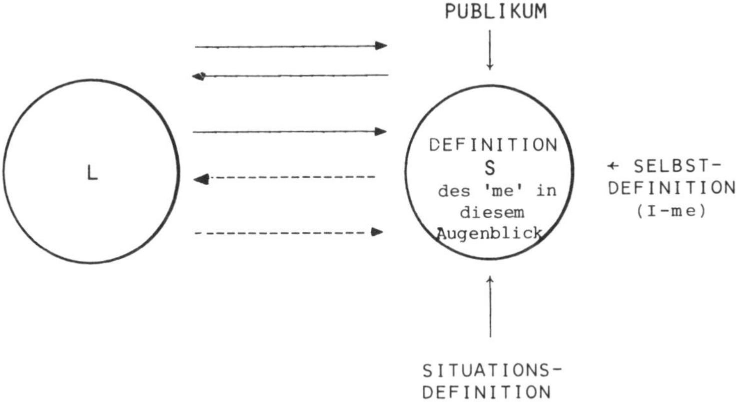

Ein weiterer wesentlicher Gesichtspunkt sozialer Interaktion kann ebenfalls noch aus unserem Beispiel erarbeitet werden. Bei der Frage nach denkbaren Motivzuschreibungen und Handlungserklärungen war eine mögliche Antwort die Erkenntnis der Schüler: Wenn Lehrer schlecht gelaunt sind, dann lassen sie ihre Stimmung immer an den Schülern aus.

Dies ist ein generalisierter Satz, der als *Erfahrungsregel* die Wirklichkeitsauffassung (die Situationsdefinition) leitet oder — um es mit dem terminus technicus auszudrücken: der die **soziale Wahrnehmung** mit beeinflußt.

Allgemein: *Das Verhalten von alter (hier des Lehrers) wird im Rahmen bestimmter Interpretationssysteme ausgelegt (interpretiert). Von Systemen spricht man deshalb, weil man nicht im Bezug auf eine singuläre Erfahrung, sondern aufgrund eines umfassenden, komplexen Zusammenhangswissens zu einer Einschätzung der Situation und des Verhaltens von alter gelangt. Dieses Zusammenhangswissen ermöglicht, Einzelereignisse zu verstehen und eigenes Handeln zu entwerfen, kurz: soziale Situationen zu deuten, weswegen es auch Deutungsschema oder Deutungsmuster genannt wird.*

(16) Strukturbild: *Symbolisch vermittelte Interaktion*

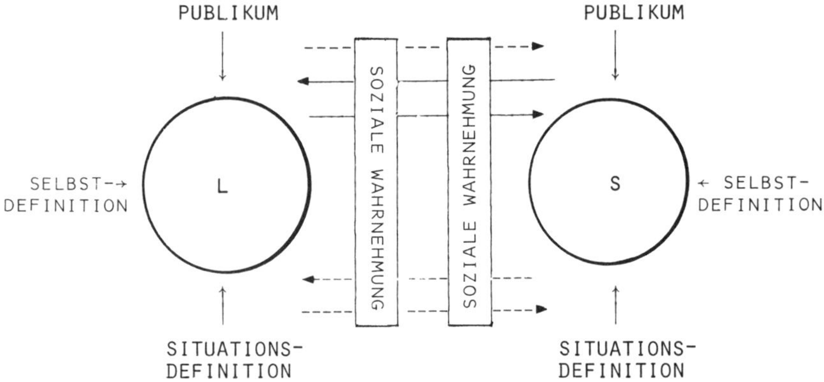

Wird der Sachverhalt noch abstrakter gefaßt, kann man formulieren:

Eine soziale Interaktion interpretieren heißt, Zeichen auf **Deutungsschemata** *zu beziehen.*

Deutungsmuster haben die Funktion eines Code, mittels dessen man sprachliche Zeichen oder soziale Objekte entziffert (dechiffriert) und ihnen damit zugleich eine je subjektive Bedeutung zuschreibt.

Beispiel:

Die Cafeteria in der Universität ist als ‚Ding' betrachtet ein viereckiger Saal mit Säulen, Tischen und Stühlen, in dem man Erfrischungen kaufen kann.

Zu einem sozialen Objekt wird er jedoch für den je einzelnen, der ihn betritt, nach Maßgabe der für diesen Augenblick von ihm aktivierten Codes (Bezugssysteme), unter denen er die Cafeteria wahrnimmt und klassifiziert. Diese Codes hängen wiederum von weiteren Bedeutungskonstellationen ab.

Also: Für einen Nicht-Raucher ist sie ein muffiges Loch, für die Skatspieler eine verklärte Wettkampfarena, für den von einem Seminar frustrierten Studenten das Forum, auf dem er ein wohlwollendes Publikum findet, um seinen Frust loswerden zu können.

Man sieht an diesen Beispielen auch, daß hier unterschiedliche Codes zum Tragen kommen:
- *interessenrelevante* (Skatspieler), *stimmungsrelevante* (frustrierter Student), *bedürfnisorientierte* (Nichtraucher) Codes.

Von dieser Gruppe kann man noch zwei weitere abheben:

— *Codes, die sich an Präsentation und Kontextbindungen der Zeichen orientieren.*

Die je konkrete Wahrnehmung und Bedeutung eines Zeichens, also seine Konstituierung zu einem ‚sozialen Objekt', hängt von der Art ab, wie es präsentiert wird. Man denke beispielsweise an die Schriftzüge, mit denen der Name des Kanzlerkandidaten STRAUSS im Wahlkampf 1980 von einigen Gruppen seiner Gegner in Mißkredit gebracht werden sollte.

Jedes Zeichen oder — auf seine Funktion bezogen — jede *Botschaft* steht natürlich auch in einem *situativen Kontext* und wird daher auch aus diesem Zusammenhang heraus interpretiert. Die Wirkungsweise dieses Codes ist in folgendem Experiment recht eindrucksvoll dokumentiert:

„Es handelt sich dabei um einen Versuch Rittelmeyers (1966), in welchem je einer aus 10 Schülern und Studenten bestehenden Gruppe ein Film vorgeführt wurde, der das Schlachten eines Schweines darstellt. Der einen Gruppe wurde er mit dem Originalkommentar dargeboten, der die einzelnen technischen Verrichtungen erläutert, der anderen mit musikalischer Untermalung aus Wagners „Tristan und Isolde" (Isoldes Liebestod). Nachdem die Versuchsteilnehmer den Film angesehen hatten, wurden sie gebeten, zu dem Satz „Der Film zeigt die Brutalität des Tötens von Tieren" zustimmend oder ablehnend Stellung zu nehmen. Acht von zehn Teilnehmern der Gruppe ‚mit Musik', jedoch nur drei von zehn Teilnehmern der Gruppe ‚mit Kommentar' stimmten diesem Satz zu: die Musik hatte vermutlich den Eindruck eines ‚brutalen Films' wesentlich verstärkt."
aus: RITTELMEYER/WARTENBERG 1975, S. 52/53

— Schließlich gibt es noch Codes, die *rituell* (bzw. stereotyp) oder *flexibel* verwendet werden.

In unserem Begrüßungsbeispiel findet eine solche Einordnung der Schülerwahrnehmung in einen stereotypen Code statt. Die Gefahren hierbei sind vorschnelle und oft falsche Urteile: Es wäre z. B. möglich, daß der Lehrer mit seinen Gedanken ganz woanders war, Sorgen hatte und daher nur so wirkte, als sei er mürrisch.

Demgegenüber erfordert eine offene, dynamische Interaktion flexible Codes, um dem Interaktionsablauf gerecht zu werden, Veränderungen nachzukommen etc. Dies verlangt die Fähigkeit zu unkonventioneller (also nicht-festgelegter), wechselnder Perspektive und zielt auf die Aktivierung vielfältiger Codes, um die Wahrnehung (Interpretation) nicht vorzeitig zu kanalisieren.

Daß dies nicht ganz so einfach ist, haben Experimente im visuellen Bereich deutlich gemacht, bei denen die Vpn in mehrdeutigen Bildern die darin enthaltenen verschiedenen Figurenkonstellationen erkennen sollten. Ein Beispiel für ein solches Ratebild finden Sie in Kap. 3.4.1, S. 92.

Halten wir fest:

Das Interaktionsgeschehen und damit vor allem der jeweilige Interaktionspartner werden über Prozesse sozialer Wahrnehmung aufgenommen oder genauer: Die in der Interaktion symbolisch repräsentierten Zeichen werden mit Bezug auf Codes (Bedeutungssysteme) interpretiert. Die Codes selbst lassen sich in unterschiedliche Gruppen einordnen und wirken sich damit auch unterschiedlich aus.

Vor diesem Hintergrund läßt sich nun auch ein anderer Punkt in Interaktionsbeziehungen klären. Wir sagten, daß in Interaktionen immer auch zugleich die Identität der Partner zur Disposition steht. Bei routinierter (alltäglicher) Interaktion bringt dies keine Probleme mit sich, wohl aber bei problematischen Prozessen: Hier muß die Identität bewußt bestimmt werden im *Wechselspiel von Selbstdefinition und tatsächlicher Definition durch das Interaktionsgeschehen.* Hier besteht wahrscheinlich immer eine Diskrepanz zum Selbstbild. Sie wird je nach ihrem Ausmaß mehr oder weniger stark als Bedrohung, als Gefährdung der Identität des Betreffenden erlebt.

Er muß daher **Techniken zur Abwehr** entwickeln, Techniken, die wir alle täglich einsetzen. Worin besteht das Ziel dieser Anstrengung? Es geht darum, die wahrgenommenen Zeichen mit den zu ihrer Interpretation eingesetzten und von ego akzeptierten Codes ‚passend' zu machen.
Man kann hier mehrere Möglichkeiten festhalten:

(a) *Selektive Wahrnehmung:* Man konzentriert sich auf die Punkte, die der Selbstdarstellung am besten entsprechen.
(b) *Selektive Interpretation:* Man sucht neue Zeichen zur Interpretation aus, die ebenfalls eine Bestärkung der Selbstdefinition abgeben (z. B. Höflichkeitsfloskeln, die nur als ‚Verkleidung' für ein negatives Urteil gemeint waren, ernst nehmen).

Steigerungen von (a) und (b):

(c) *Rationalisierung:* Dinge ‚wegerklären' — z. B. der Sportler hat einen ‚schlechten Tag', während tatsächlich seine Leistungsfähigkeit allmählich nachläßt.
(d) *Sündenbockstrategie:* Die Selbstdarstellung sei nicht geglückt, weil die anderen die subtilen Intentionen nicht erfaßt hätten.
(e) *Ablehnung, Mißbilligung oder gar Meidung eines ‚Publikums'* bei dem man Mißerfolge befürchtet: ‚Bei diesen Schülern sind Perlen vor die Säue geworfen'.
(f) *Wechsel der Darstellung in eine andere Identität,* von der man annimmt, sie sei geeigneter, unterstützt zu werden: Der schwache Schüler wird zum Clown oder Motzer.
(g) *Verleugnung der Bedeutung einer Darstellung für Identität:* ‚Ich habe nur Unsinn gemacht'.

(h) *Rückzug aus der Interaktion:* passives Verhalten, Aufkündigen der Mitgliedschaft in einer sozialen Gruppe.

Eben ist auf die zentrale Bedeutung von Deutungsmustern verwiesen, aber offengelassen, woher sie stammen und mit welchen anderen Aspekten sie zusammenhängen. Global lautet die Antwort hierauf: Deutungsmuster sind im Rahmen von lebensweltgebundenen Sozialisationsprozessen erworben. Der Deutungsmusterbegriff verweist damit auf den der **Lebenswelt**. Im folgenden wird genauer geklärt, was unter Lebenswelt zu verstehen ist und welche anderen, ebenfalls wichtigen Aspekte neben Deutungsmustern am Lebensweltbegriff hervorzuheben sind.

4.2.2 Begriff und Strukturmerkmale der Lebenswelt

Der Lebensweltbegriff wurde vom Philosophen Husserl (1948) geprägt. Bei der Frage, welche Geltung Erfahrung und Urteile eines Menschen haben können, d. h. auf welcher Grundlage sie basieren, setzte er die Lebenswelt als eine solche unhintergehbare Tatsache, ein a priori an: Der Mensch erfährt Welt und urteilt über sie auf der Grundlage lebensweltlich erworbener Einsichten; oder anders formuliert: Wann immer der Mensch Erfahrungen macht, erkennt und urteilt, tut er dies auf der nicht aufhebbaren Basis eines lebensweltlich erworbenen Vorwissens. Mit diesem Gedanken ist ein *erkenntnis*theoretisches Anliegen Husserls berührt.

*Wissenschafts*theoretisch gesehen erhält der Begriff eine kritische Note. Husserl ([1936], 1977) kritisiert nämlich die fortschreitende Verwissenschaftlichung unseres Lebens. Sie bewirke eine Zergliederung ganzheitlicher Zusammenhänge in der Absicht, Welt zunehmend verfügbarer, beherrschbarer zu machen, sie zu mathematisieren. Konsequenz dieses analytischen Zugriffs ist für ihn, daß dafür der Bereich unmittelbarer Erfahrung zunehmend verlorengeht und das Leben nicht mehr als sinnvoller Zusammenhang, eben lebensweltlich fundiert, wahrgenommen wird.

Dieses Thema ist speziell in der Soziologie weiter verfolgt, und zwar primär im Bemühen herauszuarbeiten, was Lebenswelt – im Gegensatz zur wissenschaftlichen Welt – kennzeichnet und damit diesen Begriff inhaltlich füllt. Es kann im Kontext dieses Kapitels nicht interessieren, im Detail auf diese Diskussion einzugehen – hierzu sei auf Schütz (1974), Berger/Luckmann (1980), Waldenfels (1985), Bergmann (1981) verwiesen, sondern darzustellen,

– was mit Lebenswelt gemeint ist,
– wie das Lebensweltkonzept in Bildungsarbeit umgesetzt weden kann.

Die Antwort auf die erste Fragestellung: Unter Lebenswelten werden *fixe, komplexe und spezifische Handlungszusammenhänge verstanden, die sich herausgebildet haben zur Bewältigung je eigener, einmal anthropologisch bedingter und zum anderen gesellschaftlich erforderter Aufgaben.* Anthropologisch bedingt ist etwa die Erziehungsaufgabe. In jeder Zeit und in jeder Gesellschaft fallen diese Aufgaben grundsätzlich an, allerdings nach Formen, die sich im Laufe des historischen Prozesses und durch kulturspezifische Eigenarten herausgebildet haben. Zudem werden diese Aufgaben innerhalb einer Gesellschaft unterschiedlich ausdifferenziert. So etwa lokalisiert sich Erziehung in der Familie ebenso wie in formellen Institutionen (Schule), also in unterschiedlichen Lebensweltkontexten.

Die Art, wie diese Aufgaben, z. B. Erziehung, angegangen werden, folgt relativ festen, aber von einer Lebenswelt zur anderen modifizierten Mustern: In der Familie etwa – um beim Beispiel zu bleiben – dominiert ein Handlungsmuster, nach dem Fehler des Kindes in freundlichem Ton korrigiert werden und das auf Vormachen, Ermuntern, Loben – häufig in Verbindung mit Liebesbeweisen – abzielt. Selbstverständlich variieren diese Muster bei verschiedenen Ausprägungen des gleichen Lebensweltbezugs, man denke an – idealtypisch vereinseitigt – akademisierte Mittelschichtfamilien und daneben an traditionelle Arbeiterfamilien.

Diese Handlungsmuster enthalten – bei aller inhaltlichen Verschiedenheit der Lebenswelten – dennoch gemeinsame, übergreifende **Strukturmerkmale**, nämlich

- Interaktionsmuster,
- biographische Wege,
- Drehbücher,
- Legitimationsmuster,
- Handlungserwartungen und
- Deutungsmuster.

Unter *Interaktionsmustern* sind vor allem Umgangs- und Gesprächsformen zu verstehen. Man kann beispielsweise danach fragen, wie in einer Lebenswelt die Kommunikationswege verlaufen, ob Artikulationsprivilege bestimmter Teilnehmer dieser Lebenswelt bestehen, wie Beziehungen zwischen den Mitgliedern der Lebenswelt ausgedrückt werden, wie Identität dargestellt und gesichert bzw. bedroht wird (s. auch Kapitel 4.2.1).

So könnte man beispielsweise für die Lebenswelt ‚Erwachsenenbildung' auf eine immer noch verbreitete Interaktionsform verweisen und behaupten oder zumindest die Behauptung zur Diskussion stellen, die Kommunikationswege liefen eher zentralisiert auf den Seminarleiter zu und Artikulationsprivilegien bestünden primär für ihn. Beziehungen zwischen den Mitgliedern eines Seminars würden eher indirekt, nämlich über die Inhaltsebene vermittelt ausgedrückt, Identität würde im Rückgriff auf Sachkompetenz dargestellt und gesichert und dementsprechend über Aberkennung dieser Kompetenz bedroht.

Handlungsmuster enthalten Hinweise auf *biographische Verlaufsformen*. Sie setzen bestimmte Lebensgeschichten voraus und verweisen auf spätere. Lebenswelten bieten Deutungen und Orientierungen für bestimmte lebensgeschichtliche Ereignisse an. So etwa verweist der Berufseintritt auf einen neuen biographischen Abschnitt in der Lebensgeschichte des Menschen; dieser Übergang geht einher mit Deutungen vom Ende der ungebundenen Jugend und vom beginnenden ‚Ernst des Lebens'. Solche biographischen Ereignisse haben übrigens in der Ethnologie Beachtung gefunden, so etwa widmet van GENNEP (1909) in seinem Buch über die ‚rites de passage' speziell den sozialen Punkten Aufmerksamkeit, an denen der Mensch einen bisher gewohnten und vertrauten Lebensbereich verläßt und in einen anderen, ihm noch relativ unbekannten wechselt.

Handlungsmuster innerhalb einer Lebenswelt folgen festen *Skripts*, Drehbüchern für soziales Handeln (SCHANK/ABELSON 1977). Ein Drehbuch legt Handlungsziele, Handlungsmittel und Handlungsort fest. Für die Erwachsenenbildung als Beispiel heißt das: Als Handlungsziel ist hier die Vermittlung von Einsicht und Handlungskompetenz an Teilnehmer im Drehbuch festgehalten, Handlungsmittel sind Diskussion, Stellung von Aufgaben, Korrektur, eventuell noch Ermahnung, jedoch ist schon die Bestrafung in diesem Drehbuch nicht mehr enthalten – im Gegensatz zum Drehbuch für schulische Bildungsarbeit – und als Handlungsort sind VHSs, Stadtteil, Bürgerhaus etc. angegeben. Die Drehbücher entfalten so gesehen normative Kraft, sie stecken den Bereich des Nocherlaubten ab und sind – um beim Beispiel zu bleiben – eine der Grundlagen für Identität und Ethos der professionalisierten Mitarbeiter.

Die Handlungsmuster geben nicht bloß Durchführungshinweise, sondern auch *Bewertungsmuster* (Legitimationsmuster). Sie enthalten Kriterien dafür, eine Handlung als rechtens oder nicht einstufen zu können. So legt das Drehbuch ‚Erwachsenenbildung' über Handlungsziele und Handlungsmittel indirekt auch die Grenze des erlaubten und nicht erlaubten, des richtigen und falschen Verhaltens im Umgang mit Teilnehmern fest. Gemessen am Handlungsziel, beispielsweise der Förderung von Selbständigkeit, sind Handlungen als falsch anzusehen, mit denen der Seminarleiter den erwachsenen Teilnehmern Entscheidungen abnimmt, Probleme selber löst und Aufgaben, die sich im Bildungsprozeß stellen, selbst ausführt.

Schließlich sind in allen lebensweltlichen Handlungsmustern grundlegende *Handlungserwartungen* enthalten, nämlich Erwartungen an die Wirklichkeit und über die Handlungsstrategien. Im ersten Fall geht man davon aus, daß die Lebenswelt im Augenblick des Handelns immer noch so ist, wie sie bisher war; im zweiten Fall nimmt man an, daß die bisher angewandten Handlungsstrategien (Problemlösungsverfahren, Verfahren der Informationsverarbeitung, Verfahren des Umgangs mit dem Nebenmenschen) auch jetzt wieder eingesetzt werden können. Diese beiden Varianten bezeichnen SCHÜTZ/LUCKMANN (1975) einmal als Und-so-weiter-Annahme und zum andern als Ich-kann-immer-wieder-Annahme.

Strukturmerkmale von Lebenswelten geben zwar das Gerippe für jede Lebenswelt ab, sie legen Lebenswelten jedoch nicht starr fest. Der Handelnde muß zwar im Rahmen seiner Lebenswelten die je spezifische Ausprägung der Strukturelemente kennen, sie sich erarbeiten, aber er kann und wird immer in seinem alltäglichen Handeln Modifikationen anbringen: Interaktionen variieren, Drehbücher modifizieren, Legitimationsmuster ändern und gewichten, vielleicht sogar einzelne Rechtfertigungsgründe zurückweisen, bestimmte Handlungserwartungen bewußt nicht einnehmen. Erklärbar ist diese Spannung von einerseits Übernahme vorfindlicher Lebensweltstrukturen durch die Handelnden und andererseits Modifikation und sogar Änderung dieser Strukturen durch eine Besonderheit sozialen Handelns: Soziales Handeln ist nämlich nicht als regelausführendes, sondern als interpretierendes Handeln zu begreifen. Interpretation heißt, daß das handelnde Subjekt Gegebenheiten, Ereignisse, Erfahrungen der Lebenswelt im Lichte seiner *Deutungsmuster* interpretiert und entsprechend handelt. Deutungsmuster oder Deutungsschemata wiederum resultieren aus der lebensweltlich gebundenen, aber je subjektspezifisch erfolgten Verarbeitung von Erfahrung zu umfassenden Schemata der Erklärung von Welt und Orientierung in ihr (vgl. SCHÜTZ 1974, S. 109, 112; außerdem Kap. 4.2.1).

Zum zweiten ist nun zu klären, inwiefern das Konzept von Lebenswelt und ihre Strukturmerkmale in pädagogischer Absicht praktisch einsetzbar sind.

Sie erlauben, differenziert Aufschluß zu erhalten über Lebenswelten beispielsweise von Teilnehmern an Bildungsveranstaltungen. Die Strukturmerkmale können dabei in Fragen umformuliert (welche Interaktionsmuster usw. sind dem Bericht nach für die betreffende Lebenswelt kennzeichnend?) und die Antworten in Kurzform festgehalten werden.

Die Einsatzweise der Strukturmerkmale läßt sich am folgenden Beispiel verdeutlichen, in dem die Teilnehmerin an einem Kurs für Alphabetisierung berichtet:

Ich versuche, so gut es geht alles zu vermeiden, damit ich nicht etwas lesen oder schreiben muß, wenn andere dabei sind. Bei wichtigen Sachen, z. B. bei Formularen, habe ich jemand, der beim Ausfüllen hilft. Besonders schlimm für mich war es vor kurzem in unserem Kaninchenzuchtverein. Ich bin dort schon lange Mitglied und interessiere mich sehr für die Tiere. Auch der Verein ist mir sehr wichtig. Vor einigen Wochen waren wieder Wahlen für den Vereinsvorstand. Ich hätte mich gerne um einen Posten beworben, aber ich dachte, ich blamiere mich. Ich kann das gar nicht beanspruchen, und wahrscheinlich hätten mich die anderen auch ausgelacht. Selbst wenn man mich gewählt hätte, hätte ich es vielleicht gar nicht geschafft.

In die Form einer Matrix übertragen, ist der Bericht der Teilnehmerin entsprechend dem oben skizzierten Vorgehen folgendermaßen auswertbar:

(17) Tableau: *Lebensweltanalyse des Berichts einer Analphabetin*

Lebenswelt-bereich / Struktur-element	Lebensweltliche Situation von Analphabeten
Interaktionsmuster	Betonen verbaler Aktivitäten; Versuch, der direkten Beobachtung auszuweichen, über ‚Vertrauenspersonen' zu agieren
biographische Wege	Knotenpunkte werden als Barrieren erlebt; Wege sind blockiert (z. B. eingeschränkte Berufschancen, nicht in den Vorstand eines Vereins wählbar zu sein)
Skripts	Handlungsziel: nicht auffällig werden Handlungsmittel: Vertrauensperson finden, schriftsprachliche Aktivitäten vermeiden Handlungsort: Rückzug in den privaten Bereich
Legitimationsmuster	„das kann ich nicht beanspruchen" (z. B. Vorstandsposten in einem Verein übernehmen)
Handlungserwartungen	• ich kann das nicht • ich werde wieder ausgelacht • andere sollen sich um mich kümmern
Deutungsmuster	• die anderen schauen auf micht herab • das schaffe ich sowieso nicht *(Muster der Entmutigung)*

Diese ‚Lebensweltanalysen' sind für Bildungsarbeiten mehrfach nutzbar:

– Sie ermöglichen detaillierte Einsicht in Bedingungen des Lebenszusammenhangs von Adressaten.

— Sie geben Hinweise auf besondere methodische Maßnahmen, hier z. B. auf die sorgfältige Vorbereitung für den ‚Lese- und Schreib-Ernstfall'.
— Sie helfen, Lernschwierigkeiten oder eingefahrene Arbeitsweisen des Adressaten kennenzulernen, etwa eine Haltung, nach der bei schwierigen Aufgaben vielleicht oft allzu schnell auf die Hilfe anderer zurückgegriffen wird, statt eigene Anstrengung zu unternehmen.
— Man gewinnt Aufschluß über interessierende Themen und Problemkreise. Dies ist für die Auswahl von Arbeitsmaterial (Texte, Bilder, Graphiken, Filme) unerläßlich.
— Es lassen sich begründete Vermutungen darüber anstellen, mit welchen Bedeutungen die Adressaten Themen, Gegenstände, Fragen versehen. Denn: Inhalte werden von Adressaten im Licht ihrer Deutungsschemata erst konstituiert und sind damit vermutlich nicht identisch mit der Sicht des Kurs- oder Seminarleiters.

4.2.3 Lerntafel

Merkmale symbolischer Interaktion:

— Die Verständigung der Interaktionspartner (von alter und ego) erfolgt mittels **Symbolen** (Gesten, Zeichen, Sprache).

— Das Hauptaugenmerk der Handelnden ist auf die **Motive** des jeweils anderen gerichtet.

— Die Motivzuschreibungen (also die Vermutungen über die Weil- und die Um-zu-Motive) gehen als *konstitutive Faktoren* in das jeweilige Handeln ein.

— Die Interaktion ist eingelagert in eine konkrete **Situation**, die von jedem der Beteiligten definiert wird.

— In der Interaktion stellt sich der einzelne als **Ich** dar: als ein von der Situation geprägtes *Ich (me)*, zugleich aber auch als ein die Situation prägendes *Ich (I)*.

— Die in der Interaktion erforderten Definitionen (der Situation, des Selbst, des anderen) erfolgen immer auch angesichts eines konkret vorhandenen oder bloß vorgestellten **Publikums.**

- Die Definitionen sind durch die Komponenten der **Sozialen Wahrnehmung** beeinflußt (durch Erfahrungsregeln, ‚implizite Persönlichkeitstheorien', Vorurteile).

- Die in der Interaktion vermittelten Symbole, die sich zu einer **Botschaft** formen, werden interpretiert.

- Bezugspunkt der Interpretation sind unterschiedliche **Codes**, die als Interpretationssysteme fungieren und für den Betreffenden die Dinge seiner Umwelt zu *sozialen Objekten* werden lassen.

- Interaktion und Aufbau sozialer Bedeutung sind eingelagert in je spezifische **Lebenswelten**.
  Strukturmerkmale von Lebenswelten sind: *Interaktionsmuster, biographische Wege, Drehbücher, Legitimationsmuster, Handlungserwartungen, Deutungsmuster.*

4.2.4 Sozialisation im theoretischen Kontext des Symbolischen Interaktionismus

Man kann bis hierher festhalten: Der Symbolische Interaktionismus interessiert sich in erster Linie weniger für makrostrukturelle Analysen von Gesellschaften oder gesellschaftlichen Subsystemen, als vielmehr für interpersonales Handeln, für die Ebene der vis-à-vis-Interaktion.

Eine Hauptfrage lautet: Wie ist soziales Handeln überhaupt aufgefaßt?
Die Antwort: Soziales Handeln wird als *symbolisch vermittelte Interaktion* angesehen, bei der sich Menschen mit einer ihnen eigenen *Identität* gegenübertreten (pathologische Erscheinungsformen sind hierbei außer acht gelassen).

Als eine für das Thema ‚Schule und Sozialisation' relevante Folgefrage stellt sich die nach den Prozessen, durch die die für Interaktion und Identitätsbildung erforderlichen Fähigkeiten erworben werden. Dies zielt ab auf die Frage nach dem Sozialisationsverständnis des Symbolischen Interaktionismus.

Sozialisation ist *der Prozeß der Identitätsbildung mittels symbolischer Interaktion.*

Oder anders ausgedrückt:
Der Heranwachsende lernt, sein eigenes Handeln (dasjenige, das er sich zuschreibt) und das der anderen als sinnhaft zu begreifen, es also mit Bezug auf Bedeutungssysteme zu interpretieren, die wiederum selbst Ergebnis gesell-

schaftlicher (bzw. kultureller) Lernprozesse sind und in Art und Umfang durch die sozialen Bedingungen geprägt werden, unter denen der Betreffende herangewachsen ist.

Dieser Vorgang der **Primärsozialisation** ist sehr fundamental prägend: Hier begegnet der Mensch zum ersten Mal der Welt, mit der er unmittelbar zu tun hat, und zwar wird sie ihm durch die Vermittlung anderer dargeboten. Für ihn ist Welt und kann nur Welt werden, was die in diesem Lebensabschnitt bedeutsamen Bezugspersonen (*signifikante Andere*) an Welt zulassen und anbieten, und natürlich ist auch relevant, wie sie es tun. Hier treten dann die Phänomene schichtspezifischer Sozialisation zutage (vgl. Kap. 5.1).

Der Vorgang der Primärsozialisation gilt in dem Maß als abgeschlossen, in dem Rollen (Rollenmuster) akzeptiert werden, und zwar nicht deswegen, weil es die Rollen der signifikanten Anderen sind oder weil diese es so wollen, sondern sofern sie aus eigener Bejahung akzeptiert werden.

Also:

— Das Kind wäscht sich vor dem Essen die Hände, weil die Mutter es auch tut oder es so will. Diese Haltung wird im nächsten Schritt verallgemeinert hinsichtlich der betreffenden Bezugsgruppe:

— Man wäscht sich die Hände.

Im dritten Schritt schließlich werden die von den wichtigen Bezugspersonen vermittelten Normen zu allgemeinen Beweggründen des eigenen Handelns, zu einem *generalisierten Anderen*:

— Ich wasche mir die Hände, weil ich es für sinnvoll halte.

Wichtig ist hierbei: Dieser Vorgang ist nicht eine schematische Übernahme und Ausführung von Rollen nach Maßgabe bestimmter Wertmuster (vgl. PARSONS), sondern stellt einen *Prozeß produktiver Leistungen des Individuums* dar, bei dem in einzelnen Fällen die übernommene Welt auch umformuliert werden kann. Dies ist schon durch die Struktur der Sprache bedingt, die — wie schon mehrfach erwähnt — als ausgezeichnetes Medium der Sozialisation fungiert, und ist weiter durch den individuellen (und einmaligen) Lebenshintergrund mitgetragen, der die Verarbeitung aktueller Erfahrungen im Bewußtsein des einzelnen in je eigener Weise konstituiert.

Welche Leistungen bringt nun demgegenüber die **sekundäre Sozialisation** neu ein? In Abhebung zur Primärsozialisation kann festgehalten werden:

(a) Sie *stabilisiert* die in der Primärsozialisation erworbenen Fähigkeiten und Einstellungen; dies impliziert, daß die Erfahrungen auf den Feldern sekundärer Sozialisation nicht oder nicht wesentlich von denen der Primärsozialisation abweichen dürfen.

(b) Sie *differenziert* die erworbenen Fähigkeiten und Einstellungen, indem sie dem allgemeinen Wissensvorrat der Primärsozialisation ‚Spezialwissen' hinhinzufügt.

(c) Sekundäre Sozialisation kann jedoch gelegentlich geradezu die in der Primärsozialisation erworbene ‚subjektive' Wirklichkeit des Individuums *verändern* wollen. Beachtenswert ist hierbei, daß dies dann in Analogie zu Mechanismen der Primärsozialisation geschieht, also vor allem mit dem Einsatz emotionaler Komponenten und meist in vis-à-vis Kontakt zu einem Vertreter sozialer Institutionen, der dann als gefühlsbetonter signifikanter Anderer auftritt. Dieses Phänomen läßt sich am Einfluß von Jugendsekten illustrieren. Sekundäre Sozialisation ist dann ein Prozeß der ‚Verwandlung', manchmal sogar ein Sprung in eine andere Welt.

Eine speziell in unserer Zeit und Gesellschaft bedeutsame Einrichtung für sekundäre Sozialisation ist die Schule. Ihre Funktionen ergeben sich im einzelnen aus ihrer Stellung im gesellschaftlichen Zusammenhang (nähere Auskünfte hierzu werden in Kap. 5 gemacht). An dieser Stelle ist für uns wichtig:

(a) Schule vermittelt ‚Spezialwissen', besonders im Rahmen der beruflichen Bildung, und erschließt neue Wirklichkeiten. Sie eröffnet neue *‚Sinnprovinzen'* oder Sinnbereiche, indem sie auf sekundäre, auf von anderen gemachte und mitgeteilte Erfahrungen zurückgreift, speziell in ‚allgemeinbildenden' Lehrgängen. Schule erschließt aber damit nicht nur ein weiteres Stück Welt für den Lernenden, sondern durch vertieftes Wissen, neue Erfahrungen, differenzierte Sichtweisen fördert sie ihn auch bei der Entwicklung seiner Persönlichkeit. Man kann dies ihre **Bildungs-** oder **Personalisationsfunktion** nennen.

(b) Daneben erfüllt sie eine zweite wichtige Funktion: Sie strebt danach, ihre Aufgabe der sekundären Sozialisation in Übereinstimmung mit den allgemein geltenden Bedingungen öffentlichen Handelns auszuüben. Besonderes Augenmerk richtet sie dabei auf die Regeln der politischen Kultur einer Gesellschaft. Dies könnte man als ihre **Integrationsfunktion** bezeichnen.

(c) Schließlich ist Schule aber auch selbst eine Institution, d. h. ein Zusammenhang typisierter Handlungsmuster: Bestimmte Typen von Handlungen, die zum Teil von der Aufgabe der Institution her nahegelegt sind, werden von bestimmten Typen von Akteuren ausgeführt.

Also: Die Handlung des Typs ‚Pausenaufsicht-führen' und ‚zum Papier-aufsammeln-anhalten' darf nur ein Akteur des Typs Lehrer — in manchen Schulen auch der von der eigenen Wichtigkeit faszinierte Typ Hausmeister — ausführen.

Als Institution hat Schule damit ihre eigenen Handlungsregeln, sie konstituiert eine eigene ‚objektive' Wirklichkeit, die die Betreffenden erfahren, der sie sich stellen und die sie sich als ‚subjektive' Wirklichkeit in irgendeiner Form aneignen müssen.

Kurz: Als Institution verlangt Schule selbst auch Sozialisationsleistungen. Ihre dritte Funktion ist die **Sozialisationsfunktion.**

Anders ausgedrückt: *Schule ist ein eigenes Handlungsfeld, das bestimmte*

typisierte, symbolisch vermittelte vis-à-vis Interaktionen nahelegt, die den Beteiligten je spezifische Identitätsleistungen abverlangen.

Funktionen der Schule als sekundärer Sozialisationsinstanz

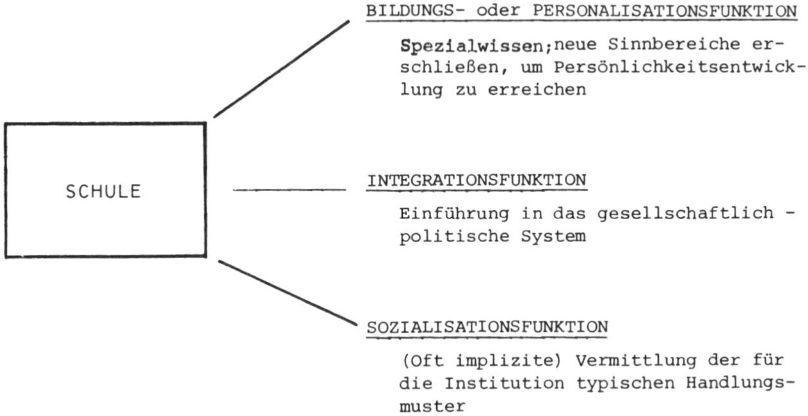

4.2.5 Lerntafel

Symbolischer Interaktionismus und Sozialisation

Sozialisation wird in diesem Theoriekonzept verstanden als *Prozeß der Identitätsbildung mittels symbolischer Interaktion.*

Signifikante Andere, Bezugspersonen, die für die Identitätsbildung bedeutsam sind, werden in der Identifizierung mit den allgemeinen Normen als eigenen Beweggründen des Handelns zum **Generalisierten Anderen.**

Leistungen der Sekundärsozialisation:
Sie *stabilisiert* in der Primärsozialisation Erworbenes,
sie *differenziert* es,
sie kann es sogar *umwandeln.*

Aufgaben der Schule als Instanz sekundärer Sozialisation:
- In der Schule wird zusätzliches, im weitesten Sinn des Wortes verstandenes Wissen erworben, um so Wirklichkeit zu erschließen und zugleich die Persönlichkeitsentwicklung zu fördern = **Bildungs- oder Personalisationsfunktion.**

- Die Schule führt in die Normen und Regeln des betreffenden gesellschaftlich-politischen Systems ein = **Integrationfunktion.**
- Die Schule vermittelt — meist implizit — die für sie als soziale Institution typischen Handlungsmuster = **Sozialisationsfunktion.**

4.3 Phänomene schulischer Sozialisation

Nachdem in Kap. 4.1 und 4.2 die zentralen Begriffe von Sozialisation, Internalisierung, Interaktion, Identität entwickelt sind, sollen abschließend vor diesem Hintergrund einige wichtige Aspekte schulischer Sozialisation thematisiert werden.

Besonderes Augenmerk wird auf die Phänomene des *heimlichen Lehrplans*, des *schulischen Rituals*, der *Schulangst* und der *Etikettierung* durch schulische Interaktion gerichtet.

4.3.1 Der heimliche Lehrplan

In der Schule gibt es zwei Lehrpläne: einen *offiziellen* und einen nichtamtlichen, einen *versteckten* oder **heimlichen Lehrplan.**

Was den offiziellen anbelangt, braucht er uns hier noch nicht zu interessieren. In ihm sind die Ziele, z. T. auch die Inhalte von Schule und Unterricht festgehalten, die bewußt angestrebt werden sollen: Ziele wie beispielsweise das der Ich-Stärke, der Mündigkeit, Kreativität, Konfliktfähigkeit usw. Überlegungen dieser Art verweisen auf den didaktisch-curricularen Kontext und sind in Kap. 6 behandelt.

Wir wollen uns statt dessen mit der These beschäftigen:

Der amtliche Lehrplan wird von dem nicht-offiziellen, dem heimlichen Lehrplan unterlaufen. Dieses ‚versteckte Curriculum' setzt sich stärker, ungehinderter im Unterricht durch, da es unmittelbar auf den Interaktionsbeziehungen der am Unterricht Beteiligten beruht und gleichzeitig, wie der offizielle Lehrplan auch, die Kraft der Institution Schule im Rücken hat.

Was ist nun dieser heimliche Lehrplan, wie funktioniert er, welche Sozialisationseffekte bringt er hervor?

Ein Beispiel mag als Verdeutlichung dienen:

BRECHT gibt in seinen Flüchtlingsgesprächen eine Schilderung Kalles aus dessen Schulzeit wieder.

„KALLE

Ihr milder Standpunkt gegenüber der Schule ist ungewohnt und sozusagen von einer

hohen Warte aus. Jedenfalls seh ich erst jetzt, daß auch ich was gelernt hab. Ich erinner mich, daß wir gleich am ersten Tag eine gute Lektion erhalten haben. Wie wir ins Klassenzimmer gekommen sind, gewaschen und mit einem Ranzen, und die Eltern weggeschickt waren, sind wir an der Wand aufgestellt worden, und dann hat der Lehrer kommandiert: ‚Jeder einen Platz suchen', und wir sind zu den Bänken gegangen. Weil ein Platz zu wenig war, hat ein Schüler keinen gefunden und ist im Gang zwischen den Bänken gestanden, wie alle gesessen sind. Der Lehrer hat ihn stehend erwischt und ihm eine Maulschelle gelangt. Das war für uns alle eine sehr gute Lehre, daß man nicht Pech haben darf."
aus: BRECHT 1967, S. 1405

Zunächst: Im offiziellen Lehrplan stehen weder Lernziele dieser Art (‚Du darfst im Leben kein Pech haben'), noch ist im methodischen Kommentar von Richtlinien auf das Arrangement im Klassenzimmer und die Bekräftigung der Lektion durch die Ohrfeige hingewiesen.

Was macht nun die Sozialisationswirkung dieser Szene aus? Ein Grundphänomen des wirklichen Lebens, das jenseits der Schule abläuft, ist im Unterricht in seiner ganzen Härte demonstriert worden: nicht als wohlwollende Belehrung, als liebevolle Mahnung, sondern mit dem Gewicht institutionell abgesicherter Herrschaft.

Das Arrangement: Durch ‚Verknappung' der Güter entsteht eine Konkurrenzsituation, in der es einen Verlierer geben muß, der zudem sein Verlieren autoritativ und schmerzhaft bescheinigt erhält.

Ersetzen Sie Stühle durch Noten bzw. das Kommando des Lehrers durch die allgemeine Aufforderung an Schüler, bestimmte geforderte Leistungen zu erbringen, und die Ohrfeige durch den Ausweis institutionell bescheinigten Unvermögens, die gesetzten Ziele erreicht zu haben: Dann — so die Kritiker — hat man die grundlegenden Interaktionsbedingungen von Schule erfaßt, die sich in entsprechenden Sozialisationsleistungen der Schüler wiederfinden: *Konkurrenzverhalten, Ausrichtung auf Belohnung (meist symbolischer Art) durch signifikante Andere, Verhalten entsprechend Erwartungen, die vor dem Hintergrund getroffen werden, daß Schule eine Institution ist, in der Wohlverhalten, Disziplin, Ordnung, Anpassung verlangt sind.*

Wie kann man diesen Lernprozeß sozialisationstheoretisch erklären?

Die im Unterricht symbolisch vermittelte Interaktion ist durch *institutionelle Bedingungen,* durch die Stellung des Lehrers, aufgrund der er das Wort erteilen, Anordnungen geben, beurteilen und werten kann, weiter durch die Zeitökonomie, die Sitzordnung etc. in einer bestimmten Art formiert. Die Beteiligten haben ungleiche Chancen, in der Interaktion die Definition ihres ‚Me' zur Geltung zu bringen. Aus der Sicht der Schüler: Sie haben kaum Möglichkeiten, dies zu tun und empfinden daher die Situation mehr oder weniger als Bedrohung ihrer Identität. Ihre Antwort: Techniken des Überlebens zu entwickeln, indem Sozialisationsleistungen erworben werden, die es ihnen ermöglichen, ihre Identität in irgendeiner Form wenigstens annäherungsweise zu retten.

Hierzu sind von Beginn der Schullaufbahn an zwei Fundamentallehren unabdingbar:

„Die erste Lehre, die ein Schulneuling anzunehmen hat, lautet: Schulstunden sind nicht das, was sie vorgeblich sind. Später muß er das vergessen und so handeln, als wären sie's doch. So tut er die ersten Schritte, ein ‚gesundes Schulkind' zu werden . . .

Die zweite Lehre lautet: Setze an die Stelle der eigenen Maßstäbe die der Lehrer und Mitschüler. Der Schulneuling muß lernen, daß richtig zu singen bedeutet: unmelodisch zu singen — und nicht so, wie man selbst die Musik im Ohr hat; daß richtig zu malen bedeutet: wie der Lehrer zu malen — und nicht so, wie man selbst es sieht; daß Freude am Lernen nicht die richtige Haltung ist, sondern: Angst vor dem Erfolg der Konkurrenten in der Klasse zu haben; und so weiter. Und diese Lehren muß er verinnerlichen, daß er notfalls auch gegen seine Eltern bestehen kann, wenn sie anderer Auffassung sein sollten. Die ersten Schuljahre können überhaupt nur als erfolgreich angesehen werden, wenn an ihrem Ende das Kind in die Maßstäbe der Schule eingewilligt hat; wenn es den Wunsch hat, so zu denken, wie die Schule ihn zu denken lehrte."

aus: HENRY, b:e 1973, Heft 5, S. 24

Wie stützt nun die Schule ihrerseits diesen Mechanismus des heimlichen Lehrplans ab? Welche Formen der Interaktion wirken hier besonders prägend? Welche Phänomene sind es, die als ausgezeichnete Bezugspunkte für die Sozialisationsleistungen der Schüler herhalten? — Die Theoretiker des heimlichen Lehrplans nennen hier die **schulischen Rituale.**

4.3.2 Schulische Rituale

Zur Beantwortung der Frage, was ein Ritual ist, soll veranschaulichend ein Beispiel herangezogen werden.

Benno war bis zum 11. 12. 1975 Schüler der Klasse 2 einer Volksschule in Innsbruck — sechs Tage später sitzt er in der Andersen-Schule Darmstadt (Grundschule).

In Innsbruck waren bestimmte Schüleraktionen nur dann legitim, sie kamen nur dann vor, wenn sie im einzelnen oder in Teile zerlegt von der Lehrperson abgerufen wurden: „Pennale (= Federetui) aus der Tasche nehmen!" „Pennale öffnen!" „Bleistift herausnehmen!" Und jetzt heißt es auf einmal nur „Schreibt in euer Heft auf" — ohne daß die erforderlichen Voranweisungen bezüglich des Federetuis gegeben wurden.

„Ein Kind is' hier vor zu der Lehrerin gegangen und hat nicht aufgezeigt — nix is' gesagt worden; ein Kind hat sich auf den Tisch gesetzt in der Stunde — nix is' gesagt worden; ein Kind hat etwas in den Papierkorb geworfen — nix is' gesagt worden."

(In der Nacht nach dem ersten Schultag am neuen Ort, er kommt tief beunruhigt früh um 5 Uhr ins Zimmer der Eltern, spricht spontan über das Irritierende.) „Und im Hof, im Treppenhaus dürfen die Kinder rennen!"

... Benno, spontan, nach acht Wochen Schulerfahrung: „Hier is' es etwas unordentlicher — hier is' es egal, wo man die Aufgaben reinschreibt, man kann's auch ins Schulheft schreiben, es muß nicht im Hausheft stehen." — „Wie findest Du das?" — „Es is' halt unordentlicher, finde ich, etwas unordentlicher."

... Die Lehrerin berichtet, in den ersten Tagen hätten die anderen Kinder immer gelacht, wenn Benno im Unterricht etwas gesagt habe. Grund: Er stand auf, stand fast stramm, wenn er etwas sagte. Diese Straffheit, in Innsbruck absolute Schulnorm war so ungewöhnlich, daß die Kinder lachten — Abwehr eines Angriffs auf die Selbstverständlichkeiten eines Systems, auf ihre Identität also?

aus: RUMPF 1976, S. 150/151

In dem Beispiel findet man zwei gleichermaßen interessante Etappen vorgeführt.

Das Verhalten der ersten Lehrerin ist weitgehend Reflex auf einen nicht mehr weiter begründeten Anspruch der hinter ihr stehenden Institution Schule: Sie wird — unausgesprochen — in diesem Handlungszusammenhang aufgefaßt als ein stark hierarchisch gegliedertes Gefüge, bei dem Anweisungsbefugnis und Folgsamkeit deutlich auf verschiedene Rollenträger verteilt sind — auf Lehrer einerseits und Schüler andererseits. In diesem Anordnungs-Folgsamkeits-Schema besteht für die Beteiligten schon an sich die Legitimität des Tuns, das ansonsten unbefragt hingenommen und ausgeführt wird.

Auf diese rituelle Hintergrundfolie bezogen haben die Beteiligten aber auch ihre Identität, ihr situationsspezifisches Ich (‚Me') definiert. Für sie ist die Frage danach ausgesetzt, inwieweit das festgefahrene Vorgehen beim Auspacken der Federmäppchen noch sinnvoll auf den Zweck bezogen ist, sich beispielsweise etwas zu notieren. Deutlich kommt das bei Benno zum Ausdruck, als die Bedingungen seines Handelns anders gelagert sind: Er ist erstaunt, zum Teil ist ihm unfaßbar, was da geschieht (nämlich ‚nix'), er wird verunsichert.

Vor dem Hintergrund dieser Aussagen zur Szene soll nun versucht werden, den Begriff des Rituals genauer zu bestimmen.

Unter einem **Ritual** kann man *veräußerlichte (verselbständigte) Handlungszusammenhänge verstehen, in denen ein Grundanspruch der betreffenden Institution vermittelt wird, ohne sich explizit zu legitimieren.*

Im einzelnen folgt aus dieser Begriffsbestimmung:

— Das Handeln hat sich beim *Ritual vom Handlungszweck losgelöst und verselbständigt.*
— Das Ritual ist *Ausdruck institutionell bedingter Herrschaftsansprüche.*
— Die Teilnahme am Ritual verschafft *die von der Institution akzeptierte Identität.*
— *Die Teilnehmer übernehmen die erwarteten Leistungen in ihr Verhaltensrepertoire.*

Stehen sie diesen Verhaltensformen und Erwartungen nicht kritisch-reflexiv gegenüber, dann werden diese integraler Bestandteil ihrer ‚Persönlichkeit'.

Die Folge: Es stellt sich für sie Verhaltensunsicherheit dann ein, wenn das Ritual aufgehoben wird (vgl. die Empfindungen von Benno, als für ihn das bereits akzeptierte Ritual in der neuen Schule durchbrochen war).

Wie kann man sich abschließend zu dem Theorem des heimlichen Lehrplans und zu dem des schulischen Rituals insgesamt stellen?

(a) Das Phänomen des heimlichen Lehrplans ist insofern nicht aufhebbar, als beim Erbringen von Leistungen Interaktionen immer mit ablaufen und damit zugleich auch soziales Lernen stattfindet. Unter diesem Blickwinkel würde der Vorgang des heimlichen Lernens mit dem des *sozialen Lernens* identisch gesetzt.

(b) Die restriktiven Auswirkungen des heimlichen Lehrplans dagegen sind veränderbar:
   - Es ist eine Frage der Schüler-Lehrer-Interaktion und damit der *Kommunikationsstruktur*, wie einengend oder offen die Beziehung der Beteiligten im Unterricht gestaltet ist. Kommunikationstheoretisch gesprochen: Komplementäre Sprachmuster werden eher die Vorrangstellung des Lehrers unterstreichen, symmetrische Kommunikation dagegen tendiert dazu, den Schüler im Rahmen seiner Möglichkeiten als akzeptierten Partner in das Unterrichtsgeschehen einzubeziehen.
   - Eng mit dem kommunikativen Aspekt zusammen hängt die Frage der *Methodenkonzeption.* Diskussionsrunde, kontrollierter Dialog, Gruppenarbeit, Rollenspiel werden ebenfalls einen Beitrag zum Durchbrechen der negativen Mechanismen des heimlichen Lehrplans leisten.
   - Insgesamt, kann man sagen, ist es eine Frage der *Reflexivität auf unterrichtliches Handeln*, d. h. der Fähigkeit und Bereitschaft der Beteiligten, über ihr eigenes Tun und die Bedingungen ihres Handelns im Unterricht nachzudenken, ob Veränderungen auf der Ebene des sozialen Lernens bewirkt werden können.

     Dies gilt auch für das schulische Ritual, bei dem die explizite Frage nach den Geltungsansprüchen häufig den erstarrten Charakter dieses Typs sozialen Handelns in der Schule offenlegt.

(c) Schwieriger als die interaktionell-unterrichtlichen Faktoren sind die *institutionellen Bedingungen* des heimlichen Lehrplans aufzuheben (etwa die Tatsache, daß Benotung neben dem Ausweis des individuellen Leistungsgrades auch selektiven Charakter hat oder daß Leistungsbewertung gar zu Fehlformen eines entarteten Konkurrenzverhaltens zwischen den Lernenden führt).

In engem Zusammenhang mit gerade diesen institutionellen Bedingungen steht außer dem ‚heimlichen Lernen‘ noch ein anderes Phänomen schulischer Sozialisation, das der **Schulangst.**

4.3.3 Angst in der Schule

Ausgangspunkt der Überlegungen kann das schon entwickelte und wiederholt herangezogene *Handlungs-(Interaktions-)Modell* sein.

Miteinanderhandeln erfolgt in Situationen, die als Anforderungsrahmen an die Interaktionskompetenz der Betreffenden gestellt sind und deren Bewältigung erfolgreiches Handeln ausmacht.

Erinnern Sie sich an das Beispiel ‚Begrüßen': Die Anforderung der Situation ist es, den anderen entsprechend den geltenden Höflichkeitsformeln zu begrüßen.

Als Interaktionskompetenz wird gefordert, die sprachlichen Mittel zur Verfügung zu haben, um den Situationsanspruch einzulösen.

Wesentliche Momente dieses Modells sind:

(a) Situationsdefinition,
(b) Identifikation der Aufgaben (Anforderungen) der Situation,
(c) Erstellung eines Handlungsplans zur Bewältigung der Situation,
(d) Operation zur Durchführung der Handlung.

Die jeweiligen institutionellen Gegebenheiten erschweren, modifizieren oder erleichtern die Handlungsausführung, d. h. sie sind Rahmenbedingungen für den Handlungszusammenhang.

Vor dem Hintergrund dieser Aussage ist **Angst** *bestimmt durch das Bewußtsein, Situationen nicht bewältigen zu können.*

Angst kann durch folgende *Merkmalskomplexe* umschrieben werden:

— Sie entsteht in Situationen, deren Nicht-Bewältigung als Bedrohung bewertet wird;
— Handlungsentwürfe stehen entweder nicht zur Verfügung oder werden hinsichtlich der gewünschten Situationsbewältigung antizipatorisch als ungenügend eingeschätzt;
— Handlungsoperationen werden als unzureichend betrachtet.

Nach den Ausführungen zum heimlichen Lehrplan sollten wir nun die Perspektive wechseln und das Phänomen der Angst einmal aus der Sicht des Lehrers angehen. Die folgende Szene schildert recht eindringlich die Empfindungen eines Lehrers in einer von ihm als bedrohlich empfundenen Situation:

„Ein neues Schuljahr beginnt. Wieder einmal habe ich neue Hoffnungen und Vorsätze, wie ich den Einstieg gestalten möchte. Ich gehe mit Neugier, Spannung und einem Gefühl der Beklommenheit den sterilen weißgestrichenen Schulflur entlang und stehe plötzlich vor der Tür der Klasse, die ich noch nicht kenne.

Lautes Geschrei, Gelächter und ein wirres Durcheinander der „Schülermasse" — noch ganz undifferenziert für mich — reißen mich beim Eintreten in den Klassenraum aus meinen Träumereien und Fantasien und konfrontieren mich unausweichlich mit der konkreten Schulsituation.

Niemand scheint meine Anwesenheit zu bemerken, das Getöse um mich wird eher noch eindringlicher.

Wer bin ich jetzt überhaupt — fühle ich mich gekränkt, weil mich scheinbar niemand sieht oder akzeptiere ich das Verhalten der Jugendlichen, weil ich — im Grunde — gar nicht im Mittelpunkt stehen möchte?

Je länger ich hier stehe, desto mehr wächst meine Spannung: Ich muß etwas tun: Soll ich die Schüler mit Mimik und Gestik beeinflussen, soll ich einfach abwarten bis vielleicht von selbst Ruhe einkehrt, oder soll ich bei meiner steigenden Ungeduld dazwischenschreien und um Ruhe bitten?

Ich denke an viele ähnliche Situationen zurück, in denen ich mich schließlich erfolgreich durchgesetzt habe. Kann ich mich von meiner „Routine" und meinen Erfahrungen leiten lassen, oder soll ich einfach einmal ein anderes Verhalten ausprobieren?

Während mir diese Gedanken durch den Kopf gehen, registriere ich wie durch einen Schleier die verschiedensten Schüleraktionen: „Seid doch endlich ruhig!" — „Halt's Maul, wir wollen das Spiel noch zu Ende machen!" — „Kennst du den da vorne, soll so'n lascher Typ sein!" — „Ich hab' da aber was anderes gehört, meine Schwester mußte 'mal bei dem Typ nachsitzen!" — „Du, soll es heute nicht Feueralarm geben?" — „Wann ist die Stunde endlich vorbei?" ... Stühle kippen um, eine Kakaotüte fliegt durch die Klasse, plötzlich klebt ein Butterbrot an der Tafel, ...

Ich schreibe meinen Namen an die Tafel, die Schüler werden ruhiger, ich kann mich vorstellen, wir kommen ins Gespräch ..."

aus: WPB (= Westermanns Pädagogische Beiträge), 1980, S. 4/5

Bezugspunkt für die Angst dieses Lehrers ist die für ihn unklare, daher problematische Situation. Unklar ist ihm die eigene Stellung im Handlungszusammenhang, ja sogar sein Selbstverständnis ist ihm in diesem Augenblick nicht einmal hinlänglich deutlich.

Entsprechende Handlungsmuster stehen ihm zunächst nicht selbstverständlich zur Verfügung. Er spürt nur den ihm institutionell nahegebrachten Handlungsdruck (‚der Lehrer hat in seiner Klasse für Ruhe und Ordnung zu sorgen'), ohne aber tätig werden zu können. Er läßt entsprechende Handlungsregeln (die er z. T. schon früher mit Erfolg eingesetzt hat) Revue passieren und verharrt dennoch im Zustand angespannter Untätigkeit.

Versucht man über die Beschreibung des Phänomens hinaus einzelne Angst*formen* als Sozialisationseffekte der Schule herauszukristallisieren, so können hier die Funktionen der Schule als Orientierungspunkte gelten (s. S. 129).

Es ist dort unterschieden worden zwischen

— der *Bildungsfunktion* (Vermittlung von ‚Wissen' und von Qualifikationen)
— der *Integrationsfunktion* (Einordnung in umfassende Wertmuster der Gesellschaft)
— der *Sozialisationsfunktion* (Schule als Ort der unmittelbaren Aushandlung von Identität).

Von hierher lassen sich sowohl Anforderungen an den Lehrer als auch an die Schüler ableiten — Anforderungen, die von den Betreffenden als Situationsanspruch verstanden werden, der von ihnen bewältigt werden sollte.

Der Lehrer beispielsweise sieht sich in Situationen gestellt, die ihn als Experten und Bewerter, damit notwendig verbunden auch als Selektierenden fordern. Er ist Vertreter einer Werteordnung, für die er einzustehen hat, und er ist schließlich im Interaktionsprozeß an ausgezeichneter Stelle plaziert: Auf den Klassenverband als Gruppe bezogen, hat er eine Führerposition, und zwar in ihrem Doppelaspekt als *instrumentaler* und *sozialer* (*emotionaler*) *Führer.*

Von daher ergibt sich eine Vielzahl von Situationen, *die der Lehrer als Bedrohung empfindet*, sofern er seine Handlungsmöglichkeiten als inadäquat einschätzt oder gar ein Scheitern vor dem Situationsanspruch antizipiert.

Beispiele bezogen auf die

Bildungsfunktion: Angst kann in dieser Hinsicht entstehen,
- wenn die Schüler nicht mitarbeiten, sich nicht melden, nicht mitkommen, Lernen ablehnen,
- wenn der Lehrer sich als Unterrichtsexperte bedroht sieht („Bei dem lernt man nichts" — „Der hat keine Ahnung"),
- wenn Unterrichtsinhalte angesprochen sind, die problematisch werden können (Sexualkunde, z. T. Politikunterricht),
- wenn der Lehrer sich als Bewerter in Frage gestellt sieht („Die Note ist ungerecht" — „Wieso hat der 5 Punkte und ich nur 4, obwohl die Aufgabe genauso beantwortet ist?").

Integrationsfunktion: Angst kann aufkommen,
- wenn beim Lehrer Diskrepanzen auftreten zwischen seinen Wertauffassungen und den in der Schule zu vermittelnden (z. B. zwischen Ordnung und Lockerheit, Anordnen und Mitbestimmen, Disziplin und ‚fruchtbarer' Unruhe, die schnell zur ‚furchtbaren' werden kann).

Sozialisationsfunktion: Angst kann auftreten,
- wenn eine Klasse oder einzelne Schüler verhaltensschwierig sind,
- wenn der Lehrer sich als Autoritätsperson bedroht fühlt (Schüler ignorieren einfach Anordnungen des Lehrers),
- wenn er sich nicht in einer von ihm akzeptierten Weise darstellen kann („Ich finde in der Klasse einfach keinen Stil" — „Ich komme mir dort immer ganz seltsam vor").

Ähnlich läßt sich auch das Spektrum an *Situationsbedrohungen für die Schüler* entwickeln: Mit Bezug auf die Bildungsfunktion entsteht Prüfungsangst sowie der Zusammenhang von Angst und Leistung; hinsichtlich der Integrations-, besonders aber der Sozialisationsfunktion entsteht Angst als Bedrohung der Identität, etwa durch Strafen, durch Konfrontation mit anderen als den bisher für selbstverständlich gehaltenen Werten und Sichtweisen, mit einem anderen, als kaum erreichbar eingeschätzten Sprachgebrauch.

Ein in diesem Zusammenhang besonders beachtetes und immer wieder aufgegriffenes Thema im Rahmen schulischer Sozialisationsphänomene ist die **Prüfungsangst.**

Um sie in ihrem Ausmaß, in ihrer Intensität beim Schüler genauer erfassen zu können, hat man hierfür ein ‚Meßinstrument' entwickelt, das übrigens auch im alltäglichen Unterricht eingesetzt werden kann: TASC (Test Anxiety Scale for Children). Dies ist ein einfacher Fragebogen, der Einzeldimensionen des Faktors Angst ausdifferenziert:

„1. Ich habe immer etwas Angst, wenn die Aufgaben *abgefragt* werden oder im Mündlichen *geprüft* wird.
2. Ich mache mir oft Sorgen, ob ich *versetzt* werde.
3. Wenn der Lehrer mich *vor die Klasse* ruft und ich vorlesen muß, habe ich immer Angst, daß ich mich verspreche.
4. Wenn der Lehrer jemanden *vorn zur Tafel* ruft, denke ich meistens: hoffentlich nimmt er mich nicht.
5. Manchmal träume ich nachts, daß ich in der Schule bin und mich vor der Klasse blamiere, *weil ich etwas nicht kann.*
6. Wenn der Lehrer *prüfen* will, ob wir zu Hause gelernt haben, bekomme ich immer Herzklopfen.
...
13. Wenn ich krank bin und die Schule versäumen muß, quält mich der Gedanke daran, was ich alles versäume und daß meine Schulleistungen schlechter sein werden als die der anderen Kinder, wenn ich wieder zur Schule zurückkomme.
...
23. Bei *Klassenarbeiten* zittert mir oft die Hand.
24. Während einer *Klassenarbeit* mache ich oft Fehler, weil ich so aufgeregt bin."
aus: SPEICHERT 1977, S. 93/94

Die wichtigsten Untersuchungsergebnisse über den Zusammenhang von Angst und Prüfungsleistung, die mit diesem Meßinstrument ermittelt wurden, kann man in den beiden folgenden Aussagen zusammenfassen:
— *Die Prüfungsangst ist umso größer, je geringer der soziale Status des Elternhauses ist, aus dem die Kinder kommen* (SPEICHERT 1977, S. 95/96);
— *Prüfungsangst-Werte sind umso höher, je schlechter die Zensur des geprüften Faches ist.*

Dabei ist zu beachten: Der höchste Angstgrad besteht bei den ‚Vierern'; der Streß vor dem ‚Umkippen' ist bei ihnen am größten, die ‚Fünfer' dagegen haben häufig schon resigniert.

Die Angst des Schülers äußert sich in ganz unterschiedlichen Formen, die oft keinen ursächlichen Zusammenhang mehr mit seinem Angstgefühl erkennen lassen, so z. B. als
— Schulschwänzen (Vermeidungshaltung),
— Flucht in die Krankheit,
— auffällig freches und dreistes Auftreten,
— Albernheit.

4.3.4 Schule und Etikettierung

Sicherlich haben Sie in Ihrer Schulzeit schon einmal Urteile über Schüler gehört, die etwa lauteten:

Der X bringt nichts, bei dem fehlt es an Substanz. Wo soll es auch herkommen? Wir hatten schon den Bruder, der konnte auch nichts vorweisen.

Der X ist schlichtweg faul; er weigert sich, auch nur die geringste Anstrengung zu unternehmen.

Gemeinsam ist all diesen Statements, sei es über den dummen, den faulen oder wie auch immer beurteilten Schüler, daß ihnen diese Eigenschaften als persönliche Charaktermerkmale zugeschrieben werden: *der Schüler X ist*...

Hiermit ist sozialpsychologisch gesehen ein doppelter Effekt erzielt: Zum einen entlastet man sich selbst von der unangenehmen Aufgabe der Selbstprüfung, zum anderen wird der vermutlich zeit- und arbeitsaufwendige Weg einer akribischen Suche nach denkbaren Gründen bequemerweise erst gar nicht beschritten und dies auch noch mit beruhigenden Gründen. Denn: Handelt es sich bei dem, was man an Negativa feststellen kann, um Charaktereigenschaften, dann machen sie einen Teil des ‚Wesens', der Persönlichkeit aus, dann sind es Eigenschaften, die der Schüler mitbringt, an denen man ohnehin nichts oder kaum etwas ändern kann.

Hinter diesem *Eigenschaftskonzept* — wie man es vielleicht nennen könnte — steht allerdings eine Verkürzung: Es wird übersehen, daß man zwar Eigenschaften *‚hat'*, daß man sie zum Teil aber auch *‚erwirbt'*, und zwar im Rahmen sozialer Interaktion.

Dieser Gedanke des Erwerbs von Eigenschaften kann wiederum im Rückgriff auf die Ausführungen zum Identitätskonzept entwickelt werden. Identität stellt sich in spezifischen Situationen dar, wobei sie in der Spannung von *Selbstbild (I)* und *Fremdbild (Me)* steht. Die je spezifische Identität in einer Situation wird also herausgearbeitet in der Auslegung meiner selbst mit meiner Interpretation davon, wie ich meine, daß der andere mich sieht und wie er tatsächlich mir gegenüber handelt.

In meine Darstellung gehen also Selbstdefinition und Einschätzung der anderen, die ich übernehme, ein. Bedrohungen der Identität entstehen dann, wenn die Fremdzuschreibungen von meiner eigenen Definition abweichen, Beschädigung der Identität schließlich in dem Fall, daß die Fremdzuschreibung die Kraft entfaltet, meine eigene Definition zusehends zu verdrängen. Dies ist umso wahrscheinlicher, je signifikanter der andere für mich ist, je unsicherer und unschärfer schon meine Eigendefinition und je höher damit die Bereitschaft ist, die Zuschreibung des anderen zu akzeptieren.

Identitätsmerkmale entstehen also auch unter den Bedingungen der Zuschreibung von Eigenschaften (= Attribuierung), die als Zeichen, als Marke fungieren, mit denen eine Person etikettiert wird.

Dieses Verständnis von der Entwicklung der Persönlichkeit nennt man **labeling approach,** *‚Markierungskonzept'*, im Gegensatz zum *‚Eigenschaftskonzept'*.

Den Fall, daß eine ganze Schulklasse als ‚Doofen-Klasse' attribuiert wird, schildert HERNDON. Der Autor berichtet, daß er eines Tages auf der Bowling-Bahn den doofsten Jungen aus seiner Doofen-Klasse traf. Er schrieb dort Spielergebnisse für die Liga-Wettkämpfe an und verdiente sich damit ein paar Dollar.

„Er schrieb also die Punkte an. Zwei Mannschaften, jede vier Mann stark, also acht Bowling-Punktlisten gleichzeitig. Da mußte er schnell addieren, durfte keinen Fehler machen (das hätte niemand geduldet), und dies bei dem recht verwickelten Vorgang des Punkte-Zählens im Bowling. Jemand wirft einen ‚Spare', das zählt zehn plus alles, was er mit der nächsten Kugel schafft; jemand wirft einen ‚Strike', das zählt zehn plus alles, was er mit den zwei nächsten Kugeln bekommt. Stellen Sie sich vor, der Bowling-Spieler wirft drei ‚Strike' hintereinander und zwei ‚Spares' und Sie müssen das richtig anschreiben und haben es gleichzeitig mit sieben weiteren Spielern zu tun, die alle entweder ‚Strikes' oder ‚Spares' oder weniger werfen. Die Bowling-Liga ist weder eine Wohlfahrts-Organisation noch eine Bewährungshilfe oder dergleichen und hat kein Interesse daran, irgendeinem doofen Jungen eine Chance zu geben, sich zu bessern, indem er ihre Punkt-Ergebnisse beim Anschreiben durcheinanderbringt. Nein: sie zahlten diesem gescheiten Jungen, der sich als fix und genau erwiesen hatte, fünfzehn Dollar, weil sie einen guten Anschreiber brauchen konnten.
Ich dachte mir, diesen doofen Jungen habe ich jetzt. In der nächsten achten Stunde lobte ich ihn — wie klug er sei, um in der Bowling-Liga Punkte anschreiben zu können. Ich brachte auch andere Jungen zu ähnlichen Zugeständnissen: sie trugen Zeitungen aus und mußten natürlich kassieren und Wechselgeld herausgeben. Ich brachte die Mädchen zu dem Bekenntnis, daß sie beim Einkaufen ohne Schwierigkeit entscheiden konnten, ob das Paar Schuhe 10,95 Dollar kostete, oder ob es 109,50 hieß oder 1,09 Dollar, und wieviel Wechselgeld sie auf einen Zwanziger zurückkriegen würden. Natürlich gab ich den Kindern jetzt Aufgaben über Bowling-Anschreiben und Zeitungsgeld-Kassieren und Schuhe-Einkaufen, und natürlich durfte jeder selbst auswählen, welche Aufgaben er lösen wollte, und natürlich kam dabei heraus, daß all die doofen Kinder mich sofort wieder bestürmten und brüllten: Ist das hier richtig? Ich weiß nicht, wie ich das rechnen soll! Wie muß es in Wirklichkeit heißen? Das hier stimmt doch nicht, oder? Was krieg ich jetzt für eine Zensur? Mädchen, die Schuhe für 10,95 Dollar mit einem Zwanzigerschein bezahlten, kriegten als Wechselgeld 400,15 Dollar zurück und wollten wissen: ist das richtig? Der glänzende Bowling-Liga-Anschreiber konnte sich nicht entscheiden, ob zwei ‚Strikes' und ein dritter ‚Frame' von acht nun achtzehn oder achtundzwanzig Punkte ergab, oder waren es hundertachteinhalb?"
aus: HERNDON 1972, S. 120 ff.

Auffällig ist bei dieser Szene die Diskrepanz in der Leistung des Jungen in den verschiedenen Situationen: auf der Bowling-Bahn einerseits, in der Schule andererseits.

Auf der Bowling-Bahn hat er gezeigt, daß er über rechnerische Fähigkeiten verfügt, die er auch entsprechend umsetzen kann. In der Schule dagegen ist er nicht in der Lage, die strukturell gleiche Anforderung zu bewältigen.

Vom *labeling-approach* (Etikettierungsansatz) her wird dies mit der Negativerwartung erklärt, die den Schülern als Mitglied der Doofen-Klasse von vornherein entgegengebracht wird: Die Situation in der Schule ist für sie durch signifikante Andere (Lehrer und im weiteren auch durch Eltern, Freunde als virtuellem Publikum) als Nicht-Können bezeichnet. Ein Schüler der Doofen-Klasse — und das ist schon im voraus klar — *kann eben nicht rechnen.*

Anders auf der Bowling-Bahn: Dort, in einem von Schule abgehobenen Handlungsfeld, wird die Situation anders wahrgenommen und definiert. Schon durch die Erwartungshaltung der *dort* anwesenden signifikanten Anderen (andere Anschreiber, Clubvorsitzender) sind andere Etikettierungssysteme eingebracht: Nicht Noten, bestimmte formale Fähigkeiten, standardisierte Leistungen sind gefordert, sondern Schnelligkeit und Überblick. Die inhaltlichen Anforderungen sind eng an die spezielle Beschäftigung auf der Bowling-Bahn und nicht auf abstrakte Leistungen in anderen Sektoren, wie vor allem der Schule, bezogen.

Zur Erklärung dieses Phänomens greift man auf die sog. **„selffulfilling-prophecy“** zurück: *Ein Ereignis tritt ein, weil es vorhergesagt wurde.* Dies klang schon oben an, als darauf verwiesen wurde, daß ein Schüler der Doofen-Klasse gar nicht rechnen kann. Oder genauer: Ein Schüler, der zur Doofen-Klasse gehört, wird nie rechnen können — eben weil er doof ist. Die Schüler nehmen diese Etikettierung im Laufe ihrer Schulzeit vermutlich an, erst recht, wenn ihnen die relevanten Interaktionspartner nach Maßgabe dieser Erwartung entgegentreten.

4.3.5 Lerntafel

Phänomene schulischer Sozialisation

Neben dem offiziellen kann man auch einen inoffiziellen oder **heimlichen Lehrplan** unterscheiden.

Der heimliche Lehrplan richtet sich primär auf den Lernbereich von Unterricht, in dem *institutionell geforderte Sozialisationsleistungen* erbracht werden (müssen).

Aus dieser Perspektive erscheint Unterricht als symbolisch vermittelte Interaktion, die durch *institutionellen Druck als Gefährdung der Identität* erlebt wird.

Die Folge: Die Beteiligten erwerben *Fähigkeiten zur Anpassung an das Sozialsystem ‚Unterricht‘*, um der Gefährdung zu entgehen oder sie zu unterlaufen.

Der institutionelle Charakter von Unterricht wird bekräftigt und abgestützt durch **Rituale.**

Unter einem Ritual versteht man einen veräußerlichten (verselbständigten) Handlungszusammenhang, durch den ein Grundanspruch der betreffenden Institution vermittelt wird, ohne sich explizit zu legitimieren.

Wird der Druck des Sozialsystems ‚Unterricht' überstark, entsteht **Angst.** Angst erwächst aus dem Bewußtsein, Situationen nicht bewältigen zu können. Sie wird erlebt als *Bedrohung des Selbstbildes* mit Bezug auf die gestellten Anforderungen.

Ein Selbstbild wird nicht nur als schon fertiges in den Unterricht mitgebracht, es baut sich auch im Rahmen der unterrichtlichen Interaktion durch *Zuschreibung von Attributen als Etiketten* (‚Marken') der Person auf.
Man nennt diesen Ansatz zur Erklärung des Aufbaus einer Persönlichkeit **labeling approach** (‚Markierungskonzept').

4.3.6 Arbeitsvorschlag

Wie könnte man mit den hier entwickelten Kategorien zu den Prozessen schulischer Sozialisation den folgenden Erfahrungsbericht eines Lehrers analysieren?

„Eine Klassenarbeit ist eine Lernzielkontrolle, die einmal dem Lehrer anzeigt, ob sein Stoff vom Schüler angenommen wurde, und zum anderen eine individuelle Leistungskontrolle des jeweiligen Schülers. Leistungsstände müssen gemessen werden, weil die darüber ausgestellten Zertifikate der Schlüssel zu immer neuen Zertifikaten sind. So wurde es mir in der Referendarausbildung gesagt, und weil ich kein Systemveränderer bin, leuchtete es mir ein.

Die erste Klassenarbeit, die ich beaufsichtigte, wurde ein Festival für Spicker, da ich das Umherlaufen zu dieser Zeit als ehrenrührig für mich und die Schüler empfand.

Nach der Arbeit erklärte die Klasse freimütig, Spicken halte sie nicht für ein unmoralisches Geschäft, sondern vielmehr für ein zulässiges Instrument des Wettkampfes, den die Schule über sie verhänge.

Fazit: Der Lehrer, der nicht kontrolliert, toleriert die Hilfsmittel der Klasse.

Was ist dann Leistungskontrolle? Was Notengerechtigkeit?

Was sich am Ende bewerten ließe, wäre die Qualität des Spickzettels, der Mut, ihn einzusetzen und sicher durch alle Kontrollen zu bringen.

Ich sagte, solange Klassenarbeiten in dieser Form geschrieben werden, schließe ich mich der Auffassung an, daß Spickzettel die Notengerechtigkeit stören.

Na bitte, sagte die Klasse, dann tun Sie ihre Pflicht! Einen Spickzettel finden, heißt Note ‚sechs' unter das vorzeitig kassierte Heft setzen.

Das war schon früher so. Solange man Schüler ist, leuchtet diese Regel ein. Meine Betroffenheit als Lehrer wächst mit jeder Klasse, die meine Kontrolle herausfordert."
aus: FETZER 1981, S. 33

4.4 Literatur

Zur Sozialisation und Internalisierung

* R. DAHRENDORF, Homo sociologicus, Opladen 1971
J. HABERMAS, Stichworte zur Theorie der Sozialisation, in: ders., Kultur und Kritik, Frankfurt 1977, S. 118 ff
* T. PARSONS, Einige Grundzüge der allgemeinen Theorie des Handelns, in: H. HARTMANN (Hrsg.), Moderne amerikanische Soziologie, Stuttgart 1967, S. 153 ff
ders., Die Schulklasse als soziales System: Einige ihrer Funktionen in der amerikanischen Gesellschaft, in: Funk-Kolleg Päd. Psychologie Band 1, Grundlagentexte, Frankfurt 1973, S. 348 ff

Zum Symbolischen Interaktionismus

* P. L. BERGER/TH. LUCKMANN, Die gesellschaftliche Konstruktion der Wirklichkeit, Frankfurt 1980
W. BERGMANN, Lebenswelt des Alltags oder Alltagswelt?, in: Kölner Zeitschrift für Soziologie und Sozialpsychologie 33, 1981, S. 50–72
* G. MCCALL/J. L. SIMMONS, Identität und Interaktion, Düsseldorf 1974
A. van GENNEP, Les rites de passage, Paris 1909
E. HUSSERL, Die Krisis der europäischen Wissenschaften und die transzendentale Phänomenologie, Hamburg 1977 (1. Aufl. 1936)
DERS., Erfahrung und Urteil, Hamburg 1948
G. H. MEAD, Geist, Identität und Gesellschaft, Frankfurt 1978
CH. RITTELMEYER/G. WARTENBERG, Verständigung und Interaktion, München 1975
R. C. SCHANK/R. P. ABELSON, Scripts, Plans, Goals and Understanding, New York 1977
A. SCHÜTZ, Der sinnhafte Aufbau der sozialen Welt, Frankfurt/Main 1974
A. SCHÜTZ/TH. LUCKMANN, Strukturen der Lebenswelt, Neuwied, Darmstadt 1975
A. STRAUSS, Spiegel und Masken, Frankfurt 1968
B. WALDENFELS, In den Netzen der Lebenswelt, Frankfurt 1985

Zu Phänomenen schulischer Sozialisation

B. BRECHT, Flüchtlingsgespräche, Ges. Werke Bd. 14, Prosa 4, Frankfurt/Main 1967
* H. FEND, Gesellschaftliche Bedingungen schulischer Sozialisation, Weinheim 1974
F. FETZER, Ich bin ein Stück Staat, in: Die ZEIT Nr. 25 — 12. 6. 1981, S. 33
J. HENRY, Der erlebte Alptraum, in: b:e 6, 1973, Heft 5, S. 23 ff
J. HERNDON, Die Schule überleben, Stuttgart 1972
H. G. HOMFELDT u. a., Für eine sozialpädagogische Schule, München 1977
H. RUMPF, Unterricht und Identität, München 1976
* H. SPEICHERT, Schulangst, Reinbek 1977
B. WEIDMANN, Lehrerangst, München 1978
WESTERMANNS PÄDAGOGISCHE BEITRÄGE 32, 1980, S. 4/5 (A. KLAUS, Wenn ich an die Schule denke, verkrampft sich in mir alles)
J. ZINNECKER (Hrsg.), Der heimliche Lehrplan, Weinheim, Basel 1975

Überblicksliteratur

L. KRAPPMANN, Soziologische Dimensionen der Identität, Stuttgart 1971

5. Institutionell-gesellschaftliche Dimension der Erziehung

Bei der Klärung solch abstrakter Beziehungen wie der von der Schule zum gesellschaftlichen Zusammenhang arbeitet man häufig mit vereinfachenden Modellen. Man zergliedert beispielsweise den wenig faßbaren Begriff der Gesamtgesellschaft in einige große Teilbereiche wie: Schule, Familie, Berufs- und Wirtschaftssystem, bei denen man dann schon weniger Mühe hat, ihre Beziehungen zueinander zu klären.

Wichtig ist: Man kann in einem solchen Modell nicht alle gesellschaftlichen Teilbereiche erfassen, sondern man

- wählt einzelne besonders wichtige aus,
- bleibt so allgemein wie nötig und geht — soweit sie entbehrlich sind — nicht auf Detailaspekte ein.

Beispiel:

Um die gesellschaftliche Funktion der Schule zu bestimmen, ist es nicht wichtig, gesondert auf das medizinische Versorgungssystem einer Gesellschaft einzugehen, man kann es weglassen. Ebensowenig ist es erforderlich, in das Modell untergeordnete Aspekte aufzunehmen: So muß zwar das wirtschaftliche System, wie noch einsichtig wird, im Modell einen Platz haben, vernachlässigen kann man aber bei Aussagen über sein Verhältnis zur Schule etwa die Regelung der Sozialversicherung oder die betriebliche Altersversorgung. Dies mag allenfalls für ganz spezielle Fragen bedeutsam sein, nicht aber für eine allgemeine Betrachtung der Beziehung von Wirtschaft und Schule.

Soviel als Vorbemerkung. Aber auch hier stellt sich die Frage, wie es weiter geht, wie man zu ersten, wichtigen Aussagen über die Schule kommt.

Es bietet sich, wie schon wiederholt, eine *phänomenologische Analyse* an: Man betrachtet ein historisch gegebenes Schul- und Gesellschaftssystem, z. B. das der Neuzeit in Mitteleuropa, und versucht, wesentliche Bezüge festzuhalten und Nebensächliches auszuschalten. Man kann dabei in der Wahl des Gegenstandes so allgemein bleiben, da es um seine globale Beschreibung geht und nur die strukturellen Aspekte festgehalten werden sollen, ähnlich wie das bei der Bestimmung des Handlungsbegriffs oder der Analyse des erzieherischen Handelns der Fall war.

Also: In anderem Kontext sehr bedeutsam, aber unter diesem Aspekt wahrscheinlich unwichtig ist, ob Kinder mit fünf oder sechs Jahren in die Schule kommen, ob sie im ersten Jahr Noten erhalten oder nicht, ob Chemie mit zwei Wochenstunden oder einer unterrichtet wird. Wichtiger dagegen sind Fragen wie die, wozu Kinder und Jugendliche überhaupt zur Schule gehen, was grundlegend in der Schule geschieht und wer Einfluß nimmt auf das, was dort abläuft.

Zu guter Letzt stellt sich nun noch das Problem, wie man die Darstellung angeht. Man steht hier wie schon öfter vor dem Dilemma, entweder auf zeitgenössische Wissenschaftsbeiträge zur Theorie der Schule zurückzugreifen, dafür aber unter Umständen auf ein zunächst wenig verständliches Fachvokabular zu stoßen, auf Begriffe wie: ‚gesamtgesellschaftlicher Reproduktionsprozeß', ‚Perpetuierungs- und Affirmationsinstanz', ‚Ort multivarianter Qualifikationsvermittlung' u. ä.

Oder aber — und das ist unser Vorschlag — man greift auf eine klare, scharfe Analyse der Stellung von Schule zurück, die zwar nicht ‚neu' ist, die aber die wesentlichen Aspekte erfaßt und zudem auch sprachlich gut zugänglich ist. Wir meinen die Hinweise HEGELS auf die gesellschaftliche Stellung der Schule in seinen Gymnasialreden.

„Die Schule steht nämlich zwischen der Familie und der wirklichen Welt, und macht das verbindende Mittelglied des Uebergangs von jener in diese aus. Diese wichtige Seite ist näher zu betrachten.

Das Leben in der Familie nämlich, das dem Leben in der Schule vorangeht, ist ein persönliches Verhältnis, ein Verhältnis der Empfindung, der Liebe, des natürlichen Glaubens und Zutrauens; es ist nicht das Band einer Sache, sondern das natürliche Band des Bluts; das Kind gilt hier darum, weil es das Kind ist; es erfährt ohne Verdienst die Liebe seiner Eltern, so wie es ihren Zorn, ohne ein Recht dagegen zu haben, zu ertragen hat. — Dagegen in der Welt gilt der Mensch durch das, was er leistet: er hat den Werth nur, insofern er ihn verdient. Es wird ihm wenig aus Liebe und um der Liebe willen; hier gilt die Sache, nicht die Empfindung und die besondere Person. Die Welt macht ein von dem Subjektiven unabhängiges Gemeinwesen aus; der Mensch gilt darin nach der Geschicklichkeit und der Brauchbarkeit für eine ihrer Sphären, je mehr er sich der Besonderheit abgethan, und zum Sinne eines allgemeinen Sehns und Handelns gebildet hat.

Die Schule nun ist die Mittel-Sphäre, welche den Menschen aus dem Familienkreise in die Welt herüberführt, aus dem Naturverhältnisse der Empfindung und Neigung in das Element der Sache. In der Schule nämlich fängt die Thätigkeit des Kindes an, wesentlich und durchaus eine ernsthafte Bedeutung zu erhalten, daß sie nicht mehr der Willkür und dem Zufall, der Lust und Neigung des Augenblicks anheimgestellt ist; es lernt sein Thun nach einem Zwecke und nach Regeln bestimmen; es hört auf, um seiner unmittelbaren Person willen, und beginnt nach dem zu gelten, was es leistet, und sich ein Verdienst zu erwerben.

Auf der andern Seite hat die Schule ein Verhältnis zur wirklichen Welt, und ihr Geschäft ist, die Jugend zu derselben vorzubereiten. Die wirkliche Welt ist ein festes in sich zusammenhängendes Ganze von Gesetzen und das Allgemeine bezweckenden Einrichtungen; die Einzelnen gelten nur, insoweit sie diesem Allgemeinen sich gemäß machen und betragen, und es kümmert sich nicht um ihre besonderen Zwecke, Meinungen und Sinnesarten. In dieses System der Allgemeinheit sind aber zugleich die Neigungen der Persönlichkeit, die Leidenschaften der Einzelnheit und das Treiben der materiellen Interessen verflochten; die Welt ist das Schauspiel des Kampfs beider Seiten miteinander. In der Schule schweigen die Privat-Interessen und Leidenschaften der Eigensucht; sie ist ein Kreis von Beschäftigungen, vornehmlich um Vorstellungen und Gedan-

ken. — Wenn aber das Leben der Schule leidenschaftsloser ist, so entbehrt es zugleich das höhere Interesse und den Ernst des öffentlichen Lebens; es ist nur eine stille, innere Vorbereitung und Vorübung zu demselben. Was durch die Schule zu Stande kommt, die Bildung der Einzelnen, ist die Fähigkeit derselben, dem öffentlichen Leben anzugehören. Die Wissenschaft, die Geschicklichkeiten, die erworben werden, erreichen erst ihren wesentlichen Zweck in ihrer außer der Schule fallenden Anwendung."
aus: HEGEL 1811, S. 269—273

Die Schule steht also nach HEGEL in einer Mittelstellung, sie hat überleitende und verbindende Funktion: Sie ist notwendige Durchgangsstation beim Weg von der Familie in die Gesellschaft.

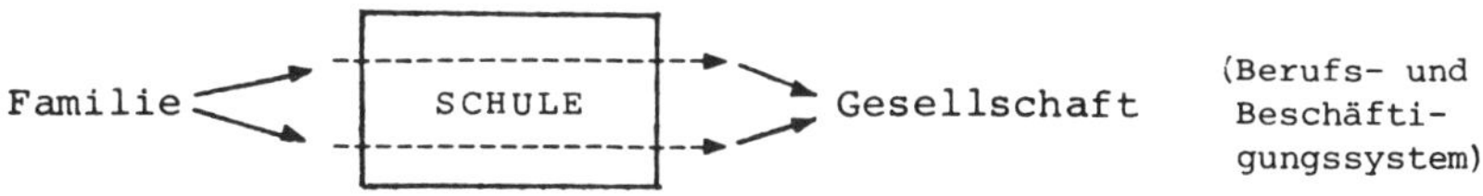

In der heutigen sozialwissenschaftlichen Terminologie würde man die Begriffe ‚Familie' und ‚Gesellschaft' nicht auf der gleichen Stufe einander gegenüberstellen. Mit Gesellschaft bezeichnet man das Gesamtsystem einer Sozietät (Gesamtgesellschaft), auf das bezogen Familie, Schule, Wirtschaft, Recht usw. nur Teile sind (Teilgesellschaften, Teilsysteme). Man müßte vom heutigen Sprachgebrauch her sagen: Schule, als ein gesellschaftliches Teilsystem, nimmt eine Mittelstellung ein zwischen dem Teilsystem Familie einerseits und dem von Wirtschaft und Beruf andererseits.

Was macht diesen Übergang eigentlich so bemerkenswert? Er wird es aufgrund der unterschiedlichen Bedingungen, unter denen die Menschen im vor- bzw. nachgelagerten System miteinander zu tun haben. In der Familie ist die Interaktion vor allem der Eltern mit dem Kind von Emotionalität und Sorge getragen; das Kind braucht sich ihre Liebe nicht zu erkaufen oder zu verdienen, sondern die Eltern geben ihm aus sich heraus Zuneigung. Die moderne Familiensoziologie spricht hier von affektiv identitätsförderndem Elternverhalten.

In der Gesellschaft dagegen — im Beruf, in der Öffentlichkeit, zum Teil auch in der Freizeit — basiert die Interaktion auf anderen Prinzipien: auf dem der Sache oder der Leistung. Der andere zählt nicht, weil er besonders sympathisch aussieht und man sich ihm affektiv bejahend zuwendet, sondern nur, sofern er etwas weiß oder kann. Die Interaktionsbezüge sind versachlicht. Im Beruf werden Leistung und Können verlangt, und die Sekretärin, die wegen ihrer hübschen Beine eingestellt wurde, bleibt eher die für Witzblätter geeignete Figur.

Dieser Übergang aus der relativ behüteten und auf Zuwendung beruhenden Situation der Familie in die rauhere und eher sach- bzw. leistungsorientierte Sphäre der Gesellschaft ist recht massiv und erfordert einiges an Vorbereitungen, sowohl in bezug auf Wissen, Können als auch auf Haltungen und Einstellungen. Diese Aufgabe übernimmt primär die Schule.

In Zeiten, in denen privater und gesellschaftlich-öffentlicher Bereich noch nicht so stark voneinander getrennt waren, in denen zudem nicht derart komplexe und spezielle Fähigkeiten erfordert waren, hat die Familie selbst diese Übergangsfunktion übernommen. Spuren davon sieht man noch in agrarisch ausgerichteten Landstrichen, wo Leben der Familie und Arbeit ineinander übergehen und die Kinder durch Mitarbeiten im Familienkreis lernen, d. h. auf die ‚Berufstätigkeit' eines Bauern durch die Familie vorbereitet werden.

Noch eine weitere Anmerkung: Die Aussagen über die Situation in der Familie und der Gesellschaft sind generalisiert, sie erfassen weder pathologische Erscheinungsformen (daß ein Kind beispielsweise permanent geprügelt wird, oder es sich eben doch die Zuneigung seiner Eltern ‚erarbeiten' muß), noch Sonderformen (z. B. schichtspezifische Verhaltensweisen), noch Einzelfälle (daß also jemand in der Gesellschaft etwas gilt, nicht weil er gute Arbeit vollbringt, sondern weil er Beziehungen oder doch, wie schon erwähnt, die hübschen Beine hat). Dies sind Aspekte, die erst auf der nächsten, der schon etwas konkreteren Stufe in den Blick kommen, aber noch nicht hier bei einer ganz grundsätzlichen Betrachtung der Stellung von Schule im gesellschaftlichen System.

Nach diesen weiterführenden Aussagen wäre also unser Strukturbild folgendermaßen zu vervollständigen:

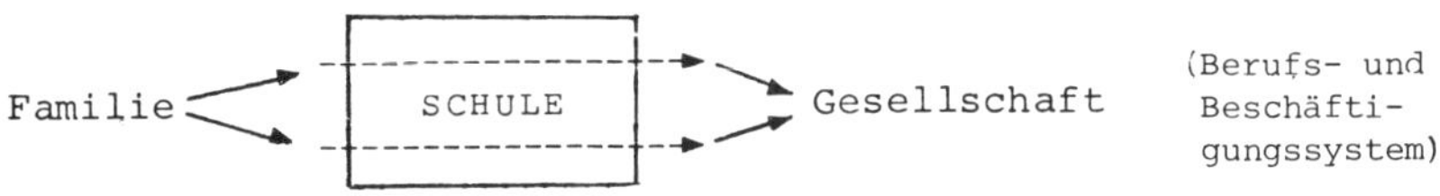

Zugeordnete Werte:

Liebe	—	Leistung
Zuneigung	—	Sachorientierung
affektive Dimension	—	Wissen und Können

Aus ihrer Zwischenstellung lassen sich nun die **Funktionen von Schule** ableiten. Für unseren Gedankengang ist wichtig:

Schule ist mit beiden Sphären in Verbindung. Das bedeutet, daß Handlungsprinzipien aus beiden Bereichen in ihr angetroffen werden: das der *Zuwendung* und das der *Leistungsforderung und Sachlichkeit.*

Zu beiden Aspekten sind einige erläuternde Bemerkungen zu machen. Zunächst zur individuellen Zuwendung:

Die Schule ist kein Betrieb, in dem die einzelnen nur existieren, weil sie morgens eine Stechkarte drücken, sondern sie fußt auch auf einem persönlichen Verhältnis von Lehrer und Schüler. Dies ist nicht so zu verstehen, als sei die Lehrer-Schüler-Interaktion von intimer Kenntnis der beiderseitigen Anschauungen, Lebensumstände, Probleme usw. getragen; allerdings sollen Berichte darüber, daß ein Lehrer manchmal mit einem Schülernamen nicht einmal etwas Genaueres verbindet, als hoffentlich seltene Fehlformen nicht weiter verfolgt werden.

Der Hinweis auf die individuelle Zuwendung ist vielmehr so aufzufassen, daß letztlich der Adressat schulischer und unterrichtlicher Bemühungen der einzelne Schüler in seiner je besonderen Eigenart ist, *daß Schule also auf die Individualität des Schülers eingehen soll.* Allerdings wird dieses Prinzip von Schule häufig durch schulische Großkomplexe mit anonymen Beziehungen zwischen Schülern und Lehrern und durch zu große Klassen unterlaufen.

Aber nicht nur hinsichtlich der Schüler-Lehrer-Interaktion kommt das hier angesprochene Prinzip zum Tragen. Auch in didaktisch-methodischer Hinsicht wird dieser Aspekt umzusetzen versucht, beispielsweise im Verweis auf die Individualisierung des Unterrichts durch Wahl von Fächern bzw. Fachkombinationen. Hiermit soll der Neigung und Begabung des einzelnen Schülers Rechnung getragen und er in seiner Persönlichkeitsentwicklung gefördert werden.

Und nun noch einige Anmerkungen zu ‚Leistung und Sachlichkeit‘: Auf der anderen Seite verlangt Schule Leistung, steht schulische Arbeit unter dem Anspruch der Sache. Der Schüler muß etwas ‚bringen‘, er wird auch danach bewertet, was er leistet, er muß sich Fähigkeiten und Kenntnisse (Qualifikationen) aneignen, selbst wenn er überhaupt keine Lust dazu verspürt. *Die Sache, die Lerninhalte treten ihm mit einem gewissen verbindlichen Anspruch gegenüber* (als ‚objektive‘ Ansprüche) und sind gerechtfertigt aus dem Verweis auf die ‚wirkliche Welt‘, etwa durch Allerweltsbegründungen wie: das muß man heute wissen; ohne Fremdsprachen kommt man nicht weiter; in der Wirtschaft verlangt man das. Oder auch durch wissenschaftlich gestützte Hinweise auf die Bildungsfunktion von Inhalten, auf den Zusammenhang von Wissen und Handeln oder den von Wissen und Urteilsfähigkeit. Die ‚objektiven‘ Ansprüche an Lernen und Unterricht sind bis zu einem bestimmten Grad in Richtlinien verbindlich festgehalten.

Schaut man jetzt noch einmal zurück, dann ist zwischen den Zeilen schon eine ganze Reihe von Aufgaben der Schule erwähnt, die sich aus ihrer Mittelstellung ergeben — Aufgaben, die man selbstverständlich nicht jedesmal wie hier umschreibt, sondern in einem Begriff zusammenfaßt.

- Die Aufgabe der Schule, die aus der Anlehnung an familiale Interaktionsmuster herrührt und auf die Beachtung und Förderung der Individualität ausgerichtet ist, kann man ihre **Personalisationsfunktion** nennen.
- Die Hinwendung der Schule zur ‚wirklichen Welt‘, die Orientierung an Leistung und Können, kann als **Qualifikationsfunktion** bezeichnet werden.

Aber noch zwei wesentliche Funktionen sind aus der besonderen Stellung der Schule ableitbar. Schule ist selbst auch eine eigene Sphäre, sie ist eine Institution mit eigenen Regeln, die von solchen für Abschreiben-lassen bis zu den Begrüßungsriten reichen, und sie hat eigene Gesetze (z. B. Schulmitwirkungsgesetz). Es werden Strafen ausgeteilt, Belohnungen vergeben, bestimmte Rollen gespielt. All dies prägt die Menschen, die in dieser Institution zu tun haben: Man erwirbt bestimmte Verhaltensweisen und Anschauungen, man baut ein bestimmtes Bild von sich und den anderen auf, man erwirbt Fähigkeiten der Motivzuschreibung, der Identitätsbalance und der Rollendistanzierung, kurz: Schule als Institution hat auch eine **Sozialisationsfunktion** (vgl. Kap. 4.2).

Und noch ein weiteres: Schule bereitet den einzelnen nicht nur auf sein berufliches Leben vor, sondern auch auf sein politisch-öffentliches. Hier sind Anforderungen durch schulischen Unterricht zu lösen, die man im weitesten Sinne als politische Bildung bezeichnen kann. Ihre Aufgabe: Einführung in die politisch-rechtliche Ordnung der jeweiligen Staatsverfassung, aber nicht bloß im Sinne eines affirmativ geprägten Akzeptierens, sondern darüber hinaus in der Intention, neben Anerkennung auch Kritik des Gegebenen zu ermöglichen. Man könnte diese Aufgabe die **Integrationsfunktion** von Schule nennen.

(18) Strukturbild: *Funktionen von Schule*

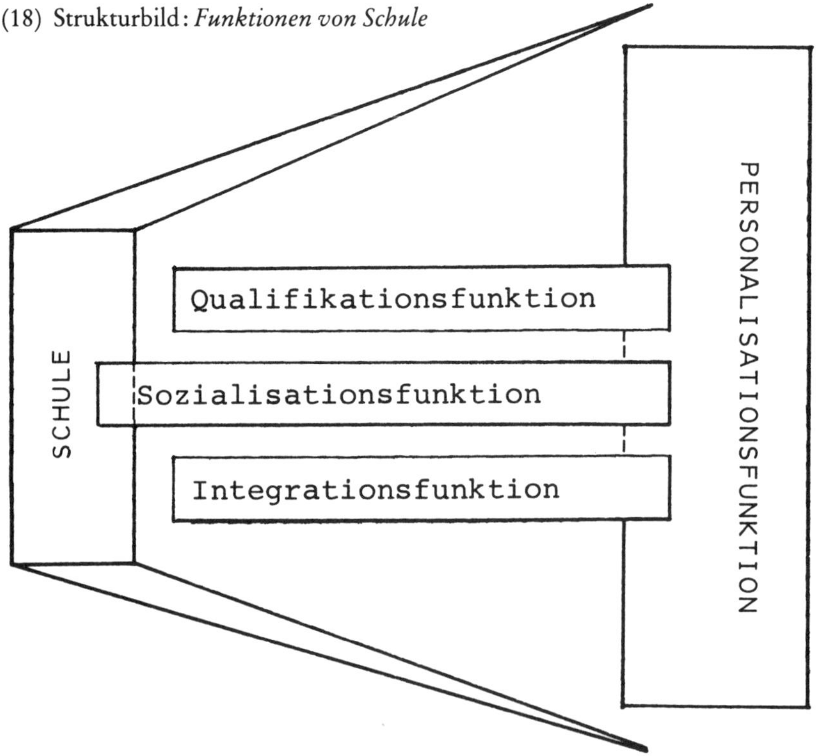

Noch einige Worte zur Darstellung, bei der die Größen nacheinander angeordnet sind, während sie tatsächlich jedoch wechselseitig miteinander in Verbindung stehen. So muß beispielsweise hervorgehoben werden, daß die Persönlichkeitsbildung nur über die anderen Funktionen angestrebt werden kann. Was jemand als Person ist, ist er in beruflicher *und* zugleich in politischer *und* in öffentlich-gesellschaftlicher *und* in privat-familialer Hinsicht. Man kann sagen: Er realisiert sich als Person über die anderen Bezüge.

Dennoch kann es sinnvoll sein, die Personalisationsfunktion der Schule gesondert aufzuführen,

a) um das auf das jeweilige Individuum ausgerichtete Handlungsprinzip von Schule deutlich zu machen,
b) um auf die Vernachlässigung dieses Prinzips zugunsten anderer Funktionen kritisch hinweisen zu können.

Auch zur Sozialisationsfunktion ist eine Anmerkung zu machen. Sie ist hier abgeleitet worden aus dem Charakter der Schule als Institution und verweist auf die damit zusammenhängenden gesellschaftlichen Handlungsmuster des einzelnen. Wie aber in Kap. 4 deutlich werden sollte, ist der Sozialisationsbegriff weiter zu fassen; er bezieht sich auf die Fähigkeit zum sozialen Handeln überhaupt, eine Fähigkeit, die selbstverständlich nicht nur in der Schule vermittelt wird und auch nicht nur in Form von Anpassungsleistungen besteht.

Die wichtigsten gesellschaftsstrukturellen Bezüge, die sich aus der Stellung der Schule zwischen Familie einerseits sowie Wirtschaftssystem und politisch-administrativem System andererseits ergeben, sollen in den folgenden Abschnitten detaillierter angesprochen werden:

— Hinsichtlich des Zusammenhangs von Schule und Familie werden wir uns mit Fragen der elterlichen Erziehungsstile und des Spracherwerbs,
— im Hinblick auf das Verhältnis von Schule und Wirtschaft mit der Bildungsökonomie und Bildungsplanung,
— in Hinsicht auf die Beziehung von Schule und Staat schließlich werden wir uns mit Grundstrukturen der Bildungspolitik beschäftigen müssen.

5.0.1 Lerntafel

Schule hat gesellschaftlich gesehen eine

Mittelstellung zwischen

FAMILIE

und

GESELLSCHAFT

- Wirtschafts- und Beschäftigungssystem
- Politisch-administratives System

Hier gilt das Prinzip:

- des Individuums (Kind)
- der Emotionalität (Zuwendung)

Hier gilt das Prinzip:

- der Sache
- der Leistung und Bewertung

Aus dieser Mittelstellung von Schule resultieren ihre verschiedenen Funktionen:

Personalisationsfunktion: die Bildung des Individuums zu einer selbständig handelnden Person (Persönlichkeitssystem)

Qualifikationsfunktion: die Vermittlung tätigkeitsrelevanter Fähigkeiten, und Einstellungen (Beschäftigungssystem)

Sozialisationsfunktion: die Vermittlung von Haltungen, die zur Interaktion in der Institution Schule befähigen (Institutionelles System)

Integrationsfunktion: die Vermittlung von Fähigkeiten, Fertigkeiten und Einstellungen, die zur Teilnahme an politischen Vorgängen erforderlich sind (Politisch-administratives System)

5.1 Schule und Familie

Einleitend soll zur Veranschaulichung auf ein Beispiel zurückgegriffen werden, das wie die meisten Beispiele die Zusammenhänge vereinfacht und das speziell in der Zuordnung Junge — Erfolg, Mädchen — Scheitern für die Frage der Schichtspezifität nicht die Relevanz hat, die es im Kontext geschlechtsspezifischer Rollenzuschreibung haben könnte.

„In der zweiten Klasse der Grundschule am Bornstein sitzen sie nur knapp zwei Meter auseinander: Sabine und Michael, beide 7. In der Pause tauschen sie Tierfotos gegen Filzstifte, am Mittwochnachmittag gehen sie ins Hallenbad zum Schwimmunterricht — der Schwimmlehrer hält sie immer für Geschwister. Sie wissen und sie ahnen nicht, wie meilenweit sie in Wirklichkeit voneinander entfernt sind.

Würde ein hellsichtiger Filmemacher den Film ihrer weiteren Entwicklung drehen, er sähe so aus: Sabine, zur Zeit mit durchschnittlichen Leistungen kaum schlechter als Michael, geht in zwei Jahren zur Hauptschule über. Erst läuft's ganz gut, später fallen ihre Leistungen stark ab, mit 13 bleibt sie sitzen. Sie beteiligt sich kaum am Unterricht, erledigt die Hausaufgaben nur ungenügend, bleibt zum zweiten Mal sitzen. Schon längst sagt man, es mangele nicht nur an Fleiß und Interesse, sondern eben doch auch an der Begabung. Sie erreicht den Hauptschulabschluß nicht. Nach einem halben Jahr zu Hause findet sie einen Job in der Schuhfabrik.

Michael wechselt nach dem 4. Schuljahr aufs Gymnasium, hält zunächst Schritt, kommt mit 15 ins Stolpern und wird mit Nachhilfe in Mathematik und Physik auf Trab gebracht (55 Mark für die 45-Minuten-Stunde). Mit 16/17 entwickelt er außergewöhnlich gute Leistungen in Deutsch und Geschichte, macht ein passables Abitur — mit Wartezeit. Er absolviert die Bundeswehr, schlüpft über Geschichte und Volkswirtschaft zur Jura und tritt in ein Anwaltsbüro ein.

Zwei Kinder, zwei Hindernisläufe über die Stolperstrecke der bundesdeutschen Bildungsszene. Zwei Normalfälle. Der Filmemacher hätte die beiden natürlich auch austauschen können, denn auch das gibt es: Michael landet als Ungelernter in der Schuhfabrik, Sabine avanciert zur Rechtanwältin. Nur wäre dies kein Film für Normalfälle geworden, sondern über extreme Ausnahmefälle, die sich in statistischen Prozentanteilen allenfalls geringfügig niederschlagen. Denn Sabines unerfreuliche Karriere, ihre „letztlich mangelnde Begabung", hat einen zumindest in der Bundesrepublik plausiblen Grund, der zwar nichts mit ihren tatsächlichen Fähigkeiten zu tun hat, aber dennoch den Ausschlag gibt: Der Familienstand von Sabines Familie (so heißt das nun mal in statistischen Erhebungen) ist Bauarbeiter, drei Kinder, Zweieinhalbzimmerwohnung, 1400 DM im Monat, die Mutter verdient halbtags in der Schuhfabrik dazu.

Die Chancen von Michael waren schon in der chancengleichen Grundschule erheblich gleicher: Sein Familienvorstand ist Richter am Oberlandesgericht, Fünfzimmerwohnung, 5800 DM im Monat, ein Kind.

Das ist noch immer der Regelfall: Kriterien, die mit den tatsächlichen Fähigkeiten eines Kindes nichts zu tun haben, entscheiden über Schulbildung und Lebenschancen."
aus: DAUBER/WEBER 1976, S. 32/33

Im Text stellen die Autoren zumindest einen wesentlichen Grund für die unterschiedlichen Schulkarrieren der beiden Kinder heraus: den familialen Hintergrund. Sie verweisen auf unterschiedliche Schichtmerkmale, auf den Beruf des Vaters, die Zahl der Kinder, die Wohnverhältnisse, das Einkommen, die insgesamt mit als Erklärung dafür herangezogen werden müssen, daß die Laufbahn des hier vorgestellten Mädchens in der Schuhfabrik, die des Jungen im Anwaltsbüro endete.

Das Fallbeispiel hebt deutlich hervor, daß das Verhältnis von Schule und Familie sehr stark unter *schichtspezifischen Gesichtspunkten* thematisiert werden muß. Die Verteilung der Kinder aus den verschiedenen Sozialschichten auf die unterschiedlichen Schulformen sowie der Schulerfolg lassen eine gewisse Gesetzmäßigkeit erkennen, die schon aus der Alltagserfahrung unmittelbar präsent ist und fast gebetsmühlenhaft wiederholt wird: Je höher die Schulform, desto geringer der Anteil der Kinder aus unteren Sozialschichten; je niedriger

(19) Tabelle: *Deutsche Studienanfänger nach der beruflichen Stellung des Vaters und Hochschularten*

Jahr[1]	Deutsche Studenten im 1. Hochschulsemester (insgesamt)					
	insgesamt	davon ist der Vater				
		Selbständiger	Beamter	Angestellter	Arbeiter	sonstige berufliche Stellung[2]
	Tausend	Prozent				
	Universitäten und Kunsthochschulen					
1970	67,4	26,5	25,2	34,0	11,9	2,4
1975	93,2	22,8	22,6	36,7	14,9	3,0
1980	108,4	21,5	21,3	39,3	14,7	3,2
1981	120,2	20,4	20,8	38,8	14,3	5,7
1982	124,3	20,4	21,2	40,6	14,5	3,3
1983	127,5	19,2	20,7	40,4	13,5	6,2
1984	119,3	19,1	20,7	39,8	12,7	7,7
1985	110,5	20,1	20,7	39,3	11,5	8,3
1986	111,7	18,1	19,9	37,2	10,3	14,4
1987	123,0	16,7	19,8	36,4	10,0	17,2
1988	133,6	16,8	19,8	36,3	9,5	17,6
	Fachhochschulen					
1975	32,1	21,8	14,4	32,8	27,6	3,4
1980	42,8	19,6	15,1	35,4	25,2	4,6
1981	49,0	19,1	14,7	35,5	25,4	5,2
1982	53,4	18,8	14,5	36,0	26,3	4,5
1983	55,4	18,2	14,7	36,5	25,3	5,3
1984	51,6	18,3	14,6	37,0	23,9	6,1
1985	49,5	18,2	15,5	36,7	21,9	7,7
1986	51,0	17,2	15,0	35,5	19,8	12,4
1987	55,8	16,7	15,1	35,2	18,8	14,2
1988	57,1	15,8	14,6	34,9	19,1	15,6
	Hochschulen insgesamt					
1975	125,3	22,5	20,5	35,7	18,2	3,1
1980	151,2	20,9	19,6	38,2	17,7	3,6
1981	169,2	20,0	19,0	37,9	17,5	5,6
1982	177,6	19,9	19,2	39,2	18,0	3,6
1983	182,9	18,9	18,9	39,2	17,1	5,9
1984	170,9	18,8	18,9	39,0	16,1	7,2
1985	160,1	19,5	19,1	38,5	14,8	8,1
1986	162,6	17,8	18,4	36,7	13,3	13,8
1987	178,8	16,7	18,3	36,0	12,7	16,2
1988	190,7	16,5	18,2	35,9	12,4	17,0

1) Wintersemester
2) Einschließlich ohne Angabe

aus: Grund- und Strukturdaten. Der Bundesminister für Bildung und Wissenschaft. Bonn 1989/90 die Schulform, desto höher der Anteil dieser Kinder. Für die Kinder aus hohen Sozialschichten gilt das Umgekehrte.

Wie die Tabelle auf S. 166 noch detaillierter illustriert, war selbst Mitte der 70er, Anfang der 80er Jahre nach Bildungswerbung, Bildungsboom, Aktivierung der Begabungsreserven und sonstigen bildungspolitischen Kampagnen dieser Zusammenhang noch grob feststellbar. Auf den Universitäten und Kunsthochschulen waren zum Wintersemester 1982 14,5 % Arbeiterkinder immatrikuliert bei einem Anteil der Arbeiterschaft an der Erwerbsbevölkerung von knapp 50 %. Zwar stellt das gegenüber 1967, also vor dem Einsetzen des Bildungsbooms, eine Verdoppelung dar, ohne aber die Grundtatsache der Unter(proportionalen)-Repräsentanz dieser Kinder aufzuheben. Für die ab 1985 sinkende Zahl von Arbeiterkindern an Universitäten ist allerdings auch der Rückgang der Zahl der Arbeiter im Vergleich zu den anderen sozialen Gruppen und die rückläufige Zahl der Kinder in Arbeiterfamilien zu berücksichtigen. Beachtenswert sind die Zahlen der Kinder aus dieser Sozialschicht an Fachhochschulen: mit 26,3 % sind sie dort entschieden besser als an Universitäten repräsentiert. Dies kann wohl damit erklärt werden, daß Fachhochschulen von ihrem Bildungsverständnis her auf die Vermittlung auch praktischer Fähigkeiten ausgerichtet sind, die daher von diesen Schülern in einer gewissen Affinität zum bisherigen Werdegang betrachtet werden.

Will man dieses Phänomen etwas genauer unter die Lupe nehmen, muß man sich fragen:

— Was heißt ‚höhere' und ‚niedrigere' Schicht; wie werden solche Schichten abgegrenzt und charakterisiert?
— Worin besteht das für Schule relevante schichtspezifische Erziehungsverhalten? Welche besondere Rolle spielt dabei das Sprachverhalten?

5.1.1 Schichtbegriff und schichtspezifisches Verhalten

Bereits die Art der graphischen Darstellung zum Schichtaufbau einer Gesellschaft macht deutlich, daß es ein Oben, eine Spitze, und ein Unten, einen Sockel oder Boden gibt. Für die Bundesrepublik Deutschland beispielsweise kann dieses *Gesellschaftsbild* so aussehen, wie es das Schaubild (17) auf S. 156 zeigt.

Zunächst einmal sind die einzelnen Schichten nach ihrem Ort in der ‚Zwiebel' unterschieden, danach, ob sie oben, in der Mitte oder unten rangieren; zum Teil sind sie auch nach Berufsgruppen (z. B. Arbeiterschaft) gekennzeichnet, wie das noch detaillierter schon bei der Tabelle auf Seite 154 der Fall war.

Daneben werden aber gerade für Aussagen im Bildungsbereich auch andere Merkmale zur Schichtabgrenzung herangezogen wie etwa Schulabschluß, Berufsbildungsabschluß, Einkommen oder Wohnortgröße. Denkt man die einzelnen Größen aufeinander zu, so muß man häufig eine gewisse *Inkonsistenz* feststellen: Wer auf einer Einkommensskala hoch eingestuft wird, muß nicht

(20) Schaubild: *Statusaufbau und Schichtungen der Bevölkerung der BRD*

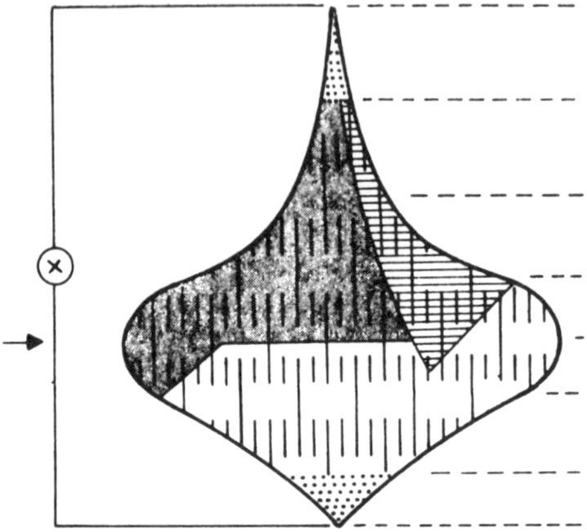

Bezeichnung der Statuszone	Anteil
Oberschicht	ca. 2 v. H.
obere Mitte	ca. 5 v. H.
mittlere Mitte	ca. 14 v. H.
untere Mitte	ca. (29) (zus. 58 v. H.)
unterste Mitte/ oberes Unten	ca. (29)
Unten	ca. 17 v. H.
Sozial Verachtete	ca. 4 v. H.

Die Markierungen in der breiten Mitte bedeuten:

Angehörige des sogenannten neuen Mittelstands

Angehörige des sogenannten alten Mittelstands

Angehörige der sogenannten Arbeiterschaft

Punkte zeigen an, daß ein bestimmter gesellschaftlicher Status fixiert werden kann.

Senkrechte Striche weisen darauf hin, daß nur eine Zone bezeichnet werden kann, innerhalb derer jemand etwa im Statusaufbau liegt.

(x) = Mittlere Mitte nach den Vorstellungen der Bevölkerung

→ = Mitte nach der Verteilung der Bevölkerung. 50 v. H. liegen oberhalb bzw. unterhalb im **Statusaufbau**

aus: Bolte 1967, S. 316. © Leske Verlag, Opladen

notwendigerweise auch auf anderen Skalen oben stehen. Beispielsweise kann der Besitzer einer Frittenbude ein hohes Einkommen haben, bei Schul- und Berufsabschlußskalen allerdings als Hauptschulabgänger ohne Abschlußzeugnis und ohne Lehre weit unten rangieren.

Neben den differenzierten Skalen, wie sie in der Bildungsstatistik auftauchen, arbeiten vor allem Bildungssoziologen und Erziehungswissenschaftler häufig mit einer gröberen Unterscheidung, die nur drei Schichten umfaßt: Unter-, Mittel- und Oberschicht, wobei man die Oberschicht nicht eigens abhebt, sondern häufig mit der *Mittelschicht* zusammen der *Unterschicht* gegenübergestellt. Beide Schichten weisen nämlich hinsichtlich des *Sprach- und Erziehungsverhal-*

tens sowie der Einstellung zu Schule und Bildung weitgehende Gemeinsamkeiten auf. Neben den rein quantitativen bzw. formalen Kriterien (wie Einkommen oder formaler Bildungsabschluß) gehen in diese bildungssoziologischen Untersuchungen auch qualitative Kennzeichen ein, die sich auf Einstellungen, Verhaltensweisen und inhaltliche Merkmale (z. B. der Berufsposition) beziehen. Man kann die Unterschiede vor allem zwischen Unter- und Mittelschicht im beruflichen Bereich folgendermaßen schematisch charakterisieren (nach CAESAR 1972, BOLTE 1967):

Mittelschicht

- Hauptsächlich werden nicht-manuelle Tätigkeiten ausgeführt, wird mit Symbolen (Schreib- oder Rechensymbolen), Ideen (Planung, Konstruktion) oder Personen (Führung) umgegangen. Man denke hierbei beispielsweise an die Tätigkeit des Beamten, Angestellten.
- Es bestehen Möglichkeiten, Entscheidungen im Berufsfeld zu treffen.
- Die Haltung zum beruflichen Aufstieg ist durch Betonen der individuellen Leistung geprägt (voranzukommen), durch ein hohes Anspruchsniveau in der Berufswahl und der Berufsziele sowie durch ein hohes Maß an Berufszufriedenheit.
- Die Einstellung zur Umwelt ist von Aktivität getragen, von der Überzeugung, individuelle Lebensziele bei aktivem Einsatz erreichen zu können.
- Dem entspricht eine auf die Zukunft bezogene Planungshaltung, bei der man auch bereit ist, unmittelbare Bedürfnisbefriedigung zugunsten einer späteren Realisierung zurückzustellen (deferred gratification pattern).

Unterschicht

Auf eine fast spiegelbildliche Art stellen sich die Verhältnisse für die Unterschicht dar:

- Der Arbeitsablauf ist eher monoton und sich wiederholend (repetitiv), der einzelne hat wenig Einfluß auf Entscheidungsprozesse.
- Die Mobilität und Aufstiegsmöglichkeiten sind eingeschränkt, so daß die Haltung zum beruflichen Bereich überwiegend von Apathie bzw. Unzufriedenheit gekennzeichnet ist (vgl. Tabelle S. 170).
- Auch hier bestehen Vorstellungen von Vorankommen und Erfolg, allerdings sind sie stark an den Erwerb materieller Güter (Konsumgüter) und die Sicherung des Arbeitsplatzes geknüpft.
- Die Handlungsperspektive ist eher auf die Gegenwart und unmittelbare Bedürfnisbefriedigung gerichtet (present orientation).
- Gegenüber der Mittelschicht herrscht ein passiv resignativer Fatalismus vor, der sich z. B. auf politischem Gebiet in dichotomischen (zweipoligen) Vorstellungen äußert von denen da oben und wir hier unten, die ohnehin nichts ausrichten können.
- Im privaten Lebenskreis besteht ein starker Bezug auf unmittelbar benachbarte Primärgruppen (enge Nachbar- und Verwandtschaftsbeziehung).

Die oben gemachten Aussagen zu beruflichem Aufstieg und damit zur Berufszufriedenheit stützt die nachstehende Tabelle:

(21) Tabelle: *Einschätzung der Möglichkeiten zum beruflichen Aufstieg*

	. . . %[1]) erklärten, einen beruflichen Aufstieg geschafft oder keine Möglichkeit dazu gehabt zu haben			
	ja, Aufstieg		nein, keine Möglichkeit	
	Männer	Frauen	Männer	Frauen
An- und ungelernte Arbeiter	30	11	69	87
Facharbeiter	52	41	45	59
Arbeiter zusammen	44	15	53	84
Ausführ. u. qualifiz. Angestellte	78	50	21	47
Leitende Angestellte	97	90	3	5
Angestellte zusammen	82	52	17	46
Beamte	84	65	14	30
Arbeitnehmer insgesamt	66	42	32	56
M./gr. Selbständige[2])	84	83	12	17
Kl. Selbständige[3])	74	77	26	23
Landwirte	56	27	39	73
Berufstätige insgesamt	67	43	31	54

1) Soweit die Summe der Prozentzahlen nicht 100 ergibt, handelt es sich um Befragte, die keine Angaben machten.
2) Mittlere und größere Selbständige sowie freie Berufe.
3) Kleinere Selbständige.

aus: GESELLSCHAFTLICHE DATEN 1979, S. 131. © Presse- und Informationsamt der Bundesregierung, Bonn

Deutlich voneinander abgehoben sind die Zahlen für Berufszufriedenheit bzw. Hinweise auf beruflichen Aufstieg zwischen an- und ungelernten Arbeitern einerseits und Angestellten, Beamten, Selbständigen andererseits. Auffällig ist dabei die Zwischenstellung der Facharbeiter, bei denen die Zahlenwerte hinsichtlich der positiven und negativen Einschätzung nahezu gleich sind. Hinter dieser ambivalenten Einschätzung steht vermutlich die Tatsache, daß sie einerseits — gemessen an der Gruppe der Arbeiter insgesamt — relativ gute Aufstiegschancen hatten und sie auch nutzten, sie andererseits aber sowohl in Fremd- wie auch Selbsteinschätzung weiterhin dieser Sozialschicht angehören und damit bestimmte negative Beurteilungen auch auf sich beziehen.

Im Bereich der *Erziehungstechniken* weichen die Gepflogenheiten in beiden Schichten ebenfalls deutlich voneinander ab:

In der *Mittelschicht* ist das Erziehungsverhalten vornehmlich an der Person des Kindes orientiert (child centered) und auf die Förderung der kindlichen Persönlichkeitsentwicklung bezogen. Ihren Ausdruck findet diese Haltung besonders im angestrebten hohen Schul- und Bildungsniveau für die Kinder sowie im Bemühen, das Kind zu Selbständigkeit zu erziehen.

Damit zusammen geht eine von emotionaler Wärme und Liebe getragene Einstellung speziell der Mutter zum Kind, verbunden mit hohen Erwartungen an seine Leistungen und Problemlösungs- bzw. Problembewältigungsfähigkeiten.

Entsprechend indirekt wie die positive Verstärkung des Kindes durch das Interaktionsklima mit der Mutter sind auch die negativen Sanktionen beim Versagen vor den Ansprüchen; sie äußern sich weniger durch Verweigern von materiellen Anreizen als vielmehr durch Liebesentzug und verbal geäußertem Unmut (also durch eine wohlgesetzte und überlegte Gardinenpredigt).

Auch hier die Umkehrung der Gegebenheiten bei *Unterschichtfamilien:* Man beharrt auf elterlichen Autoritätspositionen (parent centered), es besteht die Tendenz, die Kinder schnell in den ökonomischen Reproduktionsprozeß einzubringen („die sollen nicht in der Schule rumsitzen, sondern Geld verdienen"); Erziehungspraktiken, die stärker auf unmittelbarer Disziplinierung durch körperliche Züchtigung oder ihrer Androhung fußen und die zudem häufig unbegründet eingesetzt sind, werden bevorzugt.

Im Überblick:

Mittelschicht	Unterschicht
Beruflicher Bereich	
Umgang mit Symbolen	repetitiver Arbeitsablauf
Leistungs- und Aufstiegsorientierung	Vorankommen als Erwerb materieller Güter
Berufszufriedenheit	Apathie und Unzufriedenheit
aktive Einstellung gegenüber der Umwelt	passiv-resignativer Fatalismus
Erziehungsverhalten	
Kind-orientiert	Eltern-orientiert
Anstreben eines hohen Bildungsniveaus	Beteiligung der Kinder am materiellen Reproduktionsprozeß der Familie
deffered gratification pattern	Tendenz zu unmittelbarer Bedürfnisbefriedigung
Selbständigkeitserziehung	unmittelbare Disziplinierung
Liebesentzug als Sanktion	expressives Verhalten (Schimpfen, Schlagen) als Sanktion

Nachträglich noch ein kurzer Hinweis: Bei diesen Merkmalsauflistungen handelt es sich um *statistische Verallgemeinerungen,* die pointiert wichtige Kennzeichen der beiden Schichten wiedergeben sollen. Damit ist jedoch nicht die Arbeiterfamilie geleugnet, deren drei Kinder erfolgreich das Gymnasium besucht und studiert haben, in der differenziertes Hochdeutsch gesprochen wird und in der sich die Mutter für Theater interessiert. Nochmals: Es handelt sich um die Verallgemeinerung von Tendenzen, die auf den Einzelfall und die konkrete Wirklichkeit bezogen sicherlich wie Schwarz-Weiß-Malerei wirken. Dieses Verfahren der pointierten Hervorhebung einzelner wesentlicher Merkmale unter Wegfall der anderen auch noch möglichen Bestimmungsgründe nennt man ein idealtypisches Verfahren. Die Begriffe der Mittel- und der Unterschicht sind also hier als **Idealtypus** aufzufassen und nicht als getreue Abbildung der Wirklichkeit mit all ihren konkreten Einzelerscheinungen.

Diese Anmerkung gilt gleichermaßen für den folgenden Abschnitt, in dem der Umgang mit Sprache innerhalb der beiden Schichten eingehender untersucht werden soll.

5.1.2 Soziale Schicht und Spracherwerb

Wir haben bisher die jeweiligen Wertvorstellungen und Disziplinierungsmaßnahmen von Mittel- und Unterschicht idealtypisch unterschieden und in ihrer Konsequenz für den Schulerfolg dargestellt; als weiterer wesentlicher Punkt ist der Spracherwerb anzusehen, da das Sprachverhalten einen besonderen Stellenwert im Verhältnis von Familie und Schule einnimmt. Eine Reihe schon älterer Untersuchungen von Bernstein, Oevermann, Röder haben eines deutlich werden lassen:

Der unterschiedliche Schulerfolg von Kindern aus Mittel- und Unterschicht ist auch eine Konsequenz der je verschiedenen **sprachlichen Sozialisation,** also der Art der Sprachverwendung in den betreffenden Familien und damit des Spracherwerbs durch das Kind.

Bernstein, ein auf diesem Gebiet arbeitender englischer Soziolinguist, hat die beiden Sprachstile als **elaborierten Code** *oder formale Sprache* (Mittelschicht) und **restringierten Code** *oder öffentliche Sprache* (Unterschicht) gekennzeichnet. In der Mittelschicht wird eine differenzierte, ausgearbeitete (elaborierte) Sprache, in der Unterschicht dagegen eine verkürzte, eingeengte, begrenzte (restringierte) Sprache gesprochen. In den folgenden Auflistungen sind die Unterschiede genauer festgehalten.

Einige Merkmale der *formalen Sprache:*

- Regulierung des Gesagten durch genaue grammatische Struktur und Syntax,
- Vermittlung logischer Modifikationen und der jeweils gesetzten Akzente durch grammatisch komplexe Satzkonstruktionen und besonders durch den vielfältigen Gebrauch von Konjunktionen und Relativsätzen,
- häufige Verwendung von Präpositionen, die eine logische Beziehung andeuten, und solcher Präpositionen, die auf einen zeitlichen oder räumlichen Zusammenhang verweisen,
- häufiger Gebrauch unpersönlicher Pronomina wie ‚es' oder ‚man',
- differenzierende Verwendung von Adjektiven und Adverbien,
- Funktion expressiver Symbole (z. B. Gesten, Mimik, Tonlage): sie untermalen eher das Gesagte, als es in logischer Hinsicht verständlicher zu machen.

aus: Bernstein 1980, S. 89

Demgegenüber einige Merkmale der *öffentlichen Sprache:*

- kurze, grammatisch einfache und oft unvollständige Sätze von unzulänglicher syntaktischer Form, die das Aktiv betonen,
- einfacher und sich wiederholender Gebrauch von Konjunktionen (so, dann, und, weil),
- häufiger Gebrauch kurzer Befehle und Fragen,
- starrer und begrenzter Gebrauch von Adjektiven und Adverbien,
- gelegentlicher Gebrauch von unpersönlichen Pronomina als Subjekten von Bedingungs- und Hauptsätzen (man, es),

— häufige Benutzung individuell ausgewählter Floskeln aus einer Gruppe idiomatischer Wendungen (z. B. ‚echt', ‚auf gut Deutsch', ‚wirklich'),
— niedrige Allgemeinheitsstufe der angewandten Symbole.

aus: BERNSTEIN 1980, S. 88

Setzt man zu diesen Befunden die Tatsache in Beziehung, daß
— Schule im wesentlichen eine **Sprachschule** ist, in der also das, was gelernt werden soll, sprachlich dargestellt und wiedergegeben wird, und
— die in der Schule gesprochene Sprache dem Typ des elaborierten Codes weitgehend entspricht, dann ist klar:
Schüler, die diesen Code nicht oder nur mangelhaft beherrschen, sind von vornherein in gewissem Umfang benachteiligt.

Wichtig für die Reaktion der Schule und der mit Reformen immer schnell präsenten Bildungspolitiker ist die Bewertung dieses Befundes.

Nämlich: Stellt der restringierte Code einen Typus mangelhaften Sprechens dar, ist er durch Lücken, Verkürzungen, Defizite gegenüber der elaborierten oder der Normal- oder Hochsprache gekennzeichnet *(Defizithypothese)?*

Oder ist der restringierte Code nur eine andere Art zu sprechen, die für bestimmte Situationen ebenso gut geeignet ist wie der elaborierte Code für entsprechend andere Situationen (*Differenzhypothese*)?

Der ersten Auffassung liegt die Vorstellung einer richtigen, guten, einer Normsprache zugrunde, an der gemessen andere Sprachformen (z. B. Slang, Soziolekt, Dialekt und eben ein restringierter Code) defizitäre Sprachen sind.

Bei der zweiten Annahme dagegen geht man von einer sogenannten sprachpragmatischen Sicht aus: Jede Sprache ist immer im Hinblick auf die Handlungssituation zu bewerten, in der sie verwendet wird.

Der ‚Maloche' ist daher Kohlenpott-Dialekt situationsangemessen, in einer Kölner Kneipe oder beim Umgang mit mauschelnden Lokalgrößen ist Kölsch eher angebracht als distanziert wirkendes Hochdeutsch, bei einem Bewerbungsgespräch in einer distinguierten Bank scheint dagegen eine gepflegtes Hochdeutsch empfehlenswert.

So gesehen hat also keine der Sprachformen von vornherein ein Plus, sie sind vielmehr gleich oder funktional äquivalent: Zur sprachlichen Bewältigung der spezifischen Situation sind sie bei richtigem Einsatz gleich gut geeignet.

Welche der beiden Positionen man nun einnimmt, entscheidet darüber, wie Schule auf die unterschiedliche Sprachverwendung eingeht:

Sie kann einmal in Anlehnung an die Defizithypothese durch **kompensatorischen Sprachunterricht** versuchen, das Defizit durch zusätzlichen und auf eine differenziert angewandte Hochsprache ausgerichteten Sprachunterricht auszugleichen (zu kompensieren).

Oder sie kann bei Favorisierung der Differenzhypothese durch **pragmatische Spracherziehung** lehren, unterschiedliche Sprachformen und Sprachmuster auf verschiedene soziale Situationen anzuwenden, womit auch die Behandlung von Dialekten oder Soziolekten zum Lehrstoff gehören kann.

Tatsächlich allerdings sind die Verhältnisse nicht einfach durch die beliebige Wahl einer der beiden Sprachhypothesen zu klären. Denn die — wenn man so will — ,Verkehrssprache' ist Hochdeutsch: Die Medien (Rundfunk, Presse), Behörden und Wirtschaft verkehren mittels der hochdeutschen Sprache. Sie zu beherrschen ist eine unverzichtbare Qualifikation, die gerade im Zusammenhang mit der Forderung nach Urteilsfähigkeit des Lernenden vertreten werden muß. Hier eine entsprechende Lernleistung der Schüler durch die Differenzhypothese unterlaufen zu wollen, verfestigt eher die Abhängigkeit von schichtspezifischen Begrenzungen, als daß sie sie überwindet. Sicherlich mag die zusätzliche Behandlung von Dialekten und Soziolekten im Unterricht begründet werden können, nur sind dies gemessen an der Hochsprache zweitrangige Lernbereiche. So leuchtet sicherlich ein, daß die Chancen auf soziale Mobilität, auf Partizipation am öffentlichen Geschehen, nicht erhöht werden, wenn beispielsweise das Kind aus Bottrop lediglich im Kohlenpott-Dialekt mit seinen Verkürzungen beheimatet bleibt.

Fragt man noch einen Schritt weiter danach, was denn im Fall einer Beherrschung nur des restringierten Codes neben den soziologischen Faktoren seine Bedenklichkeit ausmacht, ist man auf den *Zusammenhang von Sprache und Denken* verwiesen.

Es gibt eine Reihe von Sprachwissenschaftlern, die hier einen sehr engen Zusammenhang annehmen. So betont etwa B. L. Whorf in seiner *sprachlichen Relativitätsthese,* daß die Art der Sprachverwendung das kognitive Muster abgibt, unter dem man Wirklichkeit wahrnimmt. Sprache bestimme die Sicht der Wirklichkeit. Aber selbst wenn man nicht wie Whorf den Zusammenhang im Sinne eines Determinismus interpretiert, bleibt wohl doch bestehen, daß die Sprachverwendungsmuster Einfluß auf die Denkoperationen haben, so daß restringierte Sprachmuster auch eine Beeinträchtigung der Entwicklung kognitiver Strategien unterstützen können.

Dem an diesen Fragen interessierten Leser sei als Einführung empfohlen:

U. Oevermann, Schichtenspezifische Formen des Sprachverhaltens und ihr Einfluß auf die kognitiven Prozesse, in: H. Roth (Hrsg.), Begabung und Lernen, Deutscher Bildungsrat, Gutachten und Studien der Bildungskommission 4, Stuttgart [6]1971, S. 297 ff

J. Piaget, Sprechen und Denken des Kindes, Düsseldorf [3]1976

B. L. Whorf, Sprache, Denken, Wirklichkeit, Reinbek 1970

5.1.3 Lerntafel

Das Verhältnis von Schule und Familie ist durch *schichtspezifische Gegebenheiten* mitbedingt.

Der *Schichtbegriff* stellt ein Konstrukt dar aufgrund einzelner Merkmalskombinationen (Einkommen, Arbeitstätigkeit, Bildungsabschluß, Beruf).

In der Bildungssoziologie wird häufig mit einem vereinfachten Modell gearbeitet, das **Unterschicht** und **Mittelschicht** voneinander abhebt.

Typische Unterschiede zwischen Unter- und Mittelschicht werden konstatiert hinsichtlich:

— *beruflicher Situation:* Einstellung zum Aufstieg, Berufszufriedenheit, Tätigkeitsmerkmale.
— *Erziehungsverhalten:* Bestrafungstechniken, Selbständigkeitserziehung, Rolle der elterlichen Autorität.
— *Sprachverwendung:* formale Sprache, öffentliche Sprache.

Besonders wichtig für den Schulerfolg ist das *Sprachverhalten:*
formale (elaborierte) Sprache — Mittelschicht
öffentliche (restringierte) Sprache — Unterschicht

Die Sprache der Schule ist die des formalen Typs.
Folge: Benachteiligung der Kinder aus der Unterschicht.
Abhilfe durch:
kompensatorische Spracherziehung (dahinter: Defizithypothese)
pragmatische Spracherziehung (dahinter: Differenzhypothese)

5.1.4 Arbeitsvorschlag

Bitte analysieren Sie die folgenden Äußerungen des Sprechers auf Merkmale öffentlicher Sprache hin.

Im Rahmen einer empirischen Untersuchung zur Lebenswelt von Hauptschülern äußert sich eine Schülerin zur Frage einer frühen Mutterschaft.

„SIGRID: Ja, das muß man eigentlich grundsätzlich sich vorher überlegen und ganz genau. Weil sie dann auch nicht mehr abends ausgehen können. Und da, in dem, wenn sie zum Beispiel jetzt 16, 17 sind, dann gehn sie halt noch gern aus, gell, in Diskotheken und so. Wenn dann natürlich, eh, eh, das Mädchen sagt: Ich kann nicht, ich hab das Kind, na, es kommt drauf an, wie dann der Freund drauf reagiert. Da kann, er kann sagen: Allein geh ich auch nicht weg, oder, oder sie bleiben eben beide allein, sie daheim und er amüsiert sich. Und dann, dann kennt er vielleicht an anderes Mädchen nachher, und dann muß er, was heißt muß er, dann tanzt er auch. Wenn dann halt das Mädchen, dann kann es sein, daß er dann das Mädchen heiratet und denkt: Bei der Frau, da kann ich nichts mehr unternehmen, die muß laufend aufs Kind aufpassen. Und, eh, da haben sie dann eben keine Lust mehr."

aus: PROJEKTGRUPPE JUGENDBÜRO 1977, S. 115/116.

5.2 Schule und Beschäftigungssystem

Wurde bisher auf den Zusammenhang von Schule und Familie abgehoben, so soll jetzt die zweite Bezugsgröße zur Schule, die Gesellschaft (Berufs- und Wirtschaftssystem) in den Blick kommen. Es wurde bereits ausgeführt, daß hier primär der Leistungsaspekt und die Frage der ,Verwertbarkeit' des Schulabgängers angesprochen sind.

Die Schule hat gesellschaftlich gesehen eine verbindende bzw. überleitende Funktion. Sie bereitet den Übergang aus der Familie in Staat, Politik und Beruf vor. Nun ist aber gerade das Verhältnis von Schule und Berufssystem recht prekär:

— Schulische Bildungsgänge und Abschlüsse entscheiden mit darüber, welchen Beruf man ergreifen kann; man nennt dies die **Allokationsfunktion** der Schule.
— Damit verbunden ist eine sich als Anspruch auf einen Beruf äußernde Erwartungshaltung derjenigen, die entsprechend hohe Bildungsabschlüsse haben. Sind nicht genügend Stellen im Beschäftigungssystem vorhanden, entstehen Loyalitätskonflikte.

Um solche Engpässe und Ungleichgewichte zu vermeiden, versucht man das Verhältnis zwischen beiden Bereichen — Schule und Berufssystem — meist noch unter Einbeziehung des familialen Systems zu planen und hat hierfür eine Reihe von Verfahren der **Bildungsplanung** entwickelt.

Zunächst aber entsteht einmal die grundlegende Frage, welcher ökonomische Zusammenhang überhaupt zwischen Schule, Bildungssystem und Wirtschaft besteht, eine Frage, auf die die **Bildungsökonomie** eine Antwort zu finden sucht.

Vielleicht das Grundlegende zuerst:

Was hat Schule oder allgemeiner, was hat das Bildungssystem eines Staates überhaupt mit seiner Wirtschaft zu tun? Wie wurde man eigentlich auf einen möglichen Zusammenhang aufmerksam?

Berechnungen im Zeitvergleich haben ergeben, daß in den letzten Jahrzehnten bei einer Reihe von Ländern das Realeinkommen wesentlich stärker stieg, als der kombinierte Einsatz von Kapital und Arbeit es vermuten ließ. Oder anders ausgedrückt: Mit den Größen Arbeit (Zahl der Arbeitsstunden und der Arbeitskräfte) und Kapital (also Geld, Maschinen und Gebäude) allein war die Zunahme des Realeinkommens nicht ausreichend zu erklären.

Es mußte da noch einen Rest geben, einen sogenannten **Residualfaktor,** den man kurzerhand als technischen Fortschritt bezeichnete. Formelhaft ausgedrückt ist also Wirtschaftswachstum anzusehen als eine Funktion von Arbeit pro Zeiteinheit (A_t), Kapital pro Zeiteinheit (K_t) und Einsatz des technischen Fortschritts (TF):

$$W_W = f(A_t + K_t + TF)$$

Dieser Restfaktor ist ein Sammelbegriff für so ziemlich alles, von dem man annimmt, daß es wachstumsrelevant ist, und das man weder der Arbeit noch dem Kapital zuordnen kann:
- Verbesserung der Betriebsorganisation und des Arbeitsklimas,
- Anwendung moderner statistischer Methoden der Leistungs- und Fehlerkontrolle,
- Typisierung und Standardisierung der Produktion und
- vor allem verbesserte Ausbildung.

Hier stieß man zum ersten Mal auf den Zusammenhang, der zwischen Bildung bzw. einer bestimmten Höhe des Ausbildungsstandards der Arbeitskräfte einer Gesellschaft und dem Wirtschaftswachstum besteht.

Wie hängen nun Bildung und Wirtschaftswachstum genauer zusammen? — Eine eher pauschale Antwort gibt der **Korrelationsansatz,** der nachzuweisen versucht, daß zwischen den Ausgaben für Bildung und der Höhe des Bruttosozialprodukts ein Zusammenhang (eine Korrelation) besteht. Ein Blick in die Statistik unterstützt zunächst diese Annahme (s. Schaubild auf Seite 178).

Wie aber ist dieser Zusammenhang genau zu verstehen? — Sind zunächst die Ausgaben für Bildung gestiegen und hat sich daraufhin das Bruttosozialprodukt erhöht, was auf einen konstitutiven Beitrag des Faktors ‚Bildung' hindeuten würde?

Oder hat zunächst das Bruttosozialprodukt zugenommen und sind dann erst die Ausgaben für Bildung gestiegen? In diesem Fall wären die Annahmen des Korrelationsansatzes nicht mehr aufrechtzuerhalten.

Man kann diese Frage nicht eindeutig entscheiden, sondern nur grob annehmen, daß Bildung in Form verlängerter Schulzeit, höherer Schulabschlüsse, qualifizierterer Ausbildung insgesamt einen Beitrag zur Leistungsfähigkeit der Erwerbsbevölkerung eines Landes liefert. Dies einmal vorausgesetzt, ist die nächste, konkretere Frage:

Wie kann ein solcher Beitrag von Bildung näher bestimmt und zahlenmäßig erfaßt werden?

Als **Humankapital,** antworten die Bildungsökonomen. Humankapital stellt eine Art Investition dar, nicht in Gebäude oder Maschinen, sondern in Menschen. Man kann diese Investition auf zwei Arten messen und ihre Größe bestimmen:
- entweder danach, wie ein solches Kapitalgut entsteht, oder
- danach, was es einbringt.

(22) Schaubild: *Zusammenhang von Bildungsausgaben und Höhe des Bruttosozialprodukts (BSP)*

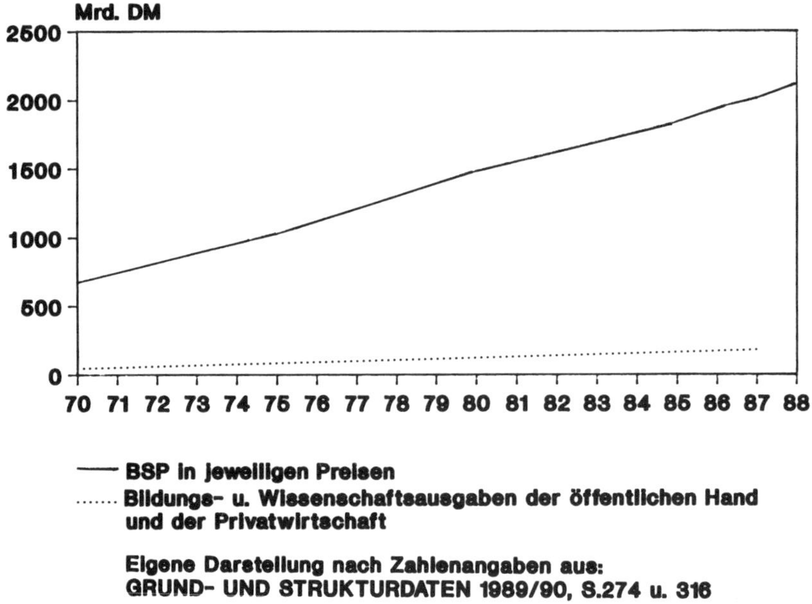

Eigene Darstellung nach Zahlenangaben aus: GRUND- UND STRUKTURDATEN 1989/90, S. 274 u. 316

Zur ersten Möglichkeit:
Humankapital entsteht durch Einsatz von anderen Mitteln, von Lernen, Schulbüchern, Zeitaufwand, die Kosten verursachen, nämlich

- private Kosten (Lehrbücher, Schulgeld),
- Kosten, die über die Pflichtschulzeit hinaus dadurch entstehen, daß einem schon Einkommen entgeht, das man beispielsweise als Auszubildender erhalten könnte (sogenannte opportunity costs),
- öffentliche Kosten, also Zuwendung des Staates (Bafög) oder betriebliche Ausbildungskosten.

Man errechnet jetzt:

(a) alle Kosten pro Schultag
(b) die Anzahl der durchschnittlichen Schultage pro Jahr
(c) die Zahl der Erwerbspersonen

Humankapital = Kosten pro Tag x Tage x Zahl der Erwerbspersonen

Zur zweiten Vorgehensweise:
Errechnet wird das Humankapital aus den Erträgen. Sie umfassen
- direkte private Erträge (Einkommen, das man aufgrund einer speziellen Ausbildung erhält),
- Zusatzerträge (z.B. weil man mit jemandem zusammen arbeitet, der sehr kompetent ist und von dem man daher indirekt profitiert).

Humankapital = Summe aller Erträge x Zahl der Erwerbspersonen

So problemlos beide Verfahren auch erscheinen, so ergeben sich bei der Durchführung doch einige Schwierigkeiten.
- Man kann beispielsweise nicht genau trennen zwischen Bildung als Investition und Bildung als Konsum:
  Eine Sekretärin belegt an der Volkshochschule einen Französischkurs aus Interesse an der Sprache, aber im Büro schreibt sie jetzt hin und wieder einen Brief an die französische Partnerfirma, so daß man nicht genau sagen kann, was an ihrer zusätzlichen Bildung Investition, was privater Konsum ist.
- Wie sind die Zusatzerträge zu bestimmen? Wie kann man genau erfassen, was an einer Leistung und damit am Einkommen auf die Kompetenz des Nebenmannes zurückzuführen und was ausschließlich der eigenen Leistungsfähigkeit zuzusprechen ist?

Diese bildungsökonomischen Ansätze, Humankapitalkonzept wie Korrelationsansatz, haben konkret wenig zur Bildungsplanung beigetragen. Wenn man es einmal salopp ausdrückt, so sind sie eher dazu geeignet, dem wissenschaftlichen Spieltrieb der Bildungsökonomen zu dienen, als exakte Daten zur Bildungsplanung zu liefern.

Dieser Forderung kommen schon eher die beiden gebräuchlichsten *Verfahren der Bildungsplanung* nach, nämlich der **social demand approach** und der **manpower approach.** Dies sind zwei Verfahren, die häufig angewendet werden, um die Entwicklung des zukünftigen Arbeitskräftepotentials zu berechnen und zu planen. Zweierlei ist dabei für Bildungsplaner wichtig zu erfahren:
- Mit wieviel möglichen Arbeitskräften, die eine entsprechende Ausbildung anstreben, ist in Zukunft zu rechnen?
- Wieviel ausgebildete Arbeitskräfte werden in Zukunft in den verschiedenen Berufen benötigt?

Bei der ersten Fragestellung geht es darum, die mögliche Nachfrage der Familie nach Ausbildung, nach Schul- und Ausbildungsplätzen für ihre Kinder zu erfassen bzw. zu prognostizieren. Bildungsplanung richtet sich also auf das Verhältnis Familie — in der ökonomischen Sprache ‚Haushalte' — und Schule, um hier möglichst genaue Zahlen zu liefern.

Die zweite Fragestellung dagegen erfaßt das Verhältnis von Schule und Beschäftigungssystem: Man will zahlenmäßig festhalten können, wieviel Arbeitskräfte in den verschiedenen Berufsbereichen von der Wirtschaft benötigt werden.

Das erste Verfahren, *das die zu erwartende Nachfrage der Haushalte nach Schul- und Ausbildungsplätzen analysiert,* nennt man **social demand approach.**

Der zweite Ansatz, *der den zahlenmäßigen Bedarf der Wirtschaft an ausgebildeten Arbeitskräften bestimmt,* heißt **manpower approach.**

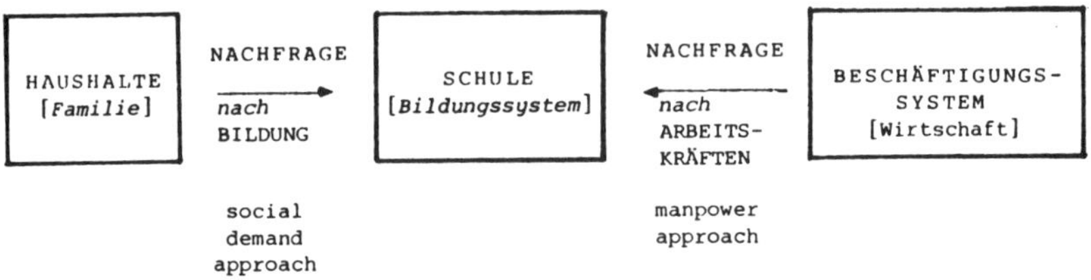

Was sind nun die wichtigsten Einzelschritte bei einem solchen Planungsverfahren?

5.2.1 Social demand approach

Grundlage der Berechnungen ist die Bevölkerungsentwicklung; dazu gehören natürliche Entwicklungen wie Geburten, Verteilung nach Jungen und Mädchen und Wanderungen (Um- und Zuzüge, z. B. durch Gastarbeiter).

Die einzelnen Phasen:

(a) Man schätzt die Entwicklung der Schulbevölkerung (der zu erwartenden Schülerzahl) und

(b) die Verteilung der Schüler auf die verschiedenen Schulformen: Wieviel Prozent gehen in die Hauptschule, auf die Realschule und auf das Gymnasium? Dabei stützt man sich auf das bisherige Verhalten.

(c) Die Verteilung auf die verschiedenen Schultypen wird bei geändertem Übergangsverhalten berechnet (= Prognose der Übergangsquoten).

Denn es ist klar: Wenn ein Staat Reklame für Bildung macht, wenn Bildung von den Eltern als etwas Wertvolles für ihre Kinder angesehen wird, wenn Übergangsbarrieren, z. B. Aufnahmeprüfungen ins Gymnasium, fallen, dann wird sich auch die Verteilung auf die einzelnen Schulformen ändern.

(d) Auf den Schritten a—c fußt dann die Prognose über eine mögliche Verteilung der Abgänge aus den verschiedenen Schulformen auf Berufsgruppen und berufliche Fachrichtungen.

Allerdings hat dieses Verfahren auch ziemliche Schwächen:

— Es können bei der Berechnung Strukturveränderungen im Bildungssystem nicht erfaßt werden, so z. B. geänderte Versetzungsbestimmungen, neue Fächerkombinationen, neue Verfahren zur Notenermittlung, die alle zusam-

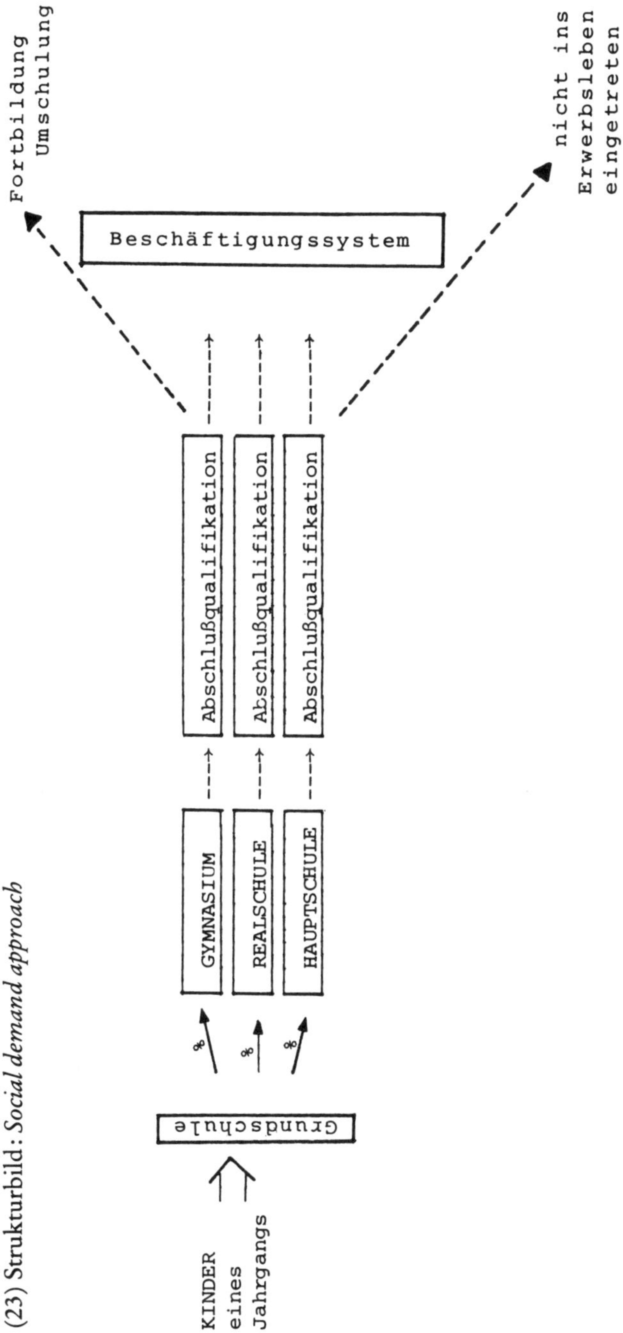

(23) Strukturbild: *Social demand approach*

men sicher auch Einfluß auf die Bereitschaft der Eltern bzw. Schüler haben, zu einer anderen Schulform überzuwechseln.

— Die Einflüsse, die von außen auf die Schule wirken, bleiben unberücksichtigt. Wenn beispielsweise in der Wirtschaft Konjunkturflauten auftreten, Arbeitsplätze knapper werden und wenn der Staat nicht mehr wie selbstverständlich alle Lehrer, Richter und höhere Verwaltungsbeamte einstellt, wird sich mancher sagen, daß Abitur und erst recht Studium sich nicht mehr lohnen. Das heißt, die Übergangsentscheidung wird anders ausfallen als in vorhergehenden günstigeren Jahren.
— Verallgemeinert man diesen Einwand, so muß man sich als Bildungsplaner eingestehen, die Gründe für den Besuch einer bestimmten Schulform statistisch nicht genau erfassen zu können; dazu gehören Überlegungen wie die, welche Schulform die Eltern besucht hatten, welche Einstellung hinsichtlich des Schulbesuchs bei den Freunden (peer-groups) bestehen, welche Entwicklungen insgesamt im Bereich z. B. der jugendlichen Subkultur auftreten, welches Prestige eine Schulform hat oder — noch wichtiger — nicht mehr hat.

Dennoch sind solche Berechnungen nicht ganz überflüssig. Man kann sie zumindest als *Rahmenmodell für bildungspolitische Entscheidungen* ansehen, also nicht auf jede Zahl gläubig vertrauen, sondern aus den Daten nur grobe Richtungen ablesen, wobei die festgestellten Schwierigkeiten in dem Maß abnehmen, wie der zu prognostizierende Zeitraum überschaubarer und durch Zusatzinformationen konkretisierbarer wird.

5.2.2 Manpower approach

Beim social demand approach ist die Beziehung von Schule und privaten Haushalten (Familie) rechnerisch ermittelt, beim manpower approach dagegen wird die andere Seite des Beziehungsgeflechts erfaßt, nämlich das Verhältnis von Schule und Wirtschaft.

Mit dem manpower approach soll die vom Wirtschafts- und Beschäftigungssystem in Zukunft benötigte Zahl an ausgebildeten Arbeitskräften berechnet werden.

Auch hier ist das Verfahren in Einzelphasen aufzugliedern:

(a) Man schätzt die Steigerungsrate des Bruttosozialproduktes und
(b) die Steigerung der Arbeitsproduktivität einzelner Wirtschaftssektoren; also im primären Sektor (Landwirtschaft, Forstwirtschaft), im sekundären (Industrie) und im tertiären (Dienstleistung);
(c) man ermittelt die Berufsarten pro Wirtschaftssektor und die dort benötigte Zahl der Arbeitskräfte;
(d) man stellt fest, welche Fachrichtung zu welchem Beruf gehört und ermittelt so die pro Fachrichtung geforderten Arbeitskräfte;

(e) man meldet die so ermittelte Zahl als Anforderung an das Bildungswesen an; und schließlich
(f) nimmt man noch eine kleine Korrektur vor, da nicht alle, die ausgebildet werden, auch tatsächlich in einen Beruf eintreten.

Graphisch wird der Zusammenhang in Strukturbild (21) dargestellt.

Aber auch bei diesem Verfahren müssen erhebliche Mängel hingenommen werden.

— Der größte Schwachpunkt ist wohl die Schätzung des Bruttosozialprodukts, das mittlerweile noch nicht einmal in ganz kurzfristigen Zeiträumen von einem oder zwei Jahren sicher ermittelt werden kann.
– Die Wachstumsraten sind nicht gleichmäßig über alle Jahre des Prognosezeitraums verteilt. Sie können wie z. B. in der Bundesrepublik zwischen 1,8 % (1975), 4,4 % (1979) und 3,4 % (1988) schwanken.
— Der Zusammenhang zwischen Beruf und Fachrichtung bleibt nicht konstant. So ist z. B. denkbar, daß Stellen im Management, die bisher überwiegend von Juristen besetzt wurden, nun zunehmend von Wirtschaftswissenschaftlern eingenommen werden.
— Es können nur allgemeine Angaben über die Fachrichtungen gemacht werden, nicht aber über bestimmte Studiengänge, die ja erst über die eigentliche Qualifikation entscheiden. So sagt — um in unserem Bericht zu bleiben — z. B. die Fachrichtung Pädagogik wenig aus; wichtiger wäre es zu wissen, ob jemand empirisch arbeitend ausgebildet ist, ob mit Schwerpunkt in der Erwachsenenbildung, ob in der Familientherapie, ob für Freizeitpädagogik etc.
— Schließlich ist über längere Zeiträume die technische Entwicklung nicht genau genug vorhersehbar. Neue Fertigungstechniken, neue Büromaschinen, Vertriebsmöglichkeiten können ganze Berufszweige ändern, Arbeitsplätze verschwinden lassen bzw. sie vollkommen umstrukturieren, womit dann Absolventen ganz anderer als der prognostizierten Fachrichtung benötigt werden.

Berechnungen im Rahmen der Bildungspolitik erfolgen meist nicht alternativ nach einem der beiden Ansätze, sondern man arbeitet mit beiden zusammen, um so eine **Bildungsbilanz** zu erhalten: *Erwartetes Angebot an Arbeitskräften und Nachfrage nach ihnen werden einander gegenübergestellt, so daß man mögliche Ungleichgewichte erfassen kann.*

Nach diesem Schema ist 1975 beispielsweise eine Studie des Batelle-Instituts über die „Quantitative und qualitative Vorschau auf den Arbeitsmarkt der Bundesrepublik Deutschland" veröffentlicht worden.

Die Berechnungen sind dabei in drei Varianten durchgeführt:

— Variante 1: Konstante Übergangsstrukturen des Bildungssystems gemäß 1970
— Variante 2: Trendentwicklung der Bildungsstrukturen gemäß 1960—1970

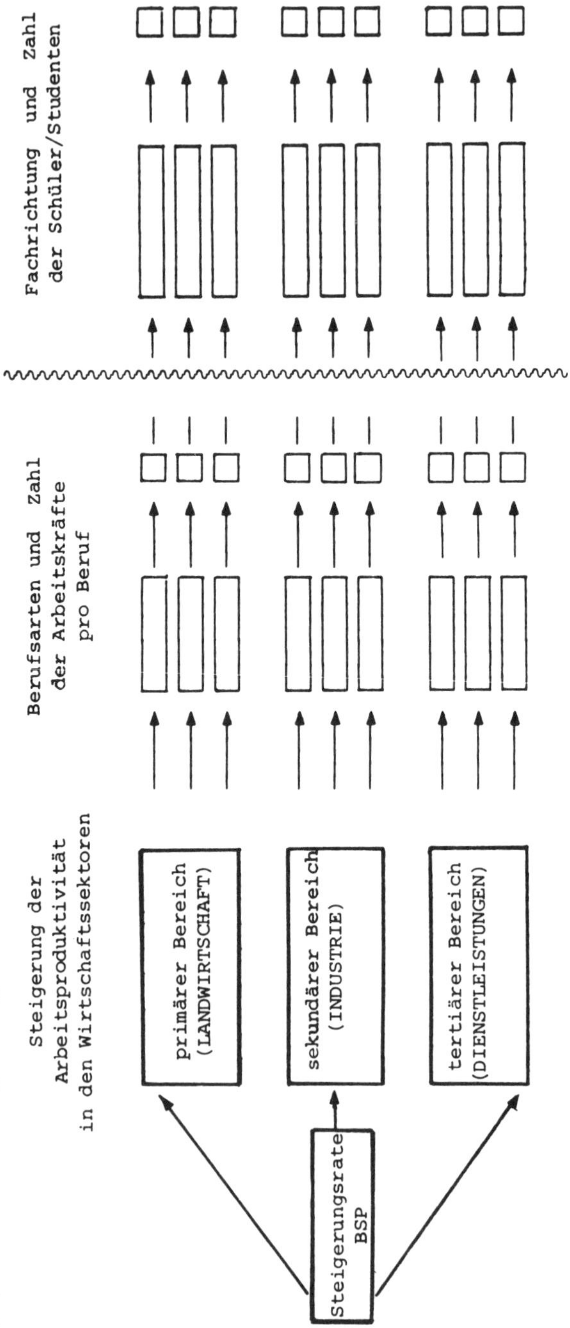

(24) Strukturbild: *Manpower approach*

— Variante 3: Zielstrukturen des Bildungssystems gemäß Bildungsgesamtplan.
aus: BATELLE 1975, S. 11

Danach ergibt sich folgendes Gesamtangebot an inländischen Arbeitskräften (in 1000); diese Teilberechnung ist nach dem Muster des social demand approach durchgeführt.

	Variante 1	Variante 2	Variante 3
1970		24.725,0	
1975	24.353,5	24.298,8	24.067,1
1980	25.354,5	25.047,8	24.790,0
1985	26.489,2	26.149,6	25.622,2
1990	26.557,9	26.453,0	25.673,9

Allen drei Varianten ist gemeinsam, daß das inländische Arbeitskräfteangebot von 1970 bis etwa 1975 zurückgeht und von da an bis Ende der 80er Jahre ansteigt. Die Niveauunterschiede ergeben sich ausschließlich aus den unterschiedlichen Annahmen.

aus: BATELLE 1975, S. 18.

Für die Berechnung des Bedarfs an Arbeitskräften nach dem manpower approach gelten folgende Annahmen:

Der Bedarf an Arbeitskräften wird aus der wirtschaftlichen Entwicklung abgeleitet. Für den Vorausschätzungszeitraum wurde eine reale Wachstumsrate des Bruttoinlandsprodukts von 3,8 % zugrunde gelegt. Danach ergibt sich folgendes Bruttoinlandsprodukt (in Preisen von 1962):

1960 328,6 Mrd. DM
1970 530,6 Mrd. DM
1980 761,6 Mrd. DM
1990 1.125,3 Mrd. DM

Für den Vorausschätzungszeitraum wurde mit einer durchschnittlichen jährlichen Produktivitätssteigerung von ca. 3,6 % gerechnet. Hieraus ergibt sich die folgende Entwicklung für den globalen Arbeitskräftebedarf (Inlandskonzept und Jahresdurchschnittswerte):

1960 26,4 Mio. Personen
1970 26,6 Mio. Personen
1980 26,7 Mio. Personen
1990 27,8 Mio. Personen

aus: BATELLE 1975, S. 18/19

Werden beide Berechnungen einander gegenübergestellt, werden sie also bilanziert, sieht das Bild folgendermaßen aus:

Die Gegenüberstellung von inländischem Gesamtangebot und Bedarf in der Arbeitskräftebilanz führt unter den gemachten Annahmen zu einer Angebotslücke, die durch ausländische Arbeitskräfte geschlossen werden müßte.

Die Angebotslücke beträgt (in Mio. Personen) bei Ausschöpfung des latenten Potentials an weiblichen Erwerbspersonen:

	Variante 1	Variante 2	Variante 3
1975	2,17	2,22	2,45
1980	1,37	1,68	1,93
1985	0,69	1,03	1,56
1990	1,23	1,33	2,11

Falls das latente Potential an weiblichen Erwerbspersonen nicht mobilisiert werden kann, ist mit folgenden Angebotslücken zu rechnen (in Mio. Personen):

	Variante 1	Variante 2	Variante 3
1975	2,17	2,22	2,45
1980	1,37	1,84	2,09
1985	0,69	1,31	1,84
1990	1,23	1,73	2,51

aus: BATELLE 1975, S.19. © Institut für Arbeitsmarkt und Berufsforschung der Bundesanstalt für Arbeit, Nürnberg

Als Trend zusammengefaßt, prognostiziert die Studie eine Angebotslücke, die sich
- zu Beginn der 80er Jahre zwischen 1,9 und 2,1 Mio. Personen,
- gegen Mitte der 80er Jahre zwischen 1,6 und 1,8 Mio. Personen,
- zu Beginn der 90er Jahre zwischen 2,1 und 2,5 Mio. Personen

bewegt.

Dabei wurde davon ausgegangen, daß alle inländischen Erwerbspersonen tatsächlich erwerbstätig sind. Die Vergangenheit zeigt, daß von einem bestimmten Sockelbestand

an Erwerbslosen ausgegangen werden muß, so daß die ausgewiesenen Angebotslücken (und damit der Bedarf an ausländischen Arbeitskräften) entsprechend zu erhöhen sind.
aus: BATELLE 1975, S. 20

Jeder kennt die heutige tatsächliche Situation. Nur einige Zahlen:
Seit 1980 betragen die Arbeitslosenzahlen relativ konstant ca. zwei Millionen jährlich; erst Ende 1990 fielen sie auf 1,8 Millionen. Und diese desolate Situation am Arbeitsmarkt blieb entgegen den Annahmen des manpower approach unbeeinflußt vom Wirtschaftswachstum, das von 1983 bis 1987 real durchschnittlich 2,3 % betrug, 1988 gar 3,4 % und 1990 im letzten Quartal schließlich satte 5,5 % ausmachte.

Man sieht: Allgemeine wirtschaftliche Entwicklungen wie etwa die auf dem Weltmarkt (Rohstoff- und Energieverknappung), Umstrukturierung von Arbeitsplätzen (Rationalisierung), Konkurrenz ausländischer Anbieter (Japaner) stellen Faktoren dar, die nicht vorhersehbar sind und auch in relativ kurzer Zeit eine auf diese Art prognostizierte Bildungsbilanz aus den Angeln heben können.

Um die Schwächen der beiden großen bildungspolitischen Ansätze wenigstens teilweise auffangen zu können, um vor allem die vage Beziehung zwischen Beruf und Fachrichtung besser in den Griff zu bekommen und um schließlich dem Phänomen gerecht zu werden, daß man mit einer Ausbildung häufig in mehrere Berufe eintreten kann, hat man ein neues Verfahren entwickelt: den flexibilitätsanalytischen Ansatz.

5.2.3 Flexibilitätsanalytische Verfahren

Eine Anzahl von Problemen beim Verhältnis von Schule und Wirtschaft entsteht durch die Schwierigkeit, daß die Beziehung zwischen Fachrichtung und beruflicher Qualifikation im Zeitablauf nicht konstant bleibt und daß sich, bedingt durch technischen Fortschritt, die Anforderung an die beruflichen Fähigkeiten ändern.

Diese Probleme treten bei der privaten Berufswahl des einzelnen wie für die globale Prognose des manpower approach gleichermaßen auf. Man geht nämlich von der Annahme aus, es bestünde ein festes Verhältnis zwischen Fachrichtung und Beruf.

Man sagt auch: *Zwischen Fachrichtung und Beruf werden limitationale Beziehungen angenommen, d. h. beide sind zu anderen Fachrichtungen und Berufen scharf abgegrenzt.*

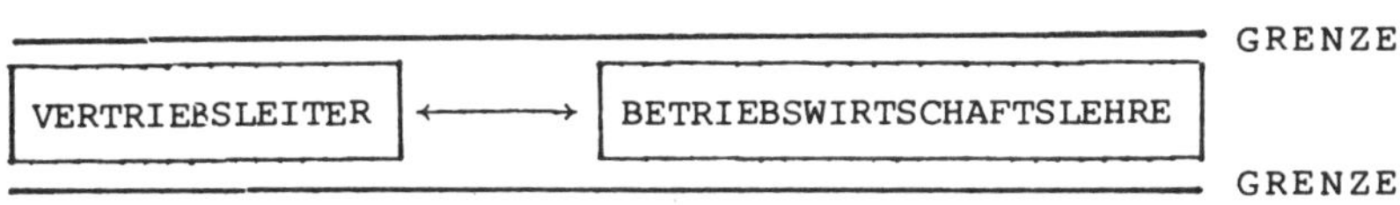

Jedoch in der Wirklichkeit trifft man kaum auf solche streng limitationalen Beziehungen. Es ist vielmehr so, daß

(a) man mit *einer* Fachrichtung in *mehrere* Berufe einsteigen kann,

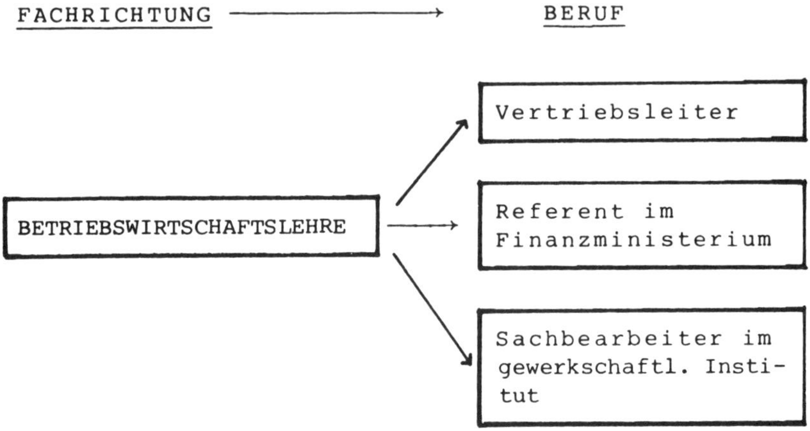

(b) *ein* Beruf von Absolventen *unterschiedlicher Fachrichtungen* besetzt werden kann.

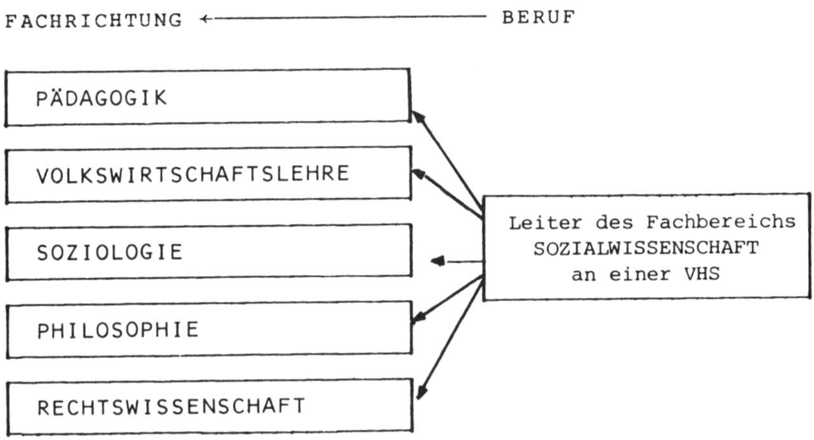

Im ersten Fall spricht man von **Fachrichtungsflexibilität,** im zweiten von **Berufsflexibilität.**

Zu Planungszwecken erfaßt man die Beziehung zwischen Fachrichtung und Beruf in einer entsprechenden Matrix (*education – occupation Matrix*), bei der man dann die verschiedenen Ausweichmöglichkeiten genau ablesen zu können hofft.

Beispiel:

Das Feld der unterschiedlichen pädagogischen Berufe könnte von folgenden Ausbildungsrichtungen abgedeckt werden, deren Zuordnung zum jeweiligen Beruf hier nur aus Illustrationszwecken vorgenommen wurde und nicht etwa als Ergebnis detaillierter empirischer Untersuchungen zu verstehen ist.

BERUF

Ausbildungs-richtung	Lehrer	Bildungs-berater	VHS Dozent	Sozial-ar-beiter	Betriebl. Ausbilder	Fach-richtungs-flexibilität
Pädagogik	x		x			2
Soziologie			x	x	x	3
Psychologie		x	x	x	x	4
Berufs-flexibilität	1	1	3	2	2	

Wenn man nun weiß, welche Flexibilitätsbeziehungen bestehen, erfordert der nächste Schritt Überlegungen, wie man diese Beziehungen nutzt.

Erste Möglichkeit: Bei Wegfall des bisherigen Berufs oder bei der Schwierigkeit, im angestrebten Beruf eine adäquate Beschäftigung zu finden, schult man um. Dies ist jedoch ein häufig recht aufwendiges Verfahren, erst recht wenn man wegen der Umschulungsperiode vorübergehend die Berufstätigkeit aufgeben muß.

Zweite Möglichkeit: Man legt von vornherein schon die Ausbildung flexibel an: Man vermittelt in der Ausbildung nicht ausschließlich ganz spezielle Qualifikationen, die nur für einen bestimmten Beruf geeignet machen, sondern strebt *breit verwendbare Fähigkeiten und Fertigkeiten* an, sogenannte **polyvalente Qualifikationen** (poly (gr) = viel, vielfach; valent, valere (lat) = vermögen, wert sein).

Das Vorgehen bei diesem Ansatz: Man ermittelt zunächst die bestimmten Berufs*gruppen* gemeinsamen grundlegenden Qualifikationen und innerhalb der Gruppe für den jeweiligen bestimmten Beruf darüberliegende speziellere Fähigkeiten und Fertigkeiten.

Auf die Ausbildung übertragen ergäbe sich eine Stufung von:

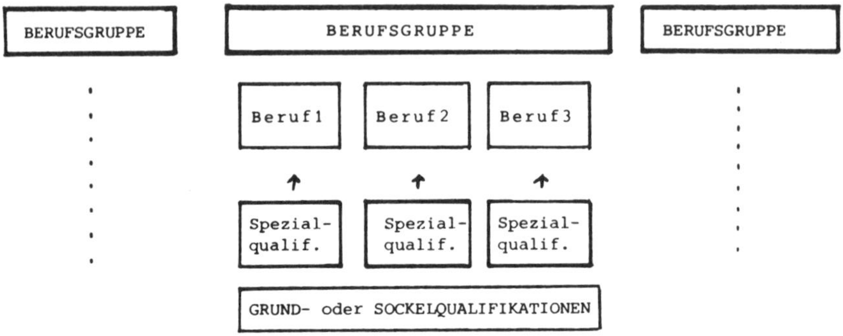

Die Annahme, von der man dabei ausgeht: *Da die Grund- oder Sockelqualifikationen für die ganze Berufsgruppe bedeutsam sind, braucht man bei einem Berufswechsel nur noch vereinzelte Spezialqualifikationen neu zu erwerben. Man ist aber nicht gezwungen, einen Beruf von Grund auf neu zu erlernen (Umschulung).*

Aber auch bei diesem Ansatz lösen sich die Probleme von Bildungsplanung nicht in Luft auf:

— Es dürfte sehr schwierig sein, für Berufsgruppen, aber auch für Einzelberufe relevante Qualifikationen zu ermitteln. Bei Befragung der Betriebe wird jeder die Anforderung aus seiner speziellen Situation her begründen; zudem spielen neben den rein technischen beruflichen Qualifikationen auch sogenannte *extrafunktionale Qualifikationen* eine große Rolle, gerade bei der Besetzung höherer Positionen. Dazu zählen Fähigkeiten wie Führungsstärke, Solidarität und Loyalität mit dem Unternehmen, Zuverlässigkeit, Entscheidungsfreude etc. Das heißt, es gibt bei Berufen eine Reihe wichtiger Qualifikationen, die nicht explizit als Ausbildungsinhalt auf dem Lehr- oder Stundenplan standen.
— Aber auch die Flexibilität bleibt eingeschränkt, da sie sich nur auf die Berufs*gruppe* bezieht. Bei Strukturveränderungen jedoch fällt nicht immer nur ein Einzelberuf weg, sondern hiervon kann auch die ganze Berufsgruppe betroffen sein (Beispiel: neue Technologien im Druckergewerbe).
— Schließlich entsteht ein Problem aus der tragenden Annahme des Ansatzes. Der konstatierbare Trend zu zunehmendem Berufswechsel und die daraus resultierenden zusätzlichen Anforderungen an die Mobilität der einzelnen Arbeitskräfte werden erklärt durch die Entwicklung des technischen Fortschritts. Zudem ging man davon aus, daß sich der technische Fortschritt auch in immer höhere Anforderungen an die Berufsqualifikation des einzelnen umsetze.

Neuere Untersuchungen haben jedoch ein ganz anderes Bild ergeben: Die Entwicklung läuft auf eine *Dequalifizierung einfacher und mittlerer Berufe* und auf eine *Höherqualifizierung nur weniger Spitzenberufe* hinaus.

Und dies wiederum würde ganz neue Flexibilitätsanalysen erfordern, die dann nicht so sehr die konkreten, inhaltlichen Berufsanforderungen (fachspezifische Qualifikationen) erfassen müßten, sondern vielmehr allgemeine formale Fähigkeiten wie etwa Bereitschaft zum Umlernen, Anpassung an neue Umgebungen, Selbständigkeit, Kooperationsfähigkeit, Einstellung auf geänderte Kommunikationswege etc. Neuere Entwicklungen berufspädagogischer Überlegungen verfolgen mit dem Konzept der **Schlüsselqualifikationen** eben diese Richtung.

5.2.4 Schlüsselqualifikationen

Angesichts sich recht schnell wandelnder Berufsinhalte im Gefolge der Einführung neuer Technologien und angesichts der Umstrukturierung des Arbeitsprozesses vom Anordnungs- hin zum Auftragshandeln ist die Berufsfähigkeit des einzelnen zunehmend von zentralen, berufsübergreifenden Qualifikationen abhängig, die wie ein ‚Schlüssel' zum Öffnen des Berufsbereichs wirken, um dort erfolgreiches Handeln zu ermöglichen.

Um dem gerade angesprochenen Wandel effizient begegnen zu können, muß der einzelne zunehmend über die Fähigkeit verfügen, selbständig relevante Informationen zu finden, sie auszuwerten, mit Informationsmedien wie Handbüchern, Lehrfilmen, Merkblättern umzugehen. Er muß also über eine Schlüsselqualifikation verfügen, die man **Fähigkeit zur Selbständigkeit** nennen könnte.

Folge dieser Tendenz ist auch die Erwartung, daß Mitarbeiter Probleme, die in ihrem Aufgabenbereich anfallen, zunehmend selbständig lösen statt auf Weisungen von ‚oben' zu warten. Hier sind entsprechende Fähigkeiten verlangt wie etwa die zur Hypothesenbildung, zum deduktiven Denken, zur Bildung von Regeln. Man kann diese Qualifikation unter dem Terminus **kognitive Kompetenz** zusammenfassen.

In aller Regel steht der Mitarbeiter nicht allein einer Aufgabe gegenüber, sondern arbeitet im Rahmen einer Gruppe oder Abteilung. Dies erfordert von ihm die Fähigkeit, zusammen mit anderen einen Arbeitsvorgang arbeitsteilig anzugehen, verschiedene Positionen in der Gruppe zu übernehmen, Konflikte sozialverträglich mit den anderen zu lösen. Die entsprechende Qualifikation könnte man **Teamorientierung** oder **Sozialkompetenz** nennen.

Arbeitsprozesse werden zunehmend in formale Regelwerke eingelassen, etwa in den Rahmen des Betriebsverfassungsgesetzes, der Umweltschutzverordnungen, der Urlaubs- und der Ausbildungsverordnungen. Mitarbeiter müssen somit auch mit institutionalisierten Strukturen, mit Gruppierungen im Unternehmen, mit Hierarchien, mit gesetzlichen Regelungen umgehen können. Qualifikationen dieser Art kann man als **Institutionenkompetenz** zusammenfassen.

Wird schließlich davon ausgegangen, daß Mitarbeiter in ihrem jeweiligen Bereich Probleme wie etwa gestiegene Ausschußquoten, Kommunikationsschwierigkeiten oder hohen Ausfall durch Krankmeldungen selbst angehen und zu lösen versuchen und dies in entsprechenden Arbeitsgruppen wie etwa dem Qualitätszirkel auch tatsächlich tun, ist eine selbstkritische Haltung erfordert. Das heißt, die Betreffenden müssen sich selbst im Zusammenhang des Arbeitsablaufs, des Arbeitsplatzes und Arbeitsklimas sehen können. Gefordert ist unter diesem Blickwinkel eine Schlüsselqualifikation, die man **Reflexivität** nennen könnte.

Zahl und Art der Schlüsselqualifikationen liegen nicht definitiv fest. Sie variieren je nach Adressatengruppe (z. B. Führungskräfte oder Facharbeiter) und damit verbunden je nach Aufgabenbereich (z. B. stärker koordinierende, leitende oder eher ausführende Tätigkeiten). In jedem Fall aber werden Schlüsselqualifikationen für den Erwerb von Berufstätigkeit als so zentral erachtet, daß sie zum festen Bestandteil von konkreten Ausbildungskonzepten geworden sind – etwa dem bei Siemens entwickelten PETRA-Ansatz. (BORRETTY u. a. 1988).

Bei diesem Konzept zur beruflichen Bildung sind als Schlüsselqualifikationen hervorgehoben:

- **Organisation und Ausführung der Übungsaufgabe**. Hierzu zählen Fähigkeiten wie die, einen Arbeitsplan zu entwerfen, auf Unerwartetes flexibel zu reagieren und anstehende Aufgaben genau ausführen zu können;
- **Kommunikation und Kooperation**. Dazu gehören Fähigkeiten wie Aufgeschlossenheit gegenüber den Anliegen anderer, Einfühlungsvermögen, Fairneß;
- **Anwenden von Lerntechniken und geistigen Arbeitstechniken** wie Abstrahieren, Analogieschlüsse bilden, Verstehen von Schemata und Zeichnungen;
- **Selbständigkeit und Verantwortung**. Dieser Schlüsselqualifikation sind Fähigkeiten wie Mitdenken, Entscheidungsfähigkeit, Vertreten der eigenen Meinung zugeordnet;
- **Belastbarkeit** mit Einzelqualifikationen wie Ausdauer, Konzentrationsfähigkeit, Aufmerksamkeit.

Da Lernende sich die Schlüsselqualifikationen sicherlich nicht mit einem Zugriff aneignen und damit vollständig zur Verfügung haben können, nimmt man eine Stufung in ihrem Erwerb bis hin zur vollständigen Beherrschung an. In Anlehnung an die Lernstufen, die die Bildungskommission des Deutschen Bildungsrates (1970, S. 78 ff) unterscheidet, wird beim PETRA-Projekt von folgender Stufenfolge ausgegangen:

Stufe A: **Reproduktion:** Wissen kann auf Abruf wiedergegeben werden, wobei sich dieses Wissen sowohl auf Einzelheiten (‚Fakten') als auch auf größere Zusammenhänge (Theorien) beziehen kann.

Stufe B: **Reorganisation:** Das vorhandene Wissen wird nicht bloß wiedergegeben, sondern neu gruppiert: So läßt man bei der Behandlung einer bestimmten Fragestellung einiges von dem, was man weiß, als irrelevant beiseite, anderes dagegen stellt man besonders heraus.

Stufe C: **Transfer:** Übertragung des Gelernten auf veränderte bzw. neue, aber ähnliche Aufgaben. Dies erfordert die Fähigkeit zur Bildung von Analogieschlüssen.

Stufe D: **Problemlösen:** Das bisher Gelernte wird eingesetzt zur Lösung neuer, z. T. komplexer Fragestellungen.

Bringt man beide Dimensionen, die der Schlüsselqualifikationen und die der Lernstufen, in Beziehung zueinander, läßt sich das jeweils erreichte Qualifikationsprofil auf einer ‚Bewertungsscheibe' festhalten; kontrastierend zum erreichten (beobachteten) Profil des Lernenden kann dort auch noch das vom Ausbilder geplante und nach seiner Meinung erreichbare eingezeichnet werden (vgl. S. 194).

Eine Bemerkung ist angesichts der oben erwähnten ‚Polaritätsthese' noch anzubringen. Wenn es zutrifft, daß sich die Schere öffnet zwischen der Dequalifizierung einfacher und mittlerer Berufe und der Höherqualifizierung nur weniger Spitzenberufe, dann scheint das Konzept der Schlüsselqualifikationen eher für letztere geeignet. Allenfalls mögen bei stärker in Gruppen organisierten Arbeitsabläufen einzelne der Schlüsselqualifikationen zum Tragen kommen, etwa die der Teamorientierung oder die im PETRA-PROJEKT erwähnten Qualifikationen der Kommunikation und Kooperation sowie der Belastbarkeit.

(25) Strukturbild: *Ausbildungsprofil beim Erwerb von Schlüsselqualifikationen*

SIEMENS Gewerbliche Berufsbildung	Beobachtungsprofil	Standort:	Datum: Blatt:
Ausbildungsberuf:	Ausbildungshalbjahr:	Ausbilder:	
Übungsaufgabe: Zeichnungs-Nr.:		benötigte Zeit:	
Organisationsform: SEA ☐ GEA ☐ GRA ☐		Gruppenstärke:	

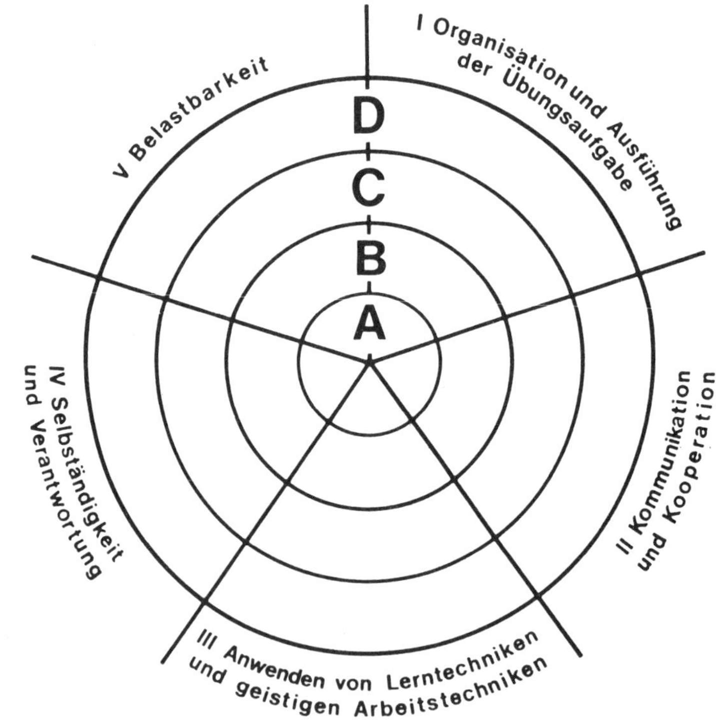

Stufung: A-Reproduktion B-Reorganisation
C-Transfer D-Problemlösen

Schlüsselqualifikationen: geplantes Profil — — —
beobachtetes Profil ———

aus: BORETTY u. a. 1988

5.2.5 Lerntafel

Das Verhältnis von Schule und Beschäftigungssystem wird über **Bildungsplanung** zu ordnen versucht.

Voraussetzung hierfür sind Erkenntnisse über den *Zusammenhang von Bildung und Wirtschaftswachstum:*

1. Auswirkung des technischen Fortschritts auf das Wachstum (**Restgrößen- oder Residualansatz**).
2. Beziehung zwischen Anstieg des Bruttosozialprodukts und den Ausgaben für Bildung (**Korrelationsansatz**).
3. Quantitative Erfassung des Investitionsgutes Bildung durch die Berechnung des Humankapitals (**Humankapitalansatz**).

Verfahren der Bildungsplanung

1. Der *Social demand approach* und seine Planungsschritte:
Von der Entwicklung der Bevölkerung her werden
— der erwartete Schulbesuch prognostiziert und
— die Qualifikationsstruktur ermittelt (= *Angebot* an ausgebildeten Arbeitskräften).

2. Der *Manpower approach* und seine Planungsschritte:
Von der vermutlichen Entwicklung des Bruttosozialprodukts werden
— Bedarf an Arbeitskräften in den Wirtschaftssektoren und Berufen prognostiziert und
— der Qualifikationsbedarf ermittelt (= *Nachfrage* nach ausgebildeten Arbeitskräften).

Die Ergebnisse beider Verfahren werden in einer *Bildungsbilanz* gegenübergestellt:

Angebot an ausgebildeten Kräften	—	Nachfrage nach ausgebildeten Arbeitskräften
Angebotsüberschuß (Nachfragelücke	—	Nachfrageüberschuß (Angebotslücke)

3. *Flexibilitätsanalytische Ansätze*
Technischer Fortschritt, Konjunkturschwankungen führen zu
— Arbeitsplatzwechsel und erfordern
— Mobilität durch breite Qualifikationen.

Umlern- und Neulernphasen können vermieden bzw. verkürzt werden durch den Erwerb von **polyvalenten Qualifikationen** aufgrund eines Systems von *Grund- und Sockelqualifikationen* sowie darauf bezogener *Spezialqualifikationen.*

4. *Schlüsselqualifikationen*
Aufgabenorientierung des Arbeitsprozesses und Einstellen auf technische Neuerungen am Arbeitsplatz verlangen die Aneignung von **Schlüsselqualifikationen**: *Selbständigkeit, kognitive Kompetenz, Teamorientierung, Institutionenkompetenz, Reflexivität.*

5.3 Schule und Staat

Halten wir das Arbeitsvorgehen unserer bisherigen Ausführungen zum Verhältnis von Schule und Familie bzw. Wirtschaft fest: Hintergrund war das Strukturschema, das Schule in einer Mittelstellung zwischen beiden Teilsystemen auswies. Als wichtig ist dabei noch einmal festzuhalten, daß sich der Begriff der Gesellschaft in der von HEGEL übernommenen Verwendung auf das Wirtschafts- und Beschäftigungssystem bezieht. HEGEL spricht von der Gesellschaft als dem System der Bedürfnisse.

Allerdings ist bereits in der Analyse von Funktionen der Schule in Ausweitung des Begriffs darauf verwiesen, daß neben dem Bezug auf das Beschäftigungssystem zum Übergang von der Schule in die Gesellschaft notwendig auch die Berücksichtigung des politischen Systems gehört: Schule führt in die politische Ordnung des jeweiligen Staates ein und fördert die Auseinandersetzung mit ihr. Wir nannten dies die Integrationsfunktion von Schule (vgl. Schaubild S. 150) und sahen sie als Aufgabe vor allem der politischen Bildung.

Damit hat allerdings die Rolle des Staates noch keine ausreichende Berücksichtigung im Strukturbild erfahren. Im Zusammenhang mit der Aufgabe, die Benachteiligung von Unterschichtenkindern aufzuheben, wurde bereits auf die Notwendigkeit von Reformvorhaben verwiesen; im bildungsökonomischen Teil war bei der Berechnung des Angebots an ausgebildeten Arbeitskräften die Berücksichtigung von Schülerübergangsquoten, Klassenfrequenzen, Lehrerzahlen, Schultypen u. a. m. gefordert. Die pauschale Antwort auf die Frage, wer solche Reformvorhaben installieren, wer Quoten, Klassenfrequenzen festlegen soll, lautet zunächst einmal: der **Staat.**

Kultus- und Finanzministerien, die Legislativen der Länder, zum Teil auch das Wissenschaftsministerium, Bundestag und Bundesrat, die Kultusministerkonferenz, alle diese staatlichen Institutionen haben offensichtlich einen prägenden und bestimmenden Einfluß auf die Schule. Unser Strukturbild von Seite 168 müßte also erweitert werden:

(26) Strukturbild: *Stellung des Staates zum Bildungssystem*

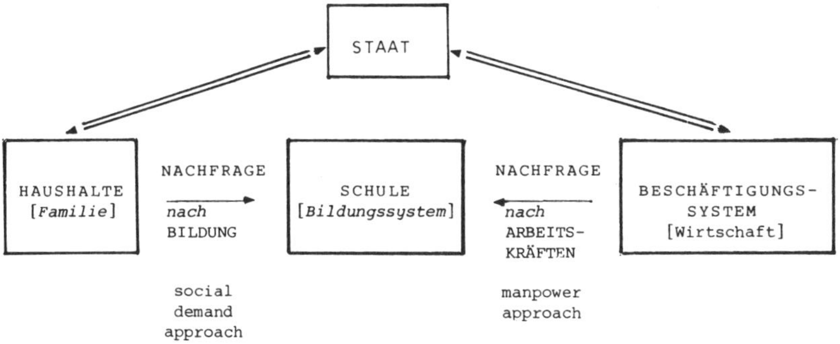

Der Staat wirkt auf die Schule ein: Er baut Schulen, strukturiert das Schulsystem, erläßt Lehrpläne und Richtlinien, Versetzungsordnungen, Schulmitwirkungsgesetze. Zusammenfassen kann man alle diese Aktivitäten im Begriff der **Bildungspolitik,** die damit definiert werden kann als *der sich auf den Bildungsbereich richtende Zugriff des Staates.*

Was da nun im einzelnen bestimmt, geregelt, auferlegt wird, hat formal den Charakter einer **Herrschaftsanordnung.** Es sind Willenskundgebungen des Staates,
— die inhaltlich festgelegt,
— mit dem Anspruch auf Befolgen (Gehorsam) verbunden und
— für einen angebbaren Personenkreis gedacht sind.

(Diese Ausführungen erfolgten in loser Anlehnung an die klassische WEBERsche Definition von Herrschaft).

Zur Verdeutlichung dieser Kennzeichnung des Verhältnisses von Schule und Staat als einem Herrschaftsverhältnis kann das Beispiel schulischer Lehrpläne dienen:

Ein Lehrplan ist unter dieser Perspektive als Aufforderung sowohl an Schüler als auch an Lehrer zu verstehen, sich die dort erwähnten Inhalte anzueignen und die entsprechenden Fähigkeiten, Fertigkeiten und Einstellungen zu erwerben bzw. sie zu vermitteln. Dieser Anspruch wird bereits in der Sprache der Lernziele deutlich, die teilweise in Form von Geboten gehalten sind: Der Schüler soll die Fähigkeit erwerben ...

5.3.1 Das Legitimationsproblem

Wenn man das Verhältnis von Schule und Staat unter dieser Perspektive als Herrschaftsverhältnis behandelt, dann kommt ein zentrales Problem auf: die Frage nämlich, mit welchem Recht der Staat hier überhaupt anordnen kann. Man bezeichnet diesen Komplex von Fragen als **Legitimationsprobleme.**

Ehe wir näher darauf eingehen, was hier problematisch ist, sollte zunächst der Begriff der Legitimation geklärt sein: **Legitimation** *bezeichnet den Ausweis einer Herrschaftsordnung als rechtens.*

Dieser Beleg der Rechtmäßigkeit erfolgt durch den *Verweis auf grundlegende, allgemein anerkannte Normen und Werte.* Ein demokratisches System legitimiert sich beispielweise mit dem Verweis auf Normen wie Menschenwürde und Rechtsstaatlichkeit; andere Systeme verweisen auf die Vorsehung, die den auserwählten Führer schickt, oder auf den Weltgeist, in dessen Namen die kollektive Führung alle ins klassenlose Paradies führen wird.

Wir sollten nun fragen, warum Legitimation überhaupt notwendig ist.

Sie ist aufgrund des Herrschaftsverhältnisses erfordert. Schildert man die politische Situation einmal ganz trivial, dann sieht es so aus: Oben sitzen einige Leute — sei es der Kaiser, das Kollektiv oder ein Parlament — die *anordnen,* und unten sind die anderen, die die *Anordnungen befolgen* sollen. Dies zu erwirken, ist auf zweierlei Art möglich:

a) Man setzt seinen Willen mit Gewalt durch, ein insgesamt mühevoller, unsicherer, unökonomischer Weg. Zudem verweist dieses Vorgehen auf reinen Machtgebrauch, der bis zur physischen Gewaltanwendung reicht, womit dann natürlich die Frage nach der Legitimation dieses Tuns überflüssig geworden ist.
b) Man macht deutlich, daß die Anordnung sinnvoll, gut ist, für alle nur das Beste intendiert. Dies aber immer wieder bei jeder einzelnen Anordnung neu durchzuführen, ist aufwendig und zeitraubend.

Die Lösung: *Wenn es gelingt, das Herrschaftsystem insgesamt als sinnvoll und gut darzustellen und das Fußvolk dazu zu bringen, dies auch anzuerkennen, dann hat man eine Art globalen Vertrauensvorschuß geschaffen.* Ein System, das insgesamt als sinnvoll angesehen ist, wird auch nur entsprechende Anordnungen treffen.

Also: Legitimation ist ein globaler Vertrauensvorschuß, den die Empfänger von Anordnungen den Anordnenden entgegenbringen; Legitimation erhöht damit die Bereitschaft auf bereitwillige Ausführung der Herrschaftsanordnung.

Dabei interessieren die Fragen nach der konkreten verfassungsrechtlichen Beschaffenheit des jeweiligen Herrschaftssystems noch nicht. Legitimation ist ein allgemeines Phänomen von Herrschaft — im Gegensatz zu amorphen Machtbeziehungen — und gründet darauf, ob und in welchem Ausmaß die Adressaten von Anordnungen die herrschaftsbegründenden Normen anerkennen.

Wenn die Dinge im Grunde doch so einfach liegen, fragt sich nun, wieso man dann gleich von Legitimations*problemen* sprechen muß.

Aber: Im Laufe der Geschichte ereignete sich das, was aus der Perspektive der Herrschenden nur als ‚Sündenfall' gesehen werden kann: Eines Tages wollten diejenigen, die bisher Anordnungen erhalten hatten, selber anordnen. Damit verkomplizierten sich die Dinge. Einerseits traten die demokratischen Bewegungen an im Zeichen der Selbstbestimmung des Volkes. Das Volk wurde nunmehr als Souverän und nicht mehr als dem Willen gottgewollter Fürsten unterworfen angesehen. Andererseits aber war damit das Phänomen der Herrschaft nicht aufgehoben. Nach wie vor mußte angeordnet werden, wer beispielsweise zum Wehrdienst eingezogen wurde, wem Sozialhilfeleistungen zustanden, mußten Gesetze zur Prozeßordnung, Erbschaftsregelung, Schulpflicht usw. erlassen werden. Wie waren beide Stränge zu vereinbaren, *wie konnten Herrschaft und Freiheit zusammen bestehen?*

Die Antwort glaubt ROUSSEAU gefunden zu haben:

Indem jeder am allgemeinen Herrschaftswillen teilhat, gehorcht er in der Herrschaftsanordnung letztlich nur sich selber.

Dieses Legitimationsprinzip ist das aller demokratischer Staaten, es ist auch in unserer Verfassung in Art. 20 GG Abs. 2 ausgedrückt: Alle Staatsgewalt geht vom Volke aus.

Ist nun mit dieser republikanischen Formel im Grunde nicht das Legitimationsproblem gelöst?

Nicht ganz, wenn man noch einen Schritt weiter denkt. Auf eine allgemeine und von allen akzeptierte Art sind die Legitimationsgrundlagen unseres Staates im Grundgesetz und in einzelnen Grundgesetzartikeln festgehalten.

Aber:

— Die einzelnen Grundgesetzartikel stehen zum Teil einander *spannungsvoll* gegenüber, so daß eine jeweils andere Lesart entsteht, je nachdem, welche Artikel man in den Vordergrund stellt. Denken Sie beispielsweise an die Eigentumsfrage: Einerseits heißt es, Eigentum verpflichte, andererseits ist Eigentum als unantastbar hingestellt.
— Sind mit Bezug auf das Grundgesetz konkrete Verfassungsfragen, z. B. Verfassungsmäßigkeit des Sexualkundeunterrichts oder der Gesamtschule zu entscheiden, dann müssen die Artikel *interpretiert* werden. Bei einer Interpretation fließt notwendig immer ein gewisses Vorverständnis ein, so daß sie in dem Maße unterschiedlich vorgenommen wird, in dem das Vorverständnis der Interpreten jeweils voneinander abweicht.

Da nun in einer pluralistisch verfaßten Gesellschaft ganz unterschiedliche Auffassungen über Politik, über die Gliederung der Gesellschaft, über Demokratie und Gleichheit herrschen — Auffassungen, die aus unterschiedlichen politischen Traditionen herkommen — wird

— das Grundgesetz auch verschieden interpretiert und
— die Legitimationsgrundlage einer konkreten Herrschaftanordnung, z. B. eines Lehrplans, unterschiedlich aufgefaßt.

Anders ausgedrückt: Legitimationsprobleme entstehen nun dadurch, daß in pluralistisch verfaßten Gesellschaften nicht angenommen werden kann, alle verschiedenen Gruppen stimmten *einer* bestimmten Legitimationsauslegung zu. Die grundlegende Art der republikanischen Legitimation wird als allgemeine Legitimationsbasis nicht zur Disposition gestellt; wohl aber entstehen Probleme hinsichtlich legitimatorischer Teilfragen, etwa bezüglich des Ausmaßes der direkten Bürgerbeteiligung, des genauen Verhältnisses von Staat und Bürger im konkreten Einzelfall oder eben in der Bildungspolitik. Deutlich wurden diese Probleme bei den Diskussionen um die nordrhein-westfälischen Richtlinien (vgl. auch noch einmal Kapitel 2.3), vor allem werden sie offenbar bei den Kontroversen zwischen den politischen Parteien. Denn die Parteien nehmen die Interpretation der Verfassung vor dem Hintergrund bestimmter **Grundwerte** vor. *Dies sind zentrale Werte der betreffenden politischen Ideologie, etwa des Liberalismus oder des demokratischen Sozialismus.*

Die Kontroversen beziehen sich aber nicht nur auf die Interpretation des Grundgesetzes, sie reichen bis in die konkreten Anordnungen hinein. Als eine solche bzw. als Absichtserklärung, eine solche Anordnung herbeiführen zu wollen, kann man das Votum der SPD-regierten Länder in der Bundesrepublik Deutschland für die Gesamtschule als Regelschule ansehen. Die Anordnung muß legitimiert werden, wobei die Legitimationsgrundlagen nicht unumstritten bleiben. Im Gegenteil: Die anderen Parteien stellen die Legitimation für dieses Votum aus ihrer eigenen Sicht jeweils anders dar, so daß sich in der Konfrontation der Standpunkte Legitimations*konflikte* ergeben.

Dieser Zusammenhang von normativen Positionen einer Partei (Grundwerten) und Legitimationsausweis einer Anordnung (hier der Gesamtschulpläne) wird im Tableau (27) verdeutlicht.

Eine Anzahl von Kontroversen im Rahmen der Bildungspolitik haben sich zu ernsthaften Legitimationskonflikten weiterentwickelt und mußten an höchster Stelle verfassungsrechtlich geklärt werden. Dabei zogen weniger die politischen Kontrahenten (Parteien oder Interessengruppen) vor Gericht als vielmehr die unmittelbar Betroffenen, die Eltern als Anwalt der Interessen ihrer Kinder.

Hier haben wir den typischen Fall, daß diejenigen, denen die Anordnung gilt, die Legitimationsgrundlage, den Rechtsgrund nicht anerkennen und sich daher den Maßnahmen widersetzen. Deutlich nachzeichnen kann man diesen Legitimationskonflikt am Beispiel einer Klage baden-württembergischer Eltern vor dem Bundesverfassungsgericht gegen Inhalte und sogar die Existenz der Sexualkunde als verpflichtendem Schulfach. Der Konflikt resultiert aus einer von den Richtlinien abweichenden verfassungsrechtlichen und weltanschaulichen Interpretation der Sexualkunde durch die Eltern. Zur Begründung ihrer Klage führen sie an,

> „... die Sexualaufklärung durch die Schule stelle einen durch Art. 7 Abs. 1 GG nicht gedeckten Eingriff in ihr elterliches Erziehungsrecht (Art. 6 Abs. 2 GG), in ihre familiäre Intimsphäre (Art. 2 Abs. 1 GG) und ihre Menschenwürde (Art. 1 Abs. 1 GG) dar.

(27) Tableau: *Bildungspolitische Kontroversstandpunkte zur Gesamtschule*

Partei	Grundwerte - Parteiprogrammatische Standpunkte -	Stellung zur Gesamtschule
CDU	Ausgangspunkt: Rechtsgleichheit aller Menschen, aber natürliche Ungleichheit hinsichtlich - Begabung - Leistung - Interesse. Chancengerechtigkeit fordert daher ein gegliedertes Schulsystem, vielfältige Angebote, Ausgleich nachteiliger Vorbedingungen.	Begabten Schülern steht der Zugang zu allen weiterführenden Bildungsgängen offen; das Gymnasium ist keine schichtspezifische Schule mehr. Das gegliederte Schulsystem sichert ein hohes Bildungsniveau, Leistungsfähigkeit, Begabungsentwicklung. Integrierte Gesamtschule nivelliert durch Leistungsabbau. Ablehnung der Gesamtschule als Angebots-Regelschule.
SPD	Ausweitung von Mitbestimmung aller Bürger und mehr Chancengleichheit. Schule (Bildung) hat eine gesellschaftliche und politische Funktion unter dem Vorzeichen einer auf demokratisch-sozialistische Prinzipien bezogenen Gesellschaftsordnung. Voraussetzung für Chancengleichheit und Freiheit ist die materiale (sozio-ökonomisch/kulturelle) Demokratisierung der Gesellschaft.	Ablösung des dreigliedrigen Schulsystems zugunsten einer gemeinsamen, für alle Schüler verbindlichen Grundbildung und zusätzlich individualisierter Bildungsgänge (nicht schulformspezifisch). Gesamtschule ermöglicht als einzige Schulform letztlich Chancengleichheit und Abbau schichtspezifischer Barrieren.
FDP	Liberalisierung und Demokratisierung der Gesellschaft. Individuelle Freiheit, Selbstbestimmung und politische Mündigkeit des einzelnen. Chancengleichheit als Abbau sozialer Barrieren bei Betonen von Leistungsbereitschaft und individueller Initiative.	Gesamtschule als 'offene Schule', die individuelle Förderung des einzelnen durch breite Bildungsangebote ermöglicht, ist zu bejahen. Offene Schule im Sinne der Gesamtschule fördert (a) die Autonomie in der Entscheidung über Interessen, Leistung, (b) ständigen Chancenausgleich und zunehmende Demokratisierung.

Der Sexualkundeunterrricht in den unteren Gymnasialklassen und für Kinder im Alter der Beschwerdeführerin zu 3) führe zu irreparablen Entwicklungsschäden der Kinder, insbesondere zu einer verfrühten Sexualisierung und zu einer dadurch bedingten vorzeitigen Lockerung der Familienbande.

Durch die Übernahme der Sexualerziehung greife der Staat in unzulässiger Weise in die natürlichen Erziehungsrechte der Eltern ein. Der Staat müsse trotz seines Aufsichtsrechts aus Art. 7 Abs. 1 GG die Verantwortung der Eltern für den Gesamtplan der Erziehung ihrer Kinder achten und für die Vielfalt der Anschauungen in Erziehungsfragen so offen sein, wie sich dies mit einem geordneten staatlichen Schulsystem vertrage. Die augenblickliche Regelung verstoße insofern formell und materiell gegen Art. 2 Abs. 1 GG, als ein derartiger Eingriff in die Intimsphäre der Familie, wie sie Sexualerziehung darstelle, nicht mehr den Freiheitsraum lasse, der dem Bürger nach der Verfassung garantiert werde.

Die sexuelle Aufklärung des Kindes gegen den Willen der Familie vor Eintritt oder ohne Rücksicht auf dessen Reife verletzte die Menschenwürde des Kindes wegen der mit einer vorzeitigen Sexualisierung verbundenen Schäden. Daneben verstoße die obligatorische Schulaufklärung auch gegen die Würde der Eltern, da nur diese allein befugt seien, Zeitpunkt und Art der Aufklärung zu bestimmen. Aus diesen Gründen dürften die Länder allenfalls einen fakultativen Sexualkundeunterricht anbieten. Eine zulässige Freistellung sei jedoch dann nicht möglich, wenn es sich um einen fächerübergreifenden Sexualkundeunterricht wie in Weinheim handele.

Schließlich liege auch ein Verstoß gegen Art. 4 GG vor; denn die Sexualerziehung der Schule stelle zugleich einen Eingriff in das Recht auf Gewissensfreiheit dar. Die ethische Einstellung der unterrichtenden Lehrer decke sich nämlich keineswegs immer mit der Einstellung der Kinder und ihrer Eltern, weshalb die erzwungene Teilnahme eines Kindes am Sexualkundeunterricht der Schule immer dann gegen die Gewissensfreiheit verstoße, wenn z. B. der bei dem einzelnen Kind und seinen Eltern bestehenden Haltung zur Keuschheit in einem erzwungenen Sexualkundeunterricht nicht entsprechend Rechnung getragen werde."
aus: ENTSCHEIDUNGEN BVerfG 1978, S. 62/63

Dieses von den Eltern reklamierte Erziehungsrecht steht dem staatlichen Auftrag nach Art. 7 GG gegenüber, aber nicht nur in dem Sinne, als käme dem Staat lediglich das Recht zur Wissensvermittlung in der Schule zu.

„Dieser Auftrag des Staates, den Art. 7 Abs. 1 GG voraussetzt, hat vielmehr auch zum Inhalt, das einzelne Kind zu einem selbstverantwortlichen Mitglied der Gesellschaft heranzubilden. Die Aufgaben der Schule liegen daher auch auf erzieherischem Gebiet. Zwar spricht — wie oben dargelegt wurde — vieles dafür, daß der geeignete Platz für die individuelle Sexualerziehung das Elternhaus ist. Auf der anderen Seite muß aber auch berücksichtigt werden, daß die Sexualität vielfache gesellschaftliche Bezüge aufweist. Sexualverhalten ist ein Teil des Allgemeinverhaltens. Daher kann dem Staat nicht verwehrt sein, Sexualerziehung als wichtigen Bestandteil der Gesamterziehung des jungen Menschen zu betrachten. Dazu gehört es auch, die Kinder vor sexuellen Gefahren zu warnen und zu bewahren.

Aus all diesen Gründen sind keine grundsätzlichen verfassungsrechtlichen Bedenken dagegen zu erheben, wenn der Staat Themen der Sexualität des Menschen zum Unter-

richtsgegenstand in der Schule macht. Das gilt zunächst, soweit es sich lediglich um die Vermittlung von Tatsachen und Vorgängen handelt, die wertneutral — d. h. losgelöst von jedem sexualethischen Bezug — dargeboten werden. Aber auch die eigentliche Sexualerziehung, wie sie die KMK-Empfehlungen für die höheren Klassen vorsehen, fällt grundsätzlich mit unter die Schulhoheit des Staates; denn auch ihm kann ein pädagogisch legitimer Auftrag zur geschlechtlichen Erziehung der Kinder nicht bestritten werden. Dieser ergibt sich — wie dargelegt — aus seinem allgemeinen Bildungs- und Erziehungsauftrag."
aus: ENTSCHEIDUNGEN BVerfG 1978, S. 72

Man kann klar erkennen: Der Legitimationskonflikt entwickelt sich letztlich vor dem Hintergrund unterschiedlicher weltanschaulicher Positionen, in deren Licht dann das Grundgesetz schwerpunktmäßig interpretiert wird. Eine weltanschaulich religiös gebundene, auf das private Erziehungsrecht der Eltern pochende Auffassung kollidiert mit einer allgemeinverbindlichen Lehr- und Lernanordnungsbefugnis des Staates.

In unserem Beispiel ist der Konflikt zugunsten des Staates entschieden worden. Die sich in den Richtlinien ausdrückende Anordnung wird damit als legitim, als rechtens ausgezeichnet und kann gegenüber den Adressaten (Eltern, Schüler, Lehrer) mit dem vollen Anspruch auf Befolgung auftreten.

5.3.2 Etappen deutscher Bildungspolitik nach 1945

Unter Bildungspolitik haben wir die staatliche Gestaltung des Bildungswesens verstanden und im vorigen Abschnitt allgemein die politisch-normativen Grundlagen dieses Zugriffs dargestellt. Neben Einsichten in die allgemein verfassungsrechtlichen und politischen Voraussetzungen sollte man auch über einen groben Überblick der wichtigsten **Stationen bildungspolitischer Entwicklung** des Schulwesens verfügen.

Schwierigkeiten in der Darstellung ergeben sich durch die Gliederung des Bildungssystems vom Kindergarten über den Primar- zum Sekundarbereich und weiter zum tertiären Bereich, die alle ihre eigene Geschichte haben. Ein weiteres Problem entsteht durch die Frage, was man als Etappen ansieht: einen Erlaß des Kultusministers, eine Studie des Bildungsministeriums, einen Reformplan?

Wir haben uns angesichts dieser Probleme dafür entschieden, die Schilderung der Etappen auf die *Reform der gymnasialen Oberstufe* zu beziehen.

Die Gründe: Die Entwicklung des Gymnasiums kann insofern als symptomatisch für grundlegende bildungspolitische Tendenzen dargestellt werden, als sich hier Zielsetzungen und Werte einer allgemeinen Diskussion niederschlugen, und dies besonders häufig unmittelbar, da über lange Zeiträume hinweg das Gymnasium im Mittelpunkt von Reformüberlegungen stand.

In der bildungspolitischen Entwicklung kann man drei große Etappen abgrenzen, die Phasen
- der Restauration: 1945 — 1960,
- des Reformaufbruchs: 1960 — 1973/74,
- der Reformstagnation bzw. -korrektur: 1973/74 — heute.

Die bildungspolitische Entwicklung nach 1945 begann mit einem *bewußten Anknüpfen an die schulpolitische Situation der Weimarer Zeit.* Allerdings stellten sich auch schnell die schon damals kritisierten Probleme des Gymnasiums wieder ein: *Stoffülle und Ausweitung des Fächerkanons.*

Die ersten bildungspolitischen Aktivitäten in der Bundesrepublik setzten daher auch an diesem Punkt ein: In den **‚Tübinger Beschlüssen'** (1953) forderten Hochschullehrer, Schulpädagogen und Vertreter der Schulverwaltungen eine ‚innere Umgestaltung des Unterrichts an der Höheren Schule und der Bildung ihrer Lehrer an der Hochschule'. Als eine weitreichende Möglichkeit, Probleme der Stoffülle und der bloßen Wissensvermittlung anzugehen, wurde das *exemplarische Prinzip* angesehen, durch das man eine Konzentration auf das Wesentliche zu erreichen hoffte.

Was die Frage nach einer Reduzierung des ausgeweiteten Fächerkanons betraf, so griff man hier auf das von W. Flitner entwickelte Konzept der ‚grundlegenden Geistesbildung' und seinen Begriff der ‚Initiationen' zurück: Der Fächerkanon der gymnasialen Oberstufe soll den Schüler mit den Geistesrichtungen unserer Kultur vertraut machen, aber nicht in einer fachmännisch spezialisierten, sondern in propädeutischer, in einführender Art und Weise (daher der Begriff der Initiation).

Neben diesen allgemeinen lehrplantheoretischen und didaktischen Fragen stellte sich aber auch die nach der Funktion des gymnasialen Abschlusses hinsichtlich des sich daran anschließenden Universitätsstudiums. Der Problemkreis wurde mit dem Stichwort von der *‚allgemeinen Hochschulreife'* angesprochen und ist auf einer Reihe von Konferenzen, den nach dem Tagungsort so benannten **‚Tutzinger Gesprächen'** (1958 und 1960) behandelt worden. Hier kamen zwei Motivstränge zusammen: Man wollte einerseits den allgemeinbildenden, propädeutischen Charakter der Gymnasialbildung wahren, andererseits aber auch ausbildungspragmatische Gesichtspunkte im Begriff der Studierfähigkeit aufnehmen. Als das Ergebnis dieser bildungspolitischen Überlegungen kann der ‚Tutzinger Maturitätskatalog' (1958) angesehen werden, der Angaben darüber enthält,
- in welche Sachgebiete jemand eingeführt sein soll, damit der Anspruch auf *grundlegende Geistesbildung* aufrechterhalten werden kann, und
- über welche Fähigkeiten der Abiturient verfügen muß, damit er als *studierfähig* gelten kann.

Der Tutzinger Maturitätskatalog enthält also Aussagen über die Sachgehalte der Gymnasialbildung, die noch auf einem allgemeinen Konsens über den Charakter der abendländisch-christlichen Kultur basieren konnten: Es sind dies Sprache und Mathematik, christliche Glaubenswelt, philosophisch-wissenschaftliches Problembewußtsein, Einsicht in exakt naturwissenschaftliche Verfahren, in die politische Welt und ihren Zusammenhang zur gesellschaftlich-sittlichen Ordnung. Verknüpft waren diese Inhaltsbereiche mit grundlegenden Denk- und Verfahrensweisen, über die der Schüler verfügen sollte, beispielsweise Fähigkeit zur philosophischen Reflexion, Verstehensfähigkeit, Problembewußtsein.

Umfassender können Sie den Zusammenhang dem Text des Katalogs selber entnehmen:

Der „Tutzinger Maturitätskatalog"
vom 28./30. 4. 1958
„Begriff der Hochschulreife — Inhaltliches Minimum.

1. Einwandfreies Deutsch; Fähigkeit, einen eigenen Gedankengang zu formulieren und einen fremden richtig wiederzugeben, sowohl mündlich wie schriftlich, und mit einem Wortschatz, der auch feinere Unterscheidungen ermöglicht.
2. Verständnis einiger Meisterwerke der deutschen Literatur, und zwar auch solcher aus dem Umkreis der klassischen Literaturepoche sowie bedeutender Schriften sowohl philosophisch als auch literarisch wertvoller Prosa und Verständnis einiger grundlegend wichtiger Meisterwerke der Weltliteratur, vor allem auch der antiken.
3. Gute Einführung in eine Fremdsprache: Nachzuweisen ist flüssige Lektüre *gehaltvoller* leichter bis mittelschwerer Prosa ohne Hilfsmittel und die Fähigkeit, über das Gelesene in deutscher Sprache zu referieren und in der Fremdsprache ein einwandfreies Gespräch zu führen; ferner eine erste Einführung in eine zweite Fremdsprache. Eine der beiden Sprachen soll Latein oder Französisch sein.
4. Kenntnis der Elementarmathematik, quadratische Gleichungen, Trigonometrie, Algebra, analytische Geometrie; Weiterentwicklung der mathematischen Denkfähigkeit, insbesondere der Fähigkeit, Beweise zu führen; Anwendung der aus den ausgewählten Stoffen gewonnenen Erkenntnisse auf Geometrie und Naturwissenschaften.
5. In der Physik Einführung in die Hauptphänomene, Verständnis für den Energiebegriff, wie er in allen Erscheinungsformen der Natur zu ermitteln ist, Kenntnis der historischen Anfänge physikalischen Denkens. Verständnis für das Wesen der exakt-naturwissenschaftlichen Methode, für die Beschränkung der Aussagemöglichkeiten auf das Quantitative und damit für die Grenzen der naturwissenschaftlichen Methode — ferner für die wissenschaftliche Ermöglichung der maschinellen Technik, Ansatz zum Verständnis chemischer Erscheinungen und ihres Bezugs auf das Energieproblem.
6. Liebhabermäßiges Betrachten der anschaulichen Natur und Zugang zur biologischen Betrachtungsweise.
7. In der Geschichte: Kenntnis und Verständnis für die geschichtliche Situation der Gegenwart, wie sie sich seit der Französischen Revolution ergeben hat.
8. Propädeutik: Verständnis für die philosophischen Einleitungsfragen, besonders für die anthropologischen, ausgehend von Platon oder Descartes oder Kant.

9. Orientierung über die Christenlehre, die kirchengeschichtlichen Hauptereignisse und Einführung in die ethischen Grundfragen.

aus: SCHEUERL 1962, S. 155/156

Trotz dieser allgemeinen gymnasialtheoretischen und didaktischen Überlegungen blieb weiterhin das Problem der großen Fächerzahl bestehen, denn sowohl die Tübinger Beschlüsse als auch der Tutzinger Maturitätskatalog enthalten keine konkrete Beschränkung hinsichtlich des Fächerkanons in der gymnasialen Oberstufe. An diesem Punkt nun setzte 1960 die **‚Saarbrücker Rahmenvereinbarung'** ein, die eine primär *organisatorische Regelung des Oberstufenunterrichts* darstellt.

Der Fächerkanon wird in den Bereich der Pflichtfächer und der Wahlpflichtfächer aufgeteilt, die bisher übliche Zahl von 12 — 13 Schulfächer wird auf insgesamt 9 herabgesetzt. Innerhalb der Pflichtfächer unterschied man zwischen solchen Fächern, die allen Gymnasialtypen — dem humanistischen, dem fremdsprachlichen, dem mathematisch-naturwissenschaftlichen — gemeinsam sind, und anderen, für den jeweiligen Typ spezifischen Fächern. So konnte beispielsweise in den fremdsprachlichen Gymnasien die Mathematik, in den mathematisch-naturwissenschaftlichen die Fremdsprache schon am Ende der 11. oder 12. Klasse abgeschlossen werden, was in der Konsequenz zu einem mathematik- oder fremdsprachenlosen Unterricht auf der Oberstufe führt; eine Regelung, die auf heftige Kritik gestoßen ist.

Die organisatorischen Fragen der Saarbrücker Rahmenvereinbarung sind didaktisch in den **‚Stuttgarter Empfehlungen'** (1961) umgesetzt worden. Strukturierende didaktische Prinzipien waren dort das der Konzentration und des Exemplarischen sowie das der Selbständigkeit der Schüler. Es heißt dazu im Text:

„I. Die Aufgabe der Oberstufe

- Das Gymnasium gibt die allgemeine Grundbildung für wissenschaftliche Studien. Damit werden auch die Voraussetzungen für die Ausbildung in anderen Berufen mit erhöhten geistigen Anforderungen geschaffen.
- Der Unterricht des Gymnasiums ist zwar auf allen Stufen von dieser Aufgabe bestimmt, aber die Oberstufe ist ihr in besonderem Maße zugeordnet.
- Der Schüler der Oberstufe soll Ursprünge und grundlegende Inhalte unserer Welt erkennen, damit er sich für ihre verpflichtenden Forderungen in Freiheit und Verantwortung entscheiden kann. Er soll propädeutisch in wissenschaftliche Arbeitsweisen eingeführt werden und lernen, mit Gegenständen und Problemen der Erfahrung, des Erkennens und des Wertens seinem Alter entsprechend selbständig und sachgerecht umzugehen.
- Der Schüler der Oberstufe bedarf der rechten Arbeitsgesinnung. Es ist die Aufgabe aller Lehrer, den Schülern den Sinn ihrer Arbeit zu verdeutlichen und sie zu werkgerechtem Tun anzuleiten. Bei diesen Bemühungen ist die Schule auf das Verständnis

und die Mithilfe der Eltern angewiesen. Auch die Schülermitverwaltung hat Möglichkeiten, die Arbeitsgesinnung zu fördern."

aus: FROESE 1969, S. 322. Die aufgrund der Auswahl einzelner Punkte unsinnig gewordene Zählung im Original ist von den Autoren durch einen Spiegelstrich ersetzt worden. Das gilt ebenfalls für den folgenden Auszug über die Arbeitsweise auf der Oberstufe:

- „Ein Kennzeichen für die Arbeitsweise der Oberstufe ist die Konzentration der Unterrichtsgegenstände. Der Begriff „Konzentration" kann als Konzentration der Unterrichtsfächer verstanden werden. Sie zielt auf die innere Verbindung und die übergreifenden Zusammenhänge der einzelnen Fächer. Wichtiger ist die Konzentration innerhalb des Faches. Sie meint die Vertiefung in die Gegenstände und Methoden des Faches. Beide Formen der Konzentration müssen bei der Auswahl der Unterrichtsgegenstände berücksichtigt werden.
- Die Unterrichtspläne sollen Gegenstände enthalten, die geeignet sind, das Wesentliche eines Wirklichkeitsbereichs zu erschließen. Naturgesetzlichkeiten, naturwissenschaftliche Methoden und Theorien, die Brauchbarkeit von Arbeitshypothesen und die Notwendigkeit ihrer empirischen Bewährung, mathematische Begriffsbildung und die verschiedenen Beweisprinzipien, Grundbegriffe der Geschichte, der Kunst und der Literatur können exemplarisch erarbeitet werden. Deshalb sind hier diejenigen Gegenstände zu bevorzugen, die eine exemplarische Behandlung gestatten, d. h. über das Einmalige und Besondere hinaus auf ein Allgemeines verweisen.
- Besondere Beachtung verdient der arbeitsteilige Gruppenunterricht: Es werden von einzelnen Gruppen oder auch von einzelnen Schülern Aufgaben bearbeitet, von denen jede das Teilstück einer Gesamtaufgabe darstellt. Dabei sind drei Phasen zu unterscheiden: die Aufgliederung des Arbeitsganzen, die Ausführung der Teilarbeiten (als Schul- oder Hausarbeit), die Zusammenfassung der Ergebnisse. Es ist bei diesem Verfahren besonders darauf zu achten, daß alle Schüler die für die jeweilige Gesamtaufgabe notwendigen Voraussetzungen besitzen und daß der Arbeitsertrag für alle gesichert wird.

  Die Vorteile dieser Unterrichtsform sind offenkundig. Sie fördert in besonderem Maß die Selbsttätigkeit des Schülers. Schon bei der Verteilung der Arbeit kann die Eigenart jedes Schülers berücksichtigt werden. Die Gruppe und jeder einzelne sind verantwortlich für das Gelingen der Arbeit. Die Schüler sind zu gegenseitiger Hilfeleistung verpflichtet. Die Bedeutung jedes Einzelbeitrages für das Gesamtergebnis wird bewußt. Eine solche Arbeitsweise erzieht nicht nur zum guten Schüler, sondern auch zum guten Mitschüler. Das Unterrichtsgespräch und das Schülerreferat können im Zusammenhang mit dem Gruppenunterricht besonders gepflegt werden. Der Lehrer wird bei dieser Unterrichtsform zum beratenden Studienleiter. Er muß diese veränderte pädagogische und didaktische Situation berücksichtigen und sich auf Vorbereitung und Hilfeleistung besonderer Art einstellen."

aus: FROESE 1969, S. 323 u. 325

Das Votum für diese Prinzipien ist von mehreren Motiven getragen:
- dem der *grundlegenden Geistesbildung*, wie es seit den Tübinger Beschlüssen immer wieder aufgegriffen wurde,

- dem der *Reduktion von Stoffülle,* das man mit dem exemplarischen Prinzip und dem der Konzentration zu lösen hoffte,
- dem der *Sicherung der Hochschulreife* durch Heranführen an wissenschaftliche Fragestellungen und Methoden (propädeutisches Prinzip des Unterrichts).

Seit Mitte der 60er Jahre vollzog sich in der Bundesrepublik der Wandel von der eingangs erwähnten reaktiven Phase zu der des *Reformaufschwungs.* Hierfür sind mehrere Faktoren als ‚Auslöser' zu veranschlagen.

- In *sozialpolitischer* Hinsicht hatten Untersuchungen verstärkt auf die Ungleichheit der Bildungschancen von Kindern unterschiedlicher sozialer Gruppen, damit auch auf den ungleichen oder besser unproportionalen Zugang zum Gymnasium hingewiesen. Besonders hervorgehoben wurde die Benachteiligung von Mädchen, Arbeiterkindern, Landbevölkerung. Vor dem Hintergrund dieser Negativbefunde hat dann DAHRENDORF das Recht auf Bildung eines jeden in seinem berühmt gewordenen Buch ‚Bildung ist Bürgerrecht' (1965) postuliert; er fordert dort entsprechend seiner liberalen Gesellschaftsauffassung, der Staat müsse durch Bildungswerbung, Aufklärung über Bildungsgänge und Abschlüsse die Voraussetzungen schaffen, damit der einzelne sein in der Verfassung verbrieftes Recht auf Bildung auch tatsächlich wahrnehmen könne.

  Diese eher bildungsanbietende Funktion des Staates wurde von demokratisch-sozialistischen Positionen her als nur der halbe Schritt auf dem ganzen Weg zur Chancengleichheit gewertet: Die tatsächlichen sozio-ökonomischen Ursachen für Bildungsungleichheit seien unberührt. Der Staat dürfe Bildung nicht bloß anbieten, er müsse auch material für die Umsetzung dieses Rechts sorgen, etwa durch Fördermaßnahmen, kompensatorischen Unterricht, Gesamtschule, Ganztagsschulen.
- Der zweite große Veränderungsfaktor betraf *bildungsökonomische* Überlegungen: Durch wissenschaftliche Arbeiten gestützt, wurde Bildung als Humankapital angesehen und in Zusammenhang zum Wirtschaftswachstum und zur Sicherung des Lebensstandards einer Gesellschaft gesetzt (vgl. auch Kap. 5.2). Für die Bundesrepublik sah man wegen der im Vergleich zu anderen Ländern geringeren Abiturientenzahlen eine ‚Bildungskatastrophe' (PICHT 1965) aufkommen, der nur mit einer Erhöhung der Abiturientenzahlen vorzubeugen sei.
- Schließlich sollte auch eine mehr im *erziehungswissenschaftlichen* Bereich eintretende Entwicklung als Veränderungsfaktor festgehalten werden. Die bis dahin nahezu unangefochtene Position der geisteswissenschaflichen Pädagogik (vgl. auch Kap. 7.1, ‚hermeneutische Positionen') wurde auf lehrplantheoretischem Gebiet von empirischen und deutlicher wissenschaftsbezogenen Positionen in den Hintergrund gedrängt. Damit traten für den Bereich der Fächerauswahl wie der Lehrverfahren die Wissenschaften einschließlich ihrer Methoden stärker in den Vordergrund. Das Prinzip des wissenschaftsorientierten Unterrichts rückte ins Zentrum der weiteren bildungspolitischen Diskussionen.

Umfassend fanden diese Entwicklungen 1970 Ausdruck im **‚Strukturplan für das Bildungswesen'** des Deutschen Bildungsrates. Seine Leitprinzipien waren: *Chancengleichheit, Individualisierung* des Unterrichts durch Berücksichtigung von Neigung und Begabung und *Wissenschaftsorientiertheit* des Lernens. Das Bildungswesen, damit auch die gymnasiale Oberstufe, wurde als ein aufeinander bezogenes Ganzes gesehen, das nur noch nach Schulstufen differenziert war, also nach Primarbereich, Sekundarstufe I, Sekundarstufe II. Hinsichtlich der gymnasialen Oberstufe sollte die einlinige Zuordnung zum Universitätsstudium durch die Aufnahme auch berufsbezogener Bildungsgänge in der Sekundarstufe II aufgebrochen werden.

Der Stukturplan formulierte die zu diesem Zeitpunkt wichtigsten Prinzipien der Bildungspolitik. Er fungierte als eine Art Leitfaden für bildungspolitische Reformen; er ist selbst nicht unmittelbar in schulpolitische Maßnahmen umgesetzt worden, sondern hat solche angeregt, gestützt und den konzeptionellen Rahmen dafür abgegeben.

Die für das Gymnasium wichtigste und folgenreichste schulpolitische Maßnahme stellt die erst zwei Jahre später verabschiedete **‚Bonner Vereinbarung‘** dar, die eine tiefgehende Änderung der gymnasialen Oberstufe bewirkte.

Mit der Bonner Vereinbarung versuchte man, die bisherigen Reformentwicklungen zur Oberstufe des Gymnasiums zusammenzufassen und in eine entsprechende Organisationsform umzusetzen. Kurz zu den wichtigsten Regelungen:

— Der Unterricht wird in Form von im Prinzip *frei wählbaren Kursen* durchgeführt, unter Beachtung gewisser Wahlauflagen.
— Ein fester Fächerkanon ist zugunsten von *Aufgabenfeldern* aufgegeben, denen im nachhinein Einzelfächer zugeordnet werden. Die Aufgabenfelder sind:
  (a) literarisch-sprachlich-künstlerisches Aufgabenfeld,
  (b) mathematisch-naturwissenschaftlich-technisches und
  (c) gesellschaftliches Aufgabenfeld.

  Dazu werden noch als verpflichtend Sport und Religion aufgeführt.

  Der Gedanke der Aufgabenfelder ist schon 1969 von der Westdeutschen Rektorenkonferenz (WRK) in ihren **‚Kriterien der Hochschulreife‘** angesprochen. Zur Sicherung einer Grundbildung wurden dort als gleichwertige Felder erwähnt:
  (a) sprachlich-literarisches Aufgabenfeld,
  (b) mathematisches und naturwissenschaftliches,
  (c) gesellschaftliches und geschichtliches Aufgabenfeld.

— Der Unterricht fußt auf dem Prinzip der *Wissenschaftspropädeutik*, wozu man insbesondere die methodisch-formale Bildung zählt, also die Fähigkeit im Umgang mit Methoden und einzelnen Verfahren der Wissenschaften.

Hinter diesen organisatorischen Regelungen steht eine Reihe von Reformprinzipien, die, zum Teil aus der bisherigen Diskussion übernommen, recht spannungsvoll zueinander in Beziehung treten.

Das Prinzip der allgemeinen Grundbildung: Unterricht auf der gymnasialen Oberstufe soll nicht zu Spezialistentum erziehen, sondern soll allgemeinbildend bleiben. Dies wird mit den verbindlich abzudeckenden Aufgabenfeldern zu erreichen versucht.

Das Prinzip der allgemeinen Hochschulreife: Da ein fester Fächerkanon aufgegeben ist, kann das genannte Kriterium der allgemeinen Hochschulreife nur noch in der methodisch verstandenen wissenschaftspropädeutischen Schulung bestehen. Die Abiturienten verfügen zwar über unterschiedliche inhaltliche Kenntnisse, aber über gemeinsame methodische Fähigkeiten, die zu jedem Studium ihrer Wahl befähigen.

Das Prinzip der Individualisierung: Durch relativ freie Wahl von Kursen soll der einzelne nach Neigung und Begabung seine Schwerpunkte setzen können.

Das Prinzip des Exemplarischen: Da die einzelnen Fächer, die einem Aufgabenfeld zugeordnet werden können, wenn auch nicht gleichartig, so doch gleichwertig sind, kann stellvertretend an einem Fach das Wesentliche des ganzen Aufgabenfeldes vermittelt werden.

Man sieht schon auf einen ersten Blick, daß diese Prinzipien kein harmonisches Ganzes miteinander ergeben, sondern teilweise einander im Wege stehen. So sind das Prinzip der Individualisierung und der allgemeinen Grundbildung nicht problemlos miteinander vereinbar, genauso das des Exemplarischen und der Grundbildung und damit zusammenhängend natürlich auch das der generellen Studierfähigkeit.

Ähnlich wie der Saarbrücker Rahmenvereinbarung mit den Stuttgarter Empfehlungen ist auch der Bonner Vereinbarung ein didaktisches Empfehlungspapier nachgereicht worden (1977). Dort sind die wichtigsten didaktischen Prinzipien der Bonner Vereinbarung, das der Wissenschaftspropädeutik, der Selbständigkeit und Individualisierung auf didaktisch-methodische Unterrichtskonzepte hin konkretisiert.

Der Text der Empfehlungen führt beispielsweise aus:

„3.1 *Didaktische Prinzipien für Unterrichtsverfahren*

3.1.1 Selbständiges Lernen

Selbständiges Lernen umfaßt vor allem

- Aneignen von Wissen und Techniken der Informationsbeschaffung,
- Auffinden von Problemen, Formulieren von Fragen bzw. Arbeitsaufträgen,
- Planen von Arbeitsvorhaben und -schritten,
- Präzisieren von Aufgaben,
- Durchführen von Arbeitsvorgängen,
- Darstellen von Lösungen,
- Einordnen neu erworbener Erkenntnisse in zugehörige Sachzusammenhänge,
- Übertragen von Lernresultaten auf neue Situationen,
- Diskutieren und Beurteilen von Zielen, Gegenständen und Verfahren des Lernens.

3.1.2 Wissenschaftspropädeutisches Arbeiten
Zum Einüben in wissenschaftliches Arbeiten gehört es, daß die Schüler
— die Eigenart des jeweiligen Unterrichtsgegenstandes berücksichtigen,
— die Methoden des jeweiligen Sachgebietes kennenlernen und anwenden,
— über die angewendeten Methoden nachdenken und sie mit anderen Methoden vergleichen.

3.1.3 Kommunikationsfähigkeit
Auch der Unterricht in der gymnasialen Oberstufe hat die Entwicklung der Kommunikationsfähigkeit zum Ziel. Hierbei geht es um die Fähigkeit,
— hinzuhören und mitzudenken,
— sich dem Anspruch einer Vorgabe (z. B. Text, Problemstellung, Gedankengang, Position) zu stellen,
— sich in einer dem Gegenstand angemessenen Form dem Partner verständlich zu machen.

3.1.4 Wertung
In der gymnasialen Oberstufe sollen die Schüler darüber hinaus lernen,
— Werte und Normen zu erkennen,
— Begründungszusammenhänge für Werturteile zu erfassen,
— sich der Problematik solcher Urteile bewußt zu werden,
— zu Wertmaßstäben zu gelangen,
— Wertmaßstäbe anderer zu respektieren.“

aus: EMPFEHLUNGEN 1977, S. 42/43

Mit dieser Reform erreicht die Umgestaltung des Gymnasiums ihren vorläufigen Höhepunkt. Entsprechend der eingangs vorgestellten Grobeinteilung der Phasen folgt seit dem Zeitraum von 1973—1975 die Phase der *Stagnation bzw. der Reformkorrekturen.* Hier wirkt wieder eine Vielzahl von Faktoren ineinander; die entscheidenden sind wohl

— zunehmende Finanzierungsschwierigkeiten für Reformvorhaben aufgrund konjunktureller Einbrüche und zunehmender allgemeiner Belastung der Staatsfinanzen durch vermehrte Ausgaben für Verteidigung und Sozialpolitik;
— sich ausbreitender Widerstand bei den Reformempfängern, bei Schülern und Eltern gegen immer neue Reformvorhaben. Beispiele: Durch Volksbegehren scheiterte der Versuch, in Nordrhein-Westfalen die kooperative Schule als eine Art Vorstufe zur Gesamtschule einzuführen; die Klage von Eltern gegen die gymnasiale Oberstufe (Bundesverfassungsgericht 1979);
— Verschärfung der Numerus-clausus-Situation durch Anstieg der Studentenzahl sowohl aufgrund geburtenstarker Jahrgänge als auch durch verstärkten Besuch des Gymnasiums nach der Bildungswerbung. Da hier unter quantitativen Gesichtspunkten massive Verteilungsprobleme aufkamen, entstand in der Bildungspolitik eine starke Tendenz zu formalistischen Regelungen (Beispiel: Punktbewertungs- und Notenumrechnungsskalen) und zur Verrechtlichung der Entscheidungen. Die Ausrichtung an den pädagogischen, didaktischen und curricularen Zielen der Reform ist unter der Härte dieser ‚Realfaktoren‘ ins Hintertreffen geraten.

Von dem Einfluß dieser Entwicklungslinien ist die Situation bis heute geprägt. Zum Teil werden unter dem Druck zur Regelung verfahrenstechnischer Probleme im Bereich des Bildungswesens Instrumente entwickelt, die ihrem Charakter nach zentralen bildungspolitischen Prinzipien zuwiderlaufen.

Beispiel:

Die Erstellung von ‚Einheitlichen Prüfungsforderungen in der Abiturprüfung'. Diese ‚Normbücher' legen nicht nur Prozeduren zur Bewertung von Abiturleistungen, sondern schreiben auch Inhalte fest, die zurückwirken auf die Oberstufenarbeit und dort die ursprünglich intendierte freie Wahl von Lerngegenständen und Kursen einengen.

Zum Teil wurden Reformstücke auch wieder zurückgenommen, da Folgen und Nebenfolgen falsch oder gar nicht erfaßt worden sind.

Beispiel:

Die Wahlmöglichkeiten und das frei variierende Kursangebot auf der reformierten Oberstufe führten zu einer derart unterschiedlichen inhaltlichen Bildung der Absolventen, daß hier vor allen Dingen von den Abnehmern, den Universitäten und Hochschulen, ernsthafte Bedenken angemeldet wurden. 1977 haben die Kultusminister der Länder zum ersten Mal reagiert und in der **‚Lübecker Vereinbarung'** eine Reihe von zusätzlichen Wahlauflagen gemacht bzw. Festlegungen bei der Zusammenstellung von Kursen, beispielsweise in der Geschichte, vorgenommen. Aufgegriffen und bekräftigt wurde diese Entwicklung zur verbindlichen Absicherung von Fächern im Sinne einer allgemeinen Grundbildung in den beiden Beschlüssen vom 11.4.1988, einmal zur ‚Bonner Vereinbarung' von 1972 und weiter zu den ‚Empfehlungen zur Arbeit in der gymnasialen Oberstufe', basierend auf der Fassung vom 2.12.1977.

Zur Frage der Benennung dieser letzten Phase: Es ist natürlich auch eine Frage der *Perspektive*, ob man sie als die der Reform*stagnation* ansieht oder ob man sie vielleicht auch als die der Reform*korrekturen* bezeichnen könnte.

Zur Übersicht sind die im Text angesprochenen bildungspolitischen Situationen zur Reform der gymnasialen Oberstufe noch einmal kurz aufgelistet und mit einigen kennzeichenden Stichworten versehen.

(28) Tableau: *Etappen bundesdeutscher Bildungspolitik*
Beispiel: Gymnasiale Oberstufe

1951 *Tübinger Beschlüsse:* Innere Umgestaltung des Unterrichts durch exemplarisches Lernen und Konzentration

1958 *Tutzinger Gespräche:* Grundlegende Geistesbildung, Initiation

1960 *Tutzinger Maturitätskatalog:*
- Geistesrichtungen: Sprache und Mathematik, Philosophie, Religion, Naturwissenschaften, Politik und Geschichte
- Verfahrens- und Denkweisen: Philosophische Reflexion, Verstehen, Begreifen

1960 *Saarbrücker Rahmenvereinbarung:* Pflichtfächer und Wahlfächer, Reduzierung der Fächerzahl auf 9, vorzeitige Abschlußprüfung in einzelnen Fächern je nach Gymnasialtyp

1961 *Stuttgarter Empfehlungen:* ‚Didaktischer Kommentar' zur Saarbrücker Rahmenvereinbarung mit den Prinzipien: Konzentration und exemplarisches Arbeiten, Selbständigkeit der Schüler

1969 *Kriterien der Hochschulreife (WRK):* Aufgabenfelder:
- sprachliches und literarisches
- mathematisches und naturwissenschaftliches
- politisches und geschichtliches

1970 *Srukturplan für das Bildungswesen:*
- Schulstufengliederung:
  Primarstufe, Sekundarstufe I, Sekundarstufe II
- Leitprinzipien:
  Chancengleichheit, Individualisierung, Wissenschaftsorientierung, Integration von allgemeiner und beruflicher Bildung

1972 *Bonner Vereinbarung zur Neugestaltung der gymnasialen Oberstufe:*
- Kursprinzip (Grund- und Leistungskurse)
- Gliederung der Inhaltsbereiche nach Aufgabenfeldern:
  literarisch-sprachlich-künstlerisch,
  naturwissenschaftlich-mathematisch-technisch,
  gesellschaftswissenschaftlich,
  (Religion, Sport)
- wissenschaftspropädeutischer Unterricht

1977 *Empfehlungen zur Arbeit auf der gymnasialen Oberstufe:* ‚Didaktischer Kommentar' zur Bonner Vereinbarung; Schwerpunkte:
Prinzipien der Wissenschaftspropädeutik, der Selbständigkeit beim Problemlösen, Prinzip des sozialen Lernens

1977 *Einheitliche Anforderung zur Abiturprüfung:* ‚Normbücher' zur Festlegung der Bewertungsgrundlagen bei der Abiturprüfung

1977 *Lübecker Vereinbarung:* Prinzip frei wählbarer Kurse wird eingeschränkt (z. B. Geschichte muß in Folgekursen belegt werden).

1988 *(Neu-)Fassung der Bonner Vereinbarung:* Bekräftigung der Fächerfestlegung, wie sie mit der Lübecker Vereinbarung einsetzt durch (teilweise) Neufassung der ‚Bonner Vereinbarung' und der ‚Empfehlungen zur Arbeit auf der gymnasialen Oberstufe'.

5.3.3 Lerntafel

Die Schule steht zum Staat in zweifacher Beziehung:
1. Schule führt den Lernenden in die politische Ordnung ein (Politische Bildung) – Integrationsfunktion.
2. Schule wird vom Staat gestaltet – bildungspolitische Funktion des Staates.

In diesem Kapitel ging es nur um die **Bildungspolitik**, da die Behandlung der Fragen zur politischen Bildung Aufgabe der entsprechenden Fachdidaktik ist.

Bildungspolitik
ist der sich auf den Bildungsbereich richtende Zugriff des Staates.
Staat steht somit zu Schule in einem Herrschaftsverhältnis, er muß daher seine Maßnahmen legitimieren.

Legitimation
bezeichnet den Ausweis einer Herrschaftsanordnung als rechtens.
Legitimation ist ein globaler Vertrauensvorschuß, der auf anerkannten Normen und Werten gründet.

Legitimationsgrundlage
für die Bundesrepublik Deutschland ist das Grundgesetz, für die Bildungspolitik vor allem Art. 7 GG (Staatsaufsicht über Schulen), Art. 6 GG (Erziehungsrecht der Eltern), weiterhin auch Art. 2 GG (freie Entfaltung der Persönlichkeit), Art. 4 GG (Gewissensfreiheit).

Legitimationskonflikte
entstehen durch die Ablehnung einer Herrschaftsanordnung aufgrund unterschiedlicher Interpretation der Legitimationsgrundlagen vor dem Hintergrund voneinander abweichender weltanschaulicher und politisch-ideologischer Positionen.

5.3.4 Arbeitsvorschlag

In einem ‚Plädoyer für das gegliederte Schulwesen' nimmt der Philologenverband Nordrhein-Westfalen Stellung gegen gesamtschulähnliche Schultypen. Dabei geht er auch auf das von Vertretern der Gesamtschulidee immer wieder vorgebrachte Chancengleichheitsargument ein: Gesamtschule biete Chancengleichheit dahingehend, daß schichtspezifische Benachteiligungen durch fließende Übergänge, zeitlich herausgeschobene Entscheidung für eine bestimmte Schulform und entsprechende Fördermaßnahmen aufgehoben werden könne.

Dazu der Philologenverband:

„Die Forderung nach Chancengleichheit im Sinne der Chancengerechtigkeit versteht unter den vorgenannten Erwägungen Bildung als ein Grundrecht. Hierzu muß jedoch kritisch angemerkt werden, daß in der gegenwärtigen bildungspolitischen Diskussion übersehen wird, daß das Verständnis von Bildung als einem sozialen Grundrecht (Art. 2 [1] und 12 [1] GG sowie Art. 10 [1] Verf. NW) auch für den begabten, d. h. den leistungsfähigen und leistungswilligen Schüler den Anspruch auf frühzeitige und angemessene schulische Förderung mit einschließen muß. Die bildungs- und sozialpolitische Forderung nach Chancengleichheit kann für den begabten Schüler nur so eingelöst werden. Der anthropologische wie auch pädagogische Gehalt des Begriffs Chancengleichheit zielt auf die spezifischen Bedingungen des Individuums, nicht aber auf eine uniforme Reglementierung des einzelnen."
aus: PHILOLOGEN-VERBAND 1977, S. 17

Versuchen Sie, diese Passage hinsichtlich des darin indirekt zum Ausdruck kommenden Legitimationskonflikts zu analysieren.

5.4 Literatur

Zur Stellung der Schule

S. BERNFELD, Sisyphos oder die Grenzen der Erziehung, Frankfurt 1979
G. W. F. HEGEL, Gymnasialreden 1809—1815, Sämtliche Werke, hrsg. v. H. GLOCKNER, 3. Band, Stuttgart 1949

Überblicksliteratur:

G. BRINKMANN u. a. (Hrsg.), Theorie der Schule — Konzepte und Kritik, Kronberg 1974

Zum Verhältnis von Schule und Familie

B. BERNSTEIN, Studien zur sprachlichen Sozialisation, Düsseldorf [5]1980
BETRIFFT: ERZIEHUNG 13, 1980, Heft 3
K. M. BOLTE/F. NEIDHARDT, Deutsche Gesellschaft im Wandel, Bd. 1, Opladen 1967
B. CAESAR, Autorität in der Familie, Reinbek 1972
H. DAUBER/H. WEBER, Eltern aktiv, Reinbek 1976
GESELLSCHAFTLICHE DATEN 1979, hrsg. v. Presse- und Informationsamt der Bundesregierung, Reihe: Berichte und Dokumentation, Bd. 20
GRUND- UND STRUKTURDATEN, Der Bundesminister für Bildung und Wissenschaft, Bonn, Ausgabe 1989/90
PROJEKTGRUPPE JUGENDBÜRO und Hauptschülerarbeit, die Lebenswelt von Hauptschülern, München 2/1977

Zum Verhältnis von Schule und Beschäftigungssystem

BILDUNG IN DER BUNDESREPUBLIK DEUTSCHLAND, hrsg. v. Projektgruppe Bildungsbericht, Max-Planck-Institut für Bildungsforschung, Band 1 und 2, Reinbek 1980
A. BLÜM/U. FRENZEL, Quantitative und qualitative Vorausschau auf den Arbeitsmarkt der Bundesrepublik Deutschland — Stufe 3, Beiträge zur Arbeitsmarkt- und Berufsforschung 8.1, Gutachten des BATELLE-Instituts Frankfurt, Nürnberg 1975
R. BORRETTY/R. FINK/H. HOLZAPFEL/U. KLEIN, PETRA-Projekt- und transferorientierte Ausbildung, SIEMENS Aktiengesellschaft, Berlin, München 1988
DEUTSCHER BILDUNGSRAT. Strukturplan für das Bildungswesen, Stuttgart 1970
GESELLSCHAFTLICHE DATEN 1979, hrsg. v. Presse- und Informationsamt der Bundesregierung, Reihe: Berichte und Dokumentationen, Band 20
GRUND- UND STRUKTURDATEN, Der Bundesminister für Bildung und Wissenschaft, Bonn, Ausgabe 1989/90
A. HEGELHEIMER, Berufsbildung und Arbeitswelt, Schriftenreihe des Bundesministers für Arbeit und Sozialordnung, Stuttgart 1971
* F. HUISKEN, Zur Kritik bürgerlicher Didaktik und Bildungsökonomie, München 1973
G. KÜHLEWIND/M. TESSARING, Argumente für und gegen eine beschäftigungsorientierte Bildungspolitik, Göttingen 1975
* H. W. KUHN, Sozialisation und Qualifikation in der beruflichen Bildung, Frankfurt 1980
L. REETZ, Zum Konzept der Schlüsselqualifikationen in der Berufsbildung (Teil I und II), in: Berufsbildung in Wissenschaft und Praxis, 5, 1989, S. 3–10; 6, 1989, S. 24–30

Überblicksliteratur:

P. R. STRAUMANN, Neue Konzepte der Bildungsplanung, Reinbek 1974

Zum Verhältnis von Schule und Staat

* R. DAHRENDORF, Bildung ist Bürgerrecht, Hamburg 1968
J. DERBOLAV, Pädagogik und Politik, Stuttgart 1975
ENTSCHEIDUNGEN des Bundesverfassungsgerichts 47, hrsg. v. den Mitgliedern des Bundesverfassungsgerichts, Tübingen 1978
L. FROESE (Hrsg.), Bildungspolitik und Bildungsreform, München 1969
EMPFEHLUNGEN zur Arbeit in der gymnasialen Oberstufe gem. Vereinbarung zur Neugestaltung der gymnasialen Oberstufe in der Sekundarstufe II – Beschluß der Kultusministerkonferenz vom 7. Juli 1972, in: Sammlung der Beschlüsse, Neuwied 1978 und in der Fassung vom 11. 4. 1988, Neuwied 1988
PHILOLOGENVERBAND Nordrhein-Westfalen (Hrsg.), Plädoyer für das gegliederte Schulwesen, Düsseldorf 1977
L.-R. REUTER, Bildungspolitik im Parteienvergleich, in: Beilage zur Wochenzeitung Das Parlament, B 35/80, S. 3 ff.
J.-J. ROUSSEAU, Du contrat social, Paris 1962

* H. SCHEUERL, Probleme der Hochschulreife, Heidelberg 1962

STRUKTURPLAN für das Bildungswesen, Deutscher Bildungsrat, Empfehlungen der Bildungskommision, Stuttgart 1971

VEREINBARUNG zur Neugestaltung der gymnasialen Oberstufe in der Sekundarstufe II (Bonner Vereinbarung), Sammlung der Beschlüsse, Neuwied 1972 und in der Fassung vom 11.4.1988, Neuwied 1988

Überblicksliteratur:

J. DERBOLAV (Hrsg.), Grundlagen und Probleme der Bildungspolitik, München 1977

6. Didaktische Dimension der Erziehung Unterricht – Didaktik – Curriculum

Im Mittelpunkt dieses Kapitels steht die Inhaltsfrage von Unterricht; es geht also weniger um die Klärung sozial-interaktioneller Momente am Lerngeschehen (Kap. 4), nicht um lerntheoretische (Kap. 3) oder um institutionelle Aspekte (Kap. 5), sondern um die Fragen:

– Wodurch ist Unterricht als Ort inhaltlich-didaktischen Geschehens gekennzeichnet (Strukturmomente von Unterricht)?
– Was ist überhaupt Didaktik (Transformation von Inhalten)?
– Aufgrund welcher Überlegungen sind die Inhalte, die didaktisch transformiert worden sind, überhaupt ausgewählt worden (curriculare Fragestellung)?

6.1 Was ist Unterricht?

In den vorangangenen Kapiteln ist eine ganze Reihe von Beispielen für Unterricht festgehalten, Beispiele, bei denen die Unterrichtssituationen in der Ermahnung eines Schülers, in der Vermittlung von Lehrstoff, in der Klärung von Verhaltensweisen, in der morgendlich-rituellen Begrüßung bestanden. Darauf bezogen, könnten Antworten auf die Frage nach dem, was Unterricht eigentlich sei, lauten:

Unterricht ist Wissensvermittlung; Unterricht ist Erziehung, ist Charakterbildung; Unterricht ist Interaktion zwischen Lehrer und Schüler; Unterricht ist kommunikatives Handeln.

Versucht man, Übersicht in die verschiedenen Positionen und Definitionen zu bringen, so sind in analytischer Hinsicht zunächst zwei große Momente an Unterricht zu unterscheiden: der *interaktionell-soziale* und der *didaktisch-methodische Aspekt.*

Wichtig ist dabei der Ausdruck ‚in analytischer Hinsicht': Man findet in der Realität Unterricht nicht fein säuberlich in beide Dimensionen getrennt vor, sondern Unterricht ist *ein* Geschehen, bei dem beides ineinander greift, eins auf dem andern aufbaut und eins das andere voraussetzt. Gedanklich jedoch – etwa zu Zwecken der Modellbildung – kann man sich fragen, was denn wesentliche, voneinander unterscheidbare (analytisch trennbare) Handlungsprinzipien im komplexen Feld des Unterrichts sind. Dann ergeben sich die beiden schon erwähnten Dimensionen:

Einmal geht es im Unterricht darum, Lerninhalte an bestimmte Adressaten (Schüler) zu vermitteln.

Zum anderen ist diese Vermittlung (das Lerngeschehen im engeren Sinn) in Interaktionen eingebettet, die zum Teil auch Eigenleben gewinnen können. Im Unterricht wird gelernt, aber es werden auch Meinungen aufoktroyiert oder zugelassen, Herrschaftsverhältnisse aufgebaut, es wird gestört, gespielt, geträumt, geärgert, angegeben, d. h. es läuft eine Vielzahl komplexer sozialer Handlungen ab, oft in engem Zusammenhang mit dem eigentlichen Lerngeschehen; sie können aber wie gesagt zu Erkenntniszwecken gedanklich von ihm isoliert werden.

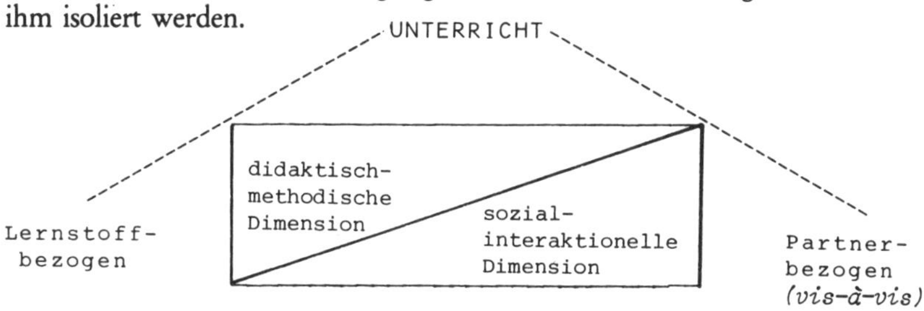

Diejenigen Fragen, die aus der interaktionellen Sicht an Unterricht und Schule gestellt werden können, sind in Kap. 4 behandelt und werden hier nicht mehr eigens thematisiert (außer dort, wo der Zusammenhang so eng ist, daß er auch in diesem Kontext aufgegriffen werden muß, wie beispielsweise bei den Verfahren der Unterrichtsanalyse).

Vielmehr sollen jetzt jene Aspekte des Unterrichts aufgegriffen werden, die seine didaktisch-methodische Struktur angehen. Es handelt sich — wie schon öfter — darum, *Strukturmomente,* also wesentliche, notwendige Aspekte an Unterricht festzuhalten.

Hierzu greifen wir noch einmal auf das Unterrichtsbeispiel über Karl den Großen zurück (Kap. 4, S. 108), dessen soziale Dimension entwickelt wurde. Wie dort angedeutet, wie aber vorher schon bei dem ROUSSEAU-Beispiel deutlich wurde, interagieren Lehrer und Schüler nicht bloß um des Interagierens willen miteinander, sondern es soll dabei das Ziel erreicht werden, sich mit einem Problem, mit einer Sachfrage auseinanderzusetzen.

Was geschieht also in unserem Beispiel hinsichtlich der inhaltlich-didaktischen Dimension? — Es werden Kenntnisse über Karl den Großen angestrebt. Karl der Große ist das Thema des Unterrichts, der Unterrichtsinhalt. Zu möglichen Unterrichtsinhalten in den verschiedenen Fächern zählen aber nicht nur wie in diesem Fall Wissensinhalte; dazu gehören auch so unterschiedliche Dinge wie Bewegungen (Felge am Reck), Tätigkeiten (Zeichnen, Werken), Fähigkeiten (Tabellen erstellen, Befragungen durchführen).

Diese Inhalte werden jedoch nicht als Selbstzweck im Unterricht eingesetzt, sondern in bestimmter Absicht, aus bestimmten Gründen: In unserem Beispiel etwa, um sich an Karl dem Großen als gutem Christenmenschen ein Beispiel zu nehmen; vielleicht gibt es auch noch untergeordnete Absichten, die aus der Eigenart des Faches herrühren, z. B. geschichtliche Zusammenhänge oder die Bedeutung großer Persönlichkeiten für die geschichtliche Entwicklung erkennen; denkbar ist auch, daß vielleicht an diesem Inhalt nur Sprachübungen als Suche nach dem treffenden Adjektiv veranstaltet werden sollen.

Denkt man beide Aspekte — den des Inhalts und den der Absicht — zusammen, so kann man sagen: *Im Unterricht werden Inhalte (Themen) unter bestimmten Intentionen (Absichten) behandelt.*

Nun weiß jeder, der in der Schule war, daß man Schülern nicht einfach ein Thema vorsetzen kann mit der Empfehlung ‚nun macht mal schön'; vielmehr sind ihre Lern- und Arbeitsvoraussetzungen zu berücksichtigen, von denen her überlegt werden muß, wie man den Stoff gliedert, wie man einen Text kürzt, wann man eine Tabelle einsetzt, welche Arbeitsfragen man stellt, was an Zusatzinformation man anbietet, was man als Lehrer vorträgt, was dagegen die Schüler selber erarbeiten können usw.

Kurz: *Man muß das Thema hinsichtlich der Adressatenbedingungen methodisch aufbereiten.*

Eng verbunden mit dem methodischen Bereich ist das Moment der *medialen Vermittlung,* also die Frage nach den ‚Informationsträgern' wie Tafel, Projektor, Film, Dia, Schulbuch.

Zu beiden Dimensionen bietet unser Fall keine expliziten Anhaltspunkte, aber man könnte ansatzweise die Art der lehrerzentrierten Gesprächsführung oder das seltsame ‚Wortfindungsverfahren' zum methodischen Aspekt dieses Unterrichts zählen. In medialer Hinsicht arbeitet der Lehrer in dieser Phase sehr enthaltsam, es scheint, daß als Medium wohl nur das Schulbuch vorgesehen ist.

Schließlich gehört noch ein weiteres Moment wesentlich zu Unterricht, das im Unterrichtsbeispiel auch nur indirekt in den bewertenden und korrigierenden Lehreräußerungen zum Vorschein kommt: der Aspekt der *Lernkontrolle.*

Exkurs

Dieser Aspekt sollte nicht vorschnell mit Schlagworten wie Leistungsdruck, Veräußerlichung des Lernens, Entfremdung des Lernenden belegt werden. Er gehört zunächst einmal konstitutiv zum Lerngeschehen dazu. Lernen ist Leistungsgewinn, sei es als Modifikation vorhandener oder als Erwerb ganz neuer Leistungen. Dabei muß selbstverständlich an irgendeinem Punkt des Lernens auch einmal sichergestellt werden, was und wie gut man gelernt hat, denn nur so sieht man klar, wo beispielsweise zusätzliche Übungen erforderlich sind. Die Arten der Evaluation sind vielfältig: Sie kann als Eigen- oder Fremdprüfung erfolgen, als Prüfung des Lernergebnisses (Produktevaluation), des Lernweges, um z. B. Lernhemmnisse ausfindig zu machen (Prozeßevaluation). So betrachtet ist Lernkontrolle eigentlich ein recht undramatischer Vorgang. Ihr negatives Vorzeichen erhält die Prozedur jedoch dann, wenn sie ausschließlich zu Selektionszwecken vorgenommen wird (‚Lernen, um abgeprüft und beurteilt zu werden'), wenn das Prüfungsergebnis ernsthafte und tiefgreifende Folgen für weitere Entscheidungen, etwa beruflicher Art, nach sich zieht oder wenn Lernen unter der Kuratel vorgegebener Normen steht, wie beispielsweise im Fall einzelner ‚Normbücher' zur Vereinheitlichung der Anforderungen bei der Abiturprüfung. Hier ist es dann schon eher angebracht, von Veräußerlichung des Lernens und von Lern- bzw. Leistungsdruck zu sprechen (s. auch Kap. 4.3.3 über Prüfungsangst). Bei der Evaluation sind also die (positiven) Funktionen vom Aspekt der Selektion zu unterscheiden.

Halten wir an **Strukturmerkmalen** von Unterricht fest:
Unterricht in seiner didaktischen Dimension vermittelt unter bestimmten Intentionen Inhalte (Themen), die auf die Adressatengruppe bezogen methodisch-medial aufbereitet und hinsichtlich des Lernerfolgs evaluiert werden.

(29) Strukturbild: *Entscheidungsfelder des Unterrichts*

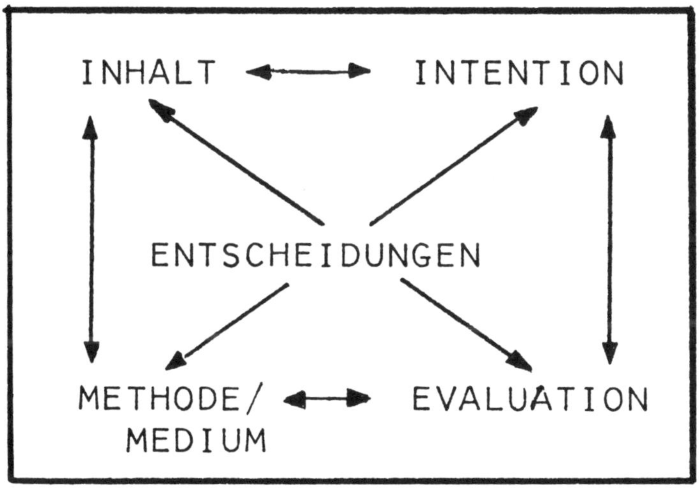

Die Graphik bringt in der Anordnung der Pfeile noch eine wichtige Beziehung zwischen den einzelnen Größen zum Ausdruck: Sie stehen in wechselseitiger Abhängigkeit und Beeinflussung zueinander. Die Wahl einer bestimmten Intention (z. B. Lernen, eine Statistik zu lesen) impliziert bestimmte Inhalte, bedingt ein bestimmtes methodisches Vorgehen und legt entsprechende Medien nahe.

Beispielsweise: Bei der eben angesprochenen Intention wählt man als Inhalt Ergebnisse einer Befragung zur Zukunftserwartung der Deutschen, läßt die Ergebnisse der einzelnen Statements in Partnerarbeit als Tabelle anlegen und mit Bezug auf Arbeitsfragen versuchsweise interpretieren, präsentiert und fixiert die Ergebnisse anschließend auf Overhead-Folie.

Man bezeichnet dieses wechselseitige Verhältnis der einzelnen Momente mit einem Fachausdruck als *Implikationszusammenhang.* Dabei darf der Zusammenhang aber nicht nur in einer Richtung gelesen werden, so als würden zunächst die Intentionen festgesetzt, dann Inhalte ausgesucht, Methoden überlegt und Medien gewählt.

Die unterrichtlichen Entscheidungen können vielmehr an jedem Punkt einsetzen:

— Man kann einen bestimmten Stoff behandeln wollen (Beginn der Überlegungen beim Inhaltsaspekt).
— Man kann Methoden einüben (z. B. Textanalyse) und bestimmte Sozialformen festigen wollen (z. B. Gruppenarbeit).
— Man kann bei Intentionen einsetzen (z. B. Problemlösungslernen).
— Und man kann auch Inhalte unter Evaluationsgesichtspunkten behandeln (Vorbereitung eines Tests).

Wir versuchten, mit Blick auf das Beispiel einen Gedanken herauszuarbeiten, der sehr viel differenzierter von P. HEIMANN als Strukturtheorie des Unterrichts entwickelt worden ist. HEIMANNS ursprüngliche Absicht bestand in der Beantwortung der Frage, was Unterricht eigentlich kennzeichne, welches seine wesentlichen Aspekte seien. Und auch nur in dieser Absicht soll sein Ansatz hier erwähnt werden, ein Ansatz, der über diesen rein analytischen Zweck hinaus als sogenanntes ‚Berliner Modell' Grundlage auch eines Unterrichtsvorbereitungs-Rasters wurde und konkurrierend vor allem neben dem ‚KLAFKI-Modell' steht.

Es geht an dieser Stelle aber nicht um Unterrichtsvorbereitungsmodelle, sondern um die Klärung der Momente, die Unterricht wesentlich konstituieren. Von daher begründet sich auch die Beschränkung auf HEIMANN.

Er unterscheidet an Unterricht ebenfalls den Bereich der Thematik, der Intentionalität, der Methode und Medien; den Evaluationsgesichtspunkt hat er nicht eigens aufgeführt. Diese Momente an Unterricht rechnet er zum **Entscheidungsfeld,** da der Lehrer hier bei jedem der einzelnen Aspekte in seiner Planung bewußte Setzungen für seine Unterrichtsarbeit vornimmt. Davon hebt er einen anderen großen Bereich ab, den der **Bedingungsfaktoren.** Damit sind Gegebenheiten gemeint, die der Lehrer vorfindet und die er zunächst einmal als Ausgangsdaten für seine unterrichtlichen Entscheidungen betrachten muß, so beispielsweise das Vorwissen der Schüler, ihre Schichtherkunft, ihr Sprachverhalten, ihre Disziplin, ihre Leistungsbereitschaft.

Aber der Lehrer wird sich auch über die bei ihm liegenden Voraussetzungen der Unterrichtsarbeit Klarheit verschaffen müssen, über seine Wertungen hinsichtlich bestimmter Unterrichtsinhalte (z. B. im gesellschaftlich-politischen

Bereich), über seine Wissenschaftsauffassung, über seine Methodenvorlieben, seinen bevorzugten Unterrichtsstil. HEIMANN nennt diesen Bereich mit einem nicht ganz glücklichen Begriff *Normenkritik.* So müßte sich unser Lehrer eigentlich dringend Rechenschaft ablegen über die weltanschaulich-ideologischen Voraussetzungen, von denen her er Geschichtsunterricht betreibt, über seine Rolle im Interaktionsgeschehen, über seinen dominanten Lehrerstil, der die Schülerleistungen auf bloßes Raten reduziert.

Schließlich sind noch zwei weitere wichtige Determinanten für didaktische Unterrichtsentscheidungen festzuhalten: die offiziellen *Vorgaben in Lehrplänen und Richtlinien,* die allerdings meist sehr offen gehalten sind und dem Lehrer großen inhaltlichen Spielraum lassen, und die *institutionell-rechtlichen sowie interaktionellen Gegebenheiten von Schule* (Mitbestimmungsmöglichkeiten der Eltern und Schüler, Kontrollfunktion des Direktors, Regelungen über Klassenarbeiten, Absprachen für Team-teaching).

(30) Strukturbild: *Strukturmomente von Unterricht*

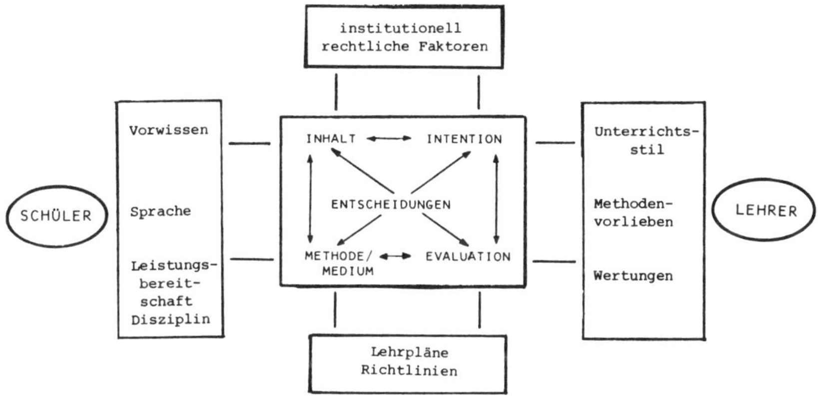

Wichtig ist der Hinweis: Die Bedingungsfaktoren sind keine unverrückbaren Rahmendaten für Unterricht, sondern können durch ihn verändert werden. Ja, teilweise ist es geradezu die Aufgabe von Unterricht, hier fördernd anzusetzen, indem beispielsweise die Sprachfähigkeit der Schüler entwickelt, ihr Vorwissen erweitert, ihre Leistungsbereitschaft geweckt werden.

Auch auf die anderen Bedingungsfaktoren wirkt sich Unterricht verändernd aus, wenn auch nicht immer mit der gleichen Intensität, wie dies bei den Adressatenbedingungen der Fall sein kann. So können zum Beispiel als Folge von Rückmeldungen aus dem Unterricht der Lehrerstil verändert, interaktionelle Rahmenbedingungen modifiziert oder sogar Richtlinien, zumindest in Teilaspekten, revidiert werden.

Schließlich ist noch zu fragen, wie Unterricht – unabhängig von Adressaten oder Institutionen – generell aufgebaut und geplant ist. Der Verlauf muß einer Bewegung zunehmender Komplexität, materialer wie kritischer Art, genügen oder sie zulassen. Dieser Bewegungsablauf des Arbeitsprozesses läßt sich als Folge von **Unterrichts**- oder **Bildungsphasen** beschreiben.

6.1.1 Phasen des Kurs- oder Unterrichtsprozesses

Der Gedanke soll an einem Beispiel aus dem Bereich der Erwachsenenbildung verdeutlicht werden.

Beispiel:
In der Tagungsstätte eines kirchlichen Trägers zur Erwachsenenbildung ist ein Seminar angeboten zum Thema ‚Mit Ausländern leben?' Die zweitägige Veranstaltung hat in der Mehrzahl deutsche, aber auch einige ausländische Teilnehmer. Sie berichten am ersten Tag von ihrer eigenen alltäglichen Lebenssituation her über Erfahrungen im Umgang mit Ausländern, die sie in Schule (Elternpflegschaft), Betrieb, Nachbarschaft, Verein gemacht haben. Dabei halten sie je einen Bericht über positive und negative Erlebnisse fest. Danach sehen sie sich einen Film über die Wohn- und Arbeitsplatzsituation von Ausländern an. Anschließend versuchen die deutschen und die ausländischen Teilnehmer in Gruppen, jeweils aus ihrer Perspektive das berichtete Geschehen zu ‚erklären'; hierzu können sie zusätzlich auf Texte zurückgreifen, die die Seminarleitung zur Verfügung gestellt hatte. Im Plenum stehen sich dann zum selben Bericht voneinander abweichende Erklärungen der beiden Teilnehmergruppen gegenüber. Die Plenumsdiskussion endet im Bemühen, für diese Abweichungen Gründe zu finden, die abschließend für alle sichtbar fixiert werden.

Diesem grob und überblicksartig skizzierten Verlauf sind einzelne Geschehensabschnitte oder -phasen zu entnehmen und voneinander abzuheben. Sie unterscheiden sich hinsichtlich ganz bestimmter Aktivitäten und Absichten:

- Zunächst wird den Teilnehmern die Möglichkeit gegeben, sich unmittelbar über ihre Erfahrungen mit der jeweils ‚fremden' Gruppe zu äußern und in diesem Zusammenhang auch Gründe für ihre Teilnahme an dieser Veranstaltung auszutauschen.
- Der anschließend vorgeführte Film ermöglicht den Teilnehmern, zusätzlich zu den eigenen Überlegungen auf weitere Problemlagen von Ausländern in Deutschland aufmerksam zu werden und von ihnen bereits erwähnte Gesichtspunkte zu ergänzen.
- In den Berichten angesprochene Probleme werden in Gruppen bearbeitet, d. h. näher beschrieben und unter Heranziehung entsprechender Sachtexte in ihren Entstehungsbedingungen zu erklären versucht.
- Die Vorstellung der Gruppenarbeitsergebnisse im Plenum will besonderes Augenmerk auf die Frage richten, welche Unterschiede zwischen Deutschen

und Ausländern in ihren Anschauungen und Gewohnheiten bestehen, in welchen Aspekten die Wahrnehmung des anderen fixiert ist, wie Vorurteile ins Spiel kommen und was an Mißverständnissen schlicht auf Unkenntnis der Anschauungen und Gewohnheiten des anderen beruht.

Lenkt man den Blick nun nicht mehr so sehr auf das konkrete Seminarthema und die materiale Füllung der Arbeitsschritte, sondern rückt die Frage in den Vordergrund, *welche grundsätzliche Funktion den einzelnen Handlungsabschnitten zukommt*, erhält man Einblick in den Phasenverlauf, wie er Bildungsveranstaltungen generell zugrunde liegt. Dabei lassen sich folgende Phasen des Lern- und Arbeitsablaufs unterscheiden:

Kontakt:
Die Teilnehmer machen sich in einer ersten Annäherung mit dem Thema, der Aufgabe, dem Projekt vertraut, indem sie es auf eigene Erfahrungen, ihnen schon verfügbares Wissen und auf schon beherrschte Fertigkeiten beziehen.

Formulieren der Fragestellung(en):
Vor dem Hintergrund der eigenen Erfahrungen, Interessen und des Vorwissens halten die Teilnehmer für sie wichtige Aspekte, Fragen, Probleme am Thema fest, die sie weiterverfolgen wollen.

Erarbeitung:
Die Teilnehmer versuchen, sich in die gewählten Probleme und Fragestellungen einzuarbeiten, Erklärungen zu finden und gegebenenfalls auch Lösungsvorschläge zu erarbeiten. Hierzu greifen sie auf Materialien (Texte, Filme, Tabellen) zurück, die zusätzliche und wissenschaftlich abgesicherte Informationen bieten.

Präsentation:
Die Arbeitsergebnisse werden allen anderen Teilnehmern des Kurses oder Seminars verfügbar gemacht; damit sind angebotene Erklärungen oder Lösungsvorschläge diskutierbar, prüfbar und werden u. U. um neue Gesichtspunkte ergänzt. In der Konfrontation und im Vergleich von Vorschlägen kommt zusätzlich ein kritisches Moment ins Spiel.

Festhalten – Übertragen:
Die Arbeits- und Diskussionsresultate werden in Form von Wandzeitungen, Overhead-Folien, bei größeren Projekten auch in Form von Ausstellungen oder Broschüren festgehalten. Wo es sich vom Thema her anbietet, sind dabei auch Hinweise aufgenommen, wie sich die Seminar- oder Kursergebnisse in die Lebenswelt der Teilnehmer übertragen und in ihr anwenden lassen.

Zusammenfassend verdeutlicht das Schaubild den Gedankengang:

(31) Tableau: Phasen des Unterrichtsprozesses

Phase	Funktion
Kontakt	Referent und Teilnehmer machen sich miteinander bekannt, Gespräch mit den Teilnehmern über ihre Erwartungen an die Tagung. Vorstellen des geplanten Veranstaltungsablaufs durch den Referenten oder durch eine Vorbereitungsgruppe
Fragestellung	Diskussion der Teilnehmererwartungen und Interessenschwerpunkte beim Thema; Festhalten der für die weitere Arbeit wichtigsten Grobaspekte; Festlegen des weiteren Veranstaltungsablaufs
Erarbeitung	Problemlösungsversuche; Abklären (Bewußtwerden) eigener Standpunkte; Aneignung und Verarbeitung neuer Information
Präsentation	Informieren anderer Teilnehmer; Prüfung, Diskussion, Kritik der Arbeitsergebnisse
Festhalten / Übertrag (Transfer)	Festhalten der Tagungsergebnisse; Verfügbarkeit erarbeiteter Kenntnisse, Einsichten, Fähigkeiten

aus: Kaiser 1986, S. 146f

Wie im Vorwort erwähnt und an mehreren Stellen im Studienbuch verdeutlicht, handelt es sich beim Phasenverlauf von Bildungsveranstaltungen um eine Struktur, die sowohl für schulische als auch außerschulische Bildungsarbeit, d. h. für Jugendbildung, Erwachsenenbildung und berufliche Weiterbildung Geltung besitzt. Eine Schulstunde über Faschismus, ein Projekt mit Jugendlichen über Neofaschismus, ein Seminar der Erwachsenenbildung über faschistischen Widerstand im eigenen Stadtteil gehorchen letztlich der gleichen Phasenbewegung. Der Grund: Die Phasen hängen nicht von institutionellen Gegebenheiten ab – etwa den Bedingungen einer Schule, eines Betriebs oder einer Volkshochschule. Der Phasenablauf ergibt sich vielmehr aus einer grundlegenden Lern- und Arbeitsbewegung, die immer dann in Gang gesetzt ist, wenn Menschen in Bildungsabsichten an Aufgaben, Themen, Problemen, Projekten arbeiten. Wohl wirken institutionelle Bedingungen wie Zeiteinteilung oder die Frage, ob mit einem festen Curriculum oder mit relativ offenen Programmbereichen gearbeitet wird, auf die Gewichtung und Akzentuierung der Phase ein. So kann bei einer schulischen Unterrichtsstunde, die innerhalb einer schon länger laufenden Unterrichtsreihe steht, die Kontaktphase knapp gehalten sein, wogegen sie bei einem einmalig durchgeführten Wochenendseminar mit Erwachsenen sicher breiter angelegt sein wird. Allerdings ändern diese Modifikationen nichts an der Tatsache, daß sie wie auch die anderen Phasen konstitutiver Bestandteil des Arbeitsprozesses in Weiterbildungsbereichen sind.

6.1.2 Unterrichtsanalyse

Es interessiert den Lehrer bzw. Kursleiter nicht nur zu wissen, welche Aspekte an Unterricht er bei seinen Entscheidungen berücksichtigen, welche Gegebenheiten er dabei etwa im Rahmen seiner Unterrichtsplanung in Rechnung stellen muß und wie er den Unterrichts- oder Kursprozeß mit Blick auf die Phasen strukturiert. Genauso wichtig sind ihm auch Erkenntnisse über den faktisch abgelaufenen Unterricht, also Einsichten über sein Verhalten, über die Reaktionen bzw. Eigenaktivitäten der Schüler, über Sprach- und Sachstrukturen seines Unterrichts, typische Gesprächsverläufe, Einstellungen und Meinungen der Schüler bzw. Teilnehmer zum Unterricht.

Erkenntnisse dieser Art lassen sich durch verschiedene Verfahren der Unterrichtsanalyse gewinnen. Man kann dabei die Vielzahl der Ansätze anhand zweier Auswahlkriterien reduzieren: So banal die Aussage auch klingen mag, Unterrichtsanalyseverfahren müssen dem *Kriterium der einfachen Anwendung* standhalten; sie sind überflüssig, wenn sie im Unterrichtsalltag nicht praktizierbar sind. Daneben interessiert auch die Frage, *welche Aspekte an Unterricht ein Ansatz schwerpunktmäßig erfaßt.* Dabei kommt mit einzelnen Verfahren doch auch wieder die interaktionelle Dimension an Unterricht in den Blick, von der Anlage dieses Kapitels her ein Nachteil, den wir aber in Kauf genommen haben, da erst nach dem Aufweis der Strukturmomente im zweiten Schritt die Verfahren zur Analyse von Unterricht entwickelt werden sollen.

Bei der Berücksichtigung der beiden Auswahlkriterien sollen hier vorgestellt werden die:

Interaktionsanalyse (FLANDERS): Sie richtet sich auf die soziale Dimension von Unterricht.

Sprachanalyse (BELLACK): Sie bezieht stärker den sachlogisch-didaktischen Aspekt ein.

Bedeutungsanalyse: Sie zielt auf die der Interaktion im Unterricht zugrundeliegenden Bedeutungen (Motive) der Interaktionspartner. Auf diesem Gebiet arbeitet beispielsweise TERHART, ohne daß — wie bei den anderen Verfahren — sein Name für den gesamten Ansatz stehen kann.

Eine Klärung dessen, was die Kurzcharakteristik umschreibt, wird in den folgenden Kapiteln angestrebt. Dabei ist allen hier behandelten Verfahren zur Unterrichtsanalyse gemeinsam, daß sie zwar zunächst zu Forschungszwecken entwickelt worden sind, aber die Möglichkeit bieten, vom Lehrer zur eigenen Analyse eingesetzt zu werden. Hierzu müssen die Verfahren wohl zum Teil vereinfacht werden, was ihrer grundsätzlichen Leistungsfähigkeit aber keinen Abbruch tut.

6.1.2.1 Interaktionsanalyse (FLANDERS)

Das Hauptinteresse beim Ansatz von FLANDERS ist auf die Analyse des Lehrerverhaltens gerichtet, genauer auf die Frage, ob der Lehrer Unterricht direkt oder indirekt steuert. Dies wird in einem Zahlenwert ausgedrückt, dem I/D-Quotienten, der das Verhältnis von indirekten zu den direkten Verhaltensweisen angibt.

Zum Verfahren: Man arbeitet mit zehn Kategorien, die man nach Lehrer- und Schüleräußerungen unterteilt und die beim Lehrer noch einmal hinsichtlich seines direkten und indirekten Verhaltens differenziert sind.

Lehreräußerungen	indirekte Beeinflussung	(1)	Akzeptiert Gefühle: akzeptiert und klärt die Gefühlshaltung der Schüler, ohne zu drohen. Die Gefühle können positiv oder negativ sein. Das Voraussagen von oder Sich-Erinnern an Gefühlshaltungen ist eingeschlossen.
		(2)	Lobt oder ermutigt: lobt den Schüler für seine Handlungsweise oder sein Verhalten oder ermutigt ihn; Scherze zur Verminderung der Spannung, jedoch nicht auf Kosten eines anderen, Kopfnicken und Äußerungen wie „Hm" oder „weiter" sind eingeschlossen.
		(3)	Geht auf Gedanken (Ideen) von Schülern ein: klärt und entwickelt Anregungen von Schülern; wenn der Lehrer mehr eigene Ideen verwendet, benutzt man Kategorie 5.
		(4)	Stellt Fragen: stellt Fragen nach Inhalt und Verfahren, die die Schüler beantworten sollen.
	direkte Beeinflussung	(5)	Trägt vor (doziert): nennt Tatsachen oder Meinungen über Inhalte und Verfahren; äußert seine eigenen Gedanken, stellt rhetorische Fragen.
		(6)	Gibt Anweisungen: befiehlt, ordnet an, steuert den Unterricht und erwartet, daß die Schüler Folge leisten.
		(7)	Kritisiert oder rechtfertigt Maßnahmen: will mit seinen Äußerungen das Verhalten des Schülers in seinem Sinne verändern, schreit einen Schüler an, gibt die Gründe für sein Verhalten an, extreme Selbstdarstellung.
Schüler-äußerungen		(8)	Schüler antwortet: Schüler antworten dem Lehrer: Lehrer initiiert den Kontakt oder bittet um Schüleräußerung.
		(9)	Schüler spricht freiwillig (aus eigener Initiative): Schüler sprechen auf eigenen Wunsch hin. Wenn der Lehrer nur aufruft, um die Reihenfolge der Sprecher festzulegen, muß der Beobachter entscheiden, ob der Schüler etwas sagen wollte. Wenn ja, wird diese Kategorie verwendet.
		(10)	Schweigen oder Durcheinander: Pausen, kurze Perioden der Ruhe und Perioden des Durcheinanders, in denen der Beobachter nichts verstehen kann.

aus: LOUIS 1976, S. 17.

Alle drei Sekunden nimmt man eine Notierung vor. Gerade bei nicht allzu routinierten Beobachtern empfiehlt sich wegen des dadurch entstehenden Zeitdrucks eine Tonband- oder Videoaufzeichnung des Unterrichts, um sich einzelne Sequenzen noch einmal in Ruhe anhören oder anschauen zu können. Die Ergebnisse der Notierung werden dann in einer Tabelle paarweise aufgelistet und anschließend auf eine Matrix übertragen, aus der man den I/D-Quotienten und andere Aussagen über die Interaktionsstrukturen ermitteln kann.

Beispiel:
(Die Notierungen sind über den Text geschrieben, die Querstriche kennzeichnen den 3-Sekunden-Abstand.)

10. Klasse, Politik

L: Also, wollen wir doch[5] einmal an Hand des Textes/zu klären[5] versuchen, welche Rolle/[5] die ‚Solidarität' in Polen spielt./Welche anderen[4] Kräfte im Staat/sind daneben[4] noch erwähnt?/

S_1: Die Kirche und[8] die Partei./

S_2: (halblaut): Das ist vielleicht[9] alles langweilig./
L: (zu S_2): Spar dir bitte deine[7] unqualifizierten Bemerkungen./Was gibt[4] es, Paul?/

S_{Paul}: Wieso spielt[9] eigentlich die Kirche/ in einem kommunistischen[9] Staat wie Polen/ eine so[9] wichtige Rolle?/

Als Zahlenreihe zusammengestellt:

10
5
5
5
4
4
8
10
9
7
4
9
9
9
10

Folgende Festsetzungen sind dabei zu beachten:
Am Anfang und Ende wird jeweils eine 10 notiert, da man annimmt, daß Unterricht mit einer Still- oder Unruhephase beginnt und aufhört. Um den Wechsel von Sprechern anzudeuten ($S_1 - S_2$) wird ebenfalls eine 10 dazwischen notiert.

Die Zahlenreihe wird dann in die Matrix übertragen. Die entspechenden Felder ergeben sich aus dem Knotenpunkt der von der ersten Zahl des Paares bezeichneten Zeile und der von der zweiten Zahl bezeichneten Spalte der Matrix.

Nummer der Spalten
(2. Zahl des Paares)

Nummer der Zeilen (1. Zahl des Paares)

	1	2	3	4	5	6	7	8	9	10	Σ
1	I			I							
2			I								
3			I							I	
4									I		
5											
6	I									I	
7						I					
8											
9		I							II		
10						I	I				
Σ	2	1	2	1	0	2	1	0	3	2	14

aus: Louis 1976, S. 28

Nun kann man die unterschiedlichen Auswertungen vornehmen, beispielsweise

— den I/D-Quotienten bestimmen:

$$I/D = \frac{\text{Summe der Spalten } 1-4}{\text{Summe der Spalten } 1-7} = \frac{3}{7} = 0{,}43$$

Die Zahl 0,43 sagt aus, daß auf jede indirekte etwas mehr als eine direkte Lehreräußerung kommt. Bei 0,5 wäre das Verhältnis 1 : 1, bei 0,66 käme auf zwei indirekte Äußerungen eine direkte.

— das Ausmaß der Schüleräußerungen ermitteln:

$$S_{\text{Äuß}} = \frac{\text{Summe der Spalten } 8-9}{\text{Summe der Spalten } 1-10} \times 100 = \frac{5}{14} \times 100 = 35{,}7\%$$

Die Schüler sprechen also während ungefähr einem Drittel der Unterrichtszeit.

Außer den beiden — hier nur zu Illustrationszwecken vorgestellten — Zahlenwerten können noch einige mehr berechnet werden; hierüber informiert genau und recht anschaulich das Buch von B. Louis, Das Interaktionsanalysesystem nach Ned. E. Flanders, München 1976. Anstelle einer akribischen Darstellung der technisch-organisatorischen Seite, die das Buch natürlich viel besser leistet, ist für uns die Frage nach der Tragfähigkeit des Ansatzes wichtig.

Zur Bewertung des Ansatzes:

— Zunächst besteht hier ein Problem, das allen diesen Verfahren gemeinsam ist: Sie wollen letztlich *quantitative Ergebnisse* haben (Zahlenwerte), müssen aber bei der Beobachtung mit *Interpretationen* arbeiten, denn häufig liegt es im Ermessen des Beobachters, welche Kategorie er einsetzt. Man kann zwar durch Beobachtertraining diesen Spielraum eng halten, muß dann aber eine Reihe von Zusatzregeln aufstellen, die das Verfahren unhandlich werden lassen.

  Also: Die Daten und Zahlenwerte verdecken die Tatsache, daß zuvor in gewissem Rahmen nach Ermessen des Beobachters subjektiv interpretiert wurde.

— Die Kategorien sagen wenig aus über den tatsächlichen Verlauf einer Unterrichtssequenz und über den Zusammenhang, in dem eine Äußerung steht.
  Im Beispiel wird bei S_2 die Kategorie 9, „spricht freiwillig", notiert. Es ist aber inhaltlich gesehen eine Kritik am Unterricht, und für eine Analyse ist die Reaktion des Lehrers auf solche Kritik vielleicht von erheblich größerem Aufschlüß als eine ganze Matrix.

— Eng mit diesem Einwand zusammen hängt der kritische Hinweis auf die Zeitintervall-Notierung. Ohne Kommunikationszusammenhänge zu berücksichtigen, etwa ein eng zusammengehörendes Teilgespräch von Lehrer und Schüler oder eine Sequenz, in der Schüler untereinander auf den gleichen Inhalt bezogen diskutieren, wird alle 3 Sekunden schematisch notiert. Unterricht wird damit eher *segmentiert,* in isolierte Teilchen zerlegt, anstatt als ein organisches Ganzes erfaßt zu werden.

— Nahezu vollkommen aus dem Gesichtsfeld ausgeblendet ist der Unterrichtsinhalt. Nun könnte man einwenden, daß bei einer Interaktionsanalyse der Inhalt auch gar nicht so sehr interessiert, weil primär das Verhalten der Beteiligten erfaßt werden solle. Aber das ist nur bedingt richtig. Da Unterricht in erster Linie Lerngeschehen ist, hängt die Interaktionsstruktur auch in großem Maß vom Lerngegenstand und den Lernverfahren ab. Wird beispielsweise zu Beginn einer Unterrichtsreihe eine Kurzinformation vom Lehrer gegeben, so notiert man die Lehreräußerungen vorwiegend im Bereich des direkten Verhaltens, ohne zu bedenken, daß dies auf den Lerngegenstand und den Lernablauf bezogen ein durchaus angemessenes, ja ein bewußt auf Transparenz angelegtes Verhalten darstellt.

— Und schließlich trifft auf diesen wie auch die meisten anderen Ansätze zu, daß sie mit viel Aufwand Dinge klären, die man ohnehin schnell erkennt.

Ob ein Lehrer den Unterricht stark auf sich bezogen führt, ob er Schüler nicht zu Wort kommen läßt, ob er bloß abfragt oder auch spontane Schülerbeiträge ermöglicht, all dies wird einem Beobachter auch ohne ausgeklügelte Matrizes schnell aufgehen.

Andererseits aber kann es durchaus von Vorteil sein, auf eine solch detaillierte Art Grundstrukturen des Interaktionsverhaltens bei Lehrern und Schülern festzuhalten. Das Geschehen wird gleichsam dahingehend ‚objektiviert', daß es aus dem lebendigen Fluß des Unterrichtsablaufs hervorgehoben und dem Beobachter oder Analytiker distanziert gegenübergestellt wird. Man kann als sich selbst beobachtender Lehrer von Augenblicksstimmungen Abstand gewinnen, seine eigene Rolle in die Überlegungen mit einbeziehen und so ein Stück Aufklärung auch über den eigenen Beitrag zum Interaktionsklima erhalten. Schematisch wäre damit festzuhalten:

Vorteile:
— Versachlichung der Interaktionsanalyse durch Distanznahme
— Fixierung momentan ablaufender Ereignisse im Unterricht

Nachteile:
— Interpretationsspielraum (Ungenauigkeitszone)
— Zusammenhang von Unterricht wird auseinandergerissen
— Unterrichtsinhalte bleiben unberücksichtigt

Einige Punkte der Kritik sind zumindest ansatzweise im nächsten Verfahren behoben.

6.1.2.2 *Sprachanalyse* (BELLACK)

Zentrale Intention dieses Ansatzes ist es nämlich, typische Sprachverlaufsmuster im Unterricht zu analysieren; damit ist das Inhaltsproblem immerhin thematisiert. Man kann Unterrichtssprache als ein auf eine spezifische Situation bezogenes Sprechen ansehen, mit einem Ausdruck von WITTGENSTEIN als ein besonderes *Sprachspiel*, d. h. als einen Zusammenhang von Sprachformen, die — ähnlich den Spielzügen bei einem Brettspiel — aufgrund fester Regeln in vielfältigen Kombinationen und Sprachzügen vorkommen. Mit einer groß angelegten Untersuchung, bei der der gleiche Unterrichtsinhalt von verschiedenen Lehrern in verschiedenen Klassen behandelt wurde, konnte BELLACK folgende große Sprachmuster im Unterricht ermitteln:

„*Strukturieren (structuring):* Strukturierende Züge erfüllen die unterrichtliche Funktion, den Kontext für nachfolgendes Verhalten zu setzen, indem Interaktionen zwischen Lehrern und Schülern entweder in Gang gesetzt oder aufgehalten bzw. unterbunden werden. Zum Beispiel eröffnen Lehrer eine Unterrichtsstunde häufig mit einem strukturierenden Zug, indem sie die Aufmerksamkeit auf das Thema oder Problem lenken, das in dieser Stunde besprochen werden soll.

Auffordern (soliciting): Spielzüge dieser Kategorie sind dazu bestimmt, eine sprachliche oder physische Reaktion hervorzurufen oder die angesprochenen Personen zur Aufmerksamkeit für eine bestimmte Sache zu ermuntern. Alle Fragen, Befehle, imperativische Äußerungen und Bitten gelten als solche Aufforderungen.

Reagieren (responding): Diese Züge stehen in wechselseitigem Bezug zu den Spielzügen des Aufforderns und treten nur im Zusammenhang mit ihnen auf. Ihre unterrichtliche Funktion besteht darin, die durch auffordernde Züge gesetzten Erwartungen zu erfüllen; in diesem Sinne werden etwa Antworten der Schüler auf Fragen des Lehrers als reagierende Züge gewertet.

Fortführen (reacting): Diese Spielzüge werden zwar von einem strukturierenden, auffordernden, reagierenden- oder einem vorausgegangenen fortführenden- Zug veranlaßt, aber nicht unmittelbar durch ihn hervorgerufen. Ihre unterrichtliche Funktion ist es, das bereits Gesagte zu modifizieren (durch Klärung, Zusammenfassung, Erweiterung) und/oder (positiv oder negativ) zu beurteilen. Fortführende Spielzüge unterscheiden sich von reagierenden Zügen: Während ein reagierender Spielzug immer direkt durch eine Aufforderung ausgelöst wird, bedarf das Fortführen der jeweils vorangehenden Züge nur als eines Anlasses. Als fortführender Spielzug gilt z. B. die Beurteilung einer Schülerreaktion durch den Lehrer."
aus: Bellack u. a. 1974, S. 13/14

Man kürzt die Bezeichnungen der Sprachzüge bei der Notierung eines Unterrichtsprotokolls ab und stellt sie zu Sprachsequenzen zusammen, beispielsweise:
Auff — Reag — Fort: Das kann heißen: Der Lehrer fragt, ein Schüler antwortet darauf, ein anderer greift dessen Antwort auf und modifiziert sie mit einem eigenen Gedanken.

Die Sprachäußerungen sind von Bellack noch weiter mit charakterisierenden Hinweisen versehen, beispielsweise, wer sie macht (S oder L), ob sie sich auf sachinhaltliche oder auf unterrichtsorganisatorische Aspekte beziehen und wie lang die jeweiligen Redeanteile sind.

„*Sachinhaltliche* Bedeutungen beziehen sich auf den Unterrichtsstoff; dazu gehören etwa Begriffe wie ‚multilateraler Handel' und Verallgemeinerungen wie z. B. ‚die Beziehungen zwischen Spezialisierung und den Faktoren des Produktionsprozesses.'

Sachlogische Bedeutungen beziehen sich auf die kognitiven Prozesse, die bei der Beschäftigung mit dem Unterrichtsstoff auftreten, z. B. das Definieren, Interpretieren, Erklären, Tatsachen-Feststellen, Meinen und Rechtfertigen.

Unterrichtsorganisatorische Bedeutungen beziehen sich auf Anweisungen, (Lehr-) Materialien und Routinevorgänge des Klassenbetriebs, soweit sie Bestandteil des Unterrichts werden.

Unterrichtslogische Bedeutungen beziehen sich auf ausdrücklich didaktisch gemeinte sprachliche Prozesse, wie sie etwa in positiven oder negativen Beurteilungen, Erklärungsvorgängen oder in der Erteilung von Direktiven auftreten."
aus: Bellack 1974, S. 15

Bei der von Bellack durchgeführten Untersuchung stellten sich zudem folgende Detailergebnisse heraus:

- Schüler strukturieren kaum aus eigener Spontaneität; sie fordern den Lehrer selten auf, sich zu inhaltlichen Bedeutungen zu äußern.
- Strukturierende Züge nehmen den geringsten Teil im Unterrichtsgespräch ein (ca. 10%), die anderen Züge dagegen 20% bis 30%.
- Die sachlogischen Bedeutungen (dazu gehören: definieren, interpretieren, formulieren, erklären, begründen) beziehen sich zu 50% — 60% auf empirische Bedeutungen (feststellen und erklären des Sachverhalts).
- Die häufigsten Zugkombinationen sind
  AUFF — REAG — FORT 26%
  AUFF — REAG 22,3%
- 85% der Zugkombinationen werden durch den Lehrer eröffnet.

Um auch dieses Verfahren anschaulicher zu machen, soll das Beispiel von eben wieder aufgegriffen und diesmal nach den Kategorien von Bellack analysiert werden.

Beispiel: 10. Klasse, Politik

1:
L: Also, wollen wir doch einmal an Hand des Textes zu klären versuchen, welche Rolle die ‚Solidarität' in Polen spielt. Welche anderen Kräfte im Staat sind daneben noch erwähnt:
S_1: Die Kirche und die Parteien.
2:
S_2: (halblaut): Das ist vielleicht alles langweilig.
L (zu S_2): Spar dir bitte deine unqualifizierten Bemerkungen.
Was gibt es, Paul?
3:
Paul: Wieso spielt eigentlich die Kirche in einem kommunistischen Staat wie Polen eine so wichtige Rolle?

Die Züge:
1: STRK$_{L}$, sachl. — AUFF$_{L}$, sachspez. — REAG$_{S}$, sachspez.
2: FORT$_{S}$, unterr. spez. — FORT$_{L}$, unter. log. (STRK$_{S}$, unter. spez.)
3: AUFF$_{L}$, unter. log. — REAG$_{S}$, sachspez. (FORT$_{S}$, sachspez.)

Auch hier wird wieder ein Problem dieser Ansätze deutlich; der *Interpretationsspielraum.*

So kann man beispielsweise über die Notierung 2: FORT$_{S}$ diskutieren: Ist die Äußerung des Schülers eine Fortsetzung, bezogen auf die für ihn uninteressanten Sachfragen, oder ist sie eine Strukturierung hinsichtlich der Unterrichtsorganisation, die — wenn sie aufgegriffen würde — eine Reihe unterrichtsthematisierender Spielzüge eröffnen könnte?

Ähnlich im Fall der Notierung 3: Bezogen auf die Aufforderung des Lehrers (‚Was gibt es, Paul?), könnte man REAG notieren. Andererseits aber kommt Paul von sich aus wieder auf das Thema zurück, so daß man evtl. mit FORT notieren müßte.

Vorteilhafter als bei FLANDERS ist hier Möglichkeit, Sprach- bzw. Interaktionszusammenhänge zu erkennen und auch grob den Bereich angeben zu können, um den es dabei ging — um das Thema, um die Art, wie es behandelt wurde oder um unterrichtsorganisatorische Fragen.

Von daher kann man, etwa im Rahmen eines Lehrertrainings, auch zu einem gegebenen Spielzug alternative Züge probeweise durchspielen; man kann die Gesprächsstellen ausmachen, an denen die Kommunikation in eine andere Richtung ging; man kann dort einhaken und sich nachträglich noch einmal bewußt machen, wieso die Gesprächsentwicklung bei einem selbst in diese Richtung gelaufen ist. Die Arbeits- und Auswertungsmöglichkeiten sind also bei diesem Ansatz tiefergehend und für die Eigenanalyse relevanter als bei der bloßen Interaktionsanalyse.

Vorteile:
- Sprach- und Interaktionsmuster werden als Zusammenhang dargestellt
- Sachaspekt des Unterrichts wird berücksichtigt
- Knotenpunkte werden festgehalten, an denen das Gespräch in eine bestimmte Richtung weiterlief.

Nachteile:
- Interpretationsspielraum beim Beobachter
- keine Analyse der didaktischen Struktur (eher nur die der lerntheoretischen Dimension).

Weitreichender als die bisherigen Verfahren ist der folgende Ansatz insofern, als er auf die Bedeutungsvoraussetzungen eingeht, von denen her Lehrer und Schüler Unterricht überhaupt erst wahrnehmen.

6.1.2.3 *Bedeutungsanalyse (Interpretatives Verfahren)*

Dieser Ansatz zur Unterrichtsanalyse hat noch den Status eines Programms, einer Absichtserklärung und weniger den eines ausgearbeiteten Verfahrens. Er hat sich aus zwei Richtungen her entwickelt:
- aus der *Kritik an den eben geschilderten quantitativen Verfahren.* Man verweist dabei auf ihre Unfähigkeit, tatsächlich zu erfassen, was eigentlich bei den an Unterricht Beteiligten abläuft, welche Einstellung sie zum Geschehen haben, warum sie so handelten, wie man es beobachten konnte, d. h. also, welche Motive und Vorstellungen hinter ihrem Handeln stehen.

— Aus dem *Aufgreifen von Theoriestücken des Symbolischen Interaktionismus.* Um nämlich auf die von den empirischen Ansätzen nicht beantworteten Fragen eingehen zu können, greift man hier auf Interaktionstheorien und Verfahren zurück, die unabhängig von Unterricht ganz allgemein die Bedeutungsdimension beim Handeln erfassen wollen.

Man erinnere sich an Kap. 4: In einer Interaktion schreibt der eine dem anderen Handlungsmotive zu, die er an Hand von Zeichen zu interpretieren versucht, um aus dem Verständnis von sich selbst und der Auslegung der Situation heraus dann das eigene Handeln entwerfen zu können.

Wichtig ist: Neben der augenblicklichen Interpretation in einer Situation hat man immer auch einen Vorrat an schon fertigen Auslegungen, an Vorstellungen, an Konzepten über entsprechende Situationen bereit.

Auf Unterricht als eine solche Handlungssituation bezogen heißt das, daß Lehrer und Schüler zwar immer im Augenblick und auf ein je aktuell geäußertes Handeln hin ihr eigenes Tun entwerfen müssen; aber dies erfolgt vor dem Hintergrund von schon vorhandenen Vorstellungen über Unterricht und Schule. Ja, diese Vorstellungen leiten sogar die augenblickliche Interpretation der Situation, bedingen sie oder legen sie gar fest — wie in Kap. 4 hinsichtlich der sozialen Wahrnehmung ausgeführt.

So gibt es beispielsweise Lehrer, die von Unterricht die Vorstellung eines Kampfplatzes haben. Schüler sind eine Horde von Chaoten, nur darauf aus zu stören, sich dem Lernen, wo immer es geht, zu entziehen, und ihre liebste Beschäftigung ist es dabei , den Lehrer lächerlich zu machen. Daher muß man als Lehrer von Anfang an zeigen, wer der Herr im Haus ist. Sie kennen die probate Empfehlung altgedienter Kämpen: „Erst mal den dicken Daumen zeigen, dann kann man die Zügel immer noch locker lassen."

Es ist klar, daß eine solche Hintergrundvorstellung von Unterricht die Interpretation auch des augenblicklichen Geschehens festlegt. Auch konstruktiv aufzufassende Vorschläge der Schüler zum Unterrichtsgeschehen werden als Angriff interpretiert und lösen bei dem betreffenden Lehrer ein vorschnelles Abwehrverhalten aus.

Man könnte sogar sagen, der Lehrer habe eine eigene *‚Theorie' von Unterricht,* also einen Zusammenhang von Regeln (‚Gesetzen'), die aus Erfahrungen gewonnen wurden und die als Handlungsanweisungen für alle noch kommenden Situationen gelten. Im Lichte dieser Theorie interpretiert er auch Unterrichtssituationen, ganz wie ein Wissenschaftler dies von seiner — meist ausgefeilteren und methodisch abgesicherten — Theorie her auch macht.

Wie kommt man nun durch Unterrichtsanalyse an diese Theorien heran, die der Lehrer und die Schüler zur Interpretation ihres Alltags mit sich führen. Befragen ist schlecht, da man dann nur das zu hören bekommt, wovon der Befragte meint, es sei sinnvoll und richtig, die Dinge so zu sehen. Direkte Beobachtung ist unsicher, wie man bei den anderen Verfahren sah, da man dann wieder aus Zeichen (Gesten, Tonfall, Einzelhandlungen) interpretieren muß und damit eigene Vorstellungen, eigene ‚Theorien' ins Spiel bringt.

Man ist auf einen interessanten Ausweg verfallen, indem man mit den Betreffenden Interpretationsexperimente anstellt. Sie erhalten beispielsweise ein Unterrichtsprotokoll, das fortlaufend, also ohne Interpunktion und Rollenangaben, geschrieben ist (sog. *Kettenprotokoll).* Die Befragten sollen nun von sich aus das Protokoll strukturieren. ‚Von sich aus' heißt genauer, daß die Befragten wahrscheinlich vor dem Hintergrund ihrer Auffassung, ihrer ‚Theorie', das Protokoll gliedern, Lehrer- und Schülerrollen verteilen und damit Unterricht in ihrem Sinne auslegen.

Beispiel:

also wollen wir doch einmal an Hand des Textes zu klären versuchen welche Rolle die Solidarität in Polen spielt welche anderen Kräfte im Staat sind daneben noch erwähnt die Kirche und die Parteien das ist vielleicht alles langweilig spar dir bitte deine unqualifizierten Bemerkungen was gibt es Paul wieso spielt eigentlich die Kirche in einem kommunistischen Staat wie Polen eine so wichtige Rolle

Man könnte — um das Verfahren nur kurz zu demonstrieren — beispielsweise gegen Ende das Protokoll so strukturieren:

L: Was gibt es? — Paul, wieso spielt eigentlich die Kirche in einem kommunistischen Staat wie Polen eine so wichtige Rolle?

Sie werden bei eigener Setzung von Interpunktion selbst bei diesem kurzen Text zu einer Vielzahl von Möglichkeiten und Rollenverteilungen kommen. Hinter der hier demonstrierten Art, den Unterricht zu gliedern, könnte man eine Auffassung vermuten, die den Lehrer sehr direkt das Unterrichtsgeschehen lenken sieht und ihm zudem ein hohes Maß an Sanktionsmöglichkeiten zuerkennt: Er engt den Freiraum der Schüler ein, selbst dort, wo sie wenigstens entscheiden könnten, ob sie sich zu einer Frage melden oder nicht, indem er von vornherein den Antwortenden bestimmt; zudem könnte dies auch als Retourkutsche aufgefaßt werden, wenn man annimmt, daß Paul der Schüler mit dem despektierlichen Kommentar zum Unterrichtsgeschehen war.

Hier ergibt sich ein Ansatzpunkt, an dem man einhaken und mit dem Betreffenden zusammen diese seine implizite und versteckte Unterrichstheorie bewußt thematisieren könnte.

Bei der Auswertung eines solchen Kettenprotokolls in Arbeits*gruppen* (z. B. bestehend aus Lehrern und Schülern) kann man die einzelnen Interpunktionsergebnisse vergleichen etwa hinsichtlich der

— Kohärenz, d. h. der Gleichartigkeit und Übereinstimmung der Interpunktion in der Gruppe;
— Differenz, d. i. der Abweichung einzelner Interpunktionssequenzen in oder zwischen den Gruppen.

Zur Bewertung des Ansatzes:

— Der Unterrichtsinhalt wird nicht erfaßt. Hier geht es eher um *Interaktionszusammenhänge* und um die Vorstellungen, von denen her eine Interaktion entworfen und das Handeln des anderen interpretiert werden.
— Für Lehrerausbildung und -training gibt dieser Ansatz nicht allzuviel her. Selbst wenn man einem selbst bisher noch nicht bewußte ‚Theorien' aufgedeckt hat, ist damit noch nichts über ihre Richtigkeit und praktische Tauglichkeit gesagt. Erst gemessen an einer anderen Theorie von Unterricht könnte man zu dem Urteil kommen, sie zu ändern oder ganz aufgeben zu müssen.
— Wo aber kommt diese Theorie her? — Es wird wahrscheinlich die eines Wissenschaftlers oder Ausbilders am Studienseminar sein. Es wird sich um eine Theorie handeln, in deren Licht die ‚Theorie' des betreffenden Lehrers interpretiert und bewertet wird.

Auf etlichen Umwegen ist man eigentlich herausgekommen, wo man immer schon war: sich mit dem anderen im Gespräch, in der Diskussion über die Angemessenheit verschiedener Auffassungen von Unterricht auseinanderzusetzen; dabei mag es als Diskussionseinstieg recht nützlich sein, ein unstrukturiertes Protokoll zu bearbeiten, um überhaupt eine Diskussionsgrundlage zu haben.

Als besonders positiv hervorzuheben ist der methodische Ansatz des Verfahrens: Sinnzusammenhänge — um solche handelt es sich nämlich bei Unterricht — nicht mit irgendwelchen quantitativen Kategorien analysieren zu wollen, sondern sie *hermeneutisch* zu erfassen (s. Kap. 7.1), denn Sinn kann letztendlich nur verstanden (interpretiert), nicht aber quantitativ ausgezählt werden.

Zudem regen die Verfahren, etwa wie in unserem Beispiel das Kettenprotokoll, den Betreffenden dazu an, sich intensiv mit den Voraussetzungen zu beschäftigen, von denen her er ein solches Protokoll strukturiert. Das Verfahren bringt also ein hohes Maß an Reflexionsanreiz mit sich.

Schließlich macht es alternative Ablaufmuster von Unterricht deutlich, erst recht wenn unterschiedlich strukturierte Protokolle einander gegenüberstellt und etwa im Rahmen der Lehrerausbildung zum Gegenstand der Diskussion gemacht werden.

Fassen wir auch hier die Wertung überblicksartig zusammen:

Vorteile:
— hermeneutischer Zugriff
— reflexionsanregendes Verfahren
— Aufweis alternativer Ablaufmuster von Unterricht

Nachteile:
— Unterrichtsinhalt wird nicht erfaßt.

— Die Analyse von heimlichen Unterrichtstheorien sagt noch nichts über die Richtigkeit und praktische Tauglichkeit aus; Aussagen hierzu ergeben sich erst in der Konfrontation mit anderen Unterrichtstheorien.

6.1.3 Lerntafel

An Unterricht können unterschieden werden
— didaktisch-methodische Dimension (lernstoffbezogen)
— sozial-interaktionelle Dimension (partnerbezogen) (s. Kap. 4)

Hinsichtlich der didaktisch-methodischen Dimension müssen die Strukturmomente von Unterricht bestimmt werden, da sie als Einflußfaktoren auf den Lerngegenstand bei der Unterrichtsplanung und -analyse Bedeutung erlangen.

Bedingungsfaktoren	Entscheidungsfelder	Normenkritik
Vorwissen der Schüler	- Intentionalität	Unterrichtsstile
Sprachverwendung	- Thematik	Wertungen
Disziplin	- Methoden/Medien	Methodenvorlieben
Leistungsbereitschaft	- Evaluation	Richtlinienkritik
institutionell-rechtliche Bedingungen		

Aber nicht nur der abstrahierende Aufweis der Strukturmomente, auch die Verfahren zur Analyse des konkreten Unterrichtsgeschehens sind im Zusammenhang seiner didaktisch-methodischen Dimension von Interesse.

Verfahren zur Unterrichtsanalyse
1. Interaktionsanalyse: Ermittlung des I/D-Quotienten (indirektes/direktes Verhalten) (Flanders)
2. Sprachanalyse: Analyse der sprachlichen Spielzüge im Unterricht nach den Grundkategorien:
   Strukturieren
   Auffordern
   Reagieren
   Fortführen
   (Bellack)

3. Bedeutungsanalyse:
   Interpretation der den beteiligten Lehrern und Schülern eigenen ‚Unterrichtstheorie' (Analyse ihres Vorverständnisses von Unterricht).

4. Phasen des Unterrichtsprozesses:
   Kontaktphase: Vertrautwerden mit dem Thema.
   Formulieren der Fragestellung: Ermitteln der Aspekte am Thema, die im Lauf des Kurses oder Seminars erarbeitet werden sollen.
   Erarbeitung: Erklärungen finden, Problemlösungen vorschlagen.
   Präsentation: Darstellung der Arbeitsergebnisse und ihre kritische Diskussion.
   Festhalten / Transfer: Kurs- oder Tagungsergebnisse werden festgehalten; Möglichkeiten ihrer Anwendung in der Lebenswelt der Teilnehmer werden aufgezeigt.

6.1.4 Arbeitsvorschlag

Analysieren Sie den folgenden Auszug aus einer Unterrichtssequenz nach dem Ansatz von Bellack.

L liest die Geschichte vom ‚Wolfsjungen' vor, einem Kind, das bei Wölfen aufgewachsen ist, um daran anschließend einige anthropologische Gedankengänge mit den Schülern zu erarbeiten.
L: Wir wollen noch einmal kurz auf das Milieu zurückkommen, wie nennen wir das, was sich um den Menschen befindet?
S: Umfeld
L: Hm
S: Umwelt
L: Hm
S: Gesellschaft
L: Halten wir das doch mal fest; das scheint auf der richtigen Linie zu liegen. Wo ist der Unterschied zwischen Umwelt und Gesellschaft?

6.2 Begriff der Didaktik und didaktische Prinzipien

Wir haben im ersten Teil des Kapitels Klarheit über die didaktisch-methodische Seite von Unterricht zu gewinnen und wichtige Dimensionen dieses Aspekts von Unterricht zu erarbeiten versucht (Strukturmomente des Unterrichts). Dabei war der Begriff der Didaktik kurz erwähnt, ist aber noch nicht entwickelt worden. Dies soll nun Aufgabe des nächsten Teils sein.

6.2.1 Begriff der Didaktik — Abgrenzung von Didaktik und Methodik

Auf die Frage: ‚Was ist Didaktik?' erhält man mühelos eine Handvoll verschiedener Antworten:

— Didaktik ist Auswahl der Bildungsinhalte,
— Didaktik ist Systemplanung des Unterrichts,
— Didaktik ist kommunikativ-edukatives Unterrichtshandeln,
— Didaktik ist die Frage nach den erkenntnisleitenden Interessen der Vermittlung von Unterrichtsinhalten,
— Didaktik ist Dramaturgie des Unterrichts.

Dann gibt es noch Begriffe wie didaktische Emanzipation, didaktische Strukturgitter, didaktische Analyse; es konkurrieren miteinander bildungstheoretische, systemtheoretische, kommunikative, lerntheoretische, handlungstheoretische Didaktiken, und die Reihe kann keineswegs als vollständig gelten.

Sie sollen nun keinesfalls gelangweilt werden mit der Aufzählung aller Positionen und Nebenpositionen, die sich häufig nur in Nuancierungen von der Hauptposition unterscheiden. Vielmehr soll auch hier versucht werden, aus der *Analyse des Handlungsvorgangs* selbst Klarheit über den Begriff der Didaktik zu gewinnen.

Im Unterricht werden Inhalte unter einer bestimmten Intention vermittelt. Sie erinnern sich: Zu den Inhalten zählen Fähigkeiten, Fertigkeiten und Einstellungen; ‚Vermitteln' bezeichnet einen Vorgang, der sowohl vom Lehrer als auch vom Schüler aktive Aneignungs- und Verarbeitungsprozesse verlangt, wie z. B. den Gedanken erfassen, ihn modifizieren, übertragen, Bewegungsabläufe nachahmen, künstlerische Gestaltungsmomente erkennen usw. Und dies alles geschieht nicht aus Selbstzweck, sondern in bestimmter Absicht — zur Problemlösungsschulung, zum körperlichen Training, zur ästhetischen Sensibilisierung.

Wenn Unterricht somit als intentional geprägte Aufarbeitung von Inhalten verstanden wird, stellen sich notwendig auch die Fragen:

Wo kommen diese Inhalte eigentlich her? Aufgrund welcher Kriterien wählt man sie aus? Aufgrund welcher Prinzipien überträgt man sie in den Unterricht?

Hierauf eine Antwort zu finden, macht es nötig, den Blick vorübergehend auf das Vorfeld von Unterricht zu konzentrieren. Dann stehen sich nämlich auf der einen Seite *Unterricht* und auf der anderen der *Bereich möglicher Inhalte* gegenüber. Dies können Inhalte der Wissenschaften sein, solche, die in Medien mitgeteilt werden, das können Inhalte aus Büchern, Comic-Heften oder Berichte, Erzählungen von anderen Menschen sein, Dokumente, Inschriften, Gebäude. Das heißt: So vieles kann Inhalt sein, daß es in seiner Gesamtheit nie und nimmer von Unterricht aufgenommen zu werden vermag.

In der Konsequenz ergibt sich die Notwendigkeit:
- *Auszuwählen,* aus welchen großen Bereichen der Wirklichkeit überhaupt Inhalte berücksichtigt werden sollen. Das sind dann auf Schule und Unterricht übertragen die Schulfächer oder Aufgabenfelder. Geklärt werden diese Fragen von der Lehrplan- bzw. Curriculumtheorie.
- Nach der Abgrenzung solcher Bereiche ist zusätzlich die weitere zentrale Frage zu klären: *Was* aus diesen Bereichen, aus der Physik, der Verkehrskunde, der Literatur, soll *wie* im Unterricht behandelt werden.

  Denn: Nicht alles, was ein Physiker, der Verkehrsexperte im Ministerium oder ein Literaturwissenschaftler machen, ist gleichermaßen relevant und kann aus lern- und zeitökonomischen Gründen im Unterricht behandelt werden.

Und schließlich:
- Die Dinge können nicht einfach so in den Unterricht übernommen werden, wie sie beispielsweise in einem Fachbuch zur Elektronik, in einem Expertengutachten oder in einem literaturwissenschaftlichen Artikel abgehandelt sind. Sondern sie müssen für Unterrichtszwecke aufbereitet, genauer: *transformiert* werden, und zwar hinsichtlich

  der Intention, auf die bezogen sie im Unterricht eingesetzt werden,

  der Adressaten, die sich im Unterricht damit auseinandersetzen.

  Ein solcher ‚Übersetzungsprozeß' erfordert selbstverständlich auch Kriterien, nach denen man transformieren kann. Diese Kriterien oder besser Prinzipien zu ermitteln ist Aufgabe der Allgemeinen Didaktik.

Didaktik ist also *die nach bestimmten Prinzipien durchgeführte und auf allgemeine Intentionen bezogene Transformation von Inhalten zu Unterrichtsgegenständen.*

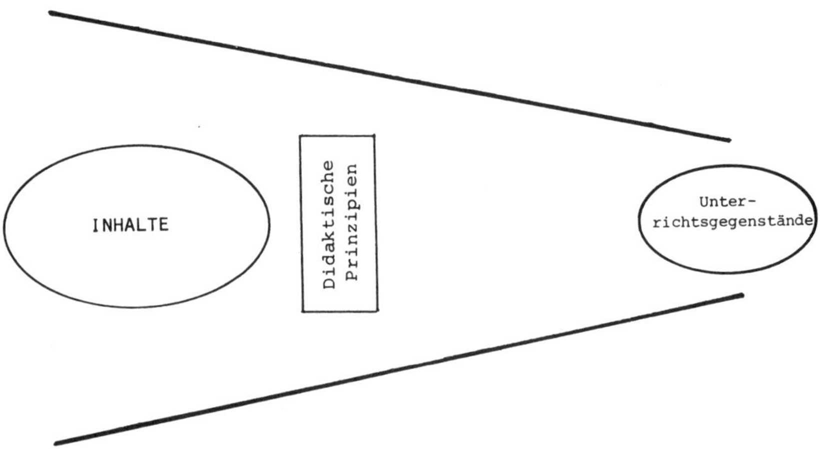

Abzuheben vom Begriff der Didaktik ist der in diesem Zusammenhang häufig auftauchende Begriff der Methodik, der also nicht synonym gebraucht werden kann. Vielmehr ist **Methodik** *die auf die bestimmte Lerngruppe ausgerichtete Aufarbeitung der transformierten Inhalte.*

Diese Definition verdeutlicht den nachgeordneten Stellenwert der Methodik im Begriffsgefüge. Damit ist jedoch keine Wertung bezüglich der Wichtigkeit beider Arbeitsschritte getroffen.

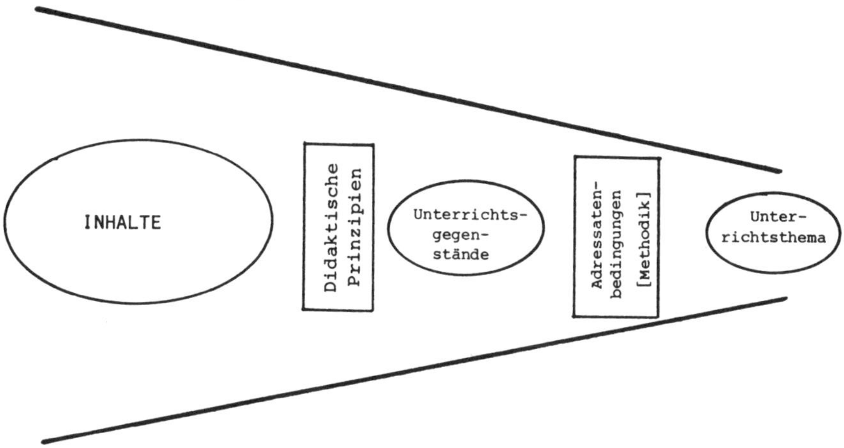

Die Zuordnung verdeutlicht der Graph abstrakt, das Beispiel soll sie zusätzlich konkretisieren:

Beispiel:

Im Lernbereich (Fach) Politik/soziales Handeln wäre ein möglicher Inhalt ‚die Familie'. Dazu haben Soziologen, Schriftsteller, Politiker, Eltern, Kirchenmänner, Jugendliche, Geschiedene etwas zu sagen. Dazu findet man etwas in Readern zur Familiensoziologie, in Romanen, in Parteiprogrammen.

Bezogen auf Unterricht ist nun der erste Schritt: *Transformation dieses Inhalts* und seiner zahlreichen Aspekte nach bestimmten Prinzipien und Intentionen, z. B. nach der Frage, welche allgemeinen gesellschaftlichen Strukturen an dem Beispiel der modernen Kleinfamilie aufgezeigt werden können (Transformation nach dem exemplarischen Prinzip).

Daran schließt sich der zweite Schritt an: Die so transformierten und jetzt didaktischen Inhalte *methodisch* für die Lerngruppe aufzubereiten, beispielsweise für die Klasse 9, die schon über einige Fähigkeiten in Gruppenarbeit verfügt und im letzten Halbjahr in Geschichte das Thema ‚Industrielle Revolution und ihre sozialen Folgen' behandelt hat, die aus dem Deutschunterricht über gut entwickelte Techniken der Testanalyse verfügt usw.

Zur Methodik gehören weiter auch die Überlegungen, wie das Arbeitsmaterial gestaltet ist, welche Arbeitsweisen man veranschlagt, wie man die Ergebnisse sichert, woran man den Transfer übt.

Es wird erkennbar, daß die methodischen Entscheidungen offensichtlich sehr stark auf das in Kapitel 6.1 so genannte Bedingungsfeld von Unterricht bezogen sind, also auf die lerntheoretischen, wissens- und verhaltensmäßigen Voraussetzungen bei den Schülern.

Exkurs

Eine Anmerkung noch zum *Verhältnis von Didaktik und Methodik.* In der Erziehungswissenschaft ist auch diskutiert worden, welche von beiden Fragestellungen eigentlich gedanklich Vorrang habe, ein Punkt, der eben schon kurz angesprochen war. Die eine Position behauptet: Erst müssen die didaktischen Fragen geklärt werden, dann erst kann über das Wie der Vermittlung nachgedacht werden. Denn solange man nicht weiß, was man im Unterricht behandeln will, kann man logischerweise nichts darüber sagen, wie man es machen will (*Primat der Didaktik*).

Die andere Position setzt dagegen: Die grundlegendere Entscheidung ist die auf die Lernvoraussetzungen der Schüler bezogene methodische Frage, von der her erst zu entscheiden ist, was die Schüler überhaupt lernen können. Zudem erarbeite sich der Schüler den Gegenstand über die Methode, sie konstituiere somit den Gegenstand im Unterricht (*Primat der Methode*). Dabei führen die Verfechter dieses Standpunktes eine neue Aufteilung ein. Sie bezeichnen als Methode Arbeitsformen, in denen schon erzieherische Intentionen stecken — z. B. Gruppenarbeit als Methode, mit der als Lernziel kooperatives Verhalten erreicht werden soll. Methode sei daher identisch mit dem bei HEIMANN verwendeten Begriff der Intention. Davon heben sie den Bereich der Arbeitstechniken ab, die nur die Art und Weise der Bearbeitung von Lernstoff kennzeichnen, z. B. eine Tabelle aufstellen, ein Referat anfertigen, ein Strukturbild zeichnen (vgl. MENCK 1972).

Bei näherer Betrachtung jedoch sind das nur scheinbar unversöhnliche Positionen; in der krassen Gegenüberstellung sind die Bedingungen nicht klar erkennbar, unter denen man das Verhältnis von Didaktik und Methodik zueinander sieht.

Denkt man stärker an die *Inhaltsseite* von Unterricht, daran, was ein Schüler zur Bewältigung von Handlungssituationen an Wissen und Fähigkeiten benötigt, was dabei von besonderer Bedeutung ist, was dagegen eher zurückgestellt werden kann, dann ist damit notwendig der Primat der Didaktik hervorgehoben.

Konzentriert man sich stärker auf den *Vermittlungsaspekt* von Unterricht, darauf, daß der Inhalt in der Interaktion von Lehrer und Schüler unter Berücksichtigung der Leistungsfähigkeit und Selbständigkeit der Schüler aufgearbeitet wird, steht die methodische Frage im Vordergrund, einschließlich ihrer gegenstandskonstituierenden Leistung.

Es handelt sich also weniger um ein starres Vor- und Nachordnungsverhältnis, als vielmehr um einen grundsätzlichen Perspektivwechsel, der zwischen dem Pol des Inhalts und dem des Vermittlungsaspekts möglich ist. Andernfalls bedeutet es entweder einen Rückfall in die Position eines formalen Bildungsverständnisses, wenn nämlich für (mit

Methoden in Verbindung gebrachte) formale Fähigkeiten, wie z. B. kooperatives Verhalten, im nachhinein beliebige Inhalte gesucht werden. Oder aber die Vertreter dieser Position setzen stillschweigend den Begriff der Methodik mit dem der allgemeinen Intentionen gleich — Unterricht solle beim einzelnen beispielsweise auch soziales Verhalten wie Kooperationsbereitschaft erzielen. Da solche allgemeinen Intentionen von Unterricht sicher vor der didaktischen Überlegung rangieren, kann man von daher den Primat der Methodik postulieren, was dann aber eher zur Sprachverwirrung als zur Klärung des Sachverhalts führt.

6.2.2 Didaktische Prinzipien

Auch hier wieder möchten wir Ihnen und uns die monotone Aufzählung der diversen didaktischen Prinzipien ersparen, da sie wenig Erkenntniswert hat und man spätestens beim dritten von zehn Prinzipien zu gähnen beginnt. Vielleicht gehen Sie mit uns einen anderen Weg. Daß es so viele didaktische Prinzipien gibt, ist sicherlich ein Indiz dafür, daß die Transformationsaufgabe wohl mehrere Aspekte umfaßt. Es wäre daher zu überlegen, ob nicht aus der Analyse der einzelnen Stationen bei der didaktischen Transformation die notwendigen didaktischen Prinzipien abgeleitet werden können. Man hätte dann nicht mehr oder weniger wahllos Prinzipien aufgezählt, sondern begründet, warum die behandelten auch die wichtigen sind.

Will man Inhalte didaktisch transformieren, so ist zweierlei grundsätzlich zu beachten:

- Man muß den Inhaltsbereich, den man transformieren will, verfügbar haben bzw. sich erarbeiten (Sachanalyse).
- Man muß den in der Sachanalyse aufgearbeiteten Inhaltsbereich nach didaktischen Prinzipien zu Unterrichtsgegenständen transformieren.

Bei der *Sachanalyse* geht es darum, den Inhaltsbereich überhaupt einmal abzuklären. Hier ist die Sachkompetenz des Lehrers oder Erwachsenenbildungsdozenten gefordert, die ihm erlaubt, ein Thema meist in bezug auf seine fachwissenschaftliche Beschlagenheit auszuloten, es in seinen verschiedenen Aspekten aufzuarbeiten, sich um neuere Erkenntnisse zu bemühen, sich die Entstehungs- und Entwicklungsgeschichte des Themas zu verdeutlichen u. a.

Der Lehrer macht dann nicht eigens eine Sachanalyse, wenn er nach vorstrukturierten Lerneinheiten arbeitet — etwa nach dem Schulbuch. Anders sieht es schon aus, wenn er selber zum Beispiel einen Halbjahreskurs inhaltlich entwerfen muß oder wenn ein Dozent in der Erwachsenenbildung ein Wochenendseminar vorbereitet. Dann muß das Thema erst einmal in einer gediegenen Sachanalyse aufgearbeitet sein, will man nicht auf gut Glück irgendwo herumstochern und hoffen, ein paar Inhaltsbrocken aufzuspießen.

Steht die Sachanalyse, dann muß sie *didaktisch transformiert werden;* dabei ist vorab zu klären, woraufhin transformiert werden soll, denn nur so sind die Prinzipien der Transformation, die didaktischen Prinzipien, zu entwickeln.

Lernen in Schule und Unterricht, aber auch in der außerschulischen Bildung, ist zunächst einmal ganz global auf das Ziel ausgerichtet, die Betreffenden in die Lage zu versetzen, ihr Leben in den Griff zu bekommen. Der Bereich dessen, was mit dieser umgangssprachlichen und vagen Formulierung abgedeckt ist, reicht vom einfachen Verstehen einzelner Phänomene des alltäglichen Lebens bis hin zum explizit entworfenen Plan zur Durchführung komplizierter Handlungen. In der neueren Didaktik hat man diese Ausrichtung auf das Leben, für das Schule vorbereitet, mit dem Stichwort der *Situationsbezogenheit des Lernens* zu fassen versucht. Nach diesem Konzept ist Erziehung Hilfe zur Bewältigung von Situationen, und verschiedene Situationstypen (private, politisch-öffentliche, berufliche) müssen identifiziert werden, um sie auf ihre Relevanz für Erziehungsprozesse hin zu analysieren. Im Anschluß daran ist zu fragen, welche Qualifikationen vom Schüler erworben werden müssen, um diese relevanten Situationen zu bewältigen.

Wichtiger für unsere didaktischen Überlegungen ist der Gesichtspunkt, der nicht mit der Auflistung von Situationen, sondern mit dem Begriff der *Bewältigung* zusammenhängt. Leicht entsteht nämlich der Eindruck — auch bei Didaktikern — als sei hiermit so etwas wie konkrete Handlungsanleitung angesprochen, als müsse etwas konkret hergestellt werden, als könne Lernen sich damit nur auf solche handlungs- und herstellungsbezogenen Situationen richten. Wer so argumentiert, kommt leicht in die verzwickte Situation, etwa den Sinn der Differentialrechnung in der Mathematik, des Investiturstreits in der Geschichte oder des l'art-pour-l'art-Standpunktes in der Literatur nicht mehr angemessen darlegen zu können; aus dem einfachen Grund, daß er den Begriff der Situationsbewältigung zu eng faßt.

Daher noch einmal ein kurzer Rückgriff auf die anthropologischen Erörterungen (s. Kap. 1.1.2): Situationen werden durch Sinn mittels Sprache erfaßt. Auch wenn der Mensch konkret handelt, geschieht dies im Medium von Sinn. Situationen werden daher in dem Maß bewältigt, wie sie als sinnvoll, sinnhaft aufgenommen werden: Zur Situationsbewältigung gehören sowohl *Sinnverständnis* als auch *Sinnherstellung*.

Man kann z. B. Einkaufen als eine konkrete Situation nur bewältigen, wenn man um die Funktion des Geldes weiß, um die Aufgaben des Verkäufers, ein Preisschild lesen, die verschiedenen Abteilungen im Kaufhaus auseinanderhalten kann (= *Sinnverständnis* der Situation); aber gleichermaßen notwendig ist es auch, seinen Kaufwunsch vorbringen zu können, eine angebotene Ware zu prüfen und evtl. zurückzuweisen, auf der gewünschten Farbe und Größe des Kleides zu beharren (= *Sinnherstellung* der Situation).

Geht man jetzt noch einmal zum Ausgangspunkt der Frage nach den didaktischen Prinzipien zurück, so kann gefolgert werden:

Die Prinzipien der didaktischen Transformation müssen der grundlegenden Tatsache entsprechen, daß der Mensch im Rahmen konkreter *Situationen* handelt; Situationen werden im Medium von Sinn wahrgenommen, da nur so *Handlungsorientierung* möglich wird. Sowohl im Begriff der Handlung als auch in dem des Sinnes ist der des Wissens impliziert, und die nicht hintergehbare Instanz zur Produktion und Prüfung des Wissens sind die *Wissenschaften.* Da schon aus zeit-, aber auch aus lern- und denkökonomischen Gründen nicht alles Wissen für alle Situationen und Orientierungsmöglichkeiten in ihnen vermittelt werden kann, sollten vernünftigerweise nur ausgewählte, *tragfähige Beispiele (Exempla)* im Unterricht aufgearbeitet werden; diese Beispiele sind auf die zu behandelnden Sachverhalte und Sachbezüge hin klar und deutlich zu *strukturieren.*

Als Prinzipien der Transformation sind daher festzuhalten:

1. Lernen sollte auf Situationen im weitesten Sinne bezogen oder beziehbar sein: **Prinzip der Situationsbezogenheit.**
2. Lernen sollte auf die Bewältigung solcher Situationen ausgerichtet sein: **Prinzip der Handlungsorientierung.**
3. Zum Verständnis und zur Bewältigung von Situationen sowie zu der dafür erforderlichen Handlungsfähigkeit ist Wissen, vor allem aus den Wissenschaften, unverzichtbar: **Prinzip der Wissenschaftsorientierung.**
4. Nicht alles Wissen, nicht alle Sachverhalte und nicht alle Situationen können im Unterricht vermittelt werden. Man muß solche auswählen, die für andere beispielhaft sind: **Prinzip des Exemplarischen.**
5. Anhand dieser Beispiele sollen das relevante Wissen und die entsprechenden Sachverhalte und Situationen so aufbereitet werden, daß sie für den Lernenden gegliedert, geordnet, strukturiert sind: **Prinzip der Struktur.**

Die didaktischen Prinzipien sind zunächst ganz allgemein aus dem anthropologischen Gedanken abgeleitet, daß der Mensch Situationen über Sinn bewältigt. Im folgenden sollen sie konkret in ihrer Leistung für die didaktische Transformation erhellt, sollen sie auf Vor- und Nachteile geprüft und für die Unterrichtsvorbereitung in Leitfragen übersetzt werden.

6.2.2.1 Prinzip der Situationsbezogenheit

Wir erfuhren schon: Mit diesem Prinzip wird bei der didaktischen Transformation der Tatsache Rechnung getragen, daß Lernen letztlich zur Bewältigung von Situationen befähigen soll. Daher müssen Lerninhalte auch eine entsprechende Situationsbezogenheit aufweisen. Dies kann zunächst so verstanden werden, als wären Unterrichtsinhalte nur noch als Simulation von Situationen aufzubereiten, etwa eines Verkaufsgespräches, einer Verkehrssituation, eines Rechtsstreites, einer politischen Versammlung.

Dazu ist dreierlei anzumerken:

(a) Wird das Prinzip als alleiniges Transformationskriterium für Unterrichtsinhalte angewandt, können weite Lernfelder und Lerneinheiten nicht mehr angemessen begründet werden; z. B. lassen sich Themen aus der Mathematik, der Literaturgeschichte (vielleicht ein Rollenspiel über die Pleiade?) oder der theoretischen Volkswirtschaftslehre nicht als Situationen simulieren.

(b) Selbst wenn man eine Situation noch so realitätsgerecht in Unterricht einbezieht, bleibt sie eine dargestellte, eine schon abstrahierte, modellhafte Situation.

(c) Daher ist grundlegend zu beachten, daß Situationen auch im konkreten Fall dahingehend *indirekt* bewältigt werden, als sie im Medium von Sinn und Sprache wahrgenommen, interpretiert und angegangen werden (im Zweifelsfall bitte noch einmal bei der Anthropologie, Kap. 1.1.2 nachschauen).

Situationsbezogenheit im Unterricht heißt also nicht bloß, die eine oder andere Situation im Unterricht durchzuspielen, auch nicht, für jeden Unterrichtsinhalt eine entsprechende Situation bei der Hand zu haben, sondern *die Konstitutionsleistung von Sinn und Sprache zur Wahrnehmung, Interpretation und zum Bestehen von Situationen herauszuarbeiten.*

Dann macht es auch wenig Schwierigkeiten, etwa die Leistung der Physik, Chemie oder Mathematik für die Sinnkonstituierung entsprechender, manchmal auch weit gefaßter Situationen transparent werden zu lassen (zum Situationsbegriff vgl. auch Kap. 6.3 über Curriculummodelle).

Folgende *Leitfragen zur Transformation* bieten sich an:

- Welches sind Ausgangssituationen bei den Adressaten?
- Auf welche Erfahrungen kann bei ihnen zurückgegriffen werden?
- Bezieht sich der Inhalt auf Situationen, in denen die Lernenden schon jetzt oder erst später einmal stehen?
- Falls es eine zukünftige Situation ist: Ist sie schon durch sekundäre Erfahrung (Erzählung, Lektüre, Fernsehen) bekannt?
- Welchen Stellenwert hat sie im Leben des Lernenden?
- Welche Teilaspekte an ihr sollen im Unterricht hervorgehoben werden?
- Welche Sinnstrukturen sind für ihr Verständnis wesentlich?

6.2.2.2 Prinzip der Handlungsorientierung

Situationen werden handelnd bewältigt, wobei der Begriff des Handelns nicht nur explizit bewußte Vollzüge, sondern auch routinierte Formen umfaßt. Nun heißt das Prinzip aber nicht Prinzip des Handelns, sondern der Handlungs*orientierung.* Dazu ein paar Worte.

Lernen ist aufgrund der Mittelstellung von Schule (s. Kap. 5.) vorläufig und indirekt. Es bereitet auf Situationen vor, es ist aber nicht selber schon die Situation. Lernen zielt auch nicht darauf ab, den anderen unmittelbar zum Handeln aufzufordern, sondern gibt ihm meist lediglich Hilfestellung, Orientierung für späteres Handeln. Ob und wie er dann handeln wird, ist seine eigene Angelegenheit, darauf kann Lernen (Schule) keinen direkten Einfluß mehr nehmen.

Dabei gilt es aber zu beachten, daß Lernen zwar in seinem *didaktisch-methodischen Aspekt indirekt* ist; die Lernsituation in ihrer *sozialen Dimension* aber ist *direkt*, ist unmittelbar, ist für den Schüler wirkliche Situation.

Zur Konkretisierung:

Wenn im Wirtschaftslehreunterricht Angebot und Nachfrage behandelt werden und wenn man von verschiedenen Situationen, z. B. im Kontext des jugendlichen Kaufverhaltens, spricht, wenn man sie gar in einem Rollenspiel darstellt, so sind dies doch simulierte Situationen; Lernen ist indirekt, es verweist auf die wirkliche Situation.

Davon abzuheben ist aber die Lernsituation selber, daß z. B. der Unterricht bei diesem Lehrer, in der soundsovielten Stunde, nach den und den Pausenereignissen usw. stattfindet. Hier läuft Lernen in Form von schulischen Sozialisationsprozessen ab (s. Kap. 4), und dieses Lernen kann selbstverständlich auch Gegenstand von Unterricht werden.

Handlungsorientierung bedeutet also im Rückgriff auf den ersten Teil des Beispiels,
- durch Unterricht Hilfestellung, Orientierungspunkte bei Handlungsentscheidungen und der Handlungsdurchführung zu bieten.

Bezogen auf die direkte Lernsituation ist die Zielsetzung dagegen,
- im Unterricht sich auch auf das dort ablaufende Handeln von Schülern und Lehrer auszurichten (Unterricht über Unterricht), um in diesem Handlungsfeld ebenfalls Orientierungspunkte zum Verständnis oder zur Verbesserung zu erarbeiten.

Leitfragen zu diesem Prinzip:
- Welche Einsichten geben Aufschluß über Handlungszusammenhänge in der Situation?
- Welches Wissen kann als Grundlage bei der Handlungsentscheidung dienen?
- Ermöglicht dieses Wissen, Folgen und Nebenfolgen einer Handlung abzuschätzen?
- Inwiefern bietet der Lerngegenstand Orientierungsmöglichkeit in Handlungsfeldern?
- Worin besteht die Orientierungsleistung:
  a) in der Einführung in wichtige Situationsbereiche?
  b) in der Vermittlung unmittelbar auf Situationen bezogener Fähigkeiten, Fertigkeiten?

— Wie wird Handlungsorientierung in den Lernprozeß eingebracht? Mit welchen Methoden wird Handlungsorientierung angestrebt, werden z. B. Handlungsmöglichkeiten simuliert, eingeübt, am Modell dargestellt?

6.2.2.3 Prinzip der Wissenschaftsorientierung

Das Prinzip der Situationsbezogenheit erinnert daran, daß Unterricht letztlich auf die Bewältigung von Lebenssituationen vorbereiten soll; die Bewältigung erfordert entspechende Handlungskompetenz der Betreffenden; Schule hat auch hierfür Orientierungmöglichkeiten bereitzustellen.

Fragt man aber danach, worauf die Situationsbewältigung und die Handlungskompetenz gründen, was die Basis für die Sinnkonstituierung einer Situation und den Entwurf von Handlungsmustern ist, dann ist man auf den Aspekt des Wissens verwiesen: Wissen als Grundlage für Urteil und Einsicht, damit als ein Fundament für die Planung und Durchführung von Handlungen. Als Antwort auf die Frage, wo Wissen vorzugsweise produziert wird und wo es gelagert ist, ergibt sich die Antwort: in den *Wissenschaften.*

Sie haben damit im Zusammenhang dieser didaktischen Überlegungen die Funktion eines Wissensreservoirs für Unterrichtsinhalte, aus dem man letztlich immer schöpfen muß, an dem man nicht vorbeikommt. Das von den Wissenschaften bereitgestellte Wissen ist seinem Anspruch nach kontrolliertes Wissen, bei dem angegeben ist, wie es zustande kommt, und bei dem Regeln und Verfahrensweisen zur Prüfung mitgeliefert sind. Allerdings ist dieser Anspruch nur allzu häufig unterboten: Wissenschaftliches Wissen — erst recht, wenn es als eine ‚Schulmeinung' vertreten wird — kann auch dogmatisch, starr, gegen jegliche Kritik abgeschottet sein. Oder wissenschaftliches Wissen kann Symbiosen mit politischen Standpunkten eingehen, und Kritik erschöpft sich dann darin, den anderen je nach seiner Postion als reaktionär oder messianisch hinzustellen.

Aber trotz aller gesunden Skepsis gegenüber wissenschaftlichem Wissen, auch trotz des Bemühens, mit dem Alltagswissen der Schüler, mit ihren unmittelbaren Erfahrungen, mit Popularwissen auszukommen, ist man mit dem allerersten Versuch der Erklärung von dort angesprochenen Zusammenhängen schon wieder in der Wissenschaft. Deshalb muß letztendlich für unseren Gedankengang doch an ihrer exponierten Stellung festgehalten werden.

Aber nicht bloß in dieser als Zulieferer von Wissens- und Erklärungszusammenhängen verstandenen Rolle tritt Wissenschaft in der Didaktik auf. Sie kommt auch unmittelbar im Lernprozeß zur Geltung, und das erst kennzeichnet eigentlich das Prinzip der **Wissenschaftsorientierung:** *Lernprozesse an Inhalten und Verfahren der Wissenschaften auszurichten.*

Was kann so gesehen Wissenschaftsorientierung im einzelnen heißen, was nicht?

— Zunächst ist die Grenze zur **Wissenschaftspropädeutik** zu ziehen. Unter Wissenschaftspropädeutik soll *die Hinführung, die Einführung in die Wissenschaften selber* verstanden werden, also eine Vorübung für den späteren Umgang mit Wissenschaften im Rahmen einer vollen Adaption ihrer Struktur und Methoden. In diesem didaktischen Prinzip ist die Begegnung mit Wissenschaft unmittelbarer gegeben als in dem der Wissenschaftsorientierung.

— Orientierung, Ausrichtung an der bzw. an den Wissenschaften kann heißen, die im Unterricht vermittelten Inhalte auf den Kenntnisstand der Wissenschaften zu beziehen. Dies meint das von WENIGER so genannte *Wahrheitskriterium.* Ein solcher Unterricht hat sich damit aber auch am *materialen Bestand* einer oder mehrerer Wissenschaften auszurichten, erst recht, wenn bisher angenommene Erklärungsmöglichkeiten sich als zu eng, zu einseitig, unvollständig erwiesen haben und neue Zugriffsweisen auf den Gegenstand zum Tragen gekommen sind. Ein Beispiel hierfür ist die Entwicklung in der Didaktik des Deutschunterrichts, bei der geistesgeschichtliche oder morphologische Betrachtungsweisen der Sprache um Aspekte einer Spechakttheorie erweitert worden sind.

— Neben dem inhaltlichen Aspekt zielt wissenschaftsorientierter Unterricht auf die *Verfahren,* die methodische Struktur der Wissenschaften ab, also darauf, Aussagen zu belegen, sie kontrollierbar zu machen, die Bedingungen anzugeben, unter denen sie gelten usw. Eng verbunden mit diesem Gesichtspunkt ist schließlich auch das Bemühen, die dem *wissenschaftlichen Vorgehen eigene Haltung* zu vermitteln: Gegenargumenten gegenüber aufgeschlossen, zur Revidierung eigener Positionen bereit zu sein, die unvoreingenommene Prüfung eines Sachverhaltes anzustreben u. ä.

— Und schließlich beinhaltet Wissenschaftsorientierung auch eine *Reflexion auf die Möglichkeiten und Grenzen wissenschaftlichen Vorgehens,* um so einer blinden Wissenschaftsgläubigkeit entgegenzuwirken.

Die Orientierung des schulischen Unterrichts an den Wissenschaften hat natürlich auch vielfältige Kritik erfahren, nicht zuletzt von Wissenschaftlern und Wissenschaftstheoretikern selbst.

— So meint beispielsweise FEYERABEND auf eine Entwicklungstendenz aufmerksam machen zu müssen, bei der seiner Meinung nach Wissenschaft zusehends mit fast theologischem Anspruch auftrete und alle Lebensbereiche usurpiere.

> „Geburt, Erziehung, Seelsorge, Heilung — alles ist heute in den Händen der Wissenschaften, und sinkt der müde Bürger schließlich in sein wohlverdientes Grab, dann sorgt die Grabeswissenschaft dafür, daß auch dieses Ereignis nach streng wissenschaftlichen Prinzipien abläuft."
>
> aus: FEYERABEND 1980, S. 119.

Auf die Kritik einer solchen Verabsolutierung von Wissenschaft zielt — in anderem theoretischen Zusammenhang — auch der Hinweis HABERMAS' auf Wissenschaft als Ideologie ab: Er verweist auf die Gefahr, die mit dem Übergreifen des Rationalitätsprinzips der Wissenschaften in den sozialen Bereich verbunden ist. Mit dem Hinweis auf die Sachgesetzlichkeit bzw. Sachnotwendigkeit gesellschaftlicher Maßnahmen und Entwicklungen werde die Reflexion auf ihre Legitimität unterbunden.

Sicherlich kann in unserer Zeit eine Neigung zur Wissenschaftsgläubigkeit konstatiert werden, eine Tendenz, gegen die anzugehen gerade auch eine wohlverstandene Aufgabe wissenschaftsorientierten Unterrichts sein kann: Im Aufweis der Bedingungen, unter denen wissenschaftliche Aussagen gelten, ihre Grenzen aufzuzeigen.

— Weiter ist kritisiert worden, daß Wissenschaftsorientierung nur einen Teil des Menschen erfasse — den rationalen — und spielerische, ästhetische, bewegungsbezogene Bereiche verkommen lasse. Allerdings trifft diese Kritik eher extreme Formen der Wissenschaftsorientierung, nämlich einen Unterricht, der sich kaum der Frage nach seinen Adressatenbedingungen stellt bzw. von verkürzten anthropologischen Auffassungen ausgeht, sofern er den Menschen nur als rationales, nicht aber auch als sinnliches Wesen begreift.

— Ein anderes Argument lautet, Wissenschaftsorientierung führe leicht zu einer ‚Abbilddidaktik'. Darunter versteht man ein didaktisches Konzept, das die Gliederung, die Inhalte, das häufig spezialisierte Vorgehen einer wissenschaftlichen Disziplin unverändert in den Unterricht übernimmt. Es fragt sich jedoch, ob man mit dem Argument nicht auf etwas aufmerksam machen will, das in dieser Form kaum als Gefahr für Unterricht auftreten kann.

Der Lehrer bzw. der Didaktiker wird nämlich notgedrungen — und zwar angehalten durch die Umstände des Situationsfeldes, in dem er sich bewegt — die Bedingungen seines Tuns in eben diesem Handlungskontext mitreflektieren, will er nicht situationsunangemessen handeln. Dies heißt konkret: Er wird sich sowohl nach seinen eigenen Handlungsabsichten (Intentionen) als auch nach den Lernbedingungen und Erwartungen der Adressatengruppe fragen müssen. Damit aber steht er schon in der didaktischen Überlegung, so rudimentär sie auch sein mag, womit die nackte Wissenschaftsstruktur gebrochen ist.

Halten wir in der Rückkehr zur konkreten Hilfestellung bei einer didaktischen Transformation unter diesem Aspekt folgende *Leitfragen* fest:

— Was an Information und Erklärungsmöglichkeiten soll aus der oder den betreffenden Disziplin(en) im Unterricht eingebracht werden?

— Mit welchen Methoden werden Erklärungen erarbeitet?

- Welche interdisziplinären Zusammenhänge können beim Thema angesprochen werden?
- Wo können Grenzen im wissenschaftlichen Zugriff auf das Thema gezogen werden? Solche Grenzen ergeben sich, wenn
  a) ein Sachverhalt unangemessen erfaßt wird (z. B. menschliche Sprache als Reiz-Reaktions-Geschehen),
  b) Erklärungslücken vorhanden sind,
  c) die Vorläufigkeit, Unsicherheit von wissenschaftlichen Erklärungen offensichtlich wird,
  d) wissenschaftliche Erklärung und persönliche Wertung des Wissenschaftlers unbemerkt ineinander übergehen.

6.2.2.4 Prinzip des Exemplarischen

Wir wiederholen: Lernen zielt auf Handlungsorientierung zur Bewältigung relevanter Situationen auf der Grundlage eines entsprechenden Wissens. Es gibt jedoch unzählige solcher Situationen, und das für sie erforderliche Wissen ist enorm. Man wird daher schon allein aus zeitökonomischen Gründen nicht alle Situationen und nicht alles erforderliche Wissen im Unterricht vermitteln können, sondern sich beschränken müssen. Wichtig wäre dabei, daß die Beschränkung nicht dahin führt, ganze Situations- und Wissensbereiche unwiederbringlich auszublenden; man müßte vielmehr trotz der Notwendigkeit zur Beschränkung darauf achten, indirekt ein bei weitem größeres Spektrum an Wissen, Fähigkeiten und Fertigkeiten abzudecken, als die Auflistung der zu behandelnden Themen vermuten läßt. Dies zu leisten, ist Anspruch des exemplarischen Prinzips und macht seine Bedeutung aus.

Hinter diesem Prinzip stehen zwei Gedankengänge:

- Man möchte das einzelne Beispiel stellvertretend auch für andere ähnlich gelagerte Fälle behandeln, die Französische Revolution etwa als Grundlage für die Erklärung von Entwicklungsabläufen bei der Russischen Revolution, die Phädra als Beispiel für andere klassische französische Tragödien, das Po-Delta als Beispiel für die Deltabildung auch am Nil und Mississippi.

  Das Exemplarische ist hier ein Prinzip der *quantitativen Reduktion.* Es müssen nicht hintereinander fünf ähnliche Deltabildungen oder sechs ähnlich strukturierte Tragödien behandelt werden. Man kann die Zahl der Gegenstände auf das eine Beispiel reduzieren und die Phänomenreihe an ihm exemplarisch verarbeiten. Unter diesem Blickwinkel geht es beim Exemplarischen also um das *Verhältnis von einzelnem und vielem.*
- Am konkreten Beispiel sollen aber auch allgemeine Einsichten in den betreffenden Sachverhalt erarbeitet werden. Das Exemplarische ist unter dieser Perspektive betrachtet ein Prinzip *qualitativer Verdichtung.* Am beson-

deren Beispiel sind in konzentrierter Form allgemeine Struktureigenheiten und charakteristische Aspekte auffindbar. Das exemplarische Prinzip drückt hier das *Verhältnis von Besonderem und Allgemeinem* aus, und nicht wie oben das von Einzelnem und Vielem. Es ist daher möglich, einen Streik in der Metallindustrie als Beispiel für die Struktur gesellschaftlicher Konflikte zu behandeln oder die Schilderung einer konkreten Erziehungssituation als Beispiel für allgemeine Strukturmerkmale von Erziehung heranzuziehen.

Das eben Gesagte muß allerdings dahingehend relativiert werden, daß sich bei Anwendung des exemplarischen Prinzips Probleme stellen für diejenigen Sachbereiche, die es mit *Singularitäten,* mit besonderen, einmaligen Ereignissen zu tun haben, also beispielsweise im Bereich der Geschichte, der Literatur, der Kunst. So betrachtet sind die Französische Revolution, die Phädra, ein Landschaftsbild zunächst keine Beispiele für etwas anderes, sondern sie stehen für sich selber.

Die Konstellationen, aus denen die Französische Revolution erklärbar ist, sind historisch einmalig, die Phädra hat ihre eigene Thematik, ihren eigenen Aufbau und eigene Handlungsstränge, und ‚Regatta bei Argenteuil' von Monet ist in seiner Gestaltung des Motivs ebenfalls einmalig.

Andererseits aber sind diese Besonderheiten eingelagert in Zusammenhänge, in Ereignisketten, in Struktur- und Motivzusammenhänge, die ihnen mit anderen Situationen oder Werken gemeinsam sind. Das Zusammenspiel von politischen, ökonomischen und sozialen Faktoren ist neben der Französischen auch für die Russische Revolution von 1917 konstitutiv; die Aufbauprinzipien der Phädra gelten in ähnlicher Weise auch für andere Tragödien der französischen Klassik und Maltechnik, Motiv sowie Farbkonzeption des Bildes von Monet stehen auch für andere wichtige Bilder und Maler des französischen Impressionismus.

Wir können schließlich festhalten:

Auf einer höheren Abstraktionsebene, also dort, wo man von den ganz besonderen und einmaligen Kennzeichen des vorliegenden Falles oder Gegenstandes absieht und das *Strukturelle* an ihnen festhält, können die ‚Singularitäten' doch wieder als Exempla angesehen werden. Eine weitere Anmerkung bezieht sich auf die Tatsache, daß das exemplarische Prinzip vom Gedanken des *Transfers* lebt. Die im Einzelfall erarbeiteten Einsichten werden auf andere, ähnliche Fälle übertragen (transferiert). Dabei findet aber der Transfer nur unter bestimmten Bedingungen statt: Übertrag ist nur anzunehmen bei *ähnlichen Inhaltsmomenten* und/oder bei *ähnlichen Verfahrensweisen (Methoden).* Zudem stellt sich der Übertrag nicht von alleine ein, sondern er muß selbst auch gelernt werden, denn in erster Linie werden an einem Lerngegenstand dessen eigene Sachaspekte erarbeitet: An der Phädra werden beispielsweise zunächst die nur ihr zukommenden Motivstränge, Personen, Krisen erschlossen. Für unterrichtsplanerische Entscheidungen ist es — in voller Ausschöpfung des Leistungspotentials dieses Prinzips — aber auch notwendig, die Beziehung zu anderen Lerngegenständen explizit herzustellen. Erst mit der Vermittlung der Fähigkeit, die am Beispiel gewonnenen Erkenntnisse auch tatsächlich auf ähnlich gelagerte Fälle beziehen zu können, kommt das exemplarische Prinzip voll zum Tragen.

Kommen wir zu den *Leitfragen:*

— Für welche anderen Fälle kann das Beispiel auch noch stehen?
— Welche allgemeinen Sachverhalte werden am Beispiel erhellt?
— Wo liegen Grenzen des Beispiels
  a) vom Gegenstandstyp her (handelt es sich um Singularitäten)?
  b) von seiner Eignung für den Transfer her?
— Wie kann die Fähigkeit eingeübt werden, vom Beispiel her auch auf andere ähnlich gelagerte Fälle zu schließen?

6.2.2.5 Prinzip der Struktur

Das exemplarische Prinzip läßt im Grunde die Fragen offen:

— Warum ist das gewählte Beispiel denn nun auch wirklich beispielhaft, was an ihm macht seine Exemplarizität aus?
— Worauf basiert eigentlich die Transferannahme bei dem jeweiligen Beispiel?

Aufschlüsse über diese Fragen bei der didaktischen Transformation kann das Prinzip der Struktur geben. Zunächst ist zu fragen, was eine **Struktur** ist. *Sie kann begriffen werden als eine geordnete Verbindung von Einzelteilen zu einem sinnvollen Ganzen.*

Der Vorgang des Strukturierens beinhaltet also:

(a) die Analyse wichtiger Einzelteile aus einem zunächst ungegliedert gegebenen komplexen Zusammenhang,
(b) die Festlegung der Beziehungen zwischen den Einzelteilen,
(c) die Konstruktion eines Ganzen, eben der Struktur.

Verdeutlichen wir den Gedanken an einem Beispiel zur Struktur erzieherischen Handelns:

Schritt (a): *Analyse einzelner Teile* bei zunächst ungegliederten komplexen Fällen von Erziehungshandeln. Vergleichen Sie bitte als Beispiel Kap. 1.2, die ‚Emile'-Szene.

Schritt (b): *Festlegen der Beziehungen* zwischen den Einzelteilen, z. B. die Rolle des Erziehers und darauf bezogen die des Lernenden; Beziehung zwischen Intentionen und methodischem Arrangement; Einwirkungen auf die Richtung des Erziehungshandelns bei Berücksichtigung des Mündigkeitspostulats usw.

Schritt (c): ‚*Zusammenbauen' der Einzelteile* zu einem geordneten Bild, zu einer Struktur – wobei man die Metapher vom Strukturbild bisweilen wörtlich nehmen kann (s. Strukturbild S. 43, Kap. 1.2).

Ein solcher strukturierender Zugriff bringt auch für das Lernen — sowohl in der Schule als auch mit diesem Studienbuch — Vorteile mit sich:

— Werden von einem Gegenstandsfeld grundlegende Strukturen gelernt, wird der betreffende Bereich faßlicher.
— Strukturen haben eine regenerative Funktion. Das menschliche Gedächtnis vergißt Einzelheiten schnell, wenn sie nicht in eine strukturierte Form gebracht werden.
— Das Erlernen von Strukturen wirkt sich positiv auf den Transfer aus. Mit der Struktur lernt man auch ein Modell für das Verstehen anderer, ähnlicher Sachverhalte.
— Schließlich hilft die Struktur dadurch, daß sie sich auf grundlegendes Wissen in einer Disziplin bezieht, den Abstand zwischen fortgeschrittenem und elementarem Wissen zu verringern und die Neuerungsrate des vermittelten Wissens zu senken.
— Strukturen geben — auf Unterricht bezogen — das Gerüst für zusätzliches, spezialisiertes Wissen ab. Sie können daher fortschreitend immer wieder aufgegriffen, vertieft und angereichert werden (sog. ‚Spiralcurriculum').

Strukturen treten also auf in Form von Modellen, grundlegenden Erklärungsschemata, Theorien oder Theorieteilen, Grundbegriffen, Schlüsselbegriffen und wichtigen Fakten. Die Struktur einer Disziplin, aber auch eines ihrer Teilstücke (z. B. Theorie des Konflikts) kann entspechend den einzelnen Abstraktionsstufen als Strukturpyramide dargestellt werden:

Beispiel: Strukturpyramide zum Konfliktbegriff

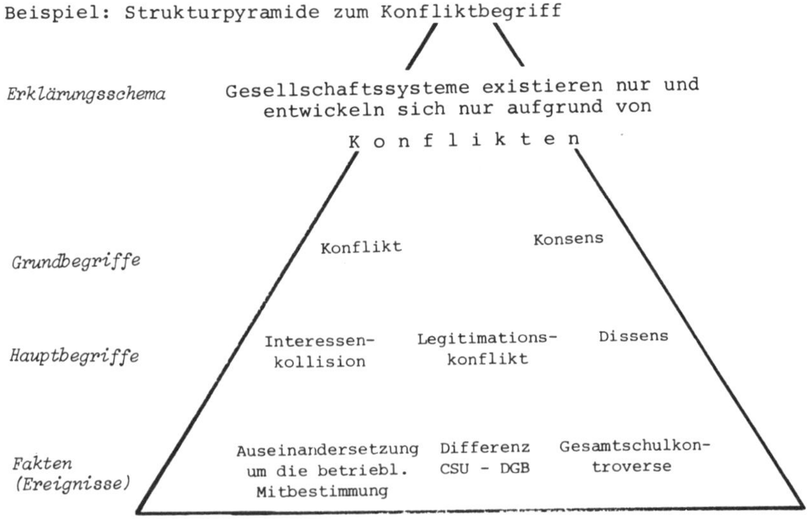

Von diesen *inhaltlichen Strukturen (substantive structures)* hebt man *methodische Strukturen (syntactical structures)* ab, die sich auf wichtige Wissenschaftsmethoden beziehen. Beides zusammen — methodischer Zugriff und inhaltliche Aussagen — erschließen erst den Gegenstand. Ja, es gibt Didaktiker, die den methodischen Aspekt so hoch veranschlagen, daß sie unter dem Stichwort ‚process as content' Methodenlernen zum Gegenstand von Unterricht machen wollen. Allerdings ist dies im Grunde die Position eines formalen Bildungsverständnisses und teilt mit ihm auch die problematischen Einseitigkeiten (vgl. noch einmal Kap. 2.4.2).

Auf einen Punkt gilt es bei diesem Prinzip noch besonders aufmerksam zu machen: Man spricht zwar immer von *der* Struktur eines Sachverhalts (z. B. des Konflikts) oder einer wissenschaftlichen Disziplin (z. B. Struktur der Biologie), aber der Singular ist irreführend.

Es gibt nicht die Struktur, sondern eine *Mehrzahl von Strukturen,* auch zum gleichen Sachverhalt. Man entwickelt dessen Strukturen nämlich nicht voraussetzungslos, sondern bringt immer schon — wenn auch weitgefaßte — Vorannahmen in die Analyse mit ein.

Greifen wir unser Beispiel zur Struktur des sozialen Konflikts noch einmal auf:

Hier hängt die Strukturierung davon ab, von welchen grundlegenden, weitgefaßten Annahmen über die Gesellschaft, ihren Aufbau, ihren Wandel, ihren Entwicklungsprozeß man ausgeht.

Sieht man Gesellschaft beispielsweise aus vielen Gruppen mit annähernd gleicher Stärke (pluralistisches Konzept) zusammengesetzt, so ist die Struktur des Konflikts von Interessengegensätzen zwischen diesen Gruppen geprägt, im Miteinander-Sprechen werden Lösungen ausgehandelt (bargaining); dabei spielt der Kompromiß eine große Rolle. Man sieht, daß von dieser Auffassung die Strukturpyramide auf Seite 256 getragen ist.

Ganz anders stellt sich die Struktur des Konflikts bei einem Gesellschaftsbild dar, das nur zwei große soziale Klassen kennt, die zudem einander feindlich gegenüberstehen (Klassenantagonismus) und bei der historisch unausweichlich eine der beiden Klassen die andere aufheben wird. Konflikte sind hier Klassen- und nicht bloß vereinzelte Gruppenkonflikte. Sie entstehen notwendig und werden nicht durch Kompromiß, sondern letztlich durch den Sieg einer der beiden Klassen — des Proletariats — beendet.

In der didaktischen Transformation ist daher bei dem Prinzip der Struktur auch darauf zu reflektieren, welche anderen Zugriffsweisen außerdem noch möglich wären, um so auch den konstruierten Charakter von Strukturen im Lernprozeß deutlich zu machen.

Leitfragen:
— Was sind wichtige Einzelaspekte am Thema?
— Wie können sie aufeinander bezogen werden?
— In welcher Form können sie als Zusammenhang dargestellt werden (als Modell, als Bild, als Gesetzeszusammenhang)?

- Von welchen Vorannahmen, z. B. wissenschaftstheoretischer oder politisch-ideologischer Art ist für mich als Lehrer die Strukturierung getragen?
- Welche anderen Strukturierungsmöglichkeiten sind denkbar oder liegen schon vor?
- Worin unterscheiden sie sich?
- Bedingen sie eine andere Sichtweise des behandelten Sachverhalts?

(32) Strukturbild: *Zusammenhang von Sachanalyse – Didaktischer Analyse – Lernzielen*

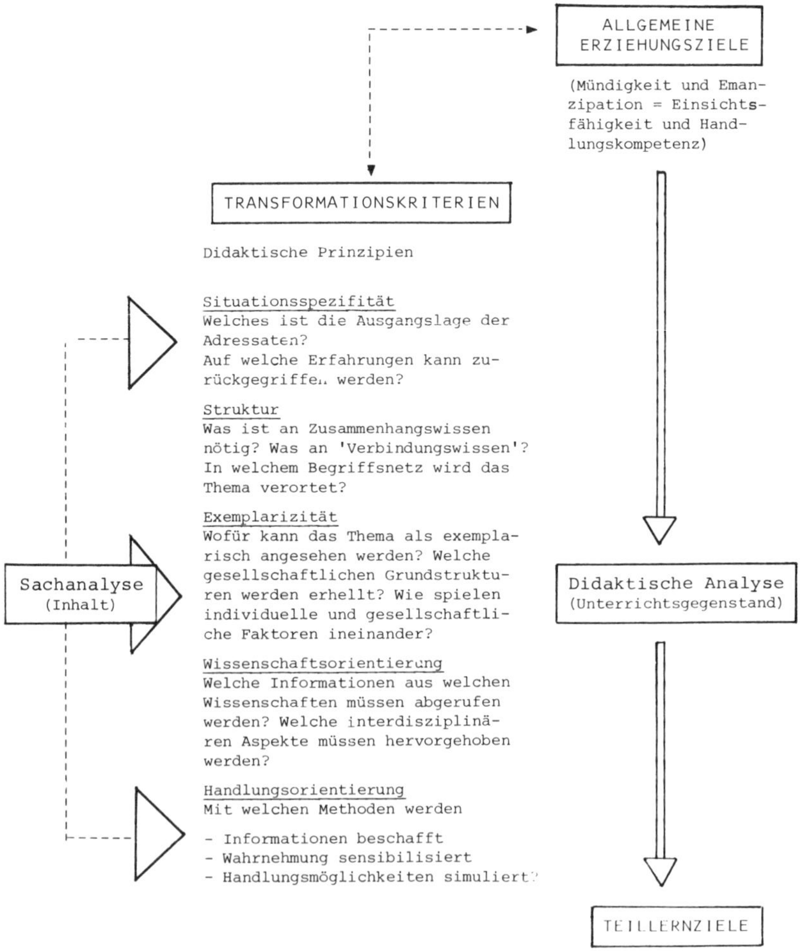

6.2.3 Methodenprinzipien

Ähnlich wie die didaktischen Prinzipien als Bausteine für die Konstruktion von Unterrichtsgegenständen und Kursmaterial fungieren, lassen sich Methodenprinzipien als solche für den Aufbau von Arbeitsformen begreifen, die die Auseinandersetzung des Adressaten mit den Unterrichts- oder Kursinhalten unterstützen.

Dies ist am Beispiel eines Rollenspiels darstellbar, das bei einem Wochenendseminar zum Thema ‚Familienkonflikte' im Rahmen einer erwachsenenpädagogischen Veranstaltung durchgeführt wird. Drei Teilnehmer spielen eine Familienszene, in der eine Teilnehmerin die Rolle des Vaters, ein (männlicher) Teilnehmer die der Mutter und ein zweiter die der 16jährigen Tochter übernimmt. Ausgangspunkt des Spiels ist die Weigerung der Tochter, auf Anordnung des Vaters spätestens um 10 Uhr abends aus der Disco zu Hause zu sein. Die drei Spieler entwickeln nun in ihrer Szene einen denkbaren weiteren Verlauf des Konflikts bis hin zu der von ihnen favorisierten Lösung.

Dieses Rollenspiel erweist sich bei näherer Betrachtung als Produkt aus der Kombination einer bestimmten Anzahl von Methodenprinzipien: So ist das Spiel zunächst einmal, ganz trivial, für jeden Teilnehmer wahrnehmbar. Er kann zuhören, zuschauen. Ein Sachverhalt, ein Ereignis, eine Problemsituation werden konkret greifbar, jenseits aller Abstraktion und Realitätsferne dargestellt. Im Rollenspiel steckt als ein erstes Methodenprinzip das der **Anschaulichkeit**.

In diesem besonderen Fall übernehmen Männer die Frauenrolle und umgekehrt. Für die Betreffenden wie für die Zuschauer ist dies zunächst insofern außergewöhnlich, als gewohnte Wahrnehmungen und eingefahrenes Verständnis, hier etwa ‚typisch' geschlechtsspezifisches Verhalten, durchbrochen oder sogar umgekehrt werden. Damit ist ein weiteres Methodenprinzip des Rollenspiels, das der **Verfremdung** angesprochen. Grundsätzlich gesehen ist der Effekt dieses Vorgehens, im Aufbrechen des bisher Selbstverständlichen Gewohntes einer Kritik unterziehen zu können, es auf seinen Sinn, seine Berechtigung hin zu befragen, um so den Blick auf andere Möglichkeiten entstehen zu lassen.

Das Spiel insgesamt und erst recht der Verfremdungseffekt durch die vertauschten Rollen lassen bei allen Beteiligten Fragen danach aufkommen, wie *sie* sich verhalten, was *sie* gesagt hätten bzw. wie der gleiche oder ein ähnlicher Konflikt bei *ihnen* in der Familie abgelaufen wäre, vielleicht auch tatsächlich ausgetragen wurde. Damit beginnen die Teilnehmer, Zusammenhänge oder Unterschiede zu anderen erdachten Fällen oder auch realen Situationen zu konstruieren. Als drittes Methodenprinzip ist also das des **Vergleichs** festzuhalten. Der Vergleich – parallelisierend oder kontrastierend – ist das grundlegende gedankliche Mittel, mit dem der Mensch auf Regelmäßigkeiten oder Abweichungen bei einer Reihe beobachteter und für ihn zusammenhängender Phänomene aufmerksam wird.

Schließlich – das wurde schon nebenher bemerkt – wird nicht nur über etwas geredet, es wird auch etwas getan, produziert, präsentiert: Als viertes grundlegendes Methodenprinzip ist das der **Tätigkeit** hervorzuheben. Es spricht nicht einseitig nur den Verstand des Menschen an, sondern fordert ihn auch in seinen anderen Handlungsmöglichkeiten wie ästhetischem Empfinden, Handfertigkeit, gegebenenfalls auch Kooperation mit anderen. Dies läßt den Schluß zu, daß im Prinzip der Tätigkeit die verschiedenen Leistungsbereiche des Menschen wie Denken, Fühlen, Wollen und Empfinden zusammenkommen.

Zumindest einige, oft aber auch alle diese Methoden*prinzipien* sind in jeder Methoden*form* enthalten, denken Sie etwa an Bildvergleich, Experiment oder Collagen. Denkbar ist auch, in bewußter Akzentuierung favorisierter Methodenprinzipien und ihrer Kombination zu einer bestimmten Methodenform zu gelangen. So enthalten alle Schaubilder, Strukturbilder, Graphiken die Anschauung als wesentliches Element. Sind die Bilder – wie etwa bei der Bildkartei – eher unspezifisch angelegt, etwa um Assoziationen zu einem Thema freizusetzen (z. B. wenn ein Bild eine moosbewachsene Brücke zeigt und es eingesetzt wird im Zusammenhang des Themas Freizeit), so ist die Anschauung mit dem Prinzip der Verfremdung, eventuell auch dem des Vergleichs kombiniert. Beim Metaplanverfahren, mit dem man abstrakte Denkzusammenhänge in Form von Wandbildern darstellt, die aus Kärtchen bestimmter Formen und Farben zusammengesetzt sind, werden die Prinzipien der Anschaulichkeit und Tätigkeit kombiniert.

6.2.4 Lerntafel

Didaktik ist die nach bestimmten Prinzipien durchgeführte und auf allgemeine Intentionen bezogene Transformation von Inhalten zu Unterrichtsgegenständen.

Methodik ist die auf die Adressatenbedingungen ausgerichtete Art und Weise der Aufbereitung der Unterrichtsgegenstände.

Wie können die zur Transformation erforderlichen Prinzipien bestimmt werden?

Ausgangspunkt: Lernen im Unterricht soll dem Schüler dazu verhelfen, Situationen im Medium von Sinn zu bewältigen.

Folgerungen:
- Lerneinheiten müssen Affinitäten zu Situationen haben bzw. sie herstellen können (*Prinzip des Situationsbezugs*).
- Lerneinheiten müssen konkrete Möglichkeiten der Bewältigung von Situationen aufzeigen (*Prinzip der Handlungsorientierung*).
- Lerneinheiten müssen den dafür notwendigen Bestand an Wissen, vorzugsweise aus den Wissenschaften, bereitstellen (*Prinzip der Wissenschaftsorientierung*).
- Lerneinheiten müssen unter denk-, lern- und zeitökonomischen Gesichtspunkten die Fülle der Situationen und des Wissens auf wenige Fälle reduzieren (*Prinzip des Exemplarischen*).
- Lerneinheiten müssen die Situationen, das Wissen und die beispielhaften Fälle selbst in ihren Strukturen transparent werden lassen (*Prinzip der Struktur*).

Didaktische Prinzipien:

Prinzip der Situationsbezogenheit
Mit diesem Transformationsprinzip ist intendiert, Lerneinheiten auf
- konkrete gegenwärtige und/oder zukünftige Situationen hin anzulegen und
- die konstitutive Leistung von Sinn und Sprache bei der Wahrnehmung, Interpretation und beim Bestehen von Situationen herauszustellen.

Prinzip der Handlungsorientierung
Bei diesem Prinzip der Transformation ist ein doppelter Bezug zu beachten:
- durch Unterricht Hilfestellung, Orientierungspunkte bei Handlungsentscheidungen und der Handlungsdurchführung zu bieten.
- Sich im Unterricht auch auf das dort ablaufende Handeln von Schülern und Lehrern auszurichten (Unterricht über Unterricht).

Prinzip der Wissenschaftsorientierung
Es besteht eine Differenz zwischen Wissenschaftsorientierung und Wissenschaftspropädeutik:
Das Prinzip der *Wissenschaftpropädeutik* zielt darauf ab, Unterrichtsgegenstände zur Einführung in einzelne Disziplinen auszuwählen.
Nach dem Prinzip der *Wissenschaftsorientierung* sollen Unterrichtsgegenstände am Erkenntnisstand, an den Inhalten und Methoden, an der dem wissenschaftlichen Arbeiten eigenen Haltung ausgerichtet werden.

Für beide Prinzipien gleichermaßen relevant ist das Bemühen, auch Grenzen des wissenschaftlichen Zugriffs deutlich werden zu lassen.

Prinzip des Exemplarischen

Das Exemplarische ist ein Prinzip der quantitativen Reduktion und der qualitativen Verdichtung.

Quantitative Reduktion: An *einem* typischen Beispiel werden stellvertretend *viele* ähnliche Sachverhalte erarbeitet (Phädra – klassische französische Tragödie).

Qualitative Verdichtung: Am *besonderen* Fall werden *allgemeine* Einsichten über den entsprechenden Phänomenbereich erworben (Streik, soziale Konflikte).

Prinzip der Struktur

Eine Struktur ist die geordnete Verbindung von Einzelteilen zu einem sinnvollen Ganzen.

Mit diesem Transformationsprinzip sollen an Unterrichtsgegenständen grundlegende begrifflich-theoretische Aspekte herausgestellt werden.

Das sind: wichtige Fakten, Grundbegriffe, Theorieteile, Modelle, Erklärungsschemata.

Methodenprinzipien

Anschaulichkeit: Herstellen von Bezügen zum Verstehenshorizont des Adressaten.

Verfremdung: Durchbrechen eingefahrener oder verfestigter Sichtweisen.

Vergleich: Ermöglichen von Einsicht in Zusammenhänge.

Tätigkeit: Aktivierung des menschlichen Leistungsspektrums (Verstand, Handfertigkeit, Fühlen, Wollen).

6.2.5 Arbeitsvorschlag

Versuchen Sie den Inhalt „Familie in der modernen Gesellschaft" nach den hier entwickelten didaktischen Prinzipien zu transformieren.

Die gleiche Aufgabe wurde einem Fachseminar im Rahmen der zweiten Ausbildung am Studienseminar gestellt. Grundlage war eine Unterrichtsvorbereitung zu diesem Thema. In der Sachanalyse wurden folgende Aspekte aufgearbeitet: die Entwicklung vom oikos zur modernen Kleinfamilie; historische, politische und ökonomische Faktoren des Wandels; Strukturmerkmale der modernen Kleinfamilie; Funktionsverlust der Familie; Rollendifferenzierung; Familie als Instanz der Primärsozialisation; Versorgungs- und Konsumtionsfunktion der Familie.

6.3 Curriculum

Bei der Didaktik steht die Frage der Transformation von Inhalten zu Unterrichtsgegenständen im Vordergrund der Überlegungen. Geklärt werden muß aber noch, wie welche Inhalte überhaupt ermittelt und begründet werden können, wie sie zu Schulfächern zusammengefaßt werden, welche Überlegungen bei der Einführung oder dem Fortfall eines Faches angestellt werden und welche Begründung hinter dem Gesamtfächerkanon einer Schulform steht. Diese Fragen zu klären bemüht sich die Curriculumtheorie.

Curriculumtheorie kann also aufgefaßt werden als *Theorie der Inhaltsbereiche, d. h. ihrer Auswahl, Begründung, Anordnung und Evaluation (Überprüfung mit Bezug auf die veranschlagten Auswahlkriterien).*

Der Begriff des Curriculum stammt aus der Lehrplantheorie des Barock. In dem Buch ‚Polyhistor' des Barockpädagogen Georg Daniel Morhof von 1688 findet sich ein Kapitel ‚De curriculo scholastico'. In Deutschland ging dieser Begriff verloren und ist erst wieder durch die Schrift von S. B. Robinsohn ‚Bildungsreform als Revision des Curriculum' 1967 eingeführt worden. Hier jedoch wurde die US-amerikanische Terminologie aufgegriffen — sowohl im Hinblick auf das Wort als auch auf das entsprechende empirisch-analytische Wissenschaftsverständnis.

Die Fragenkomplexe allerdings, die mit der Curriculumtheorie angesprochen sind, waren nicht gänzlich neu, sondern in Deutschland im Rahmen der Lehrplantheorie schon vorher thematisiert worden. Zwar sprach man hier nicht von ‚Lernzielen', von ‚Operationalisierung', von ‚Taxonomisierung', sondern konzentrierte sich vor allem auf die Diskussion über die ‚Bildungsgüter'.

Die Hauptfrage, um die es bei der alten *Lehrplantheorie* ging: In welche Inhaltsbereiche muß jemand eingeführt sein, der als gebildet gelten, d. h. der in der Lage sein soll, seinen geistigen Standort in unserer Kultur zu finden?

Aus dieser Überlegung entwickelt z. B. W. Flitner im Zusammenhang mit Fragen der allgemeinen Hochschulreife den Begriff der ‚grundlegenden Geistesbildung' (vgl. auch Kap. 5.3.2). Auf das Gymnasium bezogen betont er, daß die einzelnen Lernbereiche keine didaktischen Schubfächer für Einzelwissenschaften, sondern Lehrgänge darstellen, die in die grundlegenden Dimensionen unserer Kultur einführen. Flitner nennt dies ‚Initiation in ein Fach' oder eine geistige Grundrichtung. Aus dem Verständnis der abenländischen Kultur unterscheidet er fünf solcher Grundrichtungen:

— die philosophische Fragestellung,
— die theologische Gedankenführung,
— die dichterische Symbolisierungsweise,
— die naturwissenschaftlichen Denkformen,
— die hermeneutische, historisch-philologische Denkweise

(vgl. Flitner, 1961, S. 41).

Die konkreten Lehrpläne entsprachen aber nicht diesen theoretischen Überlegungen. Sie waren meist *Stoffkataloge*, die für die jeweiligen Schuljahre angaben, was zu behandeln sei. Vor jedem Lehrplan stand noch eine *Präambel*, in der auf pompöse Art die Grundintention von Schule und Unterricht bzw. die des betreffenden Faches deklamiert wurden.

Mit dem Aufkommen sozialwissenschaftlicher Fragestellungen und Methoden — wie z. B. Inhaltsanalyse, Sprachkritik, Institutionenkritik — wurde zunehmend im Rahmen der Pädagogik *Kritik an diesen Lehrplänen* laut. Hierzu hat neben der eher wissenschaftsimmanenten Kritik auch die auf politischem Gebiet verstärkt einsetzende Diskussion um die Reform schulischer Lehrpläne, Schullaufbahnen und -abschlüsse beigetragen. Folgende Kritikpunkte wurden besonders hervorgehoben:

- Die in den Präambeln der Lehrpläne aufgeführten allgemeinen Erziehungsziele haben *Leerformelcharakter*. Sie sind bloße Slogans, zu deren Umsetzung dem Lehrer keinerlei konkrete Hinweise gegeben werden.
- Das Verfahren der Lehrplanerstellung ist *dezisionistisch*. Einige Kultusbeamte und Wissenschaftler setzen fest, was in der Schule wann behandelt werden soll.
- Die Lehrpläne sind in ihrem gegebenen Gefüge *unzeitgemäß:* Es fehlen vor allem ökonomische, technische und sozialwissenschaftliche Inhalte.
- Die Lehrpläne sind eine bloße *Ansammlung von Stoffkatalogen*, ohne Angabe und Hinweis darauf, was mit diesen Inhalten zu geschehen habe.
- Verbunden mit dem Prinzip des Stoffkatalogs liegt den Lehrplänen eine *materiale Fassung des Bildungsprinzips* zugrunde.

Demgegenüber trat die *Curriculumtheorie* mit den Postulaten auf:

- Überprüfbare (operationalisierbare) *Lernziele* sollen erstellt werden.
- Die Verfahren der Curriculumerstellung müssen *rational*, d. h. entscheidungsorientiert und kontrollierbar sein.
- Durch *permanente Revision* muß der Zeit- und Wirklichkeitsbezug der Inhalte gesichert sein.
- Mit Bezug auf allgemeine Erziehungsziele sollen *Lernzielkataloge* (Qualifikationskataloge) abgeleitet werden.
- Es soll weniger ein Kanon fester Inhalte vermittelt, als vielmehr allgemeine, *vielseitig verwendbare (formale) Fähigkeiten* beim Lernenden angestrebt werden.

6.3.1 Curriculummodelle

Zur Erstellung von Curricula muß überlegt werden, nach welchen Gesichtspunkten man Inhalte auswählt, wer an der Auswahl beteiligt ist, wie man die Inhalte mit Qualifikationen verbindet und wie man diese überprüft. Den Stellenwert dieser einzelnen Arbeitsschritte, ihre Beziehung zueinander, die Reihenfolge der Arbeitsgänge hält man in einem Curriculummodell fest.

Wir haben uns hier auf zwei wichtige Curriculummodelle beschränkt, die jeweils für eine Gruppe ähnlicher Modelle repräsentativ sind und die von ganz unterschiedlichen Grundannahmen ausgehen, so daß mit ihnen auch das mögliche Spektrum von Curriculummodellen in seiner Breite angedeutet werden kann.

6.3.1.1 Situationsanalytische Ansätze

Warum eigentlich nicht auch in der Wissenschaft einmal mit einem Märchen anfangen!

Es war einmal ein Steinzeitstamm, der einen großen Denker und Innovator besaß, ‚Neue Faust' genannt. Von ihm soll, nach selbstverständlich nicht unwidersprochen gebliebenen historischen Forschungen, der Faustkeil erfunden worden sein: daher wohl auch der Name. Eines Tages schaute er seinen Kindern beim Spielen zu.

„Die Kinder spielten mit Stöcken und Kieselsteinen; die Erwachsenen besorgten das Essen, die Höhlen und die Bekleidung. Die Kinder bewahrten sich vor Langeweile, die Erwachsenen schützten sich vor Gefahren.

‚Wenn ich nun diese Kinder dazu bringen könnte, sich mit solchen Dingen zu beschäftigen, die ihnen dazu verhelfen, mehr Nahrung, besseren Wohnraum und mehr Sicherheit zu bekommen', dachte Neue Faust, ‚dann könnte ich dazu beitragen, daß dieser Stamm ein besseres Leben führt. Wenn die Kinder dann erwachsen wären, hätten sie mehr Fleisch zum Essen, mehr Fell, um sich warm zu halten, bessere Höhlen zum Schlafen und wären weniger gefährdet durch den gestreiften Tod mit seinen geschweiften Zähnen, der nachts auf Raubzüge geht.'

Nachdem er ein Erziehungsziel gesetzt hatte, machte Neue Faust sich daran, ein Curriculum zu konstruieren, um auf dieses Ziel hin zu lehren.

‚Was müssen wir Stammesmenschen können, um mit vollem Bauch, warmer Kleidung und ohne Furcht leben zu können?' fragte er sich selbst. Um diese Frage beantworten zu können, machte er sich einige Gedanken: ‚Wir müssen im Teich jenseits der großen Flußbiegung mit bloßen Händen Fische grabschen. Wir müssen mit den Händen fischen, in jedem Teich auf dieselbe Weise. Immer fischen wir nur mit den Händen.' So entdeckte Neue Faust den ersten Gegenstand seines Curriculum: Fische-grabschen-mit-bloßen-Händen.

‚Wir knüppeln die kleinen zottigen Pferde mit unseren Stöcken zu Tode', fuhr er in seiner Analyse fort, ‚wir knüppeln sie auf der Sandbank im Fluß, wo sie immer zum Trinken sind. Und in den Dickichten, wo sie immer schlafen. Und auf der Ebene, wo sie immer grasen. Überall, wo wir sie finden.' Das war der zweite Gegenstand seines Curriculum: die-kleinen-zottigen-Pferde-knüppeln.

‚Und schließlich vertreiben wir den Säbelzahntiger mit Feuer.' Neue Faust dachte weiter: ‚Wir vertreiben ihn von unseren Höhleneingängen mit Feuer. Wir vertreiben ihn von unseren Wegen mit brennenden Zweigen. Wir machen Feuer und vertreiben ihn von unserem Wasserloch. Überall müssen wir ihn vertreiben, und überall tun wir es mit Feuer.' Das war der dritte Gegenstand: Tiger-vertreiben-mit-Feuer."
aus: PEDDIWELL 1974, S. 30/31

Versuchen wir uns als Theoretiker an der Praxis von ‚Neuer Faust'.
Seine *Grundannahme* lautet: Erziehung könnte zur Verbesserung der Situation des Stammes genutzt werden.
Darauf bezogene *Teilannahmen*: Wesentlich für das Stammesleben sind Nahrung durch Fische, Wohnung bzw. Schutz durch Felle, Sicherheit durch Tigervertreibung.

Seine *Folgerung*:
a) Diese Handlungsfelder müßten zu Inhalten der Erziehung werden;
b) die erforderlichen Fähigkeiten müßten durch geeignete Übungen vermittelt werden.

Exakter und versehen mit entspechenden methodischen Feinheiten ist dieser Ansatz zur Curriculumplanung in unserem Jahrhundert konsequent entwickelt worden. In Deutschland hat S. B. Robinsohn 1967 mit seiner kleinen Schrift ‚Bildungsreform als Revision des Curriculum' die Diskussion in Gang gesetzt.

„Wir gehen also von den Annahmen aus, daß in der Erziehung Ausstattung zur Bewältigung von Lebenssituationen geleistet wird; daß diese Ausstattung geschieht, indem gewisse Qualifikationen und eine gewisse ‚Disponibilität' durch die Aneignung von Kenntnissen, Einsichten, Haltungen und Fertigkeiten erworben werden; und daß eben die Curricula und — im engeren Sinne — ausgewählte Bildungsinhalte zur Vermittlung derartiger Qualifikationen bestimmt sind. Damit ergibt sich für Curriculumforschung die Aufgabe,

Methoden zu finden und anzuwenden, durch welche diese *Situationen* und die in ihnen geforderten *Funktionen*,
die zu deren Bewältigung notwendigen *Qualifikationen*
und die *Bildungsinhalte* und *Gegenstände*, durch welche diese Qualifizierung bewirkt werden soll,

in optimaler Objektivierung identifiziert werden können. Eine solche Identifizierung wiederum kann nur erfolgen, indem die Adäquatheit und Effektivität bestimmter Inhalte jener Qualifikationen und die Adäquatheit und Effektivität der Qualifikationen zur Ausübung eben jener Funktionen und zur Bewährung in den ausgemachten Lebenssituationen systematisch überprüft werden."
aus: Robinsohn 1969, S. 45.

Man kann den Dreischritt konstruieren: Situation — Qualifikation — Lerngegenstand und die Reihe in beiden Richtungen lesen:
- *Situationen* werden festgelegt, die zu ihrer Bewältigung erforderlichen *Fähigkeiten* ermittelt und darauf bezogene *Inhalte* bestimmt.
- In der Auseinandersetzung mit Inhalten werden im Unterricht Qualifikationen erworben, die zur Bewältigung bestimmter Situationen befähigen.

Die so ermittelten Bildungsinhalte werden an *Kriterien* gemessen, die als Maßstäbe für die Güte und Eignung der Inhalte anzusehen sind.

„*Kriterien:* Es werden drei Sätze von Kriterien für die Auswahl von Bildungsinhalten angenommen:

- Die Bedeutung eines Gegenstandes im Gefüge der Wissenschaft, damit auch als Voraussetzung für weiteres Studium und weitere Ausbildung;
- die Leistung eines Gegenstandes für Weltverstehen, d. h. für die Orientierung innerhalb einer Kultur und für die Interpretation ihrer Phänomene;
- die Funktion eines Gegenstandes in spezifischen Verwendungssituationen des privaten und öffentlichen Lebens."

aus: ROBINSOHN 1969, S. 47; die Numerierung im Original wurde nicht übernommen.

Als Verfahren zur Überprüfung des Zusammenhangs von Inhalt und Qualifikation bzw. Situation sind Arbeitsplatzanalysen geeignet, Expertenbefragungen, Analyse von Freizeitverhalten u. ä.

Bei genauerem Hinsehen bleibt der Ansatz jedoch nicht mehr so unproblematisch, wie dies für Neue Faust noch der Fall war und wie es bei ROBINSOHN der erste Eindruck nahelegt.

- Es gibt unzählige Situationen, die man — um überhaupt einen Überblick zu erhalten — nach bestimmten Gesichtspunkten gruppieren muß. Dafür aber benötigt man *Einteilungs- oder Ordnungskriterien,* die man schon vor einer solchen Situationseinteilung haben muß, sonst kann man sie erst gar nicht anfangen.

  Eine Situation ist etwas Konkretes, stellt eine bestimmte, einmalige Konstellation dar. Wenn eine Mutter ihr Kind bei der Aussprache eines Wortes verbessert, ein Sozialarbeiter ein Meeting im Jugendzentrum organisiert, ein Lehrer mit einem Schüler die verhauene Klassenarbeit bespricht, dann sind dies je konkrete und nicht miteinander gleichzusetzende Situationen. Vergleichbar sind sie aber dann, wenn man ein Ordnungsschema zur Verfügung hat, wodurch sie in diesem Fall dem Situationstyp ‚Erziehungshandeln' zugeordnet werden können.

- Wie will man entscheiden, was *relevante* und was *weniger wichtige* Situationen sind? Dies kann nämlich abhängen
  (a) von den individuellen Lebensumständen eines jeden. Für das Mitglied des christlichen Bildungsringes ist der monatliche Theaterabend im Kleinen Schwarzen eine relevante Situation, bei anderen mag sie eher Fluchtbewegungen auslösen;
  (b) von augenblicklichen gesellschaftlichen Gegebenheiten, die aber in Zukunft, für die Erziehung ja auch qualifizieren soll, unwichtig werden können. Dieses Problem stellt sich besonders im Bereich beruflicher Situationen;
  (c) von den Einschätzungen der mit der Situationsanalyse Beauftragten, die zudem selten übereinstimmen.

  Was sind beispielsweise relevante Situationen für den zukünftigen Lehrer: die Unterrichtssituation mit ihrer Anforderung, den Schülern etwas beizubringen, oder die Situation als Beamter mit ihrer Anforderung, Ministerialerlasse im Kopf zu haben, oder die Beratungssituation mit ihrer Anforderung, Eltern die Lernschwierigkeiten ihres Kindes plausibel zu erklären.

– Noch schwieriger wird es bei der *Analyse der Qualifikationen.* Zunächst ist es schon ungeheuer schwer, die zur Bewältigung einer Situation notwendigen Qualifikationen auszuloten. Zusätzlich zur Unterscheidung von relevanten und weniger wichtigen Qualifikationen kommt noch die gerade für Lernprozesse dringliche Frage, ob es sich dabei um solche Fähigkeiten handelt, die auch zur Bewältigung von anderen Situationen geeignet sind (Transferleistung von Qualifikationen).

Stellen Sie sich eine relativ einfache Situation vor wie ‚ein Buch in einer Buchhandlung kaufen'. Was können hierfür relevante Qualifikationen sein? Gehören dazu Kenntnisse aus der Bücherkunde (Auflage, Einband), Einsichten in die Funktion des Titels oder mehr marktbezogene Qualifikationen wie ein (Ver-)Kaufsgespräch führen, Preisvergleiche anstellen können?
Wie sieht es dabei mit Klienten aus, die eine gewisse Distanz zum Buchhandelsgeschäft haben und erst ihre ‚Schwellenangst' überwinden müssen? Für die Betreffenden ist das sicher eine relevante Qualifikation, ist sie es aber auch allgemein für die Situation ‚Buchkauf'?

– Wie steht es mit den unterschiedlichen *Qualifikationsdimensionen?* – In einer Situation kommen funktionale (technische) und extra-funktionale (normative) Qualifikationen zum Tragen; beide zusammen ermöglichen erst die Bewältigung der Situation.
Ein Lehrer muß beispielsweise als technische Qualifikation die Fähigkeit besitzen, eine korrekte Klassenbucheintragung zu machen, Punktbewertungsskalen aufstellen und Lernstoff auf 45 Minuten einteilen zu können. Und er muß (sollte) über extrafunktionale Qualifikationen wie Einfühlungsvermögen, Verständnis, Durchsetzungsvermögen verfügen. Gerade bei dieser Art von Fähigkeiten treten Probleme in der Ermittlung und vor allem der Einübung auf.

– Die Qualifikationen werden über Inhalte *indirekt* vermittelt. Die Schwierigkeit dabei: Wieso kann man sicher sein, daß der betreffende Inhalt auch wirklich die entsprechende Qualifikation erreichen läßt?
Eine Qualifikation beispielsweise im Kontext sozialen Lernens könnte sich auf die Fähigkeit zur Rollendistanz und -kritik beziehen. Als entsprechender Lerninhalt wählt der Lehrer einen Film über eine jugendliche Rockerbande aus. Dabei ist es sicher nicht auszuschließen, daß das Verhalten der Jugendlichen im Film, mit ihren gefährlich aussehenden Monturen und auf ihren schweren Maschinen, einzelne Schüler eher zu nachahmendem Rollenverhalten als zu Rollendistanz und Rollenkritik animiert.

– Was heißt schließlich *‚Bewältigung einer Situation'*? – Ist die Situation ‚Fernsehen' bewältigt, wenn man auf die verschiedenen Knöpfe für die einzelnen Programme drücken kann; gehört dazu die Auswahl von Sendungen nach einer Programmzeitschrift oder, als gesteigerte Bewältigung, die kritische Auswahl nach dem im SPIEGEL schon vorgedachten Programmauszug? Oder ist die Situation erst dann bewältigt, wenn man ganz auf Fernsehen verzichtet? Die Frage der Bewältigung hängt in wesentlichen Punkten von normativen Bewertungen einer Situation ab, die individuell bedingt sind und für eine Situation nicht allgemein verbindlich festgeschrieben werden können.

Will man das Verfahren von ROBINSOHN abschließend charakterisieren, so könnte man es **planrational** nennen: Man analysiert Schritt für Schritt die einzelnen Situationen, um dann den Lernprozeß kontrolliert und effizient in Gang setzen zu können. Da hier wenig Spielraum für die beteiligten Lehrer und Schüler zur Einflußnahme auf die Lerninhalte und damit zusammenhängend auf die Qualifikationen und die Auswahl der Situationen bleibt, kann man das Konzept als *geschlossen* bezeichnen. Die Curriculumkonstrukion läuft nach einem festen Schema ab, dem R — D & D — Muster:
*R*esearch (Forschung)
*D*evelopment (Entwicklung des Curriculum)
*D*issemination (allgemeine Einführung und Verbreitung des Curriculum).

Um nun den Widerspruch zu vermeiden, der zwischen einem solchen Planungskonzept und der Forderung nach mündigen, selbsturteilenden Lehrern und Schülern besteht, versteht sich eine andere große Gruppe von Curriculummodellen als offen und versucht, die Adressaten in den Prozeß der Curriculumkonstruktion aktiv einzubeziehen.

6.3.1.2 Offene Curriculummodelle

Curricula, die nach dem Prinzip offener Konstruktion zustande gekommen sind, werden vor Ort in der engen Kooperation von Wissenschaftlern, Lehrern und Schülern erstellt (*schulnahe Curriculumentwicklung*).

Dahinter steht ein anderes Verständnis von wissenschaftlicher Arbeit als bei dem planrationalen Verfahren ROBINSOHN's. Dort hat Wissenschaft die Aufgabe der Erforschung und des Entwurfs eines Curriculum, das dann in Schulen erprobt und anschließend allgemein verbindlich für Unterricht eingeführt wird.

Bei der offenen Curriculumkonstruktion dagegen orientiert man sich an einem Verständnis von **Handlungsforschung,** das von folgenden Prinzipien getragen ist.

(a) Forschung ist ein *komplexer Lernprozeß* sowohl für Wissenschaftler als auch für Lehrer und Schüler.

Entwickeln Lehrer, Schüler und Wissenschaftler gemeinsam ein Curriculum, so müssen die Schulpraktiker eine dem Vorhaben entsprechende Sachkompetenz erwerben, und für die Forscher stellt sich die Aufgabe, ihre Fragestellung und die Hypothesen aus dem Verständnis der konkreten Belange von Unterricht heraus zu formulieren und zu ändern, also: nicht vom grünen Tisch aus Curricula zu entwickeln, sondern in Tuchfühlung mit der Praxis.

(b) Handlungsforschung basiert auf einem *politischen Verständnis von Wissenschaft.*

Wissenschaft wird nicht als wertfreies Unternehmen betrachtet, sondern ihr liegt ein Demokratieverständnis zugrunde, das in den Leitformeln von der gesellschaftlichen Mündigkeit bzw. Emanzipation seinen Ausdruck findet. Für Curriculumprojekte ergibt sich daraus die prinzipielle Gleichberechtigung von Forschern und Praktikern. Vor allem sollen, demokratischen Prinzipien entsprechend, gegen den Willen von Lehrern und Schülern keine Forschungsverfahren eingesetzt werden, Forschungsergebnisse bleiben ihnen nicht vorenthalten, und sogar über die Zielsetzung solcher Projekte wird gleichberechtigt entschieden.

(c) Wenn damit auch *keine grundsätzliche Rollenverteilung* zwischen Forschern und Praktikern besteht, so müssen doch Rollendifferenzierungen anerkannt werden.

Es wirken sich nämlich nicht nur die Qualifikationsunterschiede aus, sondern auch der unterschiedliche Grad der Betroffenheit von Forschern auf der einen und besonders Lehrern auf der anderen Seite. Der Praktiker steht unter dem Zwang der täglichen Behauptung in der Schule, er ist bei Curriculumprojekten an relativ kurzfristig umsetzbaren Hilfen interessiert. Die Forscher dagegen sind der direkten Verantwortung für das Unterrichtsgeschehen enthoben und treten ihm eher mit einer gewissen theoretischen Distanz gegenüber.

(d) Auch die so entstandenen Curricula oder Curriculumteilstücke sind nicht als feste Lernblöcke anzusehen, sondern als *offene Elemente,* die Modellcharakter haben, um Lehrer zur selbständigen Entwicklung ähnlicher Einheiten zu befähigen. Offen heißt dabei

- Die Curriculumelemente müssen überprüfbar und kritisierbar sein, d. h. sie müssen Begründungen enthalten.
- Die einzelnen Etappen bei der Entwicklung einer solchen Lerneinheit müssen nachvollziehbar dargestellt sein.
- Die Unterrichtseinheiten sollen exemplarisch sein.
- Es sollten zwei bis drei Varianten einer Lerneinheit vorgestellt werden.
- Schwierigkeiten und Fehler bei der Erstellung sollten auch aufgezeigt sein.

So sehr auch einige Postulate dieses Verfahrens bejaht werden können, so problematisch scheinen andere Forderungen zu sein:

- Es ist sicher sehr begrüßenswert, in der Kommunikation mit Lehrern und Schülern zu versuchen, Informations- und Kompetenzunterschiede ausgleichen zu wollen. Nur letztendlich bleibt wohl doch die grundsätzliche Differenz zwischen Forscher und Praktiker bestehen, bedingt durch die unterschiedliche berufliche Sozialisation (Ausbildung) und Tätigkeit.
- Ebenfalls akzeptiert werden kann die Intention, Curricula auf Zielvorstellungen im konkreten Erziehungsprozeß hin zu entwerfen — worauf hin

sollten sie auch sonst sinnvollerweise bezogen werden? Eine ganz andere Sache dagegen ist es, die Zielvorstellungen mit einem bestimmten politischen Vorzeichen zu versehen, und erst recht stimmt es höchst nachdenklich, wenn der ganze Forschungsprozeß unter solchen politischen Prämissen in Gang gesetzt wird.

In Kap. 2.4 und 5.4 sind politische Ideologien und ihre Rolle für Unterricht und Schule dargestellt. Sie erinnern sich: Im Spektrum unterschiedlicher politischer Standpunkte ist der des demokratischen Sozialismus, der Demokratie als Fundamentaldemokratie versteht, d. h. als Durchdringung aller Lebensbereiche mit demokratischen Prinzipien wie ‚Kontrolle' oder ‚Mitbestimmung', nur eine Position. Genau sie ist aber bei Handlungsforschungsprojekten zum Ausgangspunkt für Curriculumentwicklung und allgemein für Forschungsvorhaben bezogen. Damit ist in dieser Hinsicht der *Anspruch auf Offenheit aufgegeben,* denn Offenheit und zugleich Festlegen auf einen ideologischen Standpunkt vertragen sich nicht.

— Die Einschränkung der Offenheit kann sich in zweierlei Hinsicht besonders bemerkbar machen: Zum einen wird durch die politischen Implikationen die Offenheit des Ansatzes für entsprechende *Adressaten,* vor allem für Lehrer, eingeengt. Vermutlich werden nur diejenigen unter ihnen mit Curriculumbausteinen solcher Projekte arbeiten, die das politische Verständnis der Projektgruppe teilen.

Zum anderen werden sich die politischen Grundannahmen des Ansatzes auch auf die erstellten *Curriculuminhalte* übertragen. Man wird Inhalte so auswählen und aufbereiten, daß die politischen Implikationen des Modells zum Ausdruck kommen.

Man kann diesen ‚Induktionsvorgang' beim MARBURGER GRUNDSCHULPROJEKT verfolgen, bei dem z. B. Inhalte des Deutschunterrichts von verwandten Wissenschaftsansätzen her übernommen sind, etwa von einer materialistisch-gesellschaftskritischen Literaturtheorie.

Aber trotz der Einwände sollte doch festgehalten werden, daß die Stärke dieses Ansatzes darin liegt, den Adressaten in den Arbeitsprozeß einzubeziehen und damit auch unter besonderer Berücksichtigung der Handlungsumstände im Unterrichtsfeld Lerneinheiten entwickeln zu können, die aus einer gegenseitigen Anregung von Wissenschaftlern und Praktikern entstanden sind. Werden dabei nicht die prinzipiellen Grenzen der Kooperation aus dem Auge verloren und wird das Diskursprinzip nicht realitätsblind zum Selbstzweck erhoben, dann wird dieser Ansatz den geschlossenen Modellen überlegen sein hinsichtlich

— der Berücksichtigung der Handlungsumstände im Praxisfeld,
— der Motivation der Beteiligten, die entwickelten Lerneinheiten auch tatsächlich im Unterricht einzusetzen,

— der Revision der Lerneinheiten durch unmittelbaren Kontakt zwischen Wissenschaftlern und Lehrern, wobei hier allerdings einschränkend die intervenierende Rolle der Kultusbürokratie berücksichtigt werden müßte.

6.3.2 Curriculum und Lernzielorientierung

Als einer der Unterschiede zwischen Lehrplan und Curriculum wurde dessen Lernzielorientierung hervorgehoben. Curricula geben an, unter welchen Intentionen, also mit Bezug auf welche Lernziele Inhalte vermittelt werden.

Der Lernzielansatz fußt auf behavioristischen Voraussetzungen (zum Behaviorismus, vgl. bitte Kap. 3.3) und postuliert konsequent die Beobachtbarkeit und damit Überprüfung des Lerngeschehens.

Sie kennen vielleicht die ironische Beantwortung der Frage, was ein Lernender tut, wenn er Musik versteht. Sie stammt von R. F. MAGER, einem Lernzieltheoretiker mit Papststatus.

a) Der Lernende seufzt ekstatisch, wenn er Bach hört.
b) Der Lernende kauft eine Hi-Fi-Einrichtung und Schallplatten im Werte von 500 Dollar.
c) Der Lernende beantwortet 95 Auswahl-Antwort-Fragen zur Musikgeschichte richtig.
d) Der Lernende schreibt einen flüssigen Aufsatz über die Bedeutung von 37 Opern.
e) Der Lernende sagt: „Mann, glaub mir, ich bin Fachmann. Es ist einfach großartig."

aus: MAGER 1972, S. 15

Selbst wenn MAGER in wohl selbstironischer Absicht hier sein eigenes Konzept überpointiert darstellt, so gehen seine Vorstellungen doch nicht ganz an dieser Karikatur vorbei. Er fordert tatsächlich festzulegen, was der Lernende genau können muß, woran man sein Können überprüft und welches Verhalten er dabei zeigen soll. Im einzelnen stellt er folgende *Anforderungen an ein Lernziel:*

„Zusammenfassung
Unter Lernziel versteht man eine Aussage, in der die beabsichtigten Ergebnisse des Unterrichts beschrieben werden.

Ein Lernziel ist in dem Maße brauchbar, wie es dem Leser die Unterrichtsabsicht verdeutlicht und das vom Lernenden erwartete Endverhalten beschreibt oder definiert.

Das Endverhalten ist definiert durch:

a) Bestimmung und Bezeichnung des beobachtbaren Verhaltens, das als Zeichen dafür gelten kann, daß der Lernende das Lernziel erreicht hat.
b) Beschreibung der notwendigen Bedingungen (erlaubte und verbotene Hilfsmittel), aufgrund derer Verhaltensweisen auszuschließen sind, die nicht als Zeichen für den Lernerfolg gelten sollen."

aus: MAGER 1972, S. 43.

Allgemein werden als wichtigste *Dimensionen eines Lernziels* angesehen:
- Beschreibung des beobachtbaren Tuns,
- Angabe des Gesamtverhaltens (Endverhalten),
- Angabe der Bedingungen, unter denen das Tun abläuft (z. B. Hilfsmittel),
- Festlegung des Bewertungsmaßstabes.

Für einen streng lernzielorientierten Unterricht stellen sich zusätzlich die Aufgaben:
- Das Teilverhalten mit Bezug auf das Gesamt- oder Endverhalten festzulegen oder — auf den Lernprozeß bezogen — die Teilziele hinsichtlich des Gesamtzieles zu bestimmen. Diese Aufgabe wird durch die **Operationalisierung** von allgemeinen Lernzielen zu lösen versucht.
- Die unterschiedlichen Teilziele nach bestimmten Gesichtspunkten zu ordnen: Manche Ziele beziehen sich beispielsweise auf ganz konkrete Leistungen wie ‚Wissen wiedergeben können', andere auf schon komplexere Fähigkeiten wie 'einen Text analysieren'. Es geht also hier um die Aufgabe, Lernziele zu **hierarchisieren.**

Die genannten Aufgaben sollen nun kurz dargestellt, in ihren Leistungsmöglichkeiten, aber auch in ihren Grenzen diskutiert werden.

6.3.2.1 Die Operationalisierung von Lernzielen

Man geht im Unterricht meist von recht allgemein formulierten Zielvorstellungen aus wie z. B., ‚einen Text verstehen' lernen. Diese allgemeinen Ziele kann man als Grobziele bezeichnen oder als Lernziele erster Ordnung und hebt sie damit von den konkreteren Feinzielen oder Lernzielen zweiter und dritter Ordnung ab.

Mit den Lernzielen sollten die Erziehungsziele nicht verwechselt werden, die in Kap. 2 behandelt sind. Lernziele sind inhaltsbezogene Ziele, in deren Formulierung der Bezug auf einen Gegenstand, einen Lerninhalt aufgenommen ist (z. B. der Schüler soll einen Prosatext von HEINE analysieren können).

Erziehungsziele dagegen sind allgemeine Richtpunkte der erzieherischen Arbeit, sei es, daß sie im Rahmen eines Faches oder einer Fächergruppe oder gar hinsichtlich des Gesamtauftrags von Schule und Unterricht formuliert sind. Sie geben den Orientierungsrahmen für die einzelnen fach- und gegenstandsspezifischen Lernziele ab.

Entsprechend dem behavioristischen Kredo überzeugter Lernzielstrategen werden die allgemeinen inhaltsbezogenen Lernziele in konkrete Teilziele (Feinziele) übersetzt, die beobachtbares Teilverhalten angeben. Diesen Vorgang nennt man Operationalisieren.

Operationalsierung ist die *Festlegung der konkreten Tätigkeiten (Operationen), die Schüler ausführen können müssen, soll das allgemeine Lernziel erreicht werden.*

Die einzelnen, bei dem Operationalisierungsvorgang ermittelten beobachtbaren Tätigkeiten werden durch Indikatoren bezeichnet. Der Vorgang der Operationalisierung ist also ein *Konkretisierungsverfahren,* bei dem man einen allgemeinen Begriff über immer konkretere Stufen beobachtbar macht.

Beispiel
Allgemeines Lernziel: Einen Text *verstehen*

Operationalisierte Teilschritte:
Text gliedern
Handlungsstränge voneinander abheben
Handlungsträger unterscheiden
Indikatoren:
Abschnitte machen
Ereignisse herausfiltern
Personen und ihre Handlungen nennen
Tätigkeiten:
Kapitel unterstreichen
Textstellen nennen
neben die Personennamen entsprechende Verben aus dem Text schreiben.

Diese Prozedur hat ihre Schwierigkeiten.

(a) Häufig findet man bei Lernzielvertretern den Hinweis, die Operationalisierung sei ein *Ableitungsverfahren.* Damit entsteht unterschwellig der Eindruck, als ob sich die operationalisierten Teilziele notwendig und automatisch aus dem allgemeinen Ziel ergäben.
In Wirklichkeit jedoch handelt es sich um ein *Interpretationsverfahren.* Man macht nämlich nichts anderes, als sein eigenes Vorverständnis des betreffenden Zielbegriffs in Worte zu fassen. Deshalb ist auch erklärlich, warum derselbe Begriff von zwei Lehrern unterschiedlich ‚operationalisiert', tatsächlich aber: interpretiert wird.

(b) Bei operationalisierten Lernzielen stellen sich Fragen wie:
— Sind alle wesentlichen Dimensionen am allgemeinen Ziel getroffen?
Im Beispiel des Verstehensbegriffs wird man sicher wichtige Aspekte vermissen, wie etwa das eigene Vorverständnis abklären, das Verhältnis von Teil und Ganzem bestimmen.

— Erfassen die operationalisierten Teilziele auch wirklich den entspechenden allgemeinen Zielbegriff oder nicht etwa einen ganz anderen?
Man stelle sich vor, ‚Eine Wochenzeitung kaufen' sei operationalisiertes Teilziel für das allgemeine Ziel ‚Interesse am politischen Geschehen zeigen'. Genausogut aber kann dieses Teilverhalten sich auf etwas ganz anderes beziehen, etwa daß die Zeitung — in diesem Fall vielleicht die FAZ oder DER SPIEGEL — als modisch-intellektuelles Accessoire zum flotten Trench getragen werden.

— Tendiert man bei der Operationalisierung nicht allzu leicht zum Ausklammern von wichtigen allgemeinen Zielen, die sich nur schwer oder gar nicht operationalisieren lassen?

Wie will man beispielsweise das oben erwähnte Ziel des Musikverständnisses oder das der ästhetischen Sensibilisierung oder der Offenheit für den Glauben oder des historischen Bewußtseins operationalisieren?

- Entsteht bei der rigiden Operationalisierung nicht der Eindruck, als baue sich die Gesamtleistung summativ aus der Addition der einzelnen Teilschritte auf? Verkannt wird dabei der ganzheitliche, vieldimensionale Charakter solcher allgemeinen Verhaltensweisen.

  Bleiben wir beim Beispiel des allgemeinen Lernziels ‚einen Text verstehen'. Man kann hier wohl kaum davon ausgehen, daß aus der Aufsummierung von Textunterstreichungen, Kapitalhervorhebung und Personenbenennung das Gesamtvervögen des Verstehens resultiert.

- Riskiert Unterricht nicht unmerklich, trivialisiert zu werden, indem sich die Arbeit mit den Schülern darin erschöpft, simple Tätigkeiten in Gang zu setzen (wie nennen, unterstreichen, hinweisen)?

  Es gibt zum Beispiel tatsächlich Mentoren, Fach- oder Seminarleiter, die sich in der Lehrerausbildung nicht entblöden, Punkt für Punkt solche operationalisierten Ziele beim Unterrichtsbesuch abzuhaken; das Ziel einer solchen Stunde besteht meist darin, daß an der Tafel fünf Sätze stehen, genauso formuliert wie in der Unterrichtsvorbereitung.

(c) Grundsätzlich steht hinter der Lernzieloperationalisierung die Unterschlagung der *Differenz zwischen Verhalten und Haltung, Einstellung, Motiv.*
Aus dem geäußerten und beobachtbaren Verhalten allein kann nicht kurzerhand auch auf entsprechende Einstellungen geschlossen werden.

6.3.2.2 Lernziele und Lernzielhierarchien (Taxonomie von Lernzielen)

Hat man nun Feinziele auf dem Weg der Operationalisierung gefunden, so werden sie in einem zweiten Schritt geordnet: Einfachere Lernziele werden vor komplexen angeordnet, konkretere vor abstrakteren. Als ein Hilfsmittel hierzu wird häufig die ‚Taxonomie von Erziehungszielen' angesehen.

Taxonomien *sind Ordnungsschemata, die nach bestimmten Prinzipien strukturiert werden und einen in sich konsistenten Aufbau haben.*

Taxonomische Systeme sind z.B. das Periodensystem der chemischen Elemente oder zoologische Klassifikationen. Die Taxonomie von Erziehungszielen stellt ebenfalls einen solchen Klassifikationszusammenhang dar, in dem alle für die Erziehung relevanten Lernziele in einem hierarchischen Ordnungsverhältnis stehen. Die bekanntesten dieser Ordnungssysteme sind die von B. S. Bloom, D. R. Krathwohl und die Stufen des menschlichen Lernens von R. M. Gagné.

Bei der Taxonomie von Erziehungszielen nahmen Bloom u.a. eine Einteilung der Gesamtmenge aller Erziehungsziele in drei unterschiedliche Bereiche vor, in den kognitiven, den affektiven und den psychomotorischen Bereich. Der *kognitive* Bereich umfaßt solche Lernziele, die sich auf Kenntnisse und intellektuelle Fähigkeiten sowie Fertigkeiten beziehen, der *affektive* Bereich bezieht sich auf Werthaltungen und Einstellungen, der *psychomotorische* auf den Bewegungsapparat des Menschen. Die einzelnen Kategorien sind in der Stufung so angeordnet, daß jede folgende komplexer und abstrakter als die vorausgehende ist. Beispielsweise sind Lernleistungen vom Typ ‚Analysieren' komplexer als etwa die des Typs ‚Kenntnis von Fakten'. Im einzelnen hat die Taxonomie für den kognitiven Bereich, die wir zur Illustration ausgewählt haben, folgenden Aufbau:

1.00 Wissen
1.10 Wissen von konkreten Einzelheiten
1.11 Terminologisches Wissen
1.12 Wissen einzelner Fakten
1.20 Wissen der Wege und Mittel, mit konkreten Einzelheiten zu arbeiten
1.21 Wissen von Konventionen
1.22 Wissen von Trends und zeitlichen Abfolgen
1.23 Wissen von Klassifikationen und Kategorien
1.24 Wissen von Kriterien
1.25 Wissen von Methoden
1.30 Wissen von Verallgemeinerungen und Abstraktionen eines Fachgebietes
1.31 Wissen von Prinzipien und Verallgemeinerungen
1.32 Wissen von Theorien und Strukturen

2.00 Verstehen
2.10 Übersetzen
2.20 Interpretieren
2.30 Extrapolieren

3.00 Anwendung

4.00 Analyse
4.10 Analyse von Elementen
4.20 Analyse von Beziehungen
4.30 Analyse von ordnenden Prinzipien

5.00 Synthese
5.10 Herstellen einer einzigartigen Nachricht
5.20 Entwerfen eines Plans für bestimmte Handlungen
5.30 Ableiten einer Folge abstrakter Beziehungen

6.00 Evaluation
6.10 Urteilen aufgrund innerer Evidenz
6.20 Urteilen aufgrund äußerer Kriterien
aus: Bloom 1972, S. 71 ff.

Es ist nun zu fragen, welche Vorteile eine solche Taxonomie von Erziehungszielen hat, und welche Nachteile festgehalten werden müssen.

— Die Taxonomie bringt sicher *Vorteile* hinsichtlich der *Formulierung von Lernzielen* und der Verständigung über die verwendeten Bezeichnungen. Wenn man die Taxonomie akzeptiert, dann weiß man, was mit ‚Wissen', mit ‚Verstehen', mit ‚Synthese' usw. gemeint ist.
— Weiter ermöglicht die Taxonomie auch die Einordnung von Lernzielen und damit Erkenntnisse über das *Anspruchsniveau* eines Unterrichts. Liegt die Mehrzahl aller angestrebten Lernziele z. B. in der Klasse 1.00 ‚Wissen', so muß man sich fragen, ob in diesem Fall nicht andere Lernleistungen wie ‚Analyse' oder ‚beziehungsvolles Lernen' zu kurz kommen, ob der Unterricht also nicht auf einem zu niedrigen Anspruchsniveau liegt.
— Wer in den Unterricht *lernzielorientierte Tests* einbeziehen will, hat in der Taxonomie eine gute Fundgrube für Formulierung, Aufstellung und Auswertung entsprechender Lernziele und Testfragen.
— Da die Anordnung der Klassen auch lernpsychologischen Gesichtspunkten entspricht, da hohe Leistungen die niedrigeren enthalten und voraussetzen, hilft die Taxonomie auch bei der *lerntheoretischen Strukturierung* einer Unterrichtssequenz: Man kann sehen, welche Lernleistungen vor anderen erbracht werden müßten, und kann von daher die aufeinander folgenden Schwierigkeitsstufen im Lernprozeß genau bestimmen.

Andererseits aber wiegen auch die *Nachteile* der Taxonomie schwer.

— Sie reißt durch die Einteilung von kognitivem, affektivem und psychomotorischem Bereich Aspekte des menschlichen Lernens auseinander, die untrennbar miteinander verbunden sind. Der Lernende steht nicht emotionslos und wertungsfrei dem Gegenstand gegenüber, sondern Denken, Fühlen und Wollen greifen ineinander. Daneben muß auch berücksichtigt werden, daß Einstellungen und Haltung nicht direkt eingepflanzt werden können, sondern den Weg über das Wissen und die Einsicht beim Lernenden gehen. Was er nicht einsieht, das wird er schwerlich aus freien Stücken zur Grundlage seines Verhaltens machen. Damit verweisen die in der Taxonomie auseinandergerissenen Bereiche wieder sehr stark aufeinander und stellen sich als Einheit beim Lernen dar.
— Auch innerhalb der einzelnen Bereiche werden die *Zusammenhänge auseinandergerissen.* So beziehen sich beispielswese die Klassen 1.00 ‚Wissen' (von Fakten) und 5.00 ‚Synthese' eng aufeinander. Man kann letztlich ein Faktum nur wirklich erfassen, wenn man es in Beziehung zu umfassenderen, meist grundlegenden Gegebenheiten setzen kann, wenn man also zugleich auch Lernleistungen vom Typ der Synthese erbringt. So sagt ein Faktum wie ‚Helmut Schmidt ist Bundeskanzler' demjenigen wenig, der nicht wenigstens über grundlegende Einsichten in den Zusammenhang unserer Verfassungsordnung verfügt (d. h., der bezogen auf die entsprechenden Kennt-

nisse nicht zugleich auch Leistungen der Klasse 5.00 ‚Synthese' erbringt).

— Die Begriffe selbst gehen in einzelnen Fällen an den Bedeutungen vorbei, wie sie sich aus der Problemgeschichte in der europäischen Diskussion herausgeschält haben. Beispiel: Der Verstehensbegriff der Taxonomie trifft ganz und gar nicht das, was in der Hermeneutik unter Verstehen gemeint ist. In der Taxonomie zielt er bei BLOOM auf ‚Erfassen des wörtlichen Inhalts' eines Satzes oder Textes, in der Hermeneutik sind in Beziehung auf diesen Begriff jedoch auch die Bedingungen reflektiert, unter denen Verstehen abläuft, etwa in Form der Geschichtlichkeit, der Vorurteilsstruktur und der Voraussetzungshaftigkeit (vgl. auch Kap. 7.1).
— Man muß auf die Gefahr hinweisen, daß die Taxonomie leicht zu einem *formalen Bildungsverständnis* verleitet. Sie erinnern sich an die Informationen zur formalen Bildungstheorie (Kap. 2.4.2): Ausgangspunkt ist die Annahme unterschiedlicher formaler Fähigkeiten beim Menschen, die durch Unterricht geschult und entwickelt werden sollen. Orientiert man sich nun stark an der Taxonomie, die ja genau solche formalen Fähigkeiten erfaßt hat, dann riskiert man, Unterricht schwerpunktmäßig auf das in den Taxonomie-Klassen definierte Leistungsvermögen auszurichten und dafür nachträglich, sozusagen als bloßes Übungsmaterial, geeignete Inhalte zu suchen.

Stichpunktartig können Vor- und Nachteile einander gegenübergestellt werden:

Vorteile:
— eindeutige Verständigung
— Analyse des lerntheoretischen Anspruchsniveaus von Unterricht
— Hilfe zur Formulierung und Aufstellung von lernzielorientierten Tests
— Planung der Lernschritte von Unterricht bezüglich des Schwierigkeitsgrads

Nachteile:
— Auseinanderreißen von Aspekten beim menschlichen Lernen, die untrennbar zusammengehören
— Zusammenhang der Klassen ist verlorengegangen
— Bedeutungsverschiebung bei der Bezeichnung einzelner Klassen
— Risiko eines formalen Bildungsverständnisses

6.3.3 Lerntafel

Curriculumtheorie ist die *Theorie der Inhalte* von Bildungsprozessen, d. h.
— der Auswahl von Inhalten,
— ihrer Begründung (Legitimation),
— ihrer Anordnung,
— ihrer Überprüfung (Evaluation).

Die einzelnen Arbeitsschritte und der Stellenwert der einzelnen theoretischen Aspekte werden in einem Curriculummodell abgebildet.

Hier sind zwei große, unterschiedliche Modelle vorgestellt:

1. Das *situationsanalytische (planrationale) Modell*
Curriculumkonstruktion geht den Weg von gegenwärtig oder in Zukunft zu bewältigenden *Situationen* zu den hierfür benötigten *Qualifikationen*, die im Unterricht durch geeignete *Inhalte* vermittelt werden sollen.

Bei diesem Modell sind folgende Probleme festzuhalten:

- Kriterien sind nicht vorhanden, um Situationen zusammenfassen, ordnen zu können, wobei diese Kriterien nicht selbst wieder aus einer Situationsanalyse gewonnen werden können.
- Es fehlen Maßstäbe, um relevante von nicht relevanten Situationen unterscheiden zu können.
- Es besteht Unklarheit über die verschiedenen Dimensionen einer Qualifikation (z.B. funktionale und extrafunktionale Dimension) und ihr Verhältnis zueinander.
- Die Beziehung von Inhalt und Qualifikation ist mehrdeutig, da mit einem Inhalt verschiedene, auch nicht erwünschte Qualifikationen vermittelt werden können.

2. *Offene Curriculummodelle*
Sie gehen vom Anspruch aus, daß Curriculumeinheiten gleichberechtigt von Wissenschaftlern und Praktikern nach den *Prinzipien von Handlungsforschung* erstellt werden sollen.

Probleme dieses Ansatzes:

- Die Kompetenz- und Informationsunterschiede zwischen Wissenschaftlern und Praktikern bleiben bestehen.
- Die Affinität des Ansatzes zu einer bestimmten politisch-ideologischen Position engt die postulierte Offenheit wieder ein.

Lernzielorientierung von Curricula
Ein **Lernziel** soll enthalten

- die Angabe beobachtbarer Verhaltensmerkmale, im
- Rahmen des Gesamtverhaltens unter
- Angabe der Bedingungen, unter denen das Verhalten ablaufen soll bei
- Festlegung des Bewertungsmaßstabes.

Diese behavioristische Auffassung eines Lernziels erfordert die **Lernzieloperationalisierung,** d.h. die Festlegung der konkret auszuführenden Operationen (Tätigkeiten), die das im Lernziel beschriebene Verhalten beobachtbar machen.

Dieses Verfahren ist in mehrerer Hinsicht problematisch:

— Lernzieloperationalisierung ist kein Ableitungsverfahren, wie von den Vertretern dieses Ansatzes oft behauptet, sondern ein interpretativer Vorgang.
— Es besteht die Gefahr,
  daß nicht alle wesentlichen Dimensionen am Lernziel berücksichtigt sind;
  daß das ‚abgeleitete' Verhalten auf ein ganz anderes als das operationalisierte Ziel verweist;
  daß die Gesamtleistung als summativ aufgebaut verstanden wird;
  daß Lernen und Unterricht trivialisiert werden.
— Grundsätzlich wird die Differenz von Verhalten und Haltung (Einstellung, Motiv) verkannt.

Die auf diesem Weg ermittelten Lernziele werden anschließend mit Hilfe von Taxonomien hierarchisiert.

Taxonomien sind Ordnungsschemata, mit denen in diesem Fall Lernziele nach logischen und psychologischen Gesichtspunkten gegliedert werden können.

Die Taxonomien sind horizontal nach Bereichen unterschieden, nach dem *kognitiven* (Denken), dem *affektiven* (Werte und Einstellungen) und dem *psychomotorischen* (Bewegungen) Bereich.

Vertikal sind sie nach dem Prinzip zunehmender Komplexität der Leistungen aufgebaut.

Problematisch ist hierbei:

— Zusammenhängende Aspekte werden auseinandergerissen (z.B. Denken und Fühlen).
— Einzelne Begriffe, z.B. der Verstehensbegriff, sind um wichtige Merkmale verkürzt worden.
— Die Taxonomie fördert ein formales Bildungsverständnis.

6.3.4 *Arbeitsvorschlag*

Von welchen impliziten curriculumtheoretischen Überlegungen her hat der in der Karikatur dargestellte Lehrer seinen Unterricht konzipiert? Welche Probleme bringt dieser Ansatz mit sich?

aus: betrifft: erziehung 8, 1976, S. 60. © G. Seyfried, Berlin.

6.4 Literatur

Zum Unterricht

* A. Bellack u. a., Die Sprache im Klassenzimmer, Düsseldorf 1974

P. Heimann, Didaktik als Theorie und Lehre, in: Die Deutsche Schule 54, 1962, S. 407 ff

* P. Heimann, G. Otto, W. Schulz, Unterricht – Analyse und Planung, Hannover [5]1970

A. Kaiser, Bildungsarbeit mit Erwachsenen. Leitfaden zur Didaktik und Methodik, München 1986

B. Louis, Interaktionsanalysesystem nach Ned. A. Flanders, München 1976

E. TERHART, Erfahrungswissen und wissenschaftliches Wissen über Unterricht, in: F. THIEMANN, Konturen des Alltäglichen, Königstein 1980, S. 83 ff

Überblicksliteratur:

E. E. GEISSLER, Analyse des Unterrichts, Bochum 1980

Zur Didaktik

* J. BRUNER, Der Prozeß der Erziehung, Düsseldorf 1970
P. FEYERABEND, Erkenntnis für freie Menschen, Frankfurt 1980
W. FLÖSSNER, A. SCHMIDT, H. SEEGER, Theorie: Oberstufe, Braunschweig 1977
* B. GERNER (Hrsg.), Das exemplarische Prinzip, Darmstadt 1972
A. KAISER, Sinn und Situation. Grundlinien einer Didaktik der Erwachsenenbildung, Bad Heilbrunn 1985
P. MENCK, Ansätze zur Erforschung von Unterrichtsmethode in der BRD, in: P. MENCK/G. THOMA (Hrsg.), Unterrichtsmethode, München 1972, S. 158 ff
H. MEYER, Leitfaden zur Unterrichtsvorbereitung, Königstein 1980

Überblicksliteratur:

KH. WÖHLER (Hrsg.), Didaktische Prinzipien, München 1979

Zum Curriculum

B. S. BLOOM u. a., Taxonomie von Lernzielen im kognitiven Bereich, Weinheim/Basel 1972
W. FLITNER, Die gymnasiale Oberstufe, Heidelberg 1961
A. KAISER, Strukturprobleme des Curriculum, Frankfurt/Bern 1975
ders., Theorie qualitativer Bildungsplanung, Bad Heilbrunn 1980
R. F. MAGER, Lernziele und Programmierter Unterricht, Weinheim 1972
* Das MARBURGER GRUNDSCHULPROJEKT, Beiträge zur schulnahen Curriculumentwicklung und zur Handlungsforschung, Auswahl: Reihe A 15, Hannover 1977
J. A. PEDDIWELL, Das Säbelzahn-Curriculum, Stuttgart 1974
* S. B. ROBINSOHN, Bildungsreform als Revision des Curriculum, Neuwied, Berlin 1969

Überblicksliteratur:

W. ZIMMERMANN u. a., Von der Curriculumtheorie zur Unterrichtsplanung, Paderborn 1977

7. Wissenschaftstheoretische Dimension der Pädagogik

Dieses Kapitel hat uns vor die wohl schwierigste Entscheidung bei der Konzeption des Studienbuchs gestellt. Mit der Behandlung der Wissenschaftstheorie kreuzt wieder eine heilige Kuh insofern unseren Weg, als gerade auf diesem Gebiet Wissenschaftler gerne den Nachweis ihrer Reflexionskompetenz erbringen wollen und oft auch von ihren Aussagen auf diesem Gebiet her beurteilt werden. Wir sollten aber um der Intention des Buches willen die Kuh diesmal schlachten und gewisse Vereinfachungen in Kauf nehmen. Unter Verzicht auf eine allzu spezialisierte Sprache und unter Verzicht auf eine verwirrende Komplexität der Gedankengänge haben wir versucht, das Thema anschaulich, konkret darzustellen und so zu vereinfachen und umfangmäßig einzuengen, daß es auch ein Studienanfänger mit Erfolg in Angriff nehmen kann.

Bisher haben sich alle Überlegungen auf die Klärung eines bestimmten ‚Gegenstandes' bezogen, auf den der Erziehung. Wir haben uns dabei ganz auf das Objekt konzentriert und die verschiedenen Dimensionen an ihm herauszuarbeiten versucht, bei der Zieldimension angefangen und bei der didaktisch-methodischen aufgehört.

Halten wir diesen Gedankengang, der das bisherige Vorgehen beschreibt, im Bild fest:

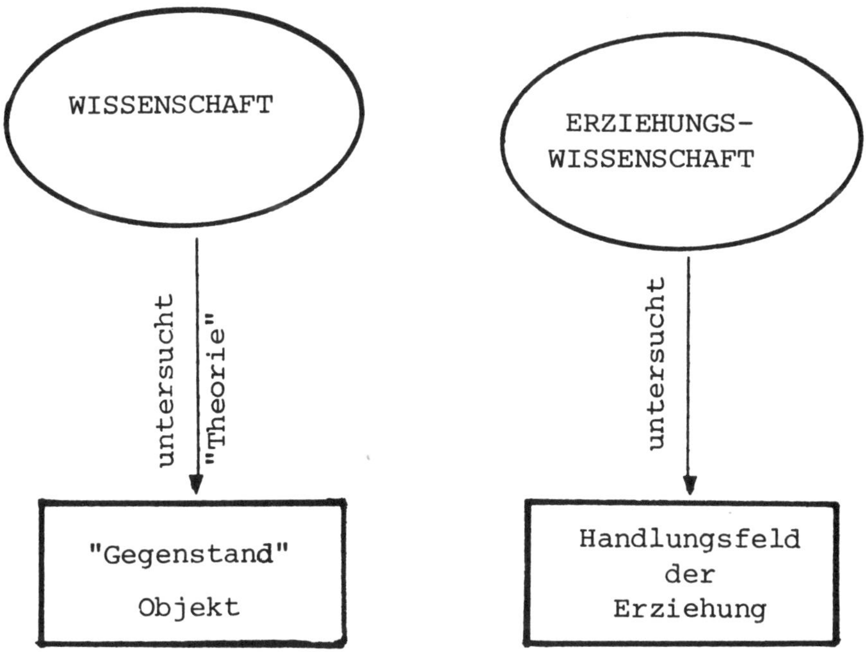

Ein ganz anderer Zusammenhang entsteht, wenn man eine Antwort auf die Frage fordert, was denn Wissenschaft genau mache, wenn sie untersucht, wie sie sich dem Objekt nähert, mit welchen Verfahren sie arbeitet und wie tragfähig diese sind. Dann richtet sich Wissenschaft nicht mehr auf das Objekt, sondern auf sich selber; man betreibt *Wissenschaft über Wissenschaft,* d. h. **Wissenschaftstheorie.** Das Objekt der Wissenschaftstheorie ist also die Wissenschaft, sind besonders die Einzelwissenschaften und die Art, wie sie das Objekt untersuchen.

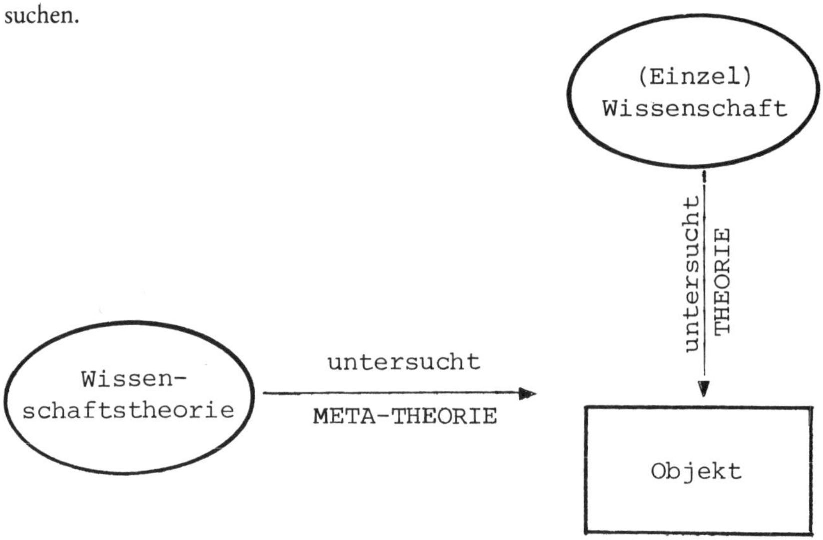

In unserem Fall ist die *Erziehungswissenschaft* die Einzeldisziplin, deren wichtigste wissenschaftstheoretische Postionen dargestellt werden sollen.

Vor dem Hintergrund der Tatsache, daß die Erziehungswissenschaft genau besehen aus einer Vielzahl, zum Teil divergierender Positonen besteht, stellt sich als *zentrale Frage* für dieses Kapitel:

Aus welchen Grundannahmen resultieren jeweils die Unterschiede zwischen den einzelnen Ansätzen?

Bezogen hierauf sind aber vorab die *Teilfragen* zu klären: Wieso haben sich überhaupt verschiedene Positionen herauskristallisiert? Ist das wissenschaftliche Vorgehen nicht immer dasselbe, wenn man einen Sachverhalt bestimmen will?

Unser Beispiel wird zeigen, daß dies durchaus nicht der Fall ist.

Beispiel:

In der 3. Stunde soll eine Klassenarbeit in Deutsch zurückgegeben werden. Die Schüler sind in der Pause davor unruhig, manche schreien herum, zwei brüllen sich wütend an, andere stehen eher still beiseite und sehen etwas bleich aus.

Die ersten Unterschiede im wissenschaftlichen Zugriff treten schon bei der Frage auf: Kann dieses Phänomen *erklärt* oder nur *verstanden* werden? Diese Unterscheidung stammt von W. DILTHEY und sollte zunächst als Kennzeichnung der unterschiedlichen Verfahrensweise in den Natur- und in den Geisteswissenschaften dienen. Diese strenge Zuordnung ist aber durch die Übertragung empirischer Arbeitsweisen auch auf das Gebiet der Geisteswissenschaften aufgebrochen worden. Heute arbeitet man außer in den Naturwissenschaften auch in den beiden anderen großen Wissenschaftsgruppen, den Sozial- und den Geisteswissenschaften, erklärend (bei DILTHEY waren beide Wissenschaftsgruppen unter der Bezeichnung ‚Geisteswissenschaften' noch als Einheit aufgefaßt).

Steht daher ein Sozialwissenschaftler auf dem Standpunkt, das gesellschaftliche Phänomen könne naturwissenschaftlich exakt erklärt werden, dann bedingt das auch andere Methoden als beim Verstehensprinzip.

Andere Unterschiede entstehen aus der Frage, ob Wissenschaft nur ganz wertfrei sagen kann, wie ein Phänomen zustande kommt, oder ob sie auch angeben soll, wie es zu verändern oder gar aufzuheben ist.

Aus der Bestimmung der Aufgabe von Wissenschaft, aus methodischen Fragen, aus der Abgrenzung des Gegenstandsbereichs resultieren also die unterschiedlichen Ansätze. Man kann die Vielzahl einzelner wissenschaftlicher Positionen und Teilpositionen auf drei große Ansätze reduzieren, die in etwa auch den gerade entwickelten Zugriffsweisen bei der Bearbeitung eines Phänomens entsprechen:

Das Phänomen soll *verstanden* werden — **hermeneutische Position.**

Das Phänomen soll *erklärt* werden — **Position des Kritischen Rationalismus.**

Das Phänomen soll *bewertet und eventuell verändert* werden — **Position der Kritischen Theorie.**

Die Anordnung der drei großen Positionen ist vor dem Hintergrund der jüngeren Wissenschaftsgeschichte in der Pädagogik vorgenommen. Die Diskussion in unserer Disziplin hat sich, vor allem nach 1945, vor dem Hintergrund der bis dahin unangefochtenen hermeneutischen Position im Rahmen der geisteswissenschaftlichen Pädagogik entwickelt. Wissenschaftsgeschichtlich und wissenschaftspolitisch gesehen ist den hermeneutischen Positionen das Feld zunächst von Ansätzen des Kritischen Rationalismus streitig gemacht worden. Gegen beide Positionen — die hermeneutische und die des Kritischen Rationalismus — ist schließlich die Kritische Theorie angetreten und hat versucht, sich als eine Art dialektischer Überhöhung der beiden anderen Ansätze darzustellen. Inwieweit dies berechtigt ist, kommt bei der Behandlung dieses Ansatzes in Kapitel 7.3 kurz zur Sprache.

7.1 Die hermeneutische Position

Zur hermeneutischen Position kann man alle Ansätze zählen, die die Aufgabe von Wissenschaft in der *verstehensmäßigen Auslegung* eines Phänomens sehen. Es kann sich dabei um einen Text von ROUSSEAU, um eine Tonbandaufzeichnung aus dem Unterricht, um das Verhalten des Gegenüber in einer konkreten Situation, um Bankkritzeleien, Schülerzeitungen, Plakate, Karikaturen handeln. Als Vertreter dieser Position können Wissenschaftler der geisteswissenschaftlichen Pädagogik (H. NOHL, E. WENIGER, W. FLITNER), der dialektischen (J. DERBOLAV), der phänomenologischen (M. LANGEVELD) oder der existenzphilosophischen Pädagogik (O. BOLLNOW) genannt werden.

Zur Abklärung unseres Begriffsinventars sollte zunächst danach gefragt werden, was Verstehen heißt.

Verstehen kann definiert werden als *Erfassung von Bedeutung aus wahrnehmbaren Zeichen.*

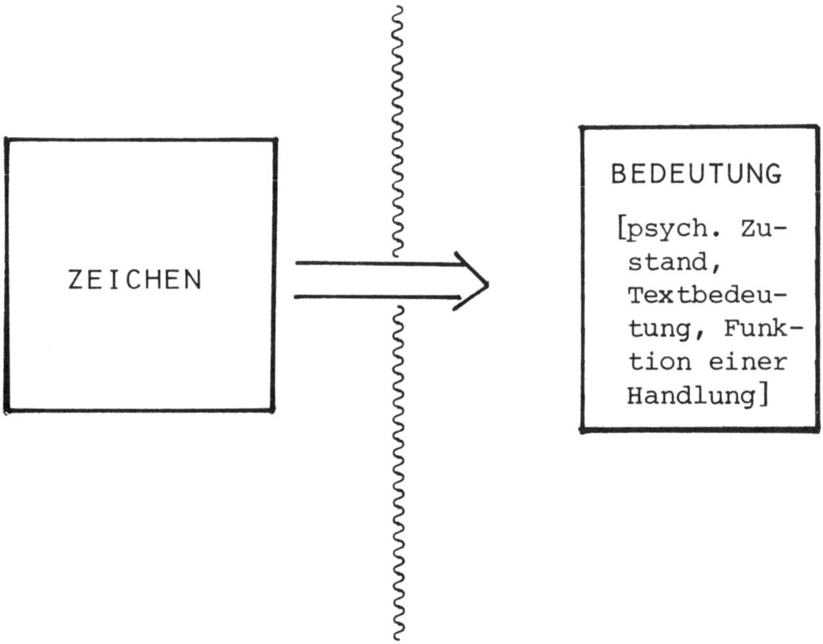

Gehen wir die einzelnen Bestandteile der Definition — Wahrnehmen, Zeichen und Bedeutung, Erfassen — durch und fragen, welche Aussagemöglichkeiten sie auf unser Beispiel bezogen bieten.

Man sieht, wie einzelne Schüler herumlaufen, andere etwas bleich ausschauen, man hört, wie einer sagt, er müsse unbedingt eine Vier haben (Wahrnehmung).

Das was man sieht und hört, wertet man als Zeichen für etwas weniger Offensichtliches, für etwas nur *indirekt* Faßbares. Die Körperhaltung, Mimik, Gesichtsfarbe nimmt man als Anzeichen für bestimmte psychische Zustände: Erregung, Angst, Unsicherheit, Gespanntsein, Gereiztheit (Differenz von Zeichen und Bedeutung).

Nimmt man beide Aspekte zusammen, so kann man sagen: Man erfaßt den Gesichtsausdruck (Zeichen) als Unsicherheit (Bedeutung), oder noch anders formuliert: Man *interpretiert* den Gesichtsausdruck *als* Unsicherheit.

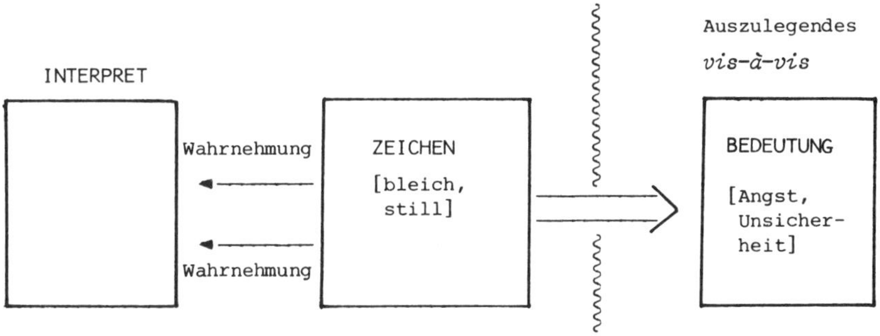

Wieso aber schließt man beispielsweise aus der Tatsache, daß jemand still in der Ecke steht, auf seine Angst oder Anspannung? Wieso nimmt man nicht an, daß er Yoga-Übungen macht? Man kann das sicherlich nicht ausschließen, aber von der *Gesamtsituation* her — Rückgabe der Klassenarbeit — interpretiert man das Verhalten als ängstliches, angespanntes Warten.

Was heißt: Von der Gesamtsituation her?

Man weiß, was eine Klassenarbeit für die Versetzung bedeutet, man weiß um die Wichtigkeit von Versetzungen, man weiß, welche Rolle der Schulabschluß für das weitere Leben haben kann, man weiß, wie Eltern am schulischen Fortkommen ihrer Kinder interessiert sind.

Woher weiß man es? — Weil man selbst einmal in der entsprechenden Situation stand; wenn dies nicht der Fall war, verfügt man zumindest aufgrund von Lektüre oder Erzählungen über Kenntnisse der Lebensbedingungen in der dargestellten Situation.

Jetzt sieht also der Verstehensvorgang so aus, daß der Interpret vor dem Hintergrund schon verstandener Zusammenhänge einzelne wahrgenommene Zeichen ordnet, sie auf diesen Hintergrund bezieht und von dort her interpretiert.

Der Hintergrund ist also etwas schon Gewußtes, er ist ein Bereich des *Vorverständnisses*, und zwar eines *Lebenszusammenhanges*, der dem Interpret mit dem zu Verstehenden mindestens teilweise gemeinsam sein muß. Diesen Hintergrund kann man als *Sinnbereich* bezeichnen und damit die Begriffe des Sinnes und der Bedeutung unterscheiden.

Sinn bezieht sich auf das *allgemeine Verstehensrepertoire* in einem Kulturkreis (Sprache, Verhaltensregeln, Bildsymbole usw.).

Bedeutung dagegen kennzeichnet die *konkrete Situation,* die sich in einer ‚Verbesonderung' von allgemeinem Sinn durch bestimmte situative Umstände abhebt.

Relativ einfach kann man sich diesen Zusammenhang von Sinn und Bedeutung am Beispiel der Sprache klarmachen: Im Lexikon einer Sprache gibt es das Wort ‚Frau', sein Sinn ist jedem kompetenten Sprecher verfügbar: ein Mensch mit bestimmten Geschlechtsmerkmalen.

Im konkreten Sprachgebrauch, in bestimmten Situationen gewinnt das Wort verschiedene Bedeutung: Ein männlicher Autofahrer schimpft ‚Typisch, Frau am Steuer', ein unternehmungslustiger junger Mann meint bewundernd ‚Tolle Frau'. Die Bedeutung ergibt sich hier aus den pragmatischen Bedingungen des Sprechens, also aus den konkreten Gegebenheiten, unter denen der eine schimpft und der andere bewundert.

Werden die einzelnen Momente am Verstehensbegriff zusammengefaßt, ergibt sich folgendes detailliertes Strukturbild:

(33) Strukturbild: *Hermeneutische Beziehung von ‚Text' und Interpret*

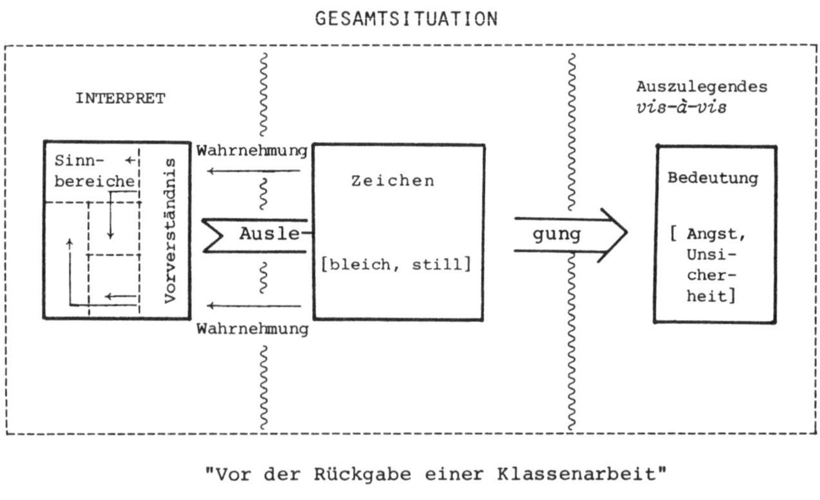

"Vor der Rückgabe einer Klassenarbeit"

Berücksichtigt man nicht so sehr die Einzelmomente, sondern den groben Zusammenhang der Verstehensbewegung, so kann man sagen: Verstehen läuft ab in der Verbindung von

Ausdruck	Leben	Verstehen
(Gesichtsfarbe)	Gesamtsituation (Schule, Klassenarbeit)	(Angst der betreffenden Schüler)

Man muß also schon etwas wissen, um verstehen zu können. Dies ist eine Aussage über ein Vorgehen, bei dem man sich im Kreis dreht.

Der Interpret muß schon etwas über Schule, Klassenarbeiten, Versetzungsordnungen und Noten wissen, um die Situation vor der Rückgabe der Arbeit verstehen zu können.
Und zugleich erweitert aber auch das Verstehen der Situation sein Wissen um Schule, Versetzung, Noten.

Man sagt:

Das Verstehen des Einzelnen – Rückgabe der Arbeit – setzt das des Ganzen – Rolle von Schule oder des Gesamtphänomens – voraus.

Das Verstehen des Ganzen setzt das Verstehen des Einzelnen voraus; in Anspielung auf diese Kreisbewegung spricht man vom hermeneutischen Zirkel.

Große Diskussion: Ist das nicht ein schlechter Zirkel, ein circulus vitiosus? Wie kann man etwas verstehen, das man nur versteht, wenn man es schon verstanden hat?

Das Mißverständnis liegt hier nicht zuletzt in einer unglücklichen Wortwahl. Das Verstehen folgt genau besehen nicht einer Kreis- sondern einer aufstrebenden Spiralbewegung.

Aufgrund des Vorverständnisses einer Situation hat man einen vagen, einen vorläufigen Eindruck, der im Verstehen zunehmend präzisiert und differenziert, vielleicht auch modifiziert wird, bei dem man sich also auf eine *immer höhere Ebene des Verständnisses* bewegt.

Deutlich wird das beim Verstehen eines Textes, z. B. eines Gedichtes:

Beim ersten Lesen eines bisher unbekannten Gedichtes ist das Ganze nicht schon in dem Sinne verstanden, als wüßte man im voraus seinen Inhalt. Wohl aber liest man den Text unter der Perspektive allgemeiner Erwartungen, die mit Bezug auf strukturelle grundlegende Begriffe gestellt werden: Die Überschrift, der Gattungscharakter des Textes, ein Grobeindruck von Reim und Strophung geben dabei erste Hinweise auf das Ganze. Im weiteren und erst recht wiederholten Lesen werden sowohl der Gesamteindruck klarer gefaßt, als auch die Teile schärfer differenziert und genauer bestimmt.

Man kann zusammenfassen:

- Verstehen fußt auf einem – Interpreten und Ausgelegtem zumindest teilweise gemeinsamen – Lebenszusammenhang.
- Verstehen geht von einem (groben) Vorverständnis aus, klärt und differenziert dieses zunehmend durch die Auslegung (Spiralbewegung des Verstehens).
- Verstehen schließt von Zeichen auf Bedeutungen, wobei die Zeichen in den Kontext eines schon verstandenen Lebenszusammenhanges eingeordnet werden (Ausdruck-Leben-Verstehen).

Welche *Vorteile* sind mit diesem Wissenschaftsansatz verbunden?

(a) Positiv hervorzuheben ist die dem Gegenstand angemessene Zugriffsweise des hermeneutischen Ansatzes. Bei der Auslegung einer sozialen Situation, eines Textes, einer Inschrift handelt es sich immer um das Erfassen von Bedeutung, die je unterschiedlich sichtbar wird (im Gesichtsausdruck, in Sätzen, auf Papier oder Holz).

Erfaßbar sind Bedeutungen vor dem Hintergrund von Sinn. Sinn ist ein geistiger Zusammenhang, er ist nicht meßbar und nicht unmittelbar beobachtbar, sondern nur *verstehbar* aufgrund der dem Ausgelegten und Interpreten zumindest teilweise gemeinsamen Sinnbereiche. Also: Sinn und Bedeutung können nur hermeneutisch adäquat erfaßt werden.

(b) Der hermeneutische Ansatz ermöglicht explizit *Selbstreflexion,* sofern man sich auf die eigenen Voraussetzungen richtet, von denen her man interpretiert. Fragt man nach den Bedingungen, unter denen man ein Phänomen auslegt, so ist auf den Bereich des eigenen Vorverständnisses und, in einem nicht negativen Sinn aufgefaßt, auf den der eigenen Vorurteile verwiesen. Damit thematisiert man den eigenen Verstehenshintergrund, der die bestimmte, vom Interpret vorgenommene Auslegung prägt. Mit Bezug auf die neuere hermeneutische Theorie könnte man hier vom Prinzip der Voraussetzungshaftigkeit allen Verstehens sprechen (GADAMER 1960, S. 261 ff).

(c) Der hermeneutische Ansatz bringt auch den *historisch-genetischen Zusammenhang* zum Bewußtsein: Der eigene Verstehenshintergrund, der des Vorverständnisses, ist immer ein geschichtlich gewordener und aus der Tradition erwachsener Zusammenhang. Man spricht in der hermeneutischen Theorie sowohl vom ‚*Prinzip der Wirkungsgeschichte*', daß nämlich alles Verstehen in einen geschichtlichen Wirkungszusammenhang eingelagert und geschichtlich vermittelt ist, als auch vom ‚*Prinzip der Horizontverschmelzung*'. Hiermit verweist man auf die Tatsache, daß Verstehen nicht in der distanzierten Gegenüberstellung eines auslegenden Subjekts und eines zu interpretierenden Objekts, sondern in der Verbindung zweier Horizonte erfolgt. Der Begriff des Horizonts verweist auf den jedem Verstehen und jedem geistigen Gebilde zugrundeliegenden geschichtlich gebundenen Sinnkreis, in den es eingelagert ist. Im Verstehen begegnen und durchdringen sich daher zwei unterschiedliche Horizonte, zwei unterschiedliche Sinnkreise, die sich zu einem neuen, weiteren, umfassenderen Horizont oder Sinnkreis formieren.

Allerdings hat das Verfahren auch *Nachteile:*

(a) Massive Einwände gegen den hermeneutischen Ansatz werden dahingehend vorgebracht, daß man ihm vorwirft,

— er könne eigentlich ein Phänomen immer nur so verstehen, wie es gegeben sei;

— er könne damit die Notwendigkeit der Veränderung von Wirklichkeit nicht begründen;
— er verfestige Praxis, ohne sie darauf zu befragen, wie vernünftig und sinnvoll sie sei.

Diese verschiedenen Argumente beziehen sich letztlich auf einen zentralen Punkt der Kritik: Hermeneutische Ansätze zeichnen im Grunde Wirklichkeit nur nach. Sie sind daher insofern *ideologisch,* als ihnen Kritik und Bewertung des zu Verstehenden nicht möglich sind.

Auf unser Beispiel bezogen: Man versteht zwar das stille Verhalten des Schülers in dieser Situation, kann aber nicht sagen, daß die Situation schlecht ist und als angstfreie neu konstituiert werden muß.

Kann man das wirklich nicht? — Um ein solches bewertendes Urteil fällen zu können, benötigt man einen Maßstab, ein Kriterium, auf das man den Sachverhalt vergleichend-wertend beziehen kann. Ein solches Kriterium ist in Ansätzen immer schon mit dem Vorverständnis des Verstehenden gegeben. Man darf sich den Bereich des Vorwissens nicht als isolierte, herumliegende Einzelbrocken vorstellen, sondern als ein miteinander verbundenes, aus vielen einander überlagernden Ebenen sich aufbauendes Gefüge von Sinnbereichen (vgl. Strukturbild S. 288).

Beim Verstehen werden somit auch unterschiedliche Sinnbereiche aktiviert, miteinander und mit dem Phänomen verglichen, und im Vergleich wird man zumindest in Ansätzen immer auch werten.

Bei unserem Beispiel: Man aktiviert beim Verstehen des Phänomens nicht nur Sinnbereiche, die sich auf Schule und Versetzung bzw. Leistung richten, sondern auch solche, die sich auf Schule und Lernen, auf Freude, auf Jugend und Unbeschwertheit, Kind und Hilflosigkeit, Abhängigkeit beziehen. Damit erhält das Phänomen im Verstehen ganz unterschiedliche Vorzeichen, die es auch jeweils anders bewertbar machen.

Man könnte dieses Vorgehen eine *implizite Wertung im Verstehen* nennen, weil man sich über dieses Vorgehen nicht immer genau Rechenschaft ablegt, weil man die zum Verstehen aktivierten Sinnbereiche nicht immer eigens thematisiert und abgrenzt, sondern dies alles eher beiläufig im Verstehensvollzug macht.

Anders sieht es bei *explizitem Werten* aus, wie es etwa in diesem Fall ein Pädagoge machen würde. Sein Verstehen von pädagogischen Phänomenen steht nämlich immer auch unter der Frage nach dem Zweck, dem Sinn, dem Ziel pädagogischen Handelns, also unter Fragen, die er auf den Bildungsbegriff als letzten Bezugspunkt kritisch-wertend beziehen kann. Hier ist ein Sinnbereich verfügbar, der ein pädagogisches Phänomen nicht nur verstehbar, sondern immer auch zugleich bewertbar werden läßt, und zwar deswegen, weil der Bildungsbegriff selbst schon eine kritische Komponente enthält (vgl. noch einmal

Kapitel 2.4). Der Einwand, hermeneutische Verfahren zeichneten Wirklichkeit bloß nach, trifft ein entwickeltes, explizites Verstehen nicht.

(b) Ein ähnlich gelagerter Einwand lautet: Verstehen wird von einigen Hermeneutikern, besonders von GÁDAMER, als in Tradition eingelagert gesehen, es ist immer aus der Perspektive des je historisch Gewachsenen vollziehbar. Damit sind zwei Folgen verbunden:

— Tradition kann nur als *vernünftige* angenommen werden.
— Tradition kann *nicht selbst befragt* werden, denn dann müßten die Bezugspunkte außerhalb von ihr liegen.

HABERMAS, von dem dieser kritische Hinweis stammt, versucht nun solche Bezugspunkte außerhalb der Tradition zu entwickeln. Er nennt als Bezugspunkte die *Medien der Vergesellschaftung:* Arbeit, Sprache und Herrschaft. Damit sind Bedingungen angesprochen, unter denen Gesellschaft überhaupt möglich ist. Jede Gesellschaft sichert über Arbeit ihre Existenzgrundlage; jede Gesellschaft kennt in interaktioneller Hinsicht Rollen mit unterschiedlichen Befugnissen, und jede Gesellschaft ist insgesamt nur handlungsfähig, weil sie Sprache hat. Diese Medien der Vergesellschaftung sind nicht neutral als nur funktionale Bedingungen von Gesellschaft verstanden, wie etwa die funktionalen Gebote bei PARSONS (s. Kap. 4.1), sondern sie werden auf einen Maßstab bezogen. Bezugspunkt der Kritik, von dem her man Tradition auf die Medien der Vergesellschaftung beziehen kann, ist für HABERMAS die Vorstellung von Freiheit, genauer die von *Emanzipation,* die dem Gattungscharakter des Menschen entspricht.

Kritik der Tradition heißt dann soviel wie Kritik der Produktionsweisen (Arbeit), Kritik der Vergesellschaftungsformen (Herrschaft) und Sprachkritik (Sprache).

An dieser kurzen Skizzierung der Kritik von HABERMAS an GADAMER wird aber ein Gesichtspunkt deutlich: HABERMAS bezieht keine Standpunkte außerhalb von Tradition, um diese bewerten zu können. Vielmehr wird hier ein Traditionszusammenhang gegen einen anderen ins Feld geführt, denn HABERMAS' Ansatz steht auch in einer bestimmten Tradition, der des marxistischen Humanismus.

Es bleibt daher doch dabei: *Verstehen ist eingelagert in Tradition,* wobei Bezugspunkte der Kritik nur aus der Konfrontation mit unterschiedlichen Traditionssträngen gewonnen werden können.

7.1.1 Hermeneutische Sozialforschung und qualitative Methoden

Eben wurde bei der Charakterisierung des hermeneutischen Ansatzes hervorgehoben, daß Sinn durch Verstehen erfaßt wird und daß dies den adäquaten

Zugang darstellt, da Sinn auslegbar, nicht aber meßbar und direkt beobachtbar ist.

Zur Durchführung von Forschungsvorhaben ist diese allgemeine Einsicht allerdings in Form konkreter Untersuchungsmethoden umzusetzen. Dabei müssen einerseits die Bedingungen von Verstehen im Auge behalten werden, etwa das Prinzip des Vorverständnisses, das des gemeinsamen Lebenszusammenhangs (der gemeinsamen Lebenswelt) oder das der Horizontverschmelzung; andererseits haben diese verstehenden Methoden grundlegenden Ansprüchen an jedes wissenschaftliche Arbeiten zu genügen: Wenn sie auch nicht – wie in quantitativer, auf Messen ausgerichteter Sozialforschung – Zahlenwerte ermitteln wollen, so müssen sie doch ihre Ergebnisse für jeden anderen Forscher nachvollziehbar halten. Diesen Bedingungen versucht in den letzten Jahren die **qualitative** Sozialforschung, die sich durch das kennzeichnende Adjektiv von der eben erwähnten quantitativen Wissenschaftsrichtung abhebt, verstärkt zu genügen. Entsprechend den hermeneutischen Prämissen, nämlich der Forderung nach lebenswelteingelagertem Verstehen, sind an diese Methoden folgende Anforderungen gestellt:

- Sie müssen ermöglichen, zur *Weltsicht der Erforschten* (insider's view) vorzudringen, um auf diesem Weg sicherzustellen, daß nicht der Forscher, für ihn selbst unbemerkt, seine eigene Sicht der Dinge für die des Befragten hält.
- Sie müssen den *Forschungsprozeß offen halten*. Die Fragestellung der Untersuchung darf nicht durch den Forscher von vornherein auf bestimmte Aspekte festgelegt sein.
- Sie müssen gewährleisten, daß der Befragte oder Erzähler *seine eigenen Deutungen der Geschehnisse* berichten, von ihm gewünschte Richtungen einschlagen und dabei ihm wichtige Akzentuierungen vornehmen kann.
- Sie müssen berücksichtigen, daß speziell bei Methoden der Befragung – auch bei standardisierten – immer *eine Form von Interaktion zwischen Forscher und Informant* stattfindet. Das bedeutet, daß Worte oder Begriffe nie vollkommen deckungsgleich von den Interaktionspartnern verstanden werden, sondern jeder immer auch eigene Deutungen ins Spiel bringt.

Vor dem Hintergrund dieser Prämissen hat sich mittlerweile in Weiterentwicklung des hermeneutischen Ansatzes ein recht breites Methodenspektrum ausdifferenziert, zu dem Verfahren gehören wie Lebensweltanalyse, narratives Interview oder Analysen von Autobiographien. Da zur Lebensweltanalyse schon einiges gesagt ist (s. Kapitel 4.2.2) und Sie sicher vom Vorverständnis her zur Analyse von Autobiographien eine Vorstellung haben, soll hier zumindest skizzenhaft das narrative Interview umrissen werden, um das Anliegen wie auch die Probleme dieses Methodenzugriffs zu verdeutlichen.

7.1.1.1 Narratives Interview

Das **narrative Interview** (lat.: narrare = erzählen) kann insofern als typische Methode innerhalb der qualitativen Sozialforschung angesehen werden, als es – im Idealfall – alle diejenigen Gesichtspunkte berücksichtigt, die diesen Forschungsansatz kennzeichnen.

Es ähnelt in Anlage und Verlauf dem *Alltagsgespräch*. Wie dort auch begegnen sich zwei gleichberechtigte Gesprächspartner. Der Interviewer tritt also nicht mit einem dominanten Anspruch auf, von dem her er das Gespräch lenkt. Zwar fragt er zurück, wenn er etwa meint, Widersprüche beim Erzähler festgestellt zu haben; dies erfolgt aber letztlich aus einem Verständnis als Zuhörer, nicht als Zensor.

Entsprechend *offen und frei* ist die Rolle des Interviewten definiert. Es bleibt ihm überlassen, wie er die Erzählung etwa zu zentralen Erlebnissen seiner Kindheit, seines Berufslebens, seines Familienlebens, seine Wahrnehmung politisch-kultureller Ereignisse strukturiert, wo er Schwerpunkte setzt, was er besonders hervorheben und werten will. Dieses hohe Maß an Selbständigkeit im Erzählen ist geradezu Bedingung für den angestrebten Erkenntniszweck, *nämlich Einblick zu erhalten in die vom Interviewten unverfälscht vorgenommene Gliederung und Bewertung seiner sozialen Wirklichkeit mittels seiner Deutungsschemata.*

Um dieses Ziel zu erreichen, werden in der Analyse des vorliegenden Erzähltextes verschiedene **Interpretationsebenen** ausdifferenziert, die aufeinander aufbauen und schließlich erlauben, zur Schicht der Deutungsmuster des Erzählers vorzudringen. Folgende sich überhöhende Interpretationsschritte lassen sich unterscheiden:

- Erfassen der objektiven biographischen Daten,
- Analyse der vom Interviewten erwähnten Themen und Ereignisse,
- Herausarbeiten der Wertungen, mit denen der Erzähler die Themen versieht,
- Ermitteln der Orientierungen und Anschauungen (Deutungsmuster), die ‚hinter' den Wertungen liegen und diese verstehbar werden lassen.

Allerdings unterliegt dieses (Ideal-)Ziel qualitativ angelegter Forschung bei allen Formen des Interviews oder auch der teilnehmenden Beobachtung einer prinzipiell gegebenen Einschränkung. Jede Befragung – und dies gilt vom Prinzip her auch für standardisierte, schriftlich vorliegende Fragen – ist Interaktion. In interaktiven Prozessen werden Meinungen ausgetauscht, Einstellungen mitgeteilt, Deutungen vorgenommen (s. auch 4.2.1). Dies berücksichtigen alter und ego bei ihren Interaktionsbeiträgen wechselseitig. Sie nehmen die geäußerten Meinungen usw. des jeweils anderen bei sich auf, verarbeiten sie gedanklich und lassen sie in der verarbeiteten Form wieder in den dann erfolgenden eigenen Interaktionszug, beispielsweise eine Bemerkung, einfließen. *Auf diese Art und Weise erstellen alter und ego gemeinsam das Gespräch*. Damit ist auch für das narrative Interview festzuhalten:

Die Erzählung des Interviewten ist – entgegen dem Anspruch qualitativer Sozialforschung – nicht ausschließlich Ergebnis seiner eigenen Deutungen, sie ist vielmehr notgedrungen Resultat *gemeinsamer* Anstrengungen von alter und ego im Rahmen des Interaktionsprozesses. Man kann dies noch allgemeiner ausdrücken und sagen, *die Erzählung ist zwischen alter und ego interaktiv ausgehandelt*.

Berücksichtigt man diesen Tatbestand, dann kann sich die Auswertung des narrativen Interviews nicht allein auf den Inhalt der Erzählung richten, sondern muß darüber hinaus auch den Interaktionsprozeß, d. h. die Gesprächssituation erfassen und deren Auswirkung auf die Erzählung, ihren Verlauf, ihre Themen, die in ihr enthaltenen Wertungen und Deutungen zu bestimmen suchen.

Diese Tatsache hat allerdings Rückwirkung auf die allgemein erhobene Forderung qualitativer Sozialforschung, die Sicht des Erzählers (insider's view) zur Sprache kommen zu lassen. Wenn Erzählungen im oben erwähnten Sinn interaktiv konstruiert sind, dann stellen sie das Resultat eines Aushandlungsprozesses dar, der bei anderen Interaktionspartnern (Interviewern) und unter anderen Situationsbedingungen vermutlich anders ausgefallen wäre. Streng genommen spiegelt damit das narrative Interview die Deutungsschemata des Erzählers nicht unmodifiziert wider. Wohl hat er aufgrund der offenen Erzähl-(Interview-)Situation die Möglichkeit gehabt, im Lichte seiner Deutungsmuster Erzählbeiträge zu liefern und auf die Interaktionsangebote des anderen einzugehen. Damit erlaubt das narrative Interview Rückschlüsse zu ziehen, die tatsächlich Elemente der Deutungsmuster des Interviewten treffen und nicht etwa auf Anschauungen des Befragten verweisen, die ihm vom Interviewer bzw. vom Forscher hypothetisch im voraus schon unterstellt waren. Man kann folglich sagen:

Das narrative Interview ermöglicht valide Aussagen zu Deutungsmustern des Befragten. Von da her läßt sich – diesen Einschränkungen zum Trotz – die Behauptung mit guten Gründen vertreten, es sei zur Erfassung von Einstellungen, Meinungen, Sichtweisen geeigneter als standardisierte Verfahren der quantitativ-numerischen Sozialforschung.

7.1.2 Lerntafel

Die Methode hermeneutischer Wissenschaftspositionen ist das Verstehen.

Verstehen heißt *Erfassen von Bedeutung aus wahrnehmbaren Zeichen*.

Bei diesem Vorgang handelt es sich um ein Schlußverfahren. Aus Zeichen (Worten, Mimik, Artefakten) wird auf Bedeutung geschlossen.

Der Schluß ist aber nur möglich aufgrund der durch die *Gesamtsituation* aktualisierten *Sinnbereiche* über den entsprechenden *Lebenszusammenhang*. Verstehen läuft damit ab in der Bewegung

Ausdruck	Leben	Verstehen
(Zeichen)	(Gesamtsituation)	(Bedeutung)

Dem Verstehen unterliegt eine *Zirkel- bzw. Spiralbewegung:*

Das Einzelne wird nur verstanden, sofern das Ganze verstanden ist,
das Ganze wird nur verstanden, sofern das Einzelne verstanden ist.

Aber: Dies ist kein schlechter Zirkel, sondern eine Bewegung der zunehmenden Differenzierung und Präzisierung eines allgemeinen Vorverständnisses. Daher trifft die Metapher von der Spirale besser zu als die vom Zirkel.

Zur Bewertung des Ansatzes:

- Hermeneutische Positionen verweisen mit Recht darauf, daß Sinn und Bedeutung nur *verstanden* und nicht etwa quantitativ adäquat erfaßt werden können.
- Verstehen fußt auf einem *Vorverständnis*, das geschichtlich eingelagert ist und sich über Tradition konstituiert.
- Hermeneutischem Vorgehen kann entgegengehalten werden, es zeichne Wirklichkeit bloß nach und sei *ideologisch*, da ihm Kritik und Bewertung des so Verstandenen nicht möglich seien.
  Aber: Durch die Aktivierung unterschiedlicher Vorverständnisse erfolgt eine *implizite Bewertung*, durch den Bezug auf grundlegende Sinnprinzipien (z. B. Bildungsbegriff) ist auch *explizite Kritik* möglich.
- Die Kritik an einem das Vorverständnis tragenden Traditionszusammenhang kann nicht außerhalb von Tradition stehen, sondern ist — entgegen anderslautenden Argumenten — Kritik lediglich aus der Perspektive einer *anderen* Tradition.

Forschungsmethodisch umgesetzt haben sich die hermeneutischen Prinzipien im Konzept der **qualitativen Sozialforschung**. Sie ist gekennzeichnet durch

- Offenheit des Forschungsprozesses,
- Eingehen auf den Deutungshorizont des Befragten,
- Berücksichtigung des Interaktionsprozesses, in den die Befragung eingelagert ist.

Eine für diesen Forschungsansatz typische Methode ist das **narrative Interview:** Der Befragte wird als Informant über seine Lebenswelt angesehen.
Ziel des narrativen Interviews: Aufschluß gewinnen über die Deutungsmuster des Erzählers (Interviewten).

7.2 Die Position des Kritischen Rationalismus

Vertreter dieser Position sind im Bereich der Pädagogik W. BREZINKA, der sich in seiner programmatischen Schrift ‚Von der Pädagogik zur Erziehungswissenschaft' (1971) vor allem gegen die hermeneutische (geisteswissenschftliche) Position wandte, und L. RÖSSNER. Beide greifen in ihren wissenschaftstheoretischen Aussagen vor allem auf die Arbeiten von K. R. POPPER und H. ALBERT zurück.

Beim Kritischen Rationalismus handelt es sich um eine Position, die sich deutlich auf naturwissenschaftliche Verfahrensweisen und Bestimmungen der Aufgaben von Wissenschaft bezieht, dies auch bei der Erfassung von Sinnzusammenhängen. Entsprechend der Unterscheidung DILTHEY's spricht man hier nicht vom Verstehen sinnhafter Gegebenheiten, sondern von ihrem *Erklären.*

Erklären heißt, *ein Ereignis aus mindestens einem allgemeinen Gesetz und Randbedingungen zu deduzieren.*

Man unterscheidet dabei zwischen dem Ereignis (e) und dem Satz (E), der es beschreibt; genauso sind die Gesetzesaussage (G) und die Beschreibung der Randbedingungen (A) von den entsprechenden Sachverhalten (g, a) abzuheben. Die Randbedingungen werden mit den Buchstaben (A), (a) deshalb gekennzeichnet, weil sie in einer Latinisierung auch *Antecedens*-Daten heißen (antecedere = lat.: vorangehen).

Das Ereignis, das man erklären will, nennt man *Explanandum* (explanare = lat.: erklären, hier: das zu Erklärende); das, womit man erklärt, heißt *Explanans* (das Erklärende).

Verdeutlichen wir das bisher Gesagte am Beispiel:

Der Satz (E): ‚Schüler stehen still in der Ecke' beschreibt das Ereignis (e), daß Schüler still und bleich in der Ecke stehen. Dieses Ereignis soll erklärt werden. Dafür erforderlich sind mindestens ein allgemeines Gesetz und Randbedingungen. Eine Erklärung könnte somit in folgender Form erfolgen:
Allgemeine Gesetze (G):
— Immer wenn Menschen sich in einer unklar definierten Situation befinden, dann verspüren sie Unsicherheit.
— Psychische Zustände machen sich physiologisch als Streß bemerkbar.
— Streß verursacht eine Verengung der Blutgefäße und läßt die Haut bleich aussehen.
Randbedingungen (A):
— Die Situation vor der Rückgabe einer Klassenarbeit ist unklar definiert.

— Angst ist ein psychischer Zustand und Streß.
Ereignis-Aussage (E):
— Die Schüler sind bleich im Gesicht.

Das Schema, nach dem hier das Ereignis (E) deduziert ist, nennt man nach zwei amerikanischen Wissenschaftstheoretikern, die es entwickelt haben, HEMPEL-OPPENHEIM-Schema (H-O-Schema). Da es sich hierbei um einen *logischen* Schluß handelt, nennt man die Randbedingungen und Gesetze die Prämissen und den abgeleiteten Satz über das Ereignis Conclusio (conclusio = lat.: Schluß, Folgerung).

Nun ist aber nicht jede nach diesem Schema ablaufende Erklärung eine wissenschaftliche. Sie muß vielmehr bestimmten Kriterien oder *Adäquatheitsbedingungen* genügen.

(a) Der Schritt, der vom Explanans zum Explanandum führt, muß korrekt sein, d. h. er muß logischen Schlußregeln entsprechen.

(34) Strukturbild: *Erklärung eines Ereignisses (H-O-Schema)*

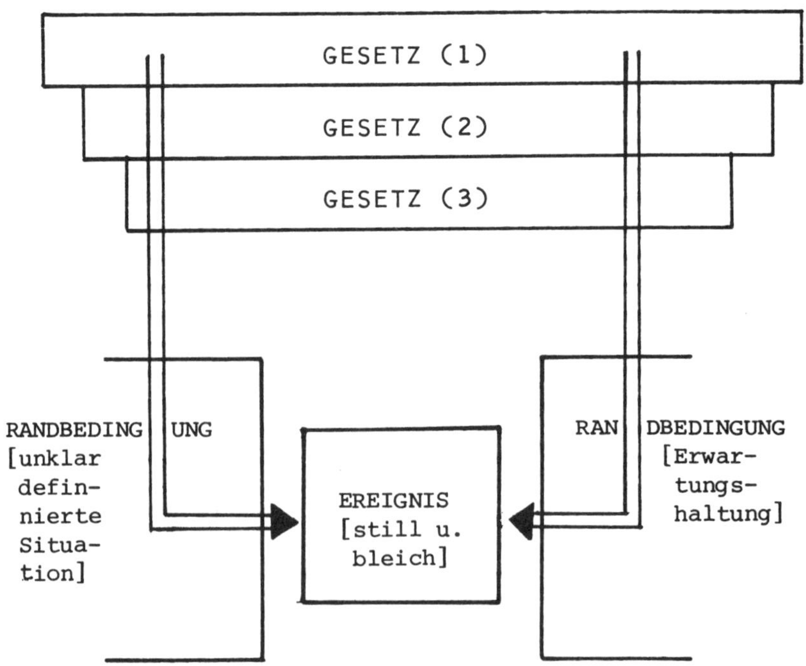

(b) Das Explanans muß mindestens ein allgemeines Gesetz enthalten.
(c) Das Explanans muß einen empirischen Gehalt besitzen.
Man kann also nicht sagen: Immer wenn Menschen den Atem der Schicksalsgeister verspüren, empfinden sie Angst und Unsicherheit.
Die ungläubigen Wissenschaftler bezweifeln nämlich, ob Schicksalsgeister empirisch nachweisbar sind, daß sie etwa hinsichtlich Körpergröße, Gewicht, Hautfarbe beschreibbar sind.
(d) Die Sätze, aus denen das Explanans besteht, müssen wahr sein. Wahrheit heißt hier, daß die im Satz ausgesagten Zusammenhänge auch auf die Tatsachen zutreffen müssen.

Es bleibt die Frage nach der Bezeichnung des Ansatzes: Wieso heißt er ‚Kritischer Rationalismus'? Welches Wissenschaftsprogramm steht hinter diesem Namen?
‚*Rationalistisch*' heißt diese Wissenschaftsauffassung, weil sie behauptet: Wissenschaft beschreibt Wirklichkeit nicht bloß so, wie sie ist, sie zeichnet sie nicht nach, sondern Wissenschaft *entwirft gedankliche (rationale) Konstruktionen,* mit denen man Wirklichkeit erklären kann.
Solche Konstruktionen sind die wissenschaftlichen Theorien. Das sind Zusammenhänge von einzelnen Gesetzen, die nach rationalen Grundsätzen, nach logischen Regeln entworfen sind.
Nun kann man sicherlich vieles konstruieren, wieso aber ist man sicher, daß es geeignet ist, die Wirklichkeit zu erklären?
Zunächst einmal konstruiert man eine Theorie nicht ins Blaue hinein, sondern aufgrund von Erfahrungen, Beobachtungen und mit Blick auf schon vorhandene Theorien oder Theoriestücke. Allerdings kann man den Beobachtungsergebnissen und den Theoriestücken die neue Theorie nicht einfach entnehmen. Eine Theorie wird entworfen, es kommt daher zur Beobachtung und zum Wissen um einzelne Zusammenhänge ein konstruktiv-schöpferisches Moment hinzu. Man hat also einzelne Anhaltspunkte, eine vage Vorstellung von dem, was man herausfinden will, und konstruiert darauf bezogen die Theorie oder das Einzelgesetz. Dieser Vorgang ist demnach sehr stark von induktivem Vorgehen geprägt. Von einzelnen Fällen, von einzelnen Ereignissen schließt man auf einen allgemeinen Zusammenhang zwischen Ereignissen, dem alle vergleichbaren Fälle unterliegen.

Induktiv gewonnen ist die in Kap. 4 ausgedrückte Meinung eines Schülers, Lehrer wollten Schüler nur schikanieren. Aus der Erfahrung mit diesem und jenem Lehrer hat er induktiv auf alle Lehrer geschlossen und so ein ‚Gesetz' konstruiert.

Da man aber nicht alle Ereignisse betrachtet hat und die in Zukunft noch vorkommenden auch gar nicht berücksichtigen kann, spricht man hier von einer *unvollständigen Induktion.*

Eine *vollständige Induktion* dagegen ist die Feststellung, daß es zwischen 1 und 20 acht Primzahlen gibt; das kann man endgültig durch Abzählen bestimmen.

Es leuchtet unmittelbar ein: Im Gegensatz zur vollständigen ist die unvollständige Induktion recht problematisch. Unser Gesetz G1 beispielsweise kann so zustande gekommen sein, daß man an sich selbst gedacht hat, an einzelne Menschen, die man kennt und in entsprechenden Situationen erlebt hat; diese einzelnen Fälle hat man dann verallgemeinert.

Kann dieses Gesetz nun einfach als wahr hingenommen werden? Nein, sagen die Vertreter des Kritischen Rationalismus, es muß erst der kritischen Prüfung unterzogen werden. Kommen wir also zur Erklärung des zweiten Kennzeichens dieser Ansätze, zum Begriff des *Kritischen.*

Wie verfährt die Kritik? — Sicher nicht so, daß man nun möglichst viele Belege für ein Gesetz finden muß. Das geht schon aus prinzipiellen Gründen nicht, da dann alle jetzt und in Zukunft lebenden Menschen oder alle Sachverhalte auf den im Gesetz behaupteten Zusammenhang hin geprüft werden müßten. Ein solches Verfahren bliebe notwendigerweise immer eine unvollständige Prüfung.

Statt dessen gehen die Kritischen Rationalisten umgekehrt vor und sagen: In einem Gesetz der Form ‚Immer wenn... dann' (‚Immer wenn Menschen in einer unklar definierten Situation stehen, empfinden sie Unsicherheit') ist ein Allsatz enthalten. Man kann diesen Satz daher umformulieren und sagen: ‚Alle Menschen empfinden in einer unklar definierten Situation Unsicherheit'.

Dieses Gesetz kann aus den oben genannten Gründen niemals belegt werden, aber es kann *ständig daraufhin überprüft* werden, ob es zumindest einen Fall gibt, auf den es nicht zutrifft.

Dies zu prüfen ist durch eine Umformung der ‚Wenn... dann-Aussage' möglich. Wenn alle Menschen in der angegebenen Art empfinden, dann kann man auch behaupten: Es gibt keinen Menschen, der nicht so empfindet.

Trifft man doch auf einen solchen Menschen, dann gilt das Gesetz als *falsifiziert.* Dem abgeleiteten Satz: ‚Es gibt keinen solchen Menschen' steht jetzt die Beobachtung gegenüber: ‚Es gibt doch einen solchen Menschen.'

Man nennt diese ‚Es-gibt-Sätze' Basissätze und das Verfahren zur Überprüfung der Theorien und Gesetze bezeichnet man als Falsifikation.

‚Kritik' bedeutet damit beim Kritischen Rationalismus soviel wie Theorien und Gesetze *permanenten Falsifikationsversuchen* auszusetzen. Solange eine Falsifikation nicht gelungen ist, kann das Gesetz oder die Theorie als ‚gut bestätigt' angesehen werden; im anderen Fall dagegen ist sie widerlegt.

Man kann Theorien aber noch auf eine andere Art prüfen, sofern man nämlich eine Erklärung in eine Prognose umwandelt. Die **Erklärung** folgt dem Schema:

e hat stattgefunden; der Satz E, der es beschreibt, wird aus G und A deduktiv abgeleitet.

Dagegen das Schema der **Prognose:**

Man hat G, legt A fest, dann wird — wenn man die Bedingungen in der Wirklichkeit herstellt — das im Satz E beschriebene Ereignis (e) eintreten müssen.

Wenn Menschen in unklar definierten Situationen Unsicherheit empfinden und Angst sich in der angegebenen Art physiologisch bemerkbar macht, und wenn die Rückgabe einer Klassenarbeit eine unklar definierte Situation ist, *dann werden* Schüler bleich und still in der Ecke stehen.

Das in der Prognose ausgesagte Ereignis (E) muß also bei geltenden Gesetzen und den entsprechenden Randbedingungen eintreten (e); und das kann man beobachten. Tritt es nicht ein, so könnte man meinen, das Gesetz sei falsifiziert.

Aber so schnell spricht man in der Wissenschaft kein Verdikt über ein Gesetz oder eine Theorie aus. An unserem Beispiel läßt sich auch schnell erkennen, warum dies so ist.

Wir haben zwei Möglichkeiten der Prüfung.

Erste Möglichkeit:

Man sagt aufgrund der Gesetze G und der Randbedingungen: Es gibt keinen Schüler, der nicht bleich und still in der Ecke steht (Basissatz).

Nehmen wir an, diesen Basissatz kann man durch Beobachtung widerlegen: Eine Gruppe von Schülern steht lachend in einer Ecke und macht Witze. Sind damit die allgemeinen Gesetze widerlegt (falsifiziert)?

Das ist nicht der Fall, da man verschiedene Gesetzestypen unterscheiden muß. Es gibt nämlich

— Gesetze, die von strenger Allgemeingültigkeit sind und keine Ausnahme zulassen: *deterministische* Gesetze (z. B. das über den freien Fall),
— Gesetze, die funktionale Zusammenhänge zwischen Variablen und Zweckbeziehungen zwischen ihnen ausdrücken: *funktionale* oder *teleologische* Gesetze (z. B. in der Biologie),
— Gesetze, die nur Wahrscheinlichkeitsaussagen enthalten, die damit den abweichenden Einzelfall durchaus zulassen: *probabilistische* Gesetze (probabilitas = lat.: Wahrscheinlichkeit). Von dieser Art sind die meisten Gesetze in den Sozialwissenschaften.

Um ein solches Gesetz wird es sich auch bei unserem Beispiel handeln, so daß die lachende Schülergruppe nicht als falsifizierendes Ereignis angesehen zu werden braucht. Einige Schüler werden eher bleich sein in Erwartung des Unheils, andere dagegen erwarten es überhaupt nicht oder aber legen bewußt ein Gegenverhalten an den Tag.

Zweite Möglichkeit:
Man kann eine Theorie bzw. ein Gesetz auch über die Prognose eines Ereignisses prüfen, bei unserem Beispiel in Form der Vorhersage: Die Schüler werden still und bleich in der Ecke stehen.

Dagegen ergibt die Beobachtung: Die Schüler sind gelöst und lachen.

Auch hier braucht das allgemeine Gesetz nicht als widerlegt betrachtet zu werden, da bei der Erklärung und Prognose neben den Gesetzen auch die Randbedingungen wichtig sind. Und diese können falsch festgelegt bzw. ermittelt worden sein, so daß das allgemeine Gesetz gilt, obwohl die Basissätze sich ausschließen. Im Beispiel:

Bei einem guten Interaktionsklima zwischen Lehrer und Schüler oder bei einem leichten Test oder bei einem wegen seiner guten Notengebung bekannten Lehrer ist es denkbar, daß die Rückgabe einer Klassenarbeit nicht als unklar definierte Situation empfunden wird. Dann gilt zwar weiterhin das Gesetz, aber aufgrund der veränderten Randbedingung kann das prognostizierte Ereignis nicht eintreten.

Erklärung und Prognose sind nach Auffassung des Kritischen Rationalismus wesentliche Aufgaben der Wissenschaft, wobei in Verbindung mit der Prognose *Steuerung* und *Planung von Ereignissen* möglich ist.

Man könnte unser Beispiel leicht abwandeln und eine Schulklasse nach folgenden Gesetzen und Randbedingungen steuern:

G1: Gruppen, in denen Angst und Unsicherheit herrschen, sind von Führern leicht zu beherrschen und zu lenken.

G2: Permanente Leistungskontrolle erzeugt Angst und Unsicherheit.

Randbedingung: Klassenarbeiten, Tests, Noten sind permanente Leistungskontrollen.
Ereignis-Aussage (E): Sobald der Lehrer sein rotes Buch aufschlägt, sitzen die Schüler totenstill in der Bank.

Man kann nun das Ereignis bzw. den Verhaltenszusammenhang, in dem die Schüler stehen, herbeiführen, indem man entsprechende Randbedingungen (permanente Tests, Arbeiten, Noten) herstellt bei Geltung der allgemeinen Gesetze. Das Ereignis (e) wird dann eintreffen.

Solche Zusammenhänge hat der Wissenschaftler *wertfrei* zu erforschen. Gegenstand der wissenschaftlichen Arbeit ist die werturteilsfreie Erklärung oder Prognose eines Ereignisses.

Als Kritischer Rationalist kann man also nicht in einer Randbedingung formulieren: ‚Tests, Arbeiten, Noten sind unwürdige Leistungskontrollen', da mit dem Adjektiv ‚unwürdig' in die Erklärung bzw. Prognose eine persönliche Wertung aufgenommen ist.

Man sagt auch:

Der *Erklärungs- oder Prognosezusammenhang* ist wertfrei, wogegen in den *Entdeckungszusammenhang* auch Werturteile einfließen können. Wenn ein Wissenschaftler von der bedrückenden Situation seines Kindes, die ihn empört, veranlaßt wird, diesen Zusammenhang zu erforschen, so fällt das solange nicht unter das Werturteilsverbot, als diese seine Meinung bei der Erklärung des Phänomens beiseite bleibt.

Einige Punkte zur Bewertung dieser Position:

- Im Hinweis auf die permanente Prüfung wissenschaftlicher Ergebnisse ist programmatisch eine *Grundhaltung von Wissenschaft* berücksichtigt: Nicht um jeden Preis bestätigen zu wollen, was man herausgefunden hat, es nicht gegen Kritik abzuschotten und dogmatisch zu vertreten, sondern es im Gegenteil immer wieder in Frage zu stellen.

  Aber die Praxis von Wissenschaft sieht häufig anders aus als das Programm. Man gibt auch bei abweichender Beobachtung nicht die ganze Theorie, sondern höchstens einzelne Teile auf; noch häufiger aber wird man *Hilfshypothesen* suchen, um die Theorie abzustützen und vor dem Zusammenbruch zu bewahren, oder man wird — wie in unserem Beispiel — die Bedingungen enger fassen, unter denen die Erklärung gelten soll (z. B. in den Randbedingungen auch das Interaktionsklima der Klasse erfassen).
- Die Beobachtungssätze können nicht als einfache Konstatierungen eines Sachverhalts angesehen werden, um über Annahme oder Verwerfen eines Gesetzes oder einer Theorie zu entscheiden. Beobachtungssätze werden

(35) Strukturbild: *Entdeckungs-, Erklärungs- und Verwendungszusammenhang*

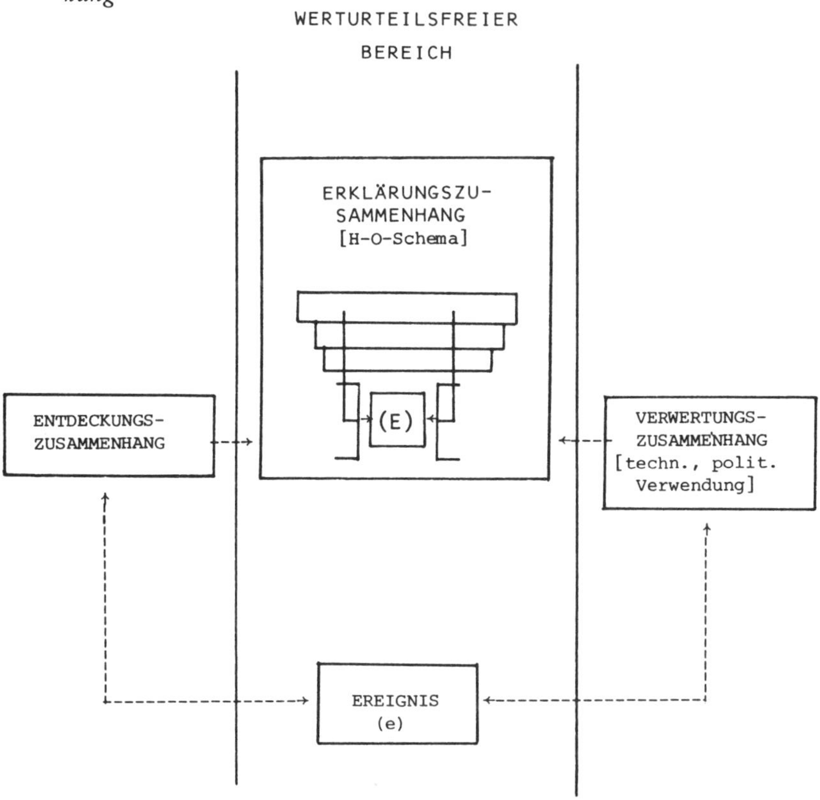

selbst unter dem *Einfluß von Theorien* aufgestellt, so daß in einem Beobachtungssatz immer schon ein Stück Theorie enthalten ist.

Und: Aus der Vielfalt möglicher beobachtbarer Ereignisse muß man auswählen; man wählt die für die zu prüfende Theorie relevanten Ereignisse aus, wobei die Frage der Relevanz eines Ereignisses wieder nur vor dem Hintergrund der entsprechenden Theorie zu entscheiden ist.

Das wiederum kann dazu führen, daß ein Beobachtungssatz, der als Widerlegung gelten könnte, nicht akzeptiert wird, weil er vor dem Hintergrund einer anderen Theorie aufgestellt und wahrgenommen wurde.

— Das Deduktionsschema verdeckt den davorliegenden *hermeneutischen Zusammenhang*. Um nämlich bezogen auf das zu erklärende Ereignis die entsprechenden Gesetze heranziehen zu können, muß man schon um den Zusammenhang wissen, in dem das Ereignis stehen kann.

Wenn man nicht schon vorher weiß, daß eine unklar definierte Situation Angst erzeugen kann und Angst sich in dem entsprechenden Ausdrucksverhalten zeigt, dann wird man das Ereignis (e) nie mit den entsprechenden Gesetzen erklären können.

Drückt man es noch allgemeiner aus: Wenn man nicht über ein entsprechendes Vorverständnis des Lebenszusammenhangs verfügt, wird man einzelne Ereignisse aus ihm auch nicht erklären können.

7.2.1 Lerntafel

Die Verfahrensweise des Kritischen Rationalismus ist ausgerichtet am Bemühen um *Erklärung von Ereignissen*.

Erklären heißt, ein Ereignis aus mindestens einem allgemeinen Gesetz und Randbedingungen zu deduzieren.

Gesetz und Randbedingungen sind das *Explanans*, das deduzierte Ereignis das *Explanandum*.

Das *Erklärungsschema* heißt auch H-O-Schema, so benannt nach den beiden ‚Entdeckern', den amerikanischen Wissenschaftstheoretikern HEMPEL und OPPENHEIM.

Ziel von Wissenschaft ist nach Auffassung des Kritischen Rationalismus, Theorien und Gesetze nicht durch Induktion zu bestätigen, sondern sie durch *Falsifikationsversuche permanent zu prüfen*.

Falsifikation bedeutet den Nachweis der Unvereinbarkeit eines aus dem Gesetz oder der Theorie abgeleiteten Basissatzes (‚Es-gibt-Satz') mit dem beobachteten Ereignis.

Das Vorgehen des Wissenschaftlers ist *werturteilsfrei* im Bereich der Erklärung, Prognose und Technologie, dem wissenschaftlichen Bereich im engeren Sinne. Dagegen können in den Entstehungs- und Verwertungszusammenhang durch aus Wertungen Eingang finden.

Zur Bewertung der Position:
- Die Aufforderung zu ständiger Prüfung entspricht einer *Grundhaltung von Wissenschaft*. Allerdings wird dieses Postulat in der wissenschaftlichen Praxis häufig unterlaufen durch das Bemühen um immer weitere Abstützung der durch Falsifikation bedrohten Gesetze oder Theorieteile.
- Beobachtungen sind keine einfachen Konstatierungen, sondern schon *theoriehaltige Aussagen* über einen Sachverhalt (‚Ereignis'). Daher kann der Vorgang der Falsifikation insofern zirkelhaft werden, als Beobachtungssätze, die im Zusammenhang der überprüften Theorie aufgestellt wurden, nun über die Stichhaltigkeit derselben Theorie entscheiden.
- Das Deduktionsschema setzt ein hermeneutisch gewonnenes Verständnis des Lebenszusammenhangs voraus, denn um ein Ereignis unter entsprechende Gesetze subsumieren zu können, muß man schon vorgängig den Zusammenhang zwischen Ereignis und den im Gesetz ausgesagten Sachverhalten verstanden haben.

7.3 Die Position der Kritischen Theorie

Ihrer Herkunft nach hebt sich die Kritische Theorie scharf ab von den beiden vorangegangenen, der hermeneutischen Position und der des Kritischen Rationalismus, die sie zusammengefaßt als *‚traditionelle Theorie'* kennzeichnet. Die Differenzierung in kritische und traditionelle Theorie stammt von M. Horkheimer, einem in der NS-Zeit nach den USA ausgewanderten und später zurückgekehrten deutschen Soziologen, der zusammen mit Adorno, Marcuse und später Habermas zu den Hauptvertretern dieses Wissenschaftsansatzes zählt (sogenannte ‚Frankfurter Schule'). Es schien uns der einleuchtendste Weg, zunächst knapp das Gesamtkonzept vorzustellen und dann in die Erklärung oder Kritik der Einzelelemente zu gehen, da die Kritische Theorie überwiegend allgemein programmatischen Charakter hat und weniger spezielle Einzelprobleme detailliert entwickelt.

Kritische Theorie propagiert in ihrem ursprünglichen Verständnis bei Horkheimer den *Gesellschaftsbezug von Wissenschaft.* Wissenschaft ist ein Moment im gesamtgesellschaftlichen Zusammenhang, sie spielt in der Gesellschaft eine genauso wichtige Rolle wie die Politik oder die Wirtschaft. Der Wissenschaftler kann sich angesichts der Bedeutung seines Tuns im 20. Jahrhundert nicht wie bei der traditionellen Theorie auf den Standpunkt zurückziehen, mit seiner Forschung interesselos nur der reinen Wahrheit dienen zu wollen und Kritik nur als die an der Effizienz seiner Methoden und der Stichhaltigkeit der Ergebnisse zu begreifen.

Vielmehr hat Wissenschaft dahingehend kritisch zu sein, daß sie die gesellschaftliche Wirklichkeit, von der sie selbst auch ein Teil ist, einer Kritik unterzieht, die an der Vorstellung von der *Selbstbestimmung* des Menschen und der *Aufhebung von Entfremdung* ausgerichtet ist. Dabei muß eine so betriebene Wissenschaft auch historisch-kritisch vorgehen und geschichtlich gewachsene Gesellschaftsformen unter dem Blickwinkel befragen, inwiefern sie Selbstbestimmung ermöglichen oder verhindern. Dies führt bei Horkheimer, Adorno und Marcuse für unsere Gesellschaft zur Kritik am Kapitalismus als einer Wirtschaftsform, bei der in der privaten Verfügung über Produktionsmittel und durch die Form massenhafter Produktion menschliche Arbeitskraft entfremdet eingesetzt wird.

Der Begriff der Entfremdung ist von Marx übernommen. Er unterscheidet in den Frühschriften vier Formen der Entfremdung:

— Entfremdung des Menschen vom Produkt,
— Entfremdung des Menschen vom Arbeitsprozeß,
— Entfremdung des Menschen vom anderen Menschen,
— Entfremdung des Menschen von sich selbst .

Allgemein bezeichnet Entfremdung einen Zustand, bei dem der Gattungscharakter des Menschen ganz oder teilweise verlorengegangen ist. Zum Gattungscharakter, also dazu, was den Menschen zum Menschen macht, zählt wesentlich seine Fähigkeit zu selbstbestimmtem Handeln aufgrund von sinnhaften Vorstellungen (s. Kap. 1). Wenn dies nicht mehr möglich ist, weil der Mensch in Zwängen steht, seien sie ökonomischer Art, kultureller (z. B. Werbung und Kulturindustrie), bildungsmäßiger Art, dann sind das entfremdete Bedingungen seiner Existenz.

Aufgabe nicht nur des politischen Handelns, sondern auch und gerade der Wissenschaft als Kritischer Theorie ist die Aufdeckung solcher den Menschen entfremdenden Zustände im Interesse seiner Emanzipation.

Bezugspunkt und Aufgabe von Wissenschaft in diesem Verständnis ist die *menschliche Emanzipation als Befreiung des Menschen aus Zwängen, die seine Selbstbestimmung verhindern.* (Vgl. zum Emanzipationsbegriff auch Kap. 2.4.1).

Stichpunktartig und vereinfacht können traditionelle und Kritische Theorie folgendermaßen einander gegenübergestellt werden:

Traditionelle Theorie	Kritische Theorie
Erklären bzw. Verstehen	Gesellschaftskritik
als Verfahren	
reine Erkenntnis	Veränderung
als Aufgabe von Wissenschaft	
Wahrheit	Emanzipation
als Ziel von Wissenschaft	
Analyse von isolierten Variablen	dialektischer Zusammenhang von Besonderem und Allgemeinem

Da das einzelne Phänomen (‚Ereignis' in der Sprache des Kritischen Rationalismus) immer auch aus seiner Einlagerung in den gesellschaftlichen Zusammenhang betrachtet werden muß, verfährt die Kritische Theorie *dialektisch.*

Dialektik heißt hier Einlagerung des Einzelnen in den gesellschaftlichen Zusammenhang, so daß
— das Einzelne erst aus diesem Zusammenhang (der *gesellschaftlichen Totalität)* verstehbar
— und das Ganze, die Gesellschaft, im Einzelnen faßbar wird.
(dialektisch-hermeneutischer Ansatz)

Adorno drückt den Gedanken so aus:

„Die gesellschaftliche Totalität führt kein Eigenleben oberhalb des von ihr Zusammengefaßten, aus dem sie selbst besteht. Sie produziert und reproduziert sich durch ihre einzelnen Momente hindurch...

So wenig aber jenes Ganze vom Leben, von der Kooperation und dem Antagonismus seiner Elemente abzusondern ist, so wenig kann irgendein Element auch bloß in seinem Funktionieren verstanden werden, ohne Einsicht in das Ganze, das an der Bewegung des einzelnen selbst sein Wesen hat. System und Einzelheit sind reziprok und nur in ihrer Reziprozität zu erkennen."
aus: Adorno 1972, S. 127.

Wie sähe das dialektische Vorgehen bei unserem Beispiel aus?

Das Einzelphänomen — ängstliches, stilles Verhalten vor der Rückgabe der Klassenarbeit — wird im größeren Zusammenhang von Schule als gesellschaftlicher Institution betrachtet und auf die *gesamtgesellschaftliche Perspektive* ausgeweitet.

Schule hat neben anderen Funktionen gesellschaftlich gesehen auch eine Reproduktions-, Allokations- und Integrationsfunktion. Über Schule wird der Bestand einer Gesellschaft garantiert (Reproduktionsfunktion), über Schule rekrutiert das Beschäftigungssystem seine Berufspositionen (Allokationsfunktion), und über Schule werden die grundlegenden politischen Verhaltensmuster vermittelt (Integrationsfunktion, vgl. auch noch Kap. 5.).

Unsere Gesellschaft kann als *(spät-) kapitalistisch* bezeichnet werden, sie ist geprägt von der Tendenz, Menschen als Arbeitskraft zu verwerten, wobei ihre Anpassung an vorgegebene Leistungsstandards und die Internalisierung der damit verbundenen Wertmuster Voraussetzung sind.

Die Lehrer sind als Sozialisationsagenten zu sehen, die den gesellschaftlichen Auftrag an Schule ausführen.

Die Situation der Schüler vor Rückgabe der Klassenarbeit spiegelt deutlich die auf der gesamtgesellschaftlichen Ebene feststellbare *entfremdete Situation* in einer massenhaft Waren produzierenden Wirtschaft wider: Die Gesellschaft ist nur interessiert an der Leistung der Individuen, an ihrer Verwertbarkeit. Sie zeigt sich gleichgültig gegenüber den Begleiterscheinungen einer solcherart entfremdeten Existenzweise der Individuen: gleichgültig gegenüber ihrer Isolation, gegenüber den Problemen der einzelnen mit sich selbst und auch gleichgültig gegenüber der entfremdeten Lernsituation. Es wird nur gelernt, um verwertbare Leistung hervorzubringen, nicht aber etwa, um die Fähigkeit zur eigenbestimmten Gestaltung des Lebens anzustreben.

Diese konkrete, besondere Situation der Schüler ist nur aus der Einlagerung in gesamtgesellschaftliche Verhältnisse zu begreifen und nicht als zufällige, individuell bedingte Reaktion der Betreffenden auf eine Streßsituation anzusehen. Totalität der Gesellschaft und gesellschaftliches Einzelphänomen sind nur aus ihrem dialektischen Zusammenhang heraus zu begreifen.

Neben diesen allgemeinen Aussagen zum Anspruch und Vorgehen der Kritischen Theorie ist für die Erziehungswissenschaft der Ansatz von HABERMAS besonders relevant, und zwar in zweierlei Hinsicht:

(a) Er hat auf einer wissenschaftstheoretischen Betrachtungsebene die Grundintentionen der drei großen Wissenschaftsgruppen — der Natur-, der Geistes- und der Sozialwissenschaften — herausgearbeitet und im Begriff der **erkenntnisleitenden Interessen** festgehalten.

(b) Durch seine sprachphilosophischen Arbeiten hat er mit dem **Diskurs** ein Modell entwickelt, das ähnlich wie der Bildungsbegriff als eine Art regulatives Prinzip für pädagogisches Handeln angesehen werden könnte. (Vgl. Sie hierzu bitte Kap. 2.4).

7.3.1 Das Konzept der erkenntnisleitenden Interessen

Auf die Frage, in welcher Absicht eigentlich Natur-, Geistes- und Sozialwissenschaften betrieben würden, antwortet die traditionelle Theorie: in der Intention, wahre Erkenntnis zu erlangen.

Die Kritische Theorie dagegen betrachtet die Wissenschaft aus ihrer Einlagerung in gesellschaftliche Zusammenhänge, sie sieht Wissenschaft daher als eine bestimmte Art des Umgangs mit ‚Objekten' an, die wie jedes Handeln von spezifischen Intentionen getragen ist. Jede der drei großen Wissenschaftsgruppen verfolgt eine besondere Intention. Die Naturwissenschaften sind an erfolgskontrolliertem Handeln durch das Experiment, die Geisteswissenschaften an der Sicherung von Verständigung durch Auslegung und die Sozialwissenschaften (zu der auch die Pädagogik gerechnet wird) an der Aufhebung von Fremdbestimmung durch Ideologiekritik interessiert.

Anders formuliert: Die Naturwissenschaften sind von einem **technischen** Erkenntnisinteresse, die Geisteswissenschaften von einem **praktischen** und die Sozialwissenschaften von einem **emanzipatorischen** Erkenntnisinteresse getragen.

Technisch heißt das Interesse der Naturwissenschaften, weil sie im Experiment solche Bedingungen herstellen, daß bei Geltung der allgemeinen Gesetze das entsprechende Ereignis eintreten muß/soll. Dieser *instrumentale* Zusammenhang ist dann auch technisch nutzbar zu machen.

Praktisch ist das Interesse der Geisteswissenschaften, weil sie in der Interpretation von Zeichen gestörte oder nicht problemlos ablaufende *Verständigung wieder herstellen* wollen. Wenn man will, so ist z. B. die Verständigung zwischen unserer und der mittelalterlichen Sprache gestört, da wir nicht über die gleiche Syntax, die gleichen Bedeutungen und den gleichen Verstehenshintergrund verfügen. Auslegung versucht, im Umgang mit dem anderen wieder Verständigung zu ermöglichen und so das Miteinanderhandeln (die Praxis) abzustützen.

Emanzipatorisch ist das Interesse der Sozialwissenschaften, da sie darauf ausgerichtet sind/sein sollen zu fragen, ob es sich bei ihren Erkenntnissen um tatsächlich oder nur scheinbar unveränderliche gesellschaftlich-politische Gegebenheiten handelt. Sozialwissenschaftliche Forschung befragt also ihre Ergebnisse mit der Absicht, gesellschaftliche Verhältnisse aufzuspüren, die *selbstbestimmtes Handeln* verhindern.

Indem Menschen über solche Abhängigkeiten durch Wissenschaft aufgeklärt werden, können sie sie durchschauen und außer Wirkung setzen *(‚Kraft der Selbstreflexion')*. Sie können sich von ihnen auf dem Weg der **Ideologiekritik** emanzipieren. Als ideologisch ist bei HABERMAS eine gesellschaftliche Situation gekennzeichnet, bei der im Verweis auf angebliche Sachzwänge die Diskussion darüber unterbunden wird, wie richtig, wie sinnvoll und vernünftig sie sind. Als ein Hauptreservoir, aus dem man solche Sachzwänge belegen zu können glaubt, wird heute Wissenschaft angesehen und in Anspruch genommen. HABERMAS spricht daher auch von Wissenschaft als Ideologie, meint aber damit eher die traditionelle, nicht natürlich die Kritische Wissenschaft.

7.3.2 Das Modell des Diskurses

Menschliche Interaktion läuft im Medium von Sinn und Sprache ab, Interaktion ist also immer kommunikativ: Man tritt im ‚Sprechen' miteinander in Kontakt, wobei Schweigen ebenso gut eine Form dieser Bestimmung von Sprechen ist wie Blicke austauschen.

Damit Kommunikation stattfinden kann, müssen bestimmte Regeln eingehalten und Handlungsnormen anerkannt sein. Die meisten dieser Regeln sind den Beteiligten nicht immer explizit bewußt. Man macht sich nicht in jedem Gespräch deutlich, welche Regeln man jetzt befolgt und welche Normen man anerkennt.

Regeln und Normen können aber nicht bloß unter dem funktionalen Vorzeichen gesehen werden, daß sie rein technisch die Kommunikation ermöglichen. In ihnen kommt auch eine bestimmte *Herrschaftsstruktur* zum Ausdruck: Der eine darf eher und mehr sprechen als der andere, der eine hat eine Vorzugsstellung bei der Kommunikation, der andere eine eher nachgeordnete, der eine verfügt über ausgefeiltere Informations- und Argumentationsmöglichkeiten als der andere.

Unser Unterrichtsbeispiel über Karl den Großen (s. S. 115) verdeutlicht das eben Gesagte im Hinblick auf die Kommunikationsstruktur in einer Schulklasse.

Man kann diese Kommunikationsstruktur als komplementär und als irreversibel kennzeichnen.

Komplementär heißt, daß einer der beiden Sprecher nur die Möglichkeit hat, sich in vorgegebenen und vom anderen abhängenden Formen zu artikulieren. Typischer Fall: stupide Lehrerfrage — Schülerantwort. In der Frage kommt die einengende, festlegende Position des Lehrers zum Ausdruck, auf die die Schüler nur reagieren können. In unserem Beispiel füllen sie die ‚Wortlücken' aus, die der Lehrer ihnen vorgibt, sie ergänzen (komplementieren) sein gedankliches Konzept.

Irreversibel ist die Kommunikationsstruktur, da Schüler nicht über die gleichen Artikulationschancen verfügen wie der Lehrer: Sie können nicht ungestraft zu ihrem Lehrer sagen, er erzähle nur Mist, sie können nicht — wie der Lehrer — festsetzen, was heute wie intensiv mit welchem Arbeitsaufwand behandelt wird. Irreversibel ist die Kommunikationsstruktur in unserem Beispiel auch durch das rigide Lehrverhalten. Anstatt die Teilwahrheiten und das Halbwissen der Schüler zum Ausgangspunkt für die weitere Unterrichtsarbeit zu nehmen und in der Arbeit am Gegenstand die Meinungen der Schüler über Karl den Großen aufzugreifen, sie auf ihre Berechtigung zu prüfen, sie evtl. zu korrigieren oder zu differenzieren, anstatt also in dieser Art auf die Schüler einzugehen, setzt der Lehrer unvermittelt seine Sichtweise als die allein richtige.

Nun sind, wie die Kritische Theorie betont, solche Regeln und Normen keine Naturkonstanten wie etwa die Tatsache, daß nach der Nacht der Tag kommt, ob man will oder nicht, sondern es sind geschichtlich entstandene, von Menschen hervorgebrachte Regelungen, die daher auch verändert bzw. miteinander ausgehandelt werden können.

Nur kann das Aushandeln nicht wieder so aussehen, daß einer der Partner den andern zu vereinnahmen sucht, diesmal vielleicht mit umgekehrtem Vorzeichen. Es muß sich vielmehr daran orientieren, daß Regeln für *menschliche* Kommunikation gefunden werden sollen, daß sie dem Anspruch genügen müssen, unter dem menschliches Handeln steht: dem Anspruch auf Selbstbestimmung aller Beteiligten.

Diese Situation, in der Regeln und Normen des Handelns bzw. des Sprechens bei Wahrung des Prinzips der Selbstbestimmung des Menschen befragt oder ausgehandelt werden, nennt Habermas den **herrschaftsfreien Diskurs.**

Dieses Modell ist ein kontrafaktisches Ideal; wir können auch sagen, es sei ein *regulatives Prinzip:* eine Vorstellung davon, wie die Situation sein sollte (Ideal), die aber als Ideal immer der Wirklichkeit entgegengesetzt bleiben wird (daher kontrafaktisch: entgegen dem Gegebenen).

Man sieht wahrscheinlich leicht ein, daß sich dieses Modell zum Übertrag auf pädagogisches Handeln regelrecht anbietet, und zwar in doppelter Hinsicht:

- Wenn pädagogisches Handeln letztlich an der Selbstbestimmungsfähigkeit des Individuums orientiert ist, dann müssen in der Erziehung auch Situationen angestrebt werden, die Selbstbestimmung einüben lassen, statt sie zu verhindern.

  Das Diskurs-Modell wäre eine *Idealsituation,* an der gemessen man konkrete pädagogische Situationen bewerten kann.
- Wenn zu einer auf Selbstbestimmung ausgerichteten Gesellschaft die freie Vereinbarung von Regeln und Normen im Diskurs gehört, dann muß Erziehung bei der nachwachsenden Generation auch solche Fähigkeiten anstreben, die zur Teilnahme am Diskurs befähigen.

  Das Diskurs-Modell wäre dann eine Umschreibung des *allgemeinen Ziels,* wie es in Kap. 2.4 mit dem Bildungsbegriff vorgestellt wurde.

Zur Bewertung der Position der Kritischen Theorie:

Die Darstellung der Kritischen Theorie in diesem Kapitel bezieht sich nur auf Teilstücke dieses Ansatzes, die für die Pädagogik von Bedeutung sind. Damit ist natürlich nicht die Kritische Theorie in ihrer Gesamtheit thematisiert, sondern im Rahmen des Studienbuches ist die Grundintention des Ansatzes verdeutlicht und so eine Basis für die kritische Wertung gewonnen worden.

- Als positiv festzuhalten ist der *Einbezug der Wissenschaft in gesellschaftlichen Überlegungen.* Damit wird der Blick frei für die Tatsache, daß Wissenschaft auch von politischen Zeitströmungen beeinflußt wird, daß sie von institutionellen Gegebenheiten abhängig ist wie dem Ansehen einer Institution, der Forschungsförderung und Veröffentlichungspolitik.

  Andererseits aber ist dieser sachliche Zusammenhang von Wissenschaft und Gesellschaft bei vielen Anhängern der Kritischen Theorie zu einer aufgeplusterten Standardfloskel geworden, die nichts mehr erklärt. Alles ist gesellschaftlich bedingt, natürlich auch, daß Hänschen nicht lernen will. Man kann diese Einseitigkeit der Epigonen sicherlich nicht der Kritischen Theorie anlasten. Wohl aber verleitet sie vielleicht zum ausschließlichen Denken von dieser Prämisse her, so daß sie eine *Perspektivverengung* im wissenschaftlichen Zugriff riskiert. Durch den Zwang zur gesellschaftsbedingten Erklärung eines Phänomens kommt eine mehrdimensionale Betrachtung zu kurz, bei der gleichberechtigt und nicht gesellschaftlich-dialektisch vereinnahmt neben gesellschaftlichen auch andere Faktoren berücksichtigt werden, z. B. psychologische, biographische, ideengeschichtliche.

— Sinnvoll ist auch der Hinweis, daß Wissenschaft unter einem bestimmten *Anspruch* steht, daß sie nicht nur selbstgenügsame Veranstaltung einiger weniger dazu Berufener ist. Man kann sagen, die Ausrichtung der Theorie auf die Lebenspraxis der Menschen wird bei dieser Position entschieden vertreten und ist gegenüber einem rein technologischen Wissenschaftsverständnis sicherlich ein Fortschritt. Allerdings wird das engagierte Eintreten der Theorie für die Praxis von Vertretern dieses Ansatzes häufig *einseitig politisch* im Sinne des demokratischen Sozialismus ausgelegt. Durch die Kategorien MARXscher Herkunft ist natürlich die Affinität zu dieser politischen Position naheliegend; aber der Ansatz läuft damit Gefahr, Wissenschaft leichthin mit politischer Aktivität gleichzusetzen bzw. vorschnell einen politischen Standpunkt einzunehmen.

Dies wird recht deutlich, wenn beispielsweise ein Fachdidaktiker der politischen Bildung (H. GIESECKE) als Wissenschaftler im Namen der Kritischen Theorie Parteinahme für die Abhängigen und Unterdrückten, für die Lohnabhängigen, fordert. Genau besehen ist das jedoch ein politisches Programm und als solches durchaus diskussionswürdig. Nur steht man bei der Diskussion im politischen Kontext und kann lediglich von unterschiedlichen politischen Standorten aus miteinander diskutieren.

— Durch die Kritische Theorie hat eine Reihe von neuen Perspektiven und Verfahren Eingang in die Sozialwissenschaften gefunden, vor allem die der *Sprach- und Ideologiekritik.* Aber auch hier schlägt wieder die schon angesprochene Gefahr der Einseitigkeit durch, indem wiederum vor allem bei den Epigonen vorschnell von einem *Ideologieverdacht* ausgegangen wird. So wie alles als gesellschaftlich bedingt gesehen wird, so wird es auch als ideologisch abqualifiziert. Der Begriff der Ideologie wird dabei häufig verwässert und auf eine einfache Täuschungsabsicht des wissenschaftlich Andersdenkenden oder des sozial Andershandelnden reduziert. Ihnen wird vorschnell unterstellt, ihren Herrschaftsanspruch verdecken und zugleich besser behaupten zu wollen.

— Neben diesen allgemein auf die Position der Kritischen Theorie bezogenen Wertungen ist hier auch noch einmal das Diskursmodell im besonderen hervorzuheben, weil seine pädagogische Relevanz von den Erziehungswissenschaftlern der Kritischen Theorie hoch veranschlagt wird. Ihre Argumentation: Erziehung ist ein *Herrschaftsverhältnis* zwischen den beiden Interagierenden. Der eine ist in der überlegeneren Position des Mehrwissenden, in der Stellung dessen, der Sanktionen zur Verfügung hat, dem überhaupt ein Interaktionsprivileg zukommt. Der andere dagegen steht in einem starren Abhängigkeitsverhältnis, muß sich fügen und anpassen, um Schule ‚überleben' zu können.

Das Diskursmodell jedoch verweise gleichsam auf die ideale pädagogische Situation, bei der Lehrer und Schüler gemeinsam im herrschaftsfreien Miteinander-Reden die Bedingungen der Kommunikation regeln und bei Kommunikationsstörungen, vom Willen um Konsens getragen, nach Möglichkeiten ihrer Behebung suchen.

Aber: Es ist hier kritisch zu fragen, ob die Rede vom ‚Herrschaftsverhältnis' das pädagogische Handeln angemessen charakterisiert oder ob sie nicht vielmehr allenfalls auf *Grenzformen* der Lehrer-Schüler-Beziehung zutrifft. Sicherlich bringt ein Lehrer im Unterricht und bei der Interaktion mit Schülern Emotionen und Frustrationen, Ängste und Abwehrhaltungen ein; sicherlich wird unter Umständen ein Lehrer auch Druck, den er von oben erhält, nach unten weitergeben. So besehen kann pädagogisches Handeln Züge eines Herrschaftsverhältnisses an sich haben, ohne aber hiermit angemessen begrifflich erfaßt zu sein. Zunächst einmal ist die Erziehungssituation aufgrund struktureller Gegebenheiten ungleich angelegt. Wissens- und Erfahrungsvorsprung des ‚Erziehenden' spiegeln sich notwendig in der Kommunkationsstruktur wider, die ihrem Grundmuster nach nicht gleich aufgebaut ist. Problematisch wird diese Situation in dem Augenblick, in dem die Ungleichheit *perpetuiert* wird, beispielweise wenn Kinder oder Jugendliche in ihren Bemühungen um Verringerung dieser Differenz nicht angenommen werden. Man kann — unter Einbezug unserer Überlegungen in Kap. 1.2 zu den Strukturmerkmalen erzieherischen Handelns — sagen, daß pädagogische Situationen sowohl vom Anspruch als auch meistenteils vom konkreten Handeln der Beteiligten her weniger auf die herrschaftliche Vereinnahmung des Schülers ausgerichtet, als vielmehr daran orientiert sind, ihm zu eigenständigem Urteil und eigenverantwortlichem Handeln zu verhelfen. Hierzu müssen jedoch die entsprechenden *Rahmenbedingungen* geschaffen sein. Dies zu bewerkstelligen, ist weniger eine Frage des herrschaftsfreien Diskurses als vielmehr die der *bildungspolitischen Aktivität.* Bildungspolitik hat dafür zu sorgen, daß Unterricht unter Bedingungen stattfindet, die seinen pädagogischen Charakter auch tatsächlich zutage treten lassen. Bereits der Hinweis auf Klassengröße, auf die groteske Bürokratisierung und Verrechtlichung von Schule dürften die Richtung deutlich machen, in die hier die Kritik zielt, eine Kritik, die immer wieder vorzubringen sicherlich zu den wesentlichen Aufgabe der pädagogischen Theorie gehört.

Kommen wir zurück auf das Diskursmodell und seine Kennzeichnung als herrschaftsfreiem Miteinanderhandeln, so sollten noch zwei Einwände kritisch festgehalten werden.

— Zunächst zur Forderung nach herrschaftsfreiem Miteinanderaushandeln: Ein solche Situation ist auch unter günstigsten äußerlichen Bedingungen schwer vorstellbar. Selbst wenn z. B. so gravierende Hindernisse wie institutionelle Barrieren und Rollenfixierungen der Beteiligten aus dem Weg geräumt sind, bleibt doch die Tatsache der *unterschiedlichen Persönlichkeitsstruktur* der am Diskurs Beteiligten bestehen: Der eine ist argumentativ stärker als der andere, er weiß mehr, er bringt Argumente rhetorisch geschliffener vor, er wirkt mit seinem ganzen Habitus ernsthafter und überzeugender; dies sind Gegebenheiten, die man nicht ausschalten kann, es sei denn um den Preis, daß man aufhört, als je eigene Person mit dem anderen zu reden.

Auch Habermas machte in ‚Diskursen' häufig die entschieden bessere Figur! Eine schon fast widersprüchliche Annahme stellt die der *Diskursbereitschaft der Betreffenden* bei Kommunikationsschwierigkeiten dar. Probleme zwischen den Beteiligten treten letztlich auf, weil kein Konsens über anstehende Fragen mehr zu erzielen ist. Und gerade die Bereitschaft zu Konsens ist erfordert, um überhaupt in den Diskurs eintreten zu können. Man muß also einerseits Konsensbereitschaft als schon gegeben voraussetzen, sonst kommt der Diskurs nicht zustande, andererseits soll aber der Konsens erst im Diskurs wieder gewonnen werden.

— Das Diskursmodell setzt neben den oben gemachten prinzipiellen Einwänden ein so hohes Maß an Einsicht, Selbstbeschränkung, Gutwilligkeit, Offenheit voraus, daß sich die Frage aufdrängt, ob die Beteiligten nicht von einem solchen Anspruch überfordert wären. Und selbst wenn man ein derartig optimistisches Menschenbild annimmt, ein Menschenbild, bei dem fast schon heilsgeschichtliche Züge durchschimmern, so bleibt immer noch die unaufhebbare Tatsache der je individuellen und damit — auf den anderen bezogen — der ungleichen Persönlichkeitsstruktur bestehen, die sich im Diskurs als unterschiedlich erfolgreiche Fähigkeit der Argumentation, Artikulation und Durchsetzung von Absichten auswirkt.

7.3.3 Lerntafel

Die Kritische Theorie sieht eine grundlegende Differenz zwischen traditioneller und kritischer Theorie.

Traditionelle Theorie ist Wissenschaft, die unter dem Anspruch reiner Theorie, Erkenntnis um der Erkenntnis willen betrieben wird.

Kritische Theorie ist demgegenüber praxisbezogen in der Absicht, *Entfremdung* zugunsten zunehmender Selbstbestimmung der Subjekte (der Menschen) *aufzuheben*.

Wissenschaft steht unter dem Anspruch, die Emanzipation der Menschen zu ermöglichen.

Das Verfahren der Kritischen Theorie ist **dialektisch:**
Einzelphänomen und gesamtgesellschaftlicher Zusammenhang bedingen einander:
- Das Einzelne ist nur im Rückbezug auf gesamtgesellschaftliche Strukturen verstehbar,
- die gesamtgesellschaftlichen Zusammenhänge sind im Einzelnen verkörpert.

Das wissenschaftliche Vorgehen in den einzelnen Wissenschaftsgruppen ist an **erkenntnisleitenden Interessen** orientiert:

Technisches Erkenntnisinteresse in den Naturwissenschaften: Interesse an erfolgskontrolliertem Handeln.

Praktisches Erkenntnisinteresse in den Geisteswissenschaften: Interesse am Wiederherstellen gestörter Verständigung.

Emanzipatorisches Erkenntnisinteresse in den Sozialwissenschaften: Interesse am Verändern scheinbar unveränderlicher gesellschaftlicher Zusammenhänge.

Das **Diskursmodell** beschreibt eine *ideale Sprechsituation*, bei der im herrschaftsfreien Diskurs Regeln und Normen menschlicher Interaktion und Kommunikation von den Beteiligten gemeinsam festgelegt werden.

Dieses Modell kann für die Pädagogik
- ein *Kriterium* sein, um pädagogische (Sprech-) Situationen zu bewerten,
- eine *Umschreibung des Ziels* pädagogischen Handelns sein: Befähigung zur Teilnahme an Diskursen.

Zur Bewertung der Position:
- Der Einbezug von Wissenschaft in gesellschaftliche Überlegungen ist posi-

tiv hervorzuheben. Im Gefolge dieser Sicht tritt allerdings häufig eine Perspektivverengung im wissenschaftlichen Zugriff ein.

- Wissenschaft wird nicht als wertfreie, selbstgenügsame Veranstaltung gesehen. Wissenschaft soll standpunktbezogen vorgehen. Bei Vertretern der Kritischen Theorie führt dieses Postulat häufig zur Anlehnung an eine bestimmte politische Position, an die des demokratischen Sozialismus.
- Die Kennzeichnung des pädagogischen Verhältnisses als eines Herrschaftsverhältnisses greift zu kurz. Die durch die pädagogische Situation bedingte Ungleichheit zwischen ‚Erziehendem' und ‚Adressaten' wird erst dann im negativen Sinn zu einem Herrschaftsverhältnis, wenn sie aufgrund persönlicher oder institutioneller Interessen perpetuiert wird.

7.4 Arbeitsvorschlag

Analysieren Sie bitte die folgende Szene vor dem Hintergrund der drei im Kapitel behandelten wissenschaftstheoretischen Positionen.

„Claire: Früher, wenn ich von der Arbeit nach Hause kam und die Tür aufmachte — meist konnte ich es kaum erwarten, ich mag meine Familie wirklich sehr und bin sehr gern mit ihr zusammen — das erste, was ich sah, waren Mäntel und Pullover und Bücher und Baseballhandschuhe und schmutzige Gläser und Kekskrümel. Die Kinder freuten sich, mich zu sehen, aber ich fing sofort an mit: ‚Um Gottes willen, was ist denn hier los? Hebt das auf und räumt das weg!', und ich teilte Strafen aus und war böse zu den Kindern, und sie fühlten sich schuldig und schämten sich. Ich begann darüber nachzudenken, und es wurde mir klar, daß sie diese Dinge einfach nicht bemerkten, denn wenn ich auf etwas zeigte, hoben sie es auf, und wenn ich auf etwas, das einen Meter entfernt lag, nicht zeigte, dann sahen sie es nicht. Es war merkwürdig, aber sie sahen es wirklich nicht. Und so berief ich eine Versammlung ein. Wir hatten zwar regelmäßige Versammlungen, aber man kann auch zwischendurch eine einberufen. Ich berief also eine Versammlung ein und erkannte zum erstenmal, daß das mein Problem war. *Ich* habe ein Problem. Ich kann es nicht ertragen, wenn im Haus ein solches Chaos herrscht.

Carl: Für die anderen war es kein Problem. Aber für Sie war es ein großes Problem.

Claire: Richtig. Das Durcheinander im Hause störte sie nicht. Es war nicht ihr Problem. Es war meines. Ich bin ein Mitglied der Familie und habe ein Recht auf ein gewisses Maß an Rücksichtnahme. Das akzeptieren sie. Ich sagte: ‚Ich brauche eure Hilfe bei diesem Problem.' Ich glaube, wir saßen eineinhalb Stunden um den Tisch versammelt. Die Kinder fanden schließlich eine Lösung für mein Problem. Wir nannten es die ‚Verschwindschachtel'. Wir hatten eine große Schachtel, und jedes Ding, das in den gemeinsam benützen Räumen — in der Küche, im Wohnzimmer, den Bädern, im Flur — herumlag, wurde in diesen wunderbaren alten Karton geworfen und war damit verschwunden. Und sie beschlossen, daß es eine Woche lang drinnenbleiben sollte. Egal, was es sei. Ich brauchte mich nicht darum zu kümmern. Die Kinder besorgten das und dachten nicht daran, ihr eigenes System zu sabotieren. Sie waren begeistert davon, und sie paßten aufeinander auf. Es war einfach köstlich: Der

Zwölfjährige wußte genau, wann der Vierzehnjährige etwas in die Schachtel hatte tun müssen, und wenn er es auch nur fünfundzwanzig Minuten früher herausnehmen wollte... es wurde einfach nicht zugelassen."
aus: ROGERS 1977, S. 52/53

7.5 Literatur

1. Hermeneutische Position

W. DILTHEY, Die geistige Welt, Einleitung in die Philosophie des Lebens, Gesammelte Schriften Band V, Leipzig, Berlin 1924
ders., Der Aufbau der geschichtlichen Welt in den Geisteswissenschaften, Gesammelte Schriften Band VII, Leipzig, Berlin 1927
* H. G. GADAMER, Wahrheit und Methode, Tübingen 1960
G. KLEINING, Umriß einer Methodologie qualitativer Sozialforschung, in: Kölner Zeitschrift für Soziologie und Sozialpsychologie, 34, 1982, S. 224–253
M. KOHLI, ‚Offenes' und ‚geschlossenes' Interview: Neue Argumente zu einer alten Kontroverse, in: Soziale Welt, H. 1, 1978, S. 1–25
A. SCHÜTZ, Der sinnhafte Aufbau der sozialen Welt, Frankfurt 1974

Pädagogische Positionen

O. BOLLNOW, Existenzphilosophie und Pädagogik, Stuttgart 1968
J. DERBOLAV, Systematische Perspektiven der Pädagogik, Heidelberg 1971
W. FLITNER, Das Selbstverständnis der Eriehungswissenschaft in der Gegenwart, Heidelberg 1966
M. J. LANGEFELD, Einführung in die Pädagogik, Stuttgart 1961
H. NOHL, Die pädagogische Bewegung in Deutschland und ihre Theorie, Frankfurt 1963
* E. WENIGER, Die Eigenständigkeit der Erziehung in Theorie und Praxis, Weinheim o. J.

Überblicksliteratur:

H. DANNER, Methoden geisteswissenschaftlicher Pädagogik, München 1979

2. Kritischer Rationalismus

H. ALBERT, Aufklärung und Steuerung — Gesellschaft, Wissenschaft und Politik in der Perspektive des Kritischen Rationalismus, in: G. LÜHRS u. a. (Hrsg.), Kritischer Rationalismus und Sozialdemokratie, Band 1, Bonn 1975, S. 103 ff
C. G. HEMPEL, Philosophie der Naturwissenschaften, München 1974
* K. R. POPPER, Logik der Forschung, Tübingen 1966

W. STEGMÜLLER, Probleme und Resultate der Wissenschaftstheorie und analytischen Philosophie, Band 1, Berlin, Heidelberg, New York 1974; Teil 2, 1969

Pädagogische Positionen

* W. BREZINKA, Von der Pädagogik zur Erziehungswissenschaft, Weinheim, Berlin, Basel 1971
ders., Grundbegriffe der Erziehungswissenschaft, München, Basel 1974
L. RÖSSNER, Einführung in die analytisch-empirische Erziehungswissenschaft, Freiburg 1979

Überblicksliteratur:

R. PRIM/H. TILMANN, Grundlagen einer kritisch-rationalen Sozialwissenschaft, Heidelberg [4]1979

3. Kritische Theorie

TH. W. ADORNO, Soziologie und empirische Forschung, in: E. TOPITSCH, Logik der Sozialwissenschaften, Köln, Berlin 1970, S. 511 ff
* J. HABERMAS, Erkenntnis und Interesse, Frankfurt 1970
ders., Technik und Wissenschaft als Ideologie, Frankfurt 1969
J. HABERMAS/N. LUHMANN, Theorie der Gesellschaft oder Sozialtechnologie, Frankfurt 1971
M. HORKHEIMER, Traditionelle und kritische Theorie, Frankfurt 1970
M. HORKHEIMER/TH. W. ADORNO, Dialektik der Aufklärung, Frankfurt 1980

Pädagogische Positionen

W. KLAFKI, Die bildungstheoretische Didaktik im Rahmen kritisch-konstruktiver Erziehungswissenschaft, in: Westermanns Pädagogische Beiträge 32, 1980, S. 32 ff
K. MOLLENHAUER, Pädagogik und Emanzipation, München 1970
* ders., Theorien zum Erziehungsprozeß, München 1972
W. LEMPERT, Leistungsprinzip und Emanzipation, Frankfurt 1971

Überblicksliteratur:

B. CLAUSSEN/H. SCARBATH (Hrsg.), Konzepte einer Kritischen Erziehungswissenschaft, München 1979

(Im Arbeitsvorschlag ist
C. R. ROGERS, Die Kraft des Guten, München 1977
zitiert.)

Verzeichnis der Prüfungs- und Kontrollfragen bzw. -aufgaben

Kapitel 1 Grundlagen der Erziehung

Wieso ist der Mensch überhaupt erziehbar? S. 19, 23
Warum muß der Mensch erzogen werden? S. 18, 22f
Begründen Sie, inwiefern der Mensch als ein Mängelwesen angesehen werden kann. S. 19f
Was kennzeichnet den Begriff des Handeln? S. 24
Entwickeln Sie die einzelnen Momente beim Handlungsentwurf. S. 25f
Wie kann Sinn definiert werden? S. 27
Welche Funktion hat Sprache für den Menschen? S. 28f
Durch welche Strukturmomente ist Erziehungshandeln gekennzeichnet? S. 40–43
Wie lassen sich die experimentellen Befunde der Verhaltensforschung hinsichtlich der Frage nach Intelligenz und Sprachfähigkeit von Primaten auslegen? S. 35f

Kapitel 2 Erziehungsziele

Welcher Unterschied besteht zwischen konkreten und abstrakten Erziehungszielen? S. 47f
Welche Funktion haben allgemeine Erziehungsziele? S. 48
Welche Bedingungsfaktoren für den Wandel von Erziehungszielen kann man anführen? S. 55f
Was versteht man unter der Legitimation eines Erziehungsziels? S. 60
Inwiefern kann der Begriff der Legitimation auch als Erklärung für die Kontroversen um Erziehungsziele dienen? S. 61f
Entwickeln Sie einzelne Momente am Bildungsbegriff, die sich im Laufe seiner Problemgeschichte herauskristallisiert haben. S. 66
Charakterisieren Sie den Mündigkeitsbegriff. S. 66
Entwickeln Sie den Emanzipationsbegriff in seinen verschiedenen Dimensionen. S. 67f
Begründen Sie, warum man den Bildungsbegriff als übergeordneten Begriff, den der Mündigkeit und der Emanzipation als seine Teilmomente ansehen kann. S. 68–70
Entwickeln Sie das Konzept der formalen Bildungstheorie, und führen Sie einige Punkte der Kritik an. S. 71f
Bestimmen Sie den Ansatz der materialen Bildungstheorie und nehmen Sie kritisch dazu Stellung. S. 72

Kapitel 3 Lernpsychologische Dimension der Erziehung

Was versteht man unter Lernen? S. 75
Beschreiben Sie den Vorgang der klassischen Konditionierung. S. 77
Entwickeln Sie kurz die Prinzipien des Lernens nach Versuch und Irrtum. S. 81
Skizzieren Sie den Ansatz der operanten Konditionierung. S. 82f
Worin liegt der Unterschied zwischen operanter und klassischer Konditionierung? S. 83, 104f

Welche Merkmale kennzeichnen SKINNER's Konzept des programmierten Unterrichts? S. 84
Nennen Sie einige charakteristische Merkmale des Behaviorismus, und nehmen Sie zu dieser Position kritisch Stellung. S. 87f
Beschreiben Sie die einzelnen Stufen beim Problemlösungslernen. S. 90–93
Welche Teilprozesse kann man beim Lernen am Modell unterscheiden? S. 95f
Worin liegt die Bedeutung der Verstärkung beim Modellernen? Gehen Sie auch auf die verschiedenen Arten der Verstärkung ein. S. 98–102
Worin liegen Unterschiede zwischen operanter Konditionierung und Modellernen? S. 105
Beschreiben Sie kurz das Experiment von SHERIF bzw. HOFSTÄTTER mit dem autokinetischen Effekt, und entwickeln Sie daraus einige Prinzipien der Meinungsbildung in der Gruppe. S. 107f
Welche Rolle spielt die Gruppe bei der Meinungsbildung des einzelnen nach dem Experiment von ASCH? S. 109
Wie wirken sich Meinungsaußenseiter auf die Gruppenmeinung aus? S. 110
Entwickeln Sie einige Gesichtspunkte der Meinungsbildung in der Schulklasse als Lerngruppe. S. 111f

Kapitel 4 Soziologische Dimension der Erziehung

Klären Sie die Beziehung von Sozialisation und Internalisierung. S. 117f
Entwickeln Sie die funktionalen Gebote von PARSONS (sogenannten AGIL-Schema. S. 118f)
Gehen Sie auf die Kritik an der funktionalistischen Theorie ein, auf das Integrationstheorem, das Identitätstheorem und das Konformitätstheorem. S. 121–123
Wie wird Sozialisation im Rahmen des symbolischen Interaktionismus verstanden? S. 125
Skizzieren Sie die wesentlichen Strukturmerkmale bei der vis-à-vis-Interaktion. S. 126–130
Welche Rolle spielt die soziale Wahrnehmung bei der Interaktion? S. 129f
Beschreiben Sie einige Techniken zur Abwehr bedrohter Identität. S. 132
Welches sind die Strukturmerkmale von Lebenswelt? S. 133–136
Entwickeln Sie die Unterschiede zwischen der primären und sekundären Sozialisation. S. 140f
Was versteht man unter heimlichem Lehrplan? S. 143f
Was ist ein Ritual? S. 146
Wie kann Angst in der Schule erklärt werden? S. 148f
Inwiefern trägt Unterricht zur Etikettierung eines Menschen bei? S. 152f

Kapitel 5 Institutionell-gesellschaftliche Dimension der Erziehung

Entwickeln Sie die Stellung der Schule im System der Gesellschaft nach HEGEL. S. 158f
Leiten Sie aus dieser Stellung die verschiedenen Funktionen von Schule ab. S. 160–162
Nennen Sie einige Merkmale von Unter- bzw. Mittelschicht hinsichtlich der Einstellung zum Beruf und zum Erziehungsverhalten. S. 169–171
Charakterisieren Sie a) die formale b) die öffentliche Sprache. S. 172
Was versteht man unter sprachlicher Defizit- und was unter sprachlicher Differenzhypothese? S. 173

Skizzieren Sie kurz
a) den Restgrößen- oder Residualansatz,
b) den Korrelationsansatz,
c) den Humankapitalansatz im Rahmen der Bildungsökonomie. S. 176–179
Wie arbeitet man mit dem social demand approach, wo liegen seine Schwachstellen? S. 180–182
Beschreiben Sie das bildungsplanerische Verfahren mit dem manpower approach, und entwickeln Sie einige Punkte der Kritik. S. 182f
Beschreiben Sie das Vorgehen bei den flexibilitätsanalytischen Verfahren. Wo liegen die Grenzen des Verfahrens? S. 190f
— Welche Probleme will man mit dem Konzept der Schlüsselqualifikationen lösen? S. 191
Erläutern Sie die wichtigsten Schlüsselqualifikationen. S. 191f
Was versteht man unter Bildungspolitik? S. 197
Unter welchen Bedingungen wird der Vorgang der Legitimation problematisch? S. 198–200
Skizzieren Sie kurz die Hauptetappen der bundesdeutschen Bildungspolitik hinsichtlich der Reform der gymnasialen Oberstufe. S. 204–213

Kapitel 6 Didaktische Dimension der Erziehung: Unterricht — Didaktik — Curriculum

Entwickeln Sie die Strukturmerkmale von Unterricht hinsichtlich seiner didaktisch-methodischen Dimension. S. 219–221
In welcher Beziehung stehen Entscheidungsfelder und Bedingungsfaktoren von Unterricht zueinander? S. 222f
Welches sind die Phasen des Unterrichtsprozesses? S. 224f
Worin besteht ihre jeweilige Funktion? S. 225f
Skizzieren Sie das Verfahren der Interaktionsanalyse nach FLANDERS, und nehmen Sie kritisch dazu Stellung. S. 228–232
Beschreiben Sie das Verfahren der Sprachanalyse nach BELLACK, und bewerten Sie es hinsichtlich seiner Vor- und Nachteile. S. 232–235
Beschreiben Sie den bedeutungsanalytischen Ansatz, und gehen Sie kritisch auf seine Leistungsmöglichkeiten ein. S. 235–239
Was versteht man unter Didaktik? S. 242
Wie kann man sie zur Methodik abgrenzen? S. 243
Aufgrund welcher Überlegungen kann man die im Studienbuch aufgeführten didaktischen Prinzipien ableiten? S. 245–247
Charakterisieren Sie kurz das didaktische Prinzip
— der Situationsbezogenheit
— der Handlungsorientierung
— der Wissenschaftsorientierung
— des Exemplarischen
— der Struktur. S. 247–258
Gehen Sie auch kritisch auf die Leistungsmöglichkeiten der Prinzipien ein. S. 247–258

Stellen Sie einige Merkmale der alten Lehrplantheorie und des Curriculum einander gegenüber. S. 264
Beschreiben Sie den situationsanalytischen Ansatz zur Curriculumplanung. S. 266 f
Welche Punkte der Kritik sind bei diesem Ansatz festzuhalten? S. 267 f
Entwickeln Sie die den offenen Curriculummodellen zugrundeliegenden Prinzipien von Handlungsforschung. S. 269 f
Welche Gesichtspunkte können hier kritisch festgehalten werden? S. 270 f
Nennen Sie die wichtigsten Dimensionen eines Lernziels. S. 273
Was versteht man unter Operationalisierung eines Lernziels? S. 273 f
Auf welche Probleme kann man bei der Lernzieloperationalisierung aufmerksam machen? S. 274 f
Beschreiben Sie kurz die Taxonomie von Lernzielen. S. 275
Welche Vor- und Nachteile der Taxonomie von Lernzielen können aufgelistet werden? S. 276–278

Kapitel 7 Wissenschaftstheoretische Dimension der Pädagogik

Womit beschäftigt sich Wissenschafttheorie? S. 284
Was heißt Verstehen? S. 286
Welche Rolle spielt das Vorverständnis beim Verstehen? S. 287 f
Was versteht man unter dem Prinzip der Wirkungsgeschichte und dem der Horizontverschmelzung? S. 290
Was meint man mit dem Argument, hermeneutische Ansätze seien im Grunde idelogisch? Was läßt sich kritisch dagegen halten? S. 291
Welche Rolle spielt die Tradition beim Verstehen? S. 292
— Welche Forderungen stellt qualitative Sozialforschung an den Forschungsprozeß? S. 293
Kennzeichnen Sie das narrative Interview als eine Methode qualitativer Sozialforschung. S. 294 f
Was heißt Erklären? S. 297
Beschreiben Sie das H-O-Schema. S. 298
Wie verfährt die Kritik beim Kritischen Rationalismus? S. 300 f
Wie verhalten sich Erklärung und Prognose zueinander? S. 300 f
Was versteht man unter Falsifikation? S. 300
Worauf bezieht sich das Postulat der Werturteilsfreiheit? S. 302
Entwickeln Sie einige Punkte zur Bewertung des Kritischen Rationalismus. S. 303 f
Wie werden von Vertretern der Kritischen Theorie traditionelle und kritische Theorie voneinander abgegrenzt? S. 305–307
Worin besteht die Aufgabe von Wissenschaft nach Auffassung der Kritischen Theorie? S. 306
Was versteht Habermas unter erkenntnisleitenden Interessen? S. 308 f
Beschreiben Sie das Modell des herrschaftsfreien Diskurses nach Habermas. S. 310 f
Welche Bedeutung hat dieses Modell für die Pädagogik? S. 311
Entwickeln Sie einige Punkte zur Bewertung der Position der Kritischen Theorie. S. 311–314

Lösungsvorschläge

Zum Arbeitsvorschlag 2.2.2 auf S. 58

Beim ersten Hinsehen fällt auf, daß Schule eher mit dem *Ernst des Lebens* zu tun hat; Lebensfreude dagegen rangiert nicht unter den Prioritäten schulischer Ziele.

Bemerkenswert ist weiterhin die Umschichtung in der Spitze dieser Zielhitliste: *Vielseitiges Wissen und berufsbezogene Kenntnisse* stehen 1973 ganz oben auf der Skala, wogegen die eher auf ‚Tugenden' bezogenen Ziele abgerutscht sind: Ordnung und Disziplin bzw. Achtung vor den Mitmenschen von Platz 1 bzw. 2 auf Rang 6 bzw. 5.

Einen starken Aufwärtsschub verzeichnet das Ziel der eigenen Urteilsfähigkeit, weniger gefragt sind ‚gute Umgangsformen' und ‚sicheres Selbstbewußtsein'.

Wie könnten die Tabellen interpretiert werden?

Sicherlich haben sich in der Zeit von 1958 bis 1973 die in *kultureller*, *politischer* und *ökonomischer* Hinsicht erfolgten Wandlungstendenzen auch im Bereich der Auffassungen über die allgemeinen Ziele schulischer Erziehung niedergeschlagen.

So ist etwa auf dem ökonomischen Sektor eine Entwicklung eingetreten, die von zunehmender Mobilität der Arbeitskräfte und Substitutionierbarkeit der Qualifikation gekennzeichnet wird. *Arbeitsplatzwechsel* ist nicht mehr die Ausnahme; im Gegenteil, die Wahrscheinlichkeit, den Arbeitsplatz wechseln zu müssen/wollen, hat zugenommen. Der Wechsel droht aber nur dann nicht auch zu einem Abstieg zu werden, wenn der Betreffende in der Lage ist, seine einmal erworbenen Qualifikationen *vielseitig* einzusetzen d. h. wenn er über substituierbare Qualifikationen verfügt.

Das auch für Schule politisch vielleicht markanteste Ereignis ist die Studentenbewegung gewesen und im Gefolge die *anti-autoritäre* bzw. die bewußt den *Selbständigkeits- und Selbstbestimmungsanspruch* betonende Pädagogik. Damit einher ging die Kritik an überkommenen Verhaltensvorstellungen, vor allem von solchen, die auf Disziplin und Ordnung ausgerichtet waren. Im damaligen Jargon: Disziplin und Ordnung sind affirmative Verhaltensweisen, Relikte bürgerlich-obrigkeitsstaatlicher Verbeugungen, nur zum Nutzen der Herrschenden.

Die Entwicklung ist nicht in Richtung dieser ideologisierenden Vereinseitigungen abgelaufen, wohl aber ermöglichte ihre kritische Komponente eine Veränderung dahingehend, daß man Autorität nicht mehr von vornherein hinnahm, sondern gesellschaftliche Verhältnisse zunehmend auf ihre Berechtigung, ihre ‚Vernünftigkeit' abklopfte. Insgesamt veränderte sich das gesellschaftliche Wertgefüge sehr stark von häufig unbefragtem Akzeptieren hin zur kritischen Prüfung aufgrund eigener Urteilsfähigkeit, die denn auch 1973 als Ziel schulischer Erziehung mit Platz 3 in der Wertschätzung weit vorgerückt ist.

Aus der *jugendlichen Subkultur*, die sich unterhalb der politischen Ebene ausbreitete, ist vielleicht der gesunkene Stellenwert eines Zieles wie ‚gute Umgangsformen' zu erklären, das 1958 immerhin noch einen guten Platz im Mittelfeld behauptete. Hier haben wohl Parka- und Latzhosengenerationen, Schlaffis und eine neue Lässigkeit Vorstellungen sehr stark relativiert, die vordem auch ein sozial differenzierendes Kennzeichen hatten: gute Umgangsformen waren ein Merkmal des Gebildeten, wobei die Vorstellungen über guten Ton und gutes Benehmen vor allem in den eher bürgerlichen Sozialschichten entwickelt waren.

Zum Arbeitsvorschlag 2.4.4 auf S. 73

Bei der Diskussion dieser Frage sind zwei verschiedene Sichtweisen voneinander zu unterscheiden:

a) die des Historikers, der nach den Gründen für das Entstehen eines solchen Kataloges fragt, nach seinem Zweck, nach seinen Auswirkungen; eine Fragestellung, die in diesem Kontext nicht weiter verfolgt werden muß;
b) die des Pädagogen, der einen solchen und ähnliche Kataloge wertend beurteilt, der also fragt, ob sie pädagogisch als gut oder schlecht anzusehen sind.

Um dies klären zu können, benötigt man einen Maßstab, ein Kriterium, wie es mit dem Bildungsbegriff (Kap. 2.4) gegeben ist. Bei einer an ihm ausgerichteten Bewertung des Katalogs der Erziehungsziele können zumindest folgende Punkte als unpädagogisch herausgestellt werden:

- Der Kreis der Inhalte ist begrenzt.

  Bei der Entwicklung des Bildungsbegriffs ist hervorgehoben worden, daß Urteil und damit Entscheidungsfähigkeit des Menschen sachbezogen sein müssen. Man muß etwas über den Entscheidungsbereich wissen, um selbstbestimmt und verantwortlich handeln zu können. Von daher ist die Inhaltsdimension in Erziehungsprozessen begründet.

  Umgekehrt gilt: Fehlen grundlegende Sachbereiche in einem Bildungsgang, dann sind damit auch wesentliche Handlungs- und Entscheidungsfelder dem eigenständigen Urteil entzogen; die Bildung des Betreffenden ist segmentiert.
- Es werden Haltungen und Fertigkeiten angestrebt, die vor allem auf Übernahme und Akzeptieren von Werten und Einstellungen angelegt sind, ohne die Möglichkeit der Selbstprüfung und -beurteilung einzuräumen.

  Politisch gesehen kommt hier das Interesse des Staates an funktionstüchtigen Bürgern zum Ausdruck, also an solchen, die den politischen Geschehensablauf nicht durch Forderungen nach selbständigem Urteil und Mitentscheiden stören.

  Will man den Sachverhalt noch etwas abstrakter fassen: Wenn Erziehung erfolgreich eine politische Grundhaltung erreichen kann, die auf Hinnahme und Akzeptieren von andernorts gefällten Entscheidungen fußt, dann ist das Risiko von Legitimationskonflikten weitgehend ausgeschaltet. Entscheidungen des politisch-administrativen Systems werden als solche, d. h. ungeachtet ihres Inhalts akzeptiert.
- Die Bereiche des Handelns sind begrenzt und es ist von vornherein schon angegeben, wie das Handeln motiviert werden soll.

  Auch hier kommt wieder eine mit Hilfe von Erziehung angestrebte politisch-gesellschaftliche Intention zum Ausdruck. Der einzelne soll allein im Kreis seines unmittelbaren Lebenszusammenhangs tätig sein, und zwar nach Handlungsmotiven, die auf störungsfreien Ablauf des gesellschaftlich-politischen Lebens ausgerichtet sind: Zufriedenheit, Ruhe, Dienstbarkeit.

Zum Arbeitsvorschlag 3.4.5 auf S. 106

Versuchs- und Irrtumslernen
Eine Vielzahl von Bewegungen wie Verlagerung des Gleichgewichts, Fußstellung, Bremsbewegung, Körperdrehungen werden Ergebnis von Versuch und Irrtum sein.

Fällt man beim ersten plötzlichen Bremsmanöver auf die Nase, wird die entsprechende Bewegung als Irrtum notiert. Man wird es beim nächsten Mal mit einer vorsichtigeren, leicht abgewandelten Technik versuchen und die dann erfolgreiche beibehalten.

Dabei kann das Lernen nach Versuch und Irrtum aufgrund von Regellernen (ein hier nicht behandelter Lerntyp) abgekürzt werden: Andere Roller informieren über bestimmte, regelhafte Zusammenhänge der Bewegungen, die man dann von vornherein umzusetzen versucht.

Operante Konditionierung
Das Versuchs- und Irrtumslernen ist eingelagert in einen Vorgang, bei dem man aus einem diffusen Gesamtverhalten zufällig auftretende, erfolgreiche Verhaltensmuster verstärkt und damit vor anderen auszeichnet.

Als Verstärker fungieren dabei Freude und Erleichterung, daß man auf den Beinen bleibt, Stolz auf die eigene Leistung, anerkennende Zurufe des ‚Publikums'.

Modellernen
Eine Reihe von Bewegungsabläufen und Tricks hat man vermutlich anderen Disco-Läufern abgeschaut, die Bewegungen im Gedächtnis gespeichert und versucht, sie dann in entsprechende motorische Abläufe umzusetzen.

Dabei kommen sowohl stellvertretende Verstärkung (der andere erntet Anerkennung, weil er auf den Beinen bleibt und sich dazu noch elegant und sicher bewegt) als auch antizipierte Verstärkung zum Tragen (man freut sich schon darauf, selbst einmal so gekonnt zu fahren und dann von anderen Anerkennung zu ernten).

Aber nicht nur die Bewegungsabläufe, sondern auch der Wunsch, überhaupt auf Disco-Rollers laufen zu wollen, kann als Ergebnis von Lernen am Modell angesehen werden. Da mögen Filme über das Roller-Paradies Venice, Berichte in BRAVO oder über die Schickeria von München als Vorlage gedient haben. Getragen ist auch dieser Lernprozeß von massiven sozialen Verstärkern — bezogen sowohl auf das Modell als auch auf den Beobachter — in Form antizipierter Verstärkung („Ich bin ‚in', wenn ich mit Disco-Rollers zur Schule komme").

Zum Arbeitsvorschlag 3.5.3 auf S. 112

(In Anlehnung an Ausführungen von HOFSTÄTTER 1970, S. 52/53, zu diesem Experiment).

Dem Abbild können drei unterschiedliche Reaktionsgruppen unter den Studenten entnommen werden:

- eine relativ starke Gruppe von ‚Riechern' in den ersten beiden Reihen,
- eine Spitzengruppen in der dritten Reihe,
- eine zu den hinteren Sitzreihen zahlenmäßig immer weiter abnehmende Gruppe von ‚Schwachriechern'.

Besonders interessant ist das Verhalten der Studenten in der dritten Reihe, die bezüglich ihrer eigenen Urteilsbildung eine *Zwischenstellung* einnahmen, und zwar zwischen

- der Gruppe von Studenten aus den ersten beiden Reihen, die bei einem tatsächlich ausströmenden Geruch auch in der Lage gewesen wären, ihn wahrzunehmen, und
- der Gruppe aus den hinteren Bankreihen, die, erst recht bei schwachem Geruch, diesen wahrscheinlich nicht mehr hätten bemerken können.

Diese Zwischenstellung machte die Riecher in der dritten Reihe daher abhängig vom Urteil der Gruppenmitglieder aus den ersten beiden Bankreihen: Da ihnen zunächst eine ‚sachbezogene' Grundlage zum Wahrnehmungsurteil fehlte, bildeten sie ihre Meinung in enger Anlehnung an die vorangegangenen Äußerungen ihrer Kommilitonen. *Sie akzeptierten die Meinungskraft dieser Gruppe.*

Beim Zustandekommen des Urteils der ersten beiden Reihen spielt der *Gruppenführer* eine konstitutive Rolle: Die ihm von der Studentengruppe zuerkannte (Sach-) Autorität und Integrität war der vielleicht wesentlichste Faktor zur Urteilsbildung. Man folgte dem Versuchsleiter bzw. bestätigte mit seinen Äußerungen die in der Aufforderung implizit enthaltene Behauptung, daß dem Fläschchen ein Geruch entströme.

Die Studenten in den hinteren Reihen konnten sich zumindest teilweise diesen gruppendynamischen Prozessen bei der Urteilsbildung entziehen, nicht zuletzt auch durch die Tatsache, daß sie genügend Zeit zu einer kritischen Überprüfung hatten. Dies versetzte sie in die Lage, sich nicht bloß der Meinung der anderen anschließen zu müssen, sondern auch die Sachgegebenheiten zu berücksichtigen, etwa die Entfernung ihrer Reihe vom Vorlesungspult. Dabei ist das Wissen um die entsprechenden Sachgesetzlichkeiten (z. B. um Diffusionszeit von Gasen) intervenierend zur gruppenbezogenen Meinungsbildung hinzugetreten.

Zum Arbeitsvorschlag 4.1.2 auf S. 120

(nach Parsons 1973)

Das Gebot der *Zielverwirklichung* richtet sich auf die Zweckbestimmung von Unterricht: im Rahmen seiner Sozialisationsfunktion für die Vermittlung von Motiven und Techniken zur Bewältigung von Erwachsenenrollen zu sorgen und auch über Selektionsprozesse die Verteilung von Arbeitskraft zu bewerkstelligen.

Das funktionale Gebot der *Adaption* verweist auf die Notwendigkeit der Mittelbeschaffung, um die entsprechenden Systemziele erreichen zu können. Sie bestehen in diesem Fall in externen Mitteln (Gebäude, Personal, Material) und in immateriellen Mitteln, in den Inhalten, den Aufgabentypen, durch deren Bewältigung Motive und Techniken eingeübt und vermittelt werden sollen.

Der *Integrationsaspekt* ergibt sich aus dem Vorgang der unterschiedlichen Zuteilung von Belohnung im gleichen Sozialsystem (Schulklasse) bei gleichen Leistungsanforderungen und Aufgabentypen. Durch die unterschiedliche Bewertung der Leistung entstehen unter den Mitgliedern des Systems (den Schülern) Spannungen, die in integrativer Intention aufzufangen sind. Dies geschieht durch die Bindung aller Beteiligten an gemeinsam akzeptierte Werte, vor allem an den der Leistungs- und nicht etwa der Statusbewertung. Wie allerdings einzelne Untersuchungen zum Zusammenhang von Sozialschicht und Schulerfolg zeigten, interveniert — meist uneingestanden — doch immer auch eine statusbezogene Komponente beim Lehrerurteil.

Die Notwendigkeit zur *Strukturbewahrung* entsteht durch die Diskrepanz der Erwartungen bzw. der Motive bei den Akteuren. Auf der einen Seite stehen die Erwartungen, Interessen, Wünsche und Bedürfnisse der Schüler, die selten die gleichen sind, wie die im Stundenplan angebotenen Lerninhalte sie nahelegen.

Auf der anderen Seite stehen kodifizierte Inhalte, von denen angenommen wird, daß sie relevant sind oder es einmal sein könnten, und stehen Verhaltensregeln und Handlungsmuster, die relativ wenig Spielraum zur individuellen Modifikation lassen (Zeiteinteilung, Stundenplan, Lehrerwechsel, Formen des Prüfens etc.).

Diese kurzen Hinweise lassen noch einmal die Grundintention funktionalistischer Handlungsorientierung deutlich werden: Spannungen zu vermeiden, divergierende Kräfte ohne Reibungsverlust zu integrieren, um damit das Funktionieren des Systems zu garantieren.

Zum Arbeitsvorschlag 4.1.5 auf S. 124

Im ersten Bild ist die individuelle Ausprägung der Jugendlichen sehr stark; dies ist festzumachen am exotischen Wildwuchs der Frisuren, an der persönlichen Ausprägung von Vorlieben, Aktivitäten, an den Bewegungen.

Ihr Handeln scheint geprägt von Spontaneität und je eigenen Wertmustern. Auf der Ebene sozialer Interaktion bedeutet dies ein Risiko bezogen auf eingespielte, ‚funktionierende' soziale Handlungsfelder: Man weiß bei diesen Jugendlichen nie genau, was sie im nächsten Augenblick an Überraschungen auf Lager haben. *Es gibt nur wenig Sicherheit im Hinblick auf die Antizipation von Erwartungen und die Zuschreibung entsprechender Motive.*

Daher wird für den Funktionalisten die Frage drängend: Wie ist dieses Risiko zu mindern? — Durch *Anpassung* und durch *Konformität* mit allgemein durchgesetzten Normen. Konsequenterweise macht sich der Lehrer in Bild 2 daran, den Kindern mit dem Individualitätsmäher einen Konformitätsschnitt zu verpassen. Der Normeneinheitsschnitt wird dabei noch mit einem Unkrautvertilgungsmittel im Sinne des *funktionalen Gebots der Spannungskontrolle* abgesichert.

Das neue Aussehen kann als äußerer Hinweis auf das nun gleiche und mit Sicherheit erwartbare Verhalten der Betroffenen interpretiert werden.

Zugleich wird in der Karikatur auch noch einmal grundsätzliche Kritik am Funktionalismus faßbar: Die Konformität des Verhaltens und die Sicherheit seiner Erwartbarkeit sagen nichts aus über das tatsächliche Maß der Bedürfnisbefriedigung, über den Grad der Verinnerlichung von Normen und über die Kongruenz von Norm und Verhalten.

Zum Arbeitsvorschlag 4.3.6 auf S. 155

Der junge Lehrer steht nach seinem Referendariat vor einer für ihn eigenartigen Situation: Er nimmt Unterricht bzw. Teile von ihm, in diesem Fall die Leistungskontrolle, nur auf der offiziellen Ebene wahr. Er hält Leistungskontrolle, wofür sie in Rahmenrichtlinien und Schulverordnungen ausgewiesen ist, nämlich für eine Überprüfung des individuellen Leistungsstandes sowie der Frage, ob und wie der Stoff von den Schülern insgesamt angenommen wurde.

Bei dem ersten Leistungstest, den er beaufsichtigt, wird er aber massiv mit einer *anderen Ebene von Unterricht* konfrontiert, mit der *inoffiziellen*. Hier haben die Schüler im

Sinne eines heimlichen Lernens Techniken zum Überleben in der Institution Schule entwickelt, Techniken, mit denen eine der folgenreichsten Wirkungen von Schule, ihre Selektionsfunktion, unterlaufen werden soll.

Im Bewußtsein der Schüler handelt es sich hier nicht um anrüchige Verhaltensweisen; sie betrachten sie vielmehr von der inoffiziellen Ebene her als *funktional stimmig, um Ziele des Sozialsystems Schule zu erreichen*. Dabei haben sie das Gesamtspektrum möglicher Ziele dieses sozialen Teilsystems (Ziel der Personalisation, der Integration, der Sozialisation, der Allokation, der Selektion) auf dasjenige reduziert, das in ihrer konkreten Situation für ihre Lebenswelt auch am folgenreichsten ist: auf *die Selektionsfunktion der Schule* qua Zeugnis und Note.

Interessant an der Szene ist auch die ‚Verfremdung' üblicherweise bei Unterricht vorausgesetzter Interaktionsstrukturen. In Umkehrung gängiger Vorstellungen haben die Schüler gegenüber dem Lehrer einen Lernvorsprung und ein höheres Maß an Realitätsbewußtsein. Er muß erst noch die Lektionen des ‚heimlichen Lehrplans' durchnehmen; solange dies nicht der Fall ist, läuft er mit seinen Verhaltensweisen (‚nicht kontrollieren, da dies ehrenrührig sei') ins Leere.

Zum Arbeitsvorschlag 5.1.4 auf S. 175

Zieht man die von BERNSTEIN entwickelte Typologie zur Kennzeichnung der öffentlichen Sprache (restringierter Code) heran, kann festgehalten werden:

— Die Sprecherin verwendet einfache (*parataktische*) Satzkonstruktionen.
  Beispiel: Zeilen 5 — 7
  Ich kann nicht
  ich hab das Kind
  es kommt darauf an, wie...
— Unterstrichen wird die aneinandergereihte Satzanordnung auch durch die *wiederholte Verwendung der Konjunktion ‚dann'*, die dem ganzen Statement einen monotonen sukzessiven Aufbau verleiht.
— Von der Sprecherin werden recht häufig *vage, floskelhaft eingesetzte Adverbien* benutzt.
  Beispiele: grundsätzlich, natürlich; ebenso floskelhafte inhaltsleere Füllwörter wie: halt, eigentlich.
— In der Verwendung der *direkten statt der indirekten Rede* kommt eine Haltung zum Ausdruck, bei der sich der Sprecher nur schwer oder gar nicht von der konkret anschaulichen Verweisungsfunktion der Sprache lösen kann. Das Mädchen hat kaum die Möglichkeit, mit der indirekten Rede zu manifestieren, daß ihr in der Abhebung von der konkreten Situation eine distanziertere Betrachtungsweise der Zusammenhänge und die gedankliche Antizipation eines Spektrums von Handlungsfolgen verfügbar sind.
— Der Bezug auf konkretisierende Verwendung der Sprache drückt sich auch in dem *niedrigen Allgemeinheitsgrad der verwendeten Symbole* aus.
  Beispiel: Zeile 3
  und da, in dem, wenn sie z. B. jetzt 16, 17 sind... Statt zu sagen, wenn sie jung oder minderjährig oder überhaupt in einem Alter sind, in dem andere Interessen und Vorlieben herrschen.

— Sie stellt ein Faktum heraus, während für den Argumentationszusammenhang die Implikationen, die sich aus dem Faktum ergeben, das Wesentliche sind.
Beispiel: Ich kann nicht, ich hab das Kind
statt: Ich kann nicht ausgehen, da das Kind Aufmerksamkeit und Pflege beansprucht.
Dieses Beispiel illustriert auch einen anderen Aspekt ihrer Sprachverwendung: Bei — inhaltlich betrachtet — logisch zusammenhängenden Sätzen bzw. Satzteilen verzichtet sie auf eine *differenzierte Begründung* und überläßt dem Kommunikationspartner die Herstellung entsprechender Bezüge.
— Sie siedelt Satzteile im gleichen Satz auf völlig unterschiedlichem Abstraktionsniveau an und *engt damit die Universalität ihrer Aussage* durch verfrühte und segmentierte Konkretisierung sofort wieder ein.
Beispiel: Zeile 1 — 2: Man muß sich das vorher grundsätzlich überlegen (allgemeine Aussage).
Weil man dann abends nicht mehr ausgehen kann (segmentierte Konkretisierung).

Zum Arbeitsvorschlag 5.3.4 auf S. 214

Im Text erfolgt eine Ausweitung des Begriffs ‚Chancengleichheit' hin auf die Vorstellung von ‚Chancengerechtigkeit'. Chancengleichheit ist nicht nur verstanden als Ausgleich von Defiziten bezogen auf ein Gleichheitsideal, sondern auch als Angebot an den fähigen und begabten Schüler, diese seine Leistungsmöglichkeiten gezielt entwickeln zu können. Chancengleichheit heißt also auch, ein Recht auf ‚Ungleichheit' zu haben.

Formaler Bezugspunkt für die Argumentation sind besonders die Artikel 2 (1) GG („Jeder hat das Recht auf die freie Entfaltung seiner Persönlichkeit, soweit er nicht die Rechte anderer verletzt und nicht gegen die verfassungsmäßige Ordnung oder das Sittengesetz verstößt.") und 12 (1) GG („Alle Deutschen haben das Recht, Beruf, Arbeitsplatz und Ausbildungsstätte frei zu wählen...") — Artikel, auf die sich selbstverständlich auch die Vertreter des Ausgleichsgedankens berufen.

Der Legitimationskonflikt entsteht durch die miteinander unvereinbaren ‚Hintergrundauffassungen', die die konkrete Auslegung der Grundgesetzartikel beeinflussen: Einmal interpretiert man im Sinne der Forderung nach *Gleichheit*, zum anderen im Sinne des Rechts auch auf *(natürlich gegebene) Ungleichheit*.

Diese Auslegungen werden über den *formalen verfassungsrechtlichen* Rahmen hinaus von *anthropologischen und bildungstheoretischen* Überlegungen beim Philologenverband abgestützt: Anthropologisch gesehen ist der Mensch ein Wesen, das sich sein ‚personales Selbstsein' (Philologenverband) erwerben muß und das als Person immer eine je besondere und unverwechselbare, also eine nicht mit anderen gleiche ist. Auf diese Sicht vom Menschen werden die schulorganisatorischen Belange hin ausgelegt, so daß ein vielfältiges bzw. gegliedertes Schulsystem auch dasjenige ist, das diesen anthropologisch begründeten Anspruch am ehesten einlösen kann.

Bezieht man die Ausführungen noch stärker auf den politisch-ideologischen Kontext, so lassen sich hier beim Philologenverband *liberale Züge* feststellen in der Anerkennung von Leistung, im Betonen der Tatsache, daß Menschen nun einmal nicht gleich sind, in dem Hinweis auf ein vielfältiges, vom einzelnen frei wählbares Bildungssystem. Der Legitimationskonflikt ist daher auch vor dem Hintergrund dieser politisch-ideologischen

Position zu sehen, die eine bestimmte Auslegung der Grundgesetzartikel nach sich zieht und auf solche Auffassungen stößt, die die gleichen verfassungsrechtlichen Grundlagen für sich reklamieren, sie aber von einer abweichenden politischen Ideologie her auch anders auslegen.

So sehen Vertreter des demokratischen Sozialismus Art. 1 GG primär unter der Perspektive, daß konkrete soziale und ökonomische Faktoren den in diesem Artikel enthaltenen Anspruch des Individuums begrenzen. Politik bzw. Bildungspolitik müsse daher mit *ausgleichenden* und nicht — wie vom Philologen-Verband vertreten — mit *anbietenden* Programmen arbeiten.

Man könnte den Legitimationskonflikt fassen als Konfrontation liberalen Anbietungsdenkens mit sozialstaatlich orientiertem Ausgleichsdenken.

Zum Arbeitsvorschlag 6.1.4 auf S. 240

Zunächst zur Notierung:
L: Wir wollen... — STKR$_{L}$, sachinh.
 Wie nennen wir... — AUFF$_{L}$, sachinh.
S: Umfeld — REAG$_{S}$, sachinh.
L: Hm — FORT$_{L}$, sachinh.
S: Umwelt — REAG$_{S}$, sachinh.
L: Hm — FORT$_{L}$, sachinh.
S: Gesellschaft — REAG$_{S}$, sachinh.
L: Halten wir... auf der richtigen Linie zu liegen — FORT$_{L}$, sachlog.
 Wo ist... — AUFF$_{L}$, sachinh.

Als Teilspielzüge aus dieser zusammenhängenden Unterrichtssequenz kann man ansehen:
I: Sprachäußerungen 1 — 3
II: Sprachäußerungen 4 — 7
III: Sprachäußerungen 8 — 9

Zur Interpretation und Bewertung der Spielzüge:

Der Spielzug I wird in Form einer strukturierenden Äußerung als *Lehrerimpuls* eröffnet und ist mit der Aufforderung, die richtige Benennung herauszufinden, recht eng angelegt. Entsprechend reaktiv — nämlich den richtigen Begriff durch Raten zu finden — gehen auch die Schüler im Spielzug II vor, wobei die Lautkundgebungen des Lehrers (hm) bewertende Funktion haben: Sie kommentieren die Antwort der Schüler als noch nicht ganz richtig und fordern zu weiterem Suchen auf. Zugleich dokumentieren sie die *Führungs- und Bewertungsfunktion* des Lehrers. Er ist derjenige in der Lerngruppe, der in diesem Fall über die Sachangemessenheit der Äußerungen entscheidet. Er verzichtet dabei auf eine inhaltlich strukturierende Impulssetzung.

Daneben wird auch ein Moment des *heimlichen Lehrplans* manifest: Die Schüler setzen sich weniger mit dem Inhalt auseinander, etwa indem sie ihre Antworten begründen, sondern sie lernen das Sprachspiel pragmatisch daraufhin einzuschätzen, ob sie Anzeichen dafür finden, daß sie auf dem Weg dorthin sind, wo der Lehrer schon ist.

Die sachbezogene Führungsfunktion des Lehrers in der Lerngruppe wird im Spielzug III noch einmal durch seine sachlogisch bezogene Strukturierung in Verbindung mit der sich daran anschließenden Aufforderung hervorgehoben.

Insgesamt kann man sagen, daß unter didaktischem Vorzeichen der Lerngegenstand einlinig entwickelt wird, wobei sich die interaktionelle Dimension von Unterricht zum Teil zuungunsten einer sachorientierten Beschäftigung mit dem Inhalt in den Vordergrund drängt.

Zum Arbeitsvorschlag 6.2.5 auf S. 262

Arbeitsweise mit den didaktischen Prinzipien, demonstriert am Inhalt ‚Familie in der modernen Gesellschaft'.

1. Situationsbezogenheit
Läßt man zunächst einmal Besonderheiten der individuellen sozialen Biographie beiseite, so kann man bei diesem Thema einen weitgehend homogenen Erfahrungshintergrund bei den Schülern annehmen. Geprägt ist er vor allem durch umgangsnah-unmittelbare Situationsmerkmale des familialen Lebens, die die Stellung und Aufgaben der einzelnen Familienmitglieder betreffen. Für die Schüler werden es Erfahrungen sein, die das Erziehungshandeln der Eltern ihnen gegenüber betreffen, die aus der elterlichen Rollenaufteilung innerhalb der Familie resultieren oder sich auf die Freizeitgestaltung beziehen. Abstrakt ausgedrückt: Es werden Erfahrungen sein, die die Sozialisations- und Reproduktionsfunktion einschließlich der entsprechenden Handlungsmuster der Familienmitglieder umfassen.

2. Strukturwissen
Bei dem Thema soll die soziale Genese des gesellschaftlichen Phänomens ‚Familie' einsichtig werden. Hierzu ist die Kenntnis des Zusammenhangs von allgemeiner gesellschaftlicher Entwicklung und Wandlung der familialen Struktur erforderlich. Im Detail heißt dies: Den Zusammenhang von politischen, ökonomischen und gesellschaftlichen Wandlungsfaktoren in bezug auf die Organisationsform des oikos festhalten und hierauf die Erscheinungsform des modernen Familientyps zu beziehen. Damit ist die Auflösung der alten Produktions-, Konsumtions- und Lebensgemeinschaft angesprochen und, hieran gemessen, auf den ‚Funktionsverlust' der modernen Kleinfamilie abgezielt.

Dies macht über den engen Rahmen des Themas auch Ausgriffe auf sozialhistorische, ideengeschichtliche und politisch-rechtliche Verbindungslinien nötig.

3. Exemplarizität
Die Exemplarizität des Themas ist durch verschieden weit gezogene Kreise bestimmbar. Im weitesten Rahmen gesehen, kann das Thema als exemplarisch für die ‚Entwicklungstatsache' angesehen werden: Gesellschaftliche Institutionen (z. B. Recht, Erziehung, Familie) sind keine ‚natürlichen' Formen der Vergesellschaftung, sondern je spezifische Antworten einer Gesellschaft auf Anforderungen ihrer (natürlichen und/oder sozialen) Umwelt.

Das Thema kann — in einem schon enger gezogenen Kreis — als exemplarisch für den Schritt in die Moderne angesehen werden, bei dem vor allem durch Industrialisierung und Demokratisierung starre Vergesellschaftungsformen des Mittelalters aufgelöst wurden (ähnlich: handwerkliche, religiöse, rechtliche Formen).

Denkbar ist schließlich auch die Exemplarizität des Themas in Hinblick auf spezifische Sachverhalte des Zusammenhangs von institutioneller Funktion und Rolle. Ähnlich wie in der Familie bestimmte Funktionen (Erziehungsfunktion, Versorgungsfunktion) unterschiedliches Rollenhandeln (meist bestimmter Rollenträger) nach sich ziehen, gilt dies auch in anderen Institutionen. Das Thema Familie steht unter diesem Aspekt exemplarisch für den Zusammenhang von Position und Rolle bei gesellschaftlichen Institutionen (vgl. Schule, Betrieb, Verein).

4. Wissenschaftsorientiertheit
Bei der Behandlung des Themas muß vor allem auf Informationen aus historischen Disziplinen (besonders der Sozial- und Wirtschafts- sowie der Ideengeschichte) zurückgegriffen werden. Darüber hinaus sind Erkenntnisse der Rollentheorie, der Psychoanalyse (Autorität und Identität) und der Pädagogik (Erziehungsstile, Erziehungsziele, Sprache und Erziehung) heranzuziehen.

Wichtig wäre auch die Berücksichtigung wissenschaftsmethodologischer Aspekte. So bietet sich im Sinne wissenschaftsorientierten Unterrichts bei diesem Thema besonders die Unterscheidung von deskriptiven und wertenden Sätzen an, sind Verfahren der Prüfung und Kontrolle von Aussagen und Möglichkeiten der argumentativen Abstützung eigener Aussagen einsetzbar. Es wäre beispielsweise (je nach Intentionen und Adressatengruppe) denkbar, Aussagen von Wissenschaftlern (Politikern, Kirchenmännern) zur Funktion der Familie heranzuziehen, die zwar die Form konstatierender (deskriptiver) Sätze haben, aber dennoch Werturteile enthalten. Dies zu prüfen und zu kontrollieren könnte mit Hilfe kontrastierender Texte oder gar mit Verfahren der Sprachanalyse erfolgen (Kooperation mit dem Deutschunterricht). Zugleich könnte auch als ein Schwerpunkt wissenschaftsorientierten Arbeitens die Absicherung eigener Aussagen durch Verarbeiten entsprechender wissenschaftlicher Ergebnisse eingeübt werden. Hierzu wäre erforderlich, daß die Schüler wenigstens in Umrissen eine Statistik benutzen können, das Zusammenspiel von eigenen Argumenten und Verweis auf Belegtexte geübt haben und Möglichkeiten der Relativierung von Gegenargumenten kennen.

5.Handlungsorientierung
Hier können unterschiedliche Techniken der Informationsbeschaffung durch die Schüler zum Tragen kommen: Sie reichen von Interviews (z. B. Großeltern über bestimmte Gegebenheiten befragen) bis hin zur Quellenbeschaffung und -analyse (Tagebücher, Schilderungen, Bildanalysen etc.).

Durch kontrastive Anordnung des Arbeitsmaterials, evtl. durch verfremdete Art der Darstellung (z. B. einen ‚anachronistischen' Familiendialog entwerfen lassen) kann die Wahrnehmung bezüglich eines häufig wohl nur unmittelbar-naiv erfahrenen gesellschaftlichen Phänomens geschärft werden.

Schließlich können durch Rollenspiel, vertauschte Argumentation, offene Szene konkrete Handlungsformen des Situationsfeldes sprachlich oder darstellend repräsentiert werden.

Zum Arbeitsvorschlag 6.3.4 auf S. 281

Die vom Lehrer vertretene Devise ‚Nicht für die Schule, sondern für das Leben lernen wir' kann als Umschreibung für einen *situationsanalytischen Ansatz der Curriculumpla-*

nung angesehen werden. Bezugspunkt der Überlegungen des Lehrers sind spätere Verwendungssituationen, hier beruflicher Art. Auf diese Situationen hin ist der Unterricht sehr konkret angelegt: In der Schule werden die entsprechenden Qualifikationen für Putzfrauen, Maurer, Feuerwehrmänner und ‚Königinnen' vermittelt.

In dieser strengen Zuordnung zu außerschulischen Verwendungssituationen werden aber auch die bedenklichen Tendenzen dieses Curriculumansatzes deutlich.

Wenn Unterricht sich eng an Verwendungssituationen anlehnt und die hierfür erforderlichen Qualifikationen vermittelt, wird Lernen *spezialisiert* und *segmentiert*. Gegenstand von Unterricht sind die je spezifisch erforderten Qualifikationen, so daß der Anspruch von Allgemeinbildung im zweifachen Sinn aufgegeben wird:

— Die Inhalte von Lernen sind keine allgemeinen, sondern spezielle.
— Die Inhalte werden nicht mehr von allen gemeinsam gelernt, sondern frühzeitig je nach späterer Verwendungssituation in miteinander nicht mehr vergleichbare Qualifikationsprofile zersplittert.

Der Bezug auf entsprechende Verwendungssituationen wird durch Unterricht im voraus schon festgelegt. Schule bzw. Unterricht legt damit auch die spätere soziale Lage der heute noch Lernenden fest. Nimmt man noch den Gedanken auf, daß speziell die Wahl eines Berufes sehr stark von schichtspezifischen Gegebenheiten des Elternhauses abhängt, dann kann man auch behaupten: In der durch die Karikatur nahegelegten engen Ausrichtung an berufliche Verwendungssituationen *perpetuiert* Schule die bestehende soziale Schichtung.

Zum Arbeitsvorschlag 7.4 auf S. 316

Hermeneutische Position

Die gesamte Situation kann als globale Aufforderung an die Kinder aufgefaßt werden, die Situation des anderen zu verstehen. Ihre hermeneutische Leistung liegt in der Vorstellung davon, daß der andere unter ihrem Verhalten leidet, daß es für ihn zum Problem wird.

Auf der Seite der Mutter setzt dies die Fähigkeit voraus, sich im Gespräch mit ihren Kindern verständlich zu machen, indem sie an ihren Vorstellungshorizont anknüpft, und zwar in einer doppelten Weise:

— Sie muß den Kindern aus deren Horizont heraus das Problem veranschaulichen, und
— die Lösung des Problems muß im Umkreis der Verstehensmöglichkeiten der Kinder liegen.

Der Verstehensvorgang spielt sich für die Kinder im Wechselspiel von konkretem Verhalten nach der neuen Regelung und Einsicht in die Notwendigkeit von Ordnung ab; Teil und Ganzes, Stellenwert der ‚Verschwindschachtel' und Einsicht in die Notwendigkeit zur Ordnung im menschlichen Miteinander klären sich verstehend wechselseitig auf.

Kritischer Rationalismus

Beim Kritischen Rationalismus wandelt sich die Fragestellung. Man versucht nun nicht, das Miteinander-Handeln von Mutter und Kindern zu verstehen, sondern zu erklären, wieso die Kinder entgegen ihrem bisher chaotischen Verhalten bereit sind, das Spiel mit der Verschwindschachtel mitzumachen und sich an die vereinbarte Regelung zu halten.

Der Kritische Rationalist wird dieses ‚Ereignis' mittels Antecedens-Bedingungen, vor allem mittels entsprechender Gesetze zu erklären versuchen. Ein solches Gesetz könnte beispielsweise lauten: Wenn im Rahmen sozialer Interaktion die Interaktionspartner gleichberechtigt an der Erstellung von Verhaltensregeln beteiligt sind, dann steigt die Chance, daß diese Regeln von ihnen auch eingehalten werden.

Aus diesem Erklärungszusammenhang entsteht in der Anwendung auf konkrete Fälle — wie hier auf den der Mutter und ihrer Kinder — ein technologischer Verwendungszusammenhang nach dem Muster: Wenn das allgemeine Gesetz gilt und die damit korrespondierenden Randbedingungen hergestellt sind, dann wird das entsprechende Ereignis eintreten.

Auf den Fall bezogen: Wenn Ordnung durch eine entsprechende Verhaltensregelung hergestellt werden soll und die Chance auf Befolgen durch Beteiligung der Adressaten (Kinder) steigt, dann sollten entsprechende Randbedingungen (hier die gleichberechtigte Gesprächssituation) hergestellt werden. Das Ereignis wird daraufhin eintreten.

Kritische Theorie

Aus der Perspektive dieser wissenschaftstheoretischen Position könnte man die Szene als Beispiel für einen herrschaftsfreien Diskurs ansehen. Die Mutter setzt die ihr durch das Generationenverhältnis und die Institution der Elternschaft zukommende Überlegenheit (superiore Position) vorübergehend außer Kraft. Sie trifft sich auf der Ebene gleicher Artikulationsrechte und Beschlußmöglichkeiten mit den Kindern. Anordnende Sprachmuster sind nicht zugelassen, statt dessen hat jeder die gleiche Kommunikationschance: Komplementäre Kommunikation ist zugunsten symmetrischer aufgegeben.

Die Beteiligten — Mutter und Kinder — stehen reflexiv zu ihrer Praxis: Der unmittelbare Interaktionsstrom ist unterbrochen worden, damit die Regeln der Interaktion von den Beteiligten neu definiert werden können.

Lehren und Lernen mit Kopf, Herz und Hand

Das ganz andere Lehrbuch für Leute in pädagogischen Berufen

Hilbert Meyer
UnterrichtsMethoden
I: Theorieband
4. Aufl. 272 S., 2 Didaktische Landkarten, Abb., Pb
ISBN 3-589-20850-3

UnterrichtsMethoden
II: Praxisband
3. Aufl. 464 S., 2 Didaktische Landkarten, Abb., Pb
ISBN 3-589-20851-1

„Pädagogik für den Alltagsgebrauch...Die ebensoviel berufene wie weitverbreitete Theoriemüdigkeit in Sachen ‘Pädagogik’ verfliegt beim Lesen, denn Meyer dokumentiert, daß auch Phantasie und Witz dem Ziel, Wissen zu vermitteln, höchst nützlich sein können...Titel, aus denen nicht nur Lehrer, sondern mit Sicherheit jeder, der im Alltag Wissen vermitteln muß, Honig saugen kann.“
FAZ, Blick durch die Wirtschaft, 28.10.1987

Vom gleichen Autor lieferbar:

Hilbert Meyer
Leitfaden zur Unterrichtsvorbereitung
10., unveränd. Aufl. 118.-127. Tsd., 408 S., Pb
ISBN 3-589-20733-7

Cornelsen Verlag
Scriptor

Vertrieb:
CVK Cornelsen Verlagskontor
Postfach 8729 · 4800 Bielefeld